Bibliothèque nationale de France
Direction des collections
Paris

Département Droit,
économie, sciences politiques

8-F-13021
(4)

R 201 813

8-F-13021
(4)

ACOLLAS (Emile).
– Manuel de droit civil : commentaire philosophique
et critique du Code Napoléon contenant l'exposé
complet des systèmes juridiques. Appendice et tables /
par Emile Acollas,... – Paris : Germer-Baillière, 1875.
– 296-4 p. ; 23 cm.

Bibliothèque nationale de France - Paris

A l'exception des reproductions effectuées pour l'usage privé du copiste, les oeuvres protégées par le code de la propriété intellectuelle ne peuvent être reproduites sans autorisation de l'auteur ou de ses ayants droit.

Dans l'intérêt de la recherche, les utilisateurs de la présente microforme sont priés de signaler au département de la Bibliothèque nationale de France détenteur du document, les études qu'ils entreprendraient et publieraient à l'aide de ce document.

Bibliothèque nationale de France
- 2005 -
Centre Joël Le Theule – Sablé sur Sarthe

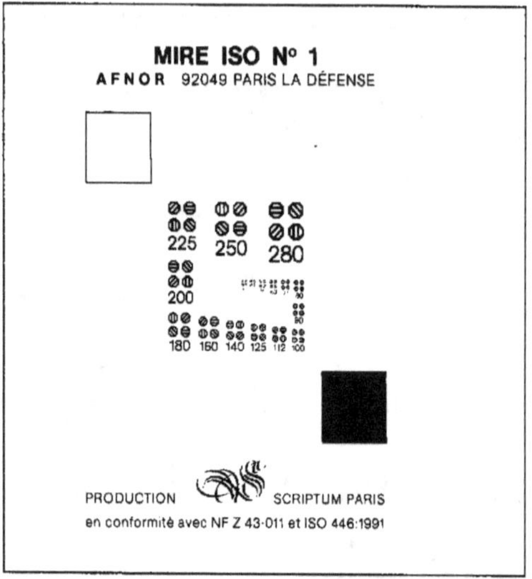

Réd. : 9

KODAK Gray Scale   C   M

MANUEL

DE

DROIT CIVIL

COMMENTAIRE PHILOSOPHIQUE ET CRITIQUE

DU

CODE NAPOLÉON

PAR

LE PROFESSEUR ÉMILE ACOLLAS

ANCIEN PROFESSEUR DE DROIT CIVIL FRANÇAIS A L'UNIVERSITÉ DE BERNE, MEMBRE DE
LA SOCIÉTÉ D'ÉCONOMIE POLITIQUE ET DE LA SOCIÉTÉ D'ANTHROPOLOGIE DE PARIS

APPENDICE ET TABLES

(Les Tables, très détaillées, forment, dans leur corrélation avec le Manuel,
un véritable **Dictionnaire** des matières du Droit civil.)

Droit et Liberté.

« Il ne s'agissait pas d'examiner un principe en lui-même, mais d'interpréter, de discuter, de détruire ou de fortifier par d'autres textes ceux sur lesquels on l'appuyait. On n'adoptait pas une proposition parce qu'elle était vraie, mais parce qu'elle avait été écrite dans un tel livre, et qu'elle avait été admise dans tel pays et depuis tel siècle.

» Ainsi, partout l'autorité des hommes était substituée à celle de la raison. » CONDORCET.

« J'ai tiré mes principes non de mes préjugés, mais de la nature des choses. » MONTESQUIEU.

PARIS

GERMER-BAILLIÈRE, LIBRAIRE-ÉDITEUR

RUE DE L'ÉCOLE-DE-MÉDECINE, 17

1875

MANUEL

DE

DROIT CIVIL

—

APPENDICE ET TABLES

8° F
13021

LAUSANNE. — IMPRIMERIE HOWARD-DELISLE ET F. REGAMEY

MANUEL

DE

DROIT CIVIL

COMMENTAIRE PHILOSOPHIQUE ET CRITIQUE

DU

CODE NAPOLÉON

PAR

LE PROFESSEUR ÉMILE ACOLLAS

ANCIEN PROFESSEUR DE DROIT CIVIL FRANÇAIS A L'UNIVERSITÉ DE BERNE, MEMBRE DE
LA SOCIÉTÉ D'ÉCONOMIE POLITIQUE ET DE LA SOCIÉTÉ D'ANTHROPOLOGIE DE PARIS

—

APPENDICE ET TABLES

(Les Tables, très détaillées, forment, dans leur corrélation avec le Manuel,
un véritable **Dictionnaire** des matières du Droit civil.)

Droit et Liberté.

« Il ne s'agissait pas d'examiner un principe en lui-même, mais d'interpréter, de discuter, de détruire ou de fortifier par d'autres textes ceux sur lesquels on l'appuyait. On n'adoptait pas une proposition parce qu'elle était vraie, mais parce qu'elle avait été écrite dans un tel livre, et qu'elle avait été admise dans tel pays et depuis tel siècle.

» Ainsi, partout l'autorité des hommes était substituée à celle de la raison. » CONDORCET.

« J'ai tiré mes principes non de mes préjugés, mais de la nature des choses. » MONTESQUIEU.

PARIS

GERMER-BAILLIÈRE, LIBRAIRE-ÉDITEUR

RUE DE L'ÉCOLE-DE-MÉDECINE, 17

—

1875

L'ANTHROPOLOGIE ET LE DROIT

A Messieurs les Membres de la Société d'anthropologie de Paris.

MESSIEURS,

Je viens offrir à votre Société un exemplaire de mon *Commentaire philosophique et critique du Code Napoléon*. Ma pensée, par cet hommage, est d'attester le lien intime qui rattache la science du droit, ou plus généralement toutes les sciences dites morales et politiques, à celle qui forme l'objet de vos préoccupations assidues, à l'histoire naturelle de l'homme.

Vos travaux, je ne l'ignore pas, Messieurs, sont avant tout empreints d'un esprit de patiente et minutieuse recherche, et peut-être me sera-t-il permis, à moi qui ai passé ma vie à analyser des faits et des idées, de louer cet esprit, car il est le véritable levier de la science ; seul il est capable de fournir une base solide à la construction scientifique.

Mais, en même temps que je m'incline devant vos profondes et sagaces investigations, je sais qu'en m'adressant à vous, je ne m'adresse pas à de simples érudits, cantonnés dans des questions spéciales et désintéressés des autres problèmes qui agitent leur époque ; ne suffit-il pas, en effet, de jeter les yeux sur votre Assemblée pour se convaincre qu'elle compte en nombre dans ses rangs des hommes auxquels n'échappe pas la portée générale et sociale de la science anthropologique ?

Pour ma part, je l'ai déjà proclamé bien des fois, si la Politique, c'est-à-dire la science des rapports sociaux naturels, nécessaires, si cette science si grave pour les destinées du genre hu-

main est encore en quête de ses premiers principes, c'est que jusqu'ici on n'a pas vu suffisamment ce qu'est l'homme ; c'est que, faute de connaître suffisamment le sujet même de la science politique, faute d'étudier l'homme d'une manière scientifique dans sa nature et dans son passé, on n'a su jusqu'ici, pour orienter et pour diriger son avenir, qu'inventer des systèmes *à priori* où le sentiment propre et l'imagination jouaient un rôle prédominant.

Faisons toutefois une exception pour ce génie unique, Aristote, qui fut le plus grand naturaliste des temps antiques et qui en fut aussi le plus grand théoricien politique.

Aristote, en effet, avait compris que l'homme n'est point séparé par un abîme du reste des autres êtres, et que c'est la même méthode, à savoir l'induction, fondée sur l'observation de la nature, qui seule convient pour instituer la science de l'individu humain et celle du Tout dont il fait partie. Et certes je n'affirme qu'un fait bien incontestable en disant que c'est à cette méthode qu'Aristote a dû d'écrire sur la Politique un livre qui, même après tant de siècles, est demeuré le monument capital de la science politique et où, de nos jours encore, on peut puiser des théorèmes qui sont l'expression la plus achevée de la spéculation politique.

Vous le voyez donc, Messieurs, un ancêtre illustre a tracé la voie et vous avez de qui tenir. C'est qu'en effet, comment pourrait-il y avoir une science générale de la nature sans que cette science embrassât l'homme, et comment à son tour la science naturelle et générale de l'homme n'embrasserait-elle pas la science de la faculté sociable de l'homme ?

Donc, en somme, l'anthropologie, dans ses données fondamentales et dans ses conséquences nécessaires, renferme comme un de ses chapitres la science sociale ou politique.

Or, la science sociale ou politique a trois branches : la morale, l'économie politique, le droit : donc encore chacune de ces branches, et le droit en particulier, n'est pas séparable par son but ni par sa méthode de la science générale qui, à l'égard de l'homme, forme la souche et la tige, de l'anthropologie.

Ce sont là des propositions qui ont toute l'évidence rationnelle possible, mais sur lesquelles, dans l'état présent de la science, il n'est pas inutile d'insister.

Le but de l'anthropologie, quel est-il ? D'éclairer la question de la nature et de l'origine de l'homme, de nous dire ce qu'il est et d'où il vient, par conséquent ce qu'il sera et où il va. L'anthro-

pologie tend donc finalement à nous fournir une norme, ou, si vous le voulez, une boussole, d'après laquelle nous nous dirigions, dans la mesure où notre nature nous dispose à le faire et à devenir maîtres de nous-mêmes.

Mais ce but grandiose de l'anthropologie n'est-il pas précisément aussi celui de la science du droit technique ? Le droit technique est la science des droits et des devoirs de l'homme sanctionnés par la coercition sociale ; or, qui dit droit et devoir dit par excellence une règle d'action ; donc, cette règle, qui est la visée suprême de l'anthropologie générale, est aussi celle de la science particulière du droit technique.

Et ici je demande la permission de faire une remarque : sur cette question du but, de l'avenir de l'Humanité, le droit, considéré dans son évolution, scruté dans ses profondeurs, peut être pour vous un auxiliaire unique ; la philosophie du droit bâtit en effet sur des textes législatifs et elle nous offre ainsi sur la marche du genre humain non-seulement les documents les plus positifs et les plus précis de tous, mais encore ceux qui ont le plus de portée générale.

Quant à la question des origines et des races, le droit, j'en conviens, ne saurait prétendre l'éclairer d'un jour aussi direct que la crâniologie et la linguistique ; mais si, comme ces deux sciences, il ne nous donne pas le moyen de nous avancer au-delà même des commencements des civilisations, si, chez certains peuples, les institutions juridiques ont participé à un mouvement qui n'a point atteint, au même degré du moins, les caractères anatomiques et les langues, il y aurait cependant grave erreur à penser que l'archéologie juridique n'ait point aussi un contingent à apporter à la solution du problème des origines et des races. Beaucoup de peuples, en effet, sont demeurés stationnaires dans leurs institutions, ou, pour mieux dire, dans leurs usages juridiques, et l'ethnologie a certainement son profit à faire des indications que recèle le droit.

Que si, en attestant le but commun de la science générale de l'homme, de l'anthropologie, et de la science particulière du droit, j'ai dû réclamer pour le droit une place qui ne lui a pas été suffisamment faite dans la philosophie et dans l'histoire (et cela, je m'empresse de le reconnaître, surtout par la faute des hommes adonnés à la culture spéciale de cette branche de la science), pour le procédé de construction scientifique au contraire, pour la méthode, le droit a tout à recevoir de l'anthropologie et des

sciences naturelles. Depuis des siècles, vous, Messieurs les naturalistes, vous savez observer les faits et grouper ensemble ceux que vous constatez être de même ordre ; puis, cette observation et ce groupement opérés, vous recherchez, toujours par l'observation directe et, s'il se peut dire ainsi, *de visu*, le rapport d'engendrement, la loi de causalité, et c'est alors seulement que vous posez une formule générale, une règle. Le droit n'en est pas là, il s'en faut. Nous autres juristes, nous sommes les esclaves des traditions les plus surannées, des fables sociales ou religieuses les plus grossières, et quand il nous arrive d'échapper à ces traditions et à ces fables, nous nous persuadons aisément que le droit est un concept de pur arbitraire et qu'il ne relève que de nos passions et de nos caprices.

C'est là certes, pour la science juridique, une cause de retard et d'infériorité déplorable ; pour tout ce qui est matière à science dans la nature, pour l'homme comme pour le reste, il n'y a qu'une méthode, et c'est la vôtre, je me plais à le redire, c'est la méthode inductive d'observation de la nature : ce n'est que par cette méthode que le droit se régénérera et qu'il accomplira la partie de la tâche qui lui revient dans le grand œuvre de l'avancement général de l'homme.

Ainsi, Messieurs, nous sommes des alliés nécessaires, nous juristes cultivant une branche spéciale de la science de l'homme, vous anthropologistes reliant les différentes parties, embrassant l'ensemble, remontant jusqu'au point de départ et devant assigner la direction et le but.

Cette direction et ce but, est-il d'ailleurs impossible de les préciser dès à présent, et serait-ce manquer à cette prudence, à cette réserve scientifique que je préconisais en commençant que de chercher à le faire ? L'Humanité n'a-t-elle pas déjà vécu un temps assez long sous une observation certaine, pour que, connaissant un anneau de la chaîne, nous soyons scientifiquement autorisés à essayer de dérouler la chaîne tout entière ? Ou, en d'autres termes, les faits positivement connus de nous qui constituent la vie du genre humain dans le passé ne sont-ils pas assez nombreux et assez constants pour que, sur ces faits, nous soyons en état d'asseoir une vaste induction et de fonder la loi de nos destinées ?

Personne, je pense, ne niera que cela soit possible, que cela ne soit légitime, et que, dans la contemplation du passé, nous ne puissions puiser des vues certaines sur l'avenir.

Or, en ce qui concerne la science sociale, deux principes sont en lutte. L'un attribue à une minorité infime le droit de revendiquer à titre héréditaire le monopole des supériorités intellectuelles et morales ; il enseigne que les sociétés doivent être à perpétuité organisées de manière à assurer la domination de cette minorité et qu'en conséquence la force sociale la plus considérable possible doit être remise en ses mains. L'autre veut, à l'inverse, éliminer le plus possible la coercition sociale; il professe que toutes les fonctions sont au concours et que chacun doit être classé selon l'aptitude qu'il prouve et selon son effort quotidien.

J'ai nommé l'autorité et la liberté.

Quelle thèse ou quelle hypothèse, dans ce débat d'une portée si considérable, adopteront de préférence les anthropologistes ? Je vois ici, Messieurs, des monogénistes, des polygénistes, des transformistes, mais je ne vois personne à qui ses principes en anthropologie commandent d'investir *à priori* une minorité du droit de régenter la masse; je ne vois, au contraire, que des hommes qui tous doivent être unis pour proclamer que chaque individu a le droit de se développer librement et que si l'on veut amener progressivement l'établissement de l'ordre naturel dans les sociétés, il y a lieu de réduire progressivement la coercition sociale au minimum d'emploi possible.

L'avancement permanent de l'homme dans la liberté, tel est, en effet, le dernier mot de l'histoire; tel est aussi, en particulier, celui du droit, interrogé dans son passé et dans ses progrès.

Serait-on tenté de poser comme une objection la fatalité de la loi anthropologique? Ce serait là, Messieurs, bien mal concevoir cette fatalité, car (et je n'ai certes point à l'apprendre à des esprits aussi philosophiques que les vôtres) loin d'être destructive de notre liberté, elle en est le gardien le plus assuré; elle est l'inéluctable force naturelle qui, d'âge en âge, en accroît la puissance et en élargit les domaines; loin de l'exclure, elle la comprend et elle la pousse en avant sur une mer dont jamais nous n'apercevrons les rivages.

D'ailleurs, en marchant, comme elle l'a fait, à la conquête du passé le plus antique, l'anthropologie a-t-elle recueilli des faits qui infirment ce que je viens de dire, et la préhistoire, découverte par elle, est-elle destinée à changer l'orientation générale de la philosophie de l'histoire? Nul, évidemment, parmi vous, Messieurs, ne le prétendra, nul ne niera que chacun des âges de pierre, de bronze et de fer ne marque une étape nouvelle et plus avancée

de l'Humanité, et, qu'au moment où il entre dans l'histoire, l'homme n'ait encore de beaucoup agrandi le cercle qui circonscrivait sa liberté aux âges antérieurs.

Par ces quelques mots se trouve tout expliqué l'hommage dont vous êtes l'objet de ma part, Messieurs. J'ai voulu, en effet, dans l'ordre si improprement appelé civil, introduire la méthode qui convient à toutes les sciences de la nature et, d'après cette méthode, tracer l'esquisse d'un droit qui rentrât dans la logique scientifique et devînt une section de la science naturelle de l'homme. Ce que je me suis proposé de faire dans l'ordre civil, je vais le tenter maintenant dans celui que, par la plus fausse des antithèses ou des séparations, on nomme aujourd'hui l'ordre politique, et qui n'est que l'ordre civil élargi aux dimensions de tout ce qui concerne, au point de vue du droit, la vie sociale. Alors, j'espère, j'aurai réussi à mettre en pleine lumière cette vérité que le système social idéal est celui qui assurerait à chacun le développement le plus élevé, le plus large, le plus harmonique, en un mot le plus libre de son activité ; alors j'aurai apporté, moi aussi, mon humble pierre à la construction de l'édifice de la science de l'homme et contribué à faire apparaître dans un jour nouveau l'unité de la science et du monde.

Veuillez agréer, Messieurs, l'expression de mon profond respect.

Meudon, 5 octobre 1874.

ÉMILE ACOLLAS,

Ancien professeur de droit français à l'Université de Berne,
membre de la Société d'Économie politique de Paris.

LA PHILOSOPHIE DE L'HISTOIRE ET LE DROIT

A Messieurs les membres de la Société de l'Histoire de France.

MESSIEURS,

L'Histoire de France, sous la plume des historiens de ce temps, a subi une transformation éclatante; autrefois, elle se tenait à la surface, se contentant de narrer les faits, de décrire les personnages, et si parfois elle abordait le côté des institutions, on peut dire qu'elle ne pénétrait jamais jusqu'à l'âme, car le fond d'idées qui fait la vie de l'Humanité lui échappait; elle ne sentait pas que ce fond se développe, se meut, qu'il progresse.

Ce sera l'un des titres de notre siècle d'avoir renouvelé la méthode historique et, à la lumière des idées du grand XVIIIe siècle, d'avoir tout au moins entrevu le magnifique et concluant enseignement que renferme l'Histoire.

La vie des peuples et du genre humain, en effet, n'est pas livrée à l'empire de l'arbitraire; elle se déroule suivant un plan qui, pour être mystérieux comme tout ce qui touche au fondement des choses, n'est pas cependant inaccessible à l'esprit humain; c'est là la *science nouvelle* dont Vico a posé la première assise et à laquelle Turgot, Condorcet, Herder, Lessing sont venus fournir des bases plus larges et plus profondes.

Sans doute, Messieurs, aucune science de l'homme et de la nature n'est faite, aucune science semblable ne le sera jamais, car la science veut l'absolu et elle n'atteint jamais qu'un degré plus élevé du relatif; elle recherche les effets et les causes, et les effets comme

les causes les plus lointaines se dérobent à ses investigations et à ses regards. La science nouvelle, la Philosophie de l'Histoire, elle non plus, n'est pas achevée et ne saurait prétendre à l'être. Certes, dans cet ordre également nous sommes en possession de capitales idées ; nous savons que le genre humain évolue vers le mieux, que, manifeste ou latente, cette évolution est de tous les instants, car elle est la condition même de la vie de l'homme et du monde ; nous savons qu'elle se poursuit sur une double ligne, que non-seulement l'Humanité conquiert de plus en plus les forces extérieures qui l'opprimaient aux âges primitifs, mais qu'elle conquiert en outre de plus en plus ses propres forces ; que de plus en plus elle agrandit son esprit et elle élève son cœur ; — nous savons davantage encore et, aux horizons de l'avenir, déjà nous apercevons l'aube d'un jour où les hommes de toutes races se reconnaîtront solidaires et frères.

Ces résultats sont considérables et personne assurément, moins que moi, ne voudrait en atténuer la portée ; peut-on dire cependant qu'ils constituent une vraie science de la civilisation ?

Nous possédons des formules grandioses, mais quel en doit être le développement ? D'après quelles lois les sociétés grandissent-elles et déclinent-elles ? Quel est même le critère de la civilisation ? Ce sont là des questions nées à peine, et, quant aux conditions de cet avenir où l'Humanité, de plus en plus consciente et maîtresse d'elle-même, atteindra l'unité et l'harmonie, la détermination et la synthèse scientifique où s'en trouvent-elles ?

La Philosophie de l'Histoire est donc à faire ou à refaire !

Or, une des causes qui jusqu'ici ont le plus nui au progrès de la Philosophie de l'Histoire, c'est que l'Histoire elle-même n'a pas embrassé tous les éléments dont elle se compose, c'est qu'elle a laissé en dehors d'elle une des manifestations les plus intimes et cependant les plus appréciables de la vie des peuples ; les historiens ont été trop peu juristes ; ils n'ont pas pénétré suffisamment l'esprit des différentes législations civiles, ils n'ont compris ni le lien qui rattache les institutions civiles à la vie générale d'un peuple, ni la mesure qu'elles peuvent fournir du niveau moral de ce peuple.

Toutefois, il est juste de le reconnaître, ce n'est point aux écrivains qui ont abordé la matière de l'histoire générale que revient la principale part de responsabilité dans cette omission ; ces écrivains, en effet, ne peuvent élaborer tous les sujets ; il leur est indispensable d'être aidés, et c'est aux hommes spéciaux de

leur fournir le secours dont ils ont besoin. Or, on est bien forcé de l'avouer, de ce côté comme de tant d'autres, les légistes français en ce siècle ont absolument failli à leur tâche ; prenant les textes actuels pour le commencement et la fin de la science, ils se sont laissés absorber par leur funeste procédé de casuistique, et c'est à peine si quelques-uns se sont souciés de collectionner des matériaux et des documents pour les races futures ! Quant à une synthèse de l'histoire du droit français, quant à des formules générales et exactes, quant au sentiment même du développement progressif du genre humain, vous les chercheriez vainement dans leur phraséologie prétentieuse et dans leurs œuvres vides ; si bien que, pour le dire en un mot, l'histoire du droit civil français forme, au XIXᵉ siècle, un complet *desideratum*.

Je me suis proposé, Messieurs, dans un cadre fort restreint d'ailleurs, de jeter quelque lumière sur cette histoire et notamment sur la partie la plus ignorée, quoique la plus proche de nous et de beaucoup la plus importante ; j'ai tiré de l'ombre, j'ose le croire, le droit civil de la Révolution et dégagé, pour l'ensemble, l'idée qui est la base de l'histoire du droit comme de toute histoire, je veux dire celle du progrès incessant de l'homme vers la liberté.

C'est pour ces causes que je fais hommage à votre Société de mon *Commentaire philosophique et critique du Code Napoléon*.

Veuillez agréer, Messieurs, l'expression de mon profond respect.

Meudon, 10 octobre 1874.

ÉMILE ACOLLAS,

Ancien professeur de droit français à l'Université de Berne,
membre de la Société d'Économie politique de Paris.

L'ÉCONOMIE POLITIQUE ET LE DROIT

A Messieurs les membres de la Société d'Economie politique de Paris.

MESSIEURS ET CHERS COLLÈGUES,

Ainsi que le Droit, et, à côté du Droit, l'Economie politique forme un des éléments d'une science qui ignore ses propres dimensions et qui est encore en quête de ses premiers principes ; cette science, c'est celle de l'organisation générale des sociétés, c'est la Politique ; mais, plus heureuse que la Politique elle-même, dont on a peu compris, aux temps modernes, qu'elle n'était qu'une partie intégrante, l'Economie politique a aperçu nettement l'idéal proposé à la science politique tout entière ; elle sait que le problème politique ou social en son entier consiste à faire accorder entre elles toutes les activités sous une loi générale de liberté ; qu'il se résume dans l'idée de l'établissement du libre droit de l'individu sur lui-même.

Le libre droit de l'individu sur lui-même, l'autonomie de l'individu, voilà, en effet, le fond de toutes les théories économiques depuis Quesnay, Turgot, Adam Smith jusqu'à l'illustre Stuart Mill (1).

---

(1) M. Mill est mort pendant que nous achevions ce livre. Esprit large autant que profond, M. Mill avait côtoyé la philosophie dite *positive*, et, au contact de cet empirisme sceptique et banal, il avait contracté certaines habitudes qui, autrement, eussent été étranges de la part d'un penseur aussi vigoureux et aussi libre. Parfois, en effet, il hésitait à pousser ses déductions jusqu'au bout, et il se laissait ainsi aller à admettre comme possibles des con-

C'est Quesnay qui, le premier, a identifié le droit naturel à la liberté; c'est lui qui, le premier, a donné du droit naturel cette large et vivante formule : « le droit pour chacun de faire usage de toutes les facultés qui lui ont été départies par la nature, sous la condition de ne nuire ni à lui-même ni aux autres. »

C'est Turgot qui, le premier, a nié l'existence d'un droit propre à la société, et qui a dit : « On s'est beaucoup trop accoutumé dans les gouvernements à immoler toujours le bonheur des particuliers à de prétendus droits de la société. On oublie que la société est faite pour les particuliers, qu'elle n'est instituée que pour protéger les droits de tous, en assurant l'accomplissement de tous les devoirs mutuels. »

Et c'est encore Turgot qui a proclamé le plus intime de tous les droits, le droit de chacun sur sa propre pensée, la liberté de conscience!

C'est Adam Smith qui a témoigné que l'utile n'est point séparable du juste, ni l'intérêt d'un seul homme de celui de tous les autres (1) et que le principe supérieur qui résout toutes les contradictions apparentes, qui concilie et unifie tout, c'est la liberté.

C'est enfin Mill qui a écrit : « La protection de soi-même, tel est le seul objet qui autorise les hommes, individuellement ou collectivement, à intervenir dans la liberté d'action qui appartient à leurs semblables. La seule raison légitime que puisse avoir une communauté pour user de la force envers un de ses membres, c'est de l'empêcher de nuire aux autres. »

Ainsi, les économistes ont dégagé les idées essentielles de la science politique; placés dans des sociétés qui toutes, plus ou moins, avaient inscrit en tête de leur *credo* politique le dogme du droit social, de la subalternisation de chacun à tous, de l'antagonisme des intérêts, ils ont été puissants pour la négation; ils ont dit à chacun : relève la tête, tu as ton droit, ton intérêt, ta place

---

ciliations entre des idées qui s'excluaient. La mort d'un tel homme n'en demeure pas moins une perte pour le genre humain !

Quant à nous, parmi les sympathies qni ont honoré notre œuvre, il n'en est point que nous tenions en un plus haut prix que celles de M. Mill.

(1) A une date récente cependant, on a vu à la Tribune française un philosophe, un éclectique, il est vrai (M. Etienne Vacherot), affirmer l'antinomie du juste et de l'utile, et, en même temps, des hommes politiques se sont rencontrés pour tenter de mettre dans la loi, à côté du principe du droit, celui que, dans leur langage ils ont appelé le *principe des intérêts*.

Pauvres gens, qui ne savent ni ce qu'ils disent, ni où ils nous conduisent !

marquée dans l'ordre social ; la société est faite pour toi et non toi pour la société ; développe-toi, ébats-toi, garde-toi seulement de nuire aux autres.

Je suis certes fort loin de rien vouloir exagérer ; je ne veux pas prétendre que les économistes aient fait la science politique, ni même qu'ils lui aient donné sa forme, son cadre : car cette forme, ce cadre, la science politique ne les a pas encore ; — et, quant aux économistes, aussi bien qu'aucun je connais les lacunes et les contradictions de leurs théories, j'en connais le terme d'arrêt ; je sais que leurs observations ont été souvent défectueuses, souvent incomplètes : je sais qu'ils se sont trop souvent restreints au point de vue spécial de leur science et qu'ils n'en ont point aperçu la relation avec la Morale et avec le Droit, ces deux autres branches de la science politique ; je sais qu'ils sont souvent tombés dans les erreurs mêmes de leurs adversaires, qu'ils ont admis le droit social propre, l'antagonisme des intérêts et d'autres hérésies capitales ; je sais que les plus récents ont souvent pratiqué le dédain des principes, qu'ils ont souvent dénaturé la grande méthode scientifique d'observation inductive de la nature au profit d'un empirisme sans boussole et sans ampleur comme sans portée ; je sais enfin qu'ils ont ainsi souvent pris rang parmi les ennemis du progrès et les fauteurs des réactions ; mais ces étroitesses d'idées, ces défaillances, ces déviations ne sauraient fermer mes yeux aux services considérables rendus par les économistes à l'élaboration de la science politique, et, pour mon compte, je m'honore de faire partie d'une société où ne s'est point encore éclipsé totalement l'esprit qui animait les grands économistes du XVIIIe siècle.

Si maintenant, en regard des résultats les plus généraux auxquels est parvenue l'Economie politique, nous cherchons à mettre les œuvres du Droit, que trouverons-nous ? Qu'a fait le Droit pour l'avancement, pour le dégagement de la science politique ?

Les légistes ne datent pas d'hier, comme les économistes ; ils ont derrière eux un long passé !

Au Bas-Empire, ils font cortége aux Césars, et ce sont eux qui révètent d'une forme théorique et dogmatique ces idées d'omnipotence de la loi, de centralisation administrative et politique qui ont miné les races latines et sont devenues pour elles un levain de mort.

A l'époque de la féodalité, ils admettent, à titre d'axiôme, que

le seigneur a tout droit contre le vilain, et, sur cette prémisse, ils édifient la monstrueuse glorification du régime féodal ; puis, quand la féodalité penche, ils se tournent contre le seigneur, mais n'ayez peur que la cause de la liberté humaine y gagne (les légistes ignorent cette idée et ce mot) ; ce qu'ils feront alors, ce sera d'importer dans le droit français, au plus grand avantage du monarque et au plus grand dommage de tous les autres, la maxime de Byzance : « Si veut le Roi, si veut la Loi. »

Voilà l'œuvre ancienne des légistes !

Désire-t-on un rapprochement précis entre eux et les économistes, que l'on compare, au XVIIIᵉ siècle, Quesnay, Gournay, Turgot, ces vastes esprits, à l'homme qui résume toute l'élaboration antérieure des juristes, à ce minuscule et ridicule Pothier ! Ouvrez les livres de Pothier à n'importe quelle page, compulsez ses *Traités du contrat de mariage, de la puissance maritale, du domaine de propriété et des fiefs*, y verrez-vous luire la moindre idée qui soit en harmonie avec celles du siècle, qui soit l'expression d'un progrès un peu sérieux et d'une vérité un peu haute !

Sans doute, tout n'est point ombre et ténèbres dans l'histoire de l'idée et de la science du Droit : nous autres Français, nous avons eu Domat, ce généralisateur ; nous avons eu ce philosophe, ce phare éclatant, Montesquieu ; et puis partout, en dehors de la triste besogne des légistes, par les philosophes, par les publicistes, par les savants en tous ordres, par les poètes eux-mêmes, par toutes les forces vives de l'Humanité, s'est fait ce travail latent qui a abouti à la magnifique efflorescence de la Révolution française, et l'on a pu croire un instant qu'allait s'ouvrir l'ère du Droit naturel, rationnel, humain !

Illusions vaines ! Le siècle qui a vu naître les recueils napoléoniens devait se charger de nous détromper. En même temps que dans les textes législatifs reparaissaient les traditions les plus oppressives et les moins avouables, les légistes actuels reprenaient les errements de leurs devanciers ; ils rivalisaient entre eux pour chasser du Droit tout idéal et tout souffle, pour faire du Droit un expédient de pure forme, prêtant appui à tous les despotismes.

Economistes demeurés fidèles à l'esprit du XVIIIᵉ siècle, vous dominez de cent coudées ces théories décrépites, car vous confessez le droit de l'individu et la liberté ; or, ce n'est que

par ce principe que la science du droit technique se régénèrera et que la science politique se fondera.

C'est dans cet esprit que j'ai composé mon *Commentaire philosophique et critique du Code Napoléon*, et c'est aussi dans cet esprit que je suis heureux de vous l'offrir.

Croyez, Messieurs et chers collègues, à toute ma cordialité.

Meudon, 20 octobre 1874.

EMILE ACOLLAS,

Ancien professeur de Droit français à l'Uuiversité de Berne,
membre de la Société d'économie politique de Paris.

LA SCIENCE DU DROIT EN FRANCE AU TEMPS PRÉSENT

*A Messieurs les Membres de l'Association française pour
l'avancement des sciences.*

MESSIEURS,

A une date où la France semblait aspirer à un renouvellement,
vous avez conçu et réalisé la pensée de grouper en une vaste as·
sociation tous ceux qui, en France, estiment que la culture scientifique est le premier des intérêts d'un peuple, et que c'est en
somme l'intelligence qui mène le monde. Glorieuse institution
que celle-là, et bien digne d'être entourée de tous les respects et
aidée de toutes les sympathies, car ce qu'elle entend servir, ce
n'est point seulement une cause nationale, c'est une cause universelle et humaine !

La France, d'ailleurs, a, dans l'ordre scientifique, des titres
impérissables à la reconnaissance du genre humain ; aucune nation plus qu'elle n'a agrandi et fécondé le champ de la science;
aucune, plus qu'elle, n'a porté l'idée en avant; pourquoi donc,
après avoir tant fait, s'arrêterait-elle, pionnier fatigué? Pourquoi
donc déserterait-elle aujourd'hui son œuvre d'hier, l'œuvre de
toutes les générations ?

Vous n'avez pas regardé comme possible, Messieurs, ce déclin
de notre patrie française, vous n'avez pas admis que la France
pût faillir à ses devoirs envers l'Humanité et envers elle-même —
et c'est aussi votre honneur — vous avez voulu propager, sti-
muler en France l'esprit scientifique et par là répandre la vraie
semence des rénovations.

Je viens correspondre à votre pensée en vous signalant le fâcheux état d'une science qui forme une partie intégrante de la science sociale ou politique et qui, à ce titre, mérite l'attention particulière des hommes d'étude, car elle concerne la sociabilité de l'être humain, c'est-à-dire sa faculté la plus éminente et celle qui est susceptible de produire les fruits les plus précieux et les plus abondants.

La science technique du Droit, Messieurs, est aujourd'hui entièrement à faire, et ce n'est pas seulement la construction scientifique qui est nécessaire ici, c'est encore, au préalable, le déblaiement.

Qu'est-ce, en effet, aujourd'hui que le Droit technique, qu'est-ce, non seulement en France, mais chez tous les peuples en général? Un amalgame de t.aditions et de coutumes les plus diverses et les plus confuses, souvent les plus inintelligentes et les plus contradictoires, le tout grossi à la fois des recettes des praticiens et des subtilités et des équivoques des légistes.

On conçoit bien, au surplus, que dans nos sociétés, si voisines encore de l'état barbare, l'idée d'un droit unitaire et humain soit à peine parvenue à se dégager. Le Droit confine à la Morale, il est au-dessous d'elle, car il n'en est que la partie en quelque sorte la plus extérieure et la plus grossière, car il est celle qui comporte et qui exige une sanction par la voie de la force; cependant, comme il dérive, ainsi que la Morale, de ce qu'il y a de plus intime et de plus élevé dans l'homme, il est tout simple qu'il forme une des parties les moins avancées de la science. Du reste, l'homme, cela va de soi, a agi avant de se poser une règle d'action ; il a agi parce que son besoin l'y poussait, et comme son besoin ne le portait que vers la satisfaction des nécessités les plus immédiates, il a dû se faire un droit tout empreint de ce sentiment brutal et égoïste. Par là s'explique que les plus forts se croyant intéressés à mettre sous le joug les plus faibles, ont constamment fait des lois qui consacraient leur domination et leur tyrannie.

Et quel argument plus considérable à l'appui de cette appréciation pourrais-je invoquer que l'exemple de ce droit fameux qui régit encore tant de nations dites civilisées? Fouillez la jurisprudence romaine, fouillez-la à fond : que trouverez-vous à la base de toutes ses théories, sinon une idée de privilége, d'exclusion et de force? Or, pour tempérer ce vice d'origine, en vain l'équité prétorienne inventera-t-elle les expédients les plus radicaux qui jamais existèrent dans aucune législation; en vain les légistes épuiseront-ils

toutes les ressources et accumuleront-ils tous les artifices de la casuistique la plus raffinée, le droit romain, même à son terme d'arrivée, demeurera, pour le fond, ce qu'il était au commencement : au temps du chrétien Constantin, sa *patria potestas* et sa *dominica potestas* sont encore abominables, car la première permet au père de vendre ses enfants à leur naissance, et la seconde autorise le maître à fustiger ses esclaves modérément; quant à sa propriété, c'est toujours une émanation de cette double spoliation, la conquête et l'esclavage!

Et cependant, parmi les nations modernes, fît-on même abstraction de celles qui ont adopté purement le droit romain comme règle fondamentale, combien n'en rencontre-t-on pas dont les législations ont été construites avec les débris de ce droit, combien dont les législations sont restées tout imprégnées de l'esprit romain? N'est-ce pas en partie notre propre cas, à nous hommes de France, et ne savons-nous pas tous que longtemps le droit romain gouverna le Midi de la France, et qu'au Nord l'ignorance de nos légistes, accouplant bizarrement les traditions romaines aux coutumes germaniques et aux règles féodales, produisit notre droit du seizième siècle, d'où sur tant de chefs est issu le droit napoléonien?

Du reste, je tiens à le redire, il n'y a rien de bien étonnant à ce que la science du droit n'ait pas dépassé jusqu'ici la période de l'enfance, car jusqu'ici l'intelligence et le niveau social de l'Humanité ont été humbles, et pour preuves je n'en voudrais que la subalternisation persistante du grand nombre au petit, et ce principe insensé de la soumission de tous à un seul homme, le monarque.

Donc, il n'y a nul lieu d'être surpris que les sciences physiques et naturelles aient devancé de beaucoup les sciences qui constituent la science politique ou sociale dans son sens large; cette science, le Droit y compris, est le côté le plus élevé et pour ainsi dire transcendant de la science relative à l'homme; or, elle n'a beau être elle-même qu'une des divisions de la science naturelle de l'homme, pour en poser exactement le problème et pour en découvrir les véritables perspectives, il était indispensable qu'auparavant la nature physique de l'homme fût connue.

Je sais bien que, dès l'antiquité, sous une forme poétique et magnifique, un Code de morale a été fait, le premier entre tous ceux dont l'Humanité est en possession; mais l'auteur, quel était-il? C'était aussi un des plus grands physiciens de l'antiquité! Toute-

fois, considérez le cours des choses : la gloire poétique de Lucrèce resplendit depuis des siècles, mais ce n'est que de nos jours que la profondeur de ses conceptions en physique a été comprise (1), et, quant à sa morale, elle demeure encore pour l'immense foule une lettre clôse.

Aussi, ma pensée n'est-elle pas d'imputer à faute au Droit des retards qui tiennent à sa nature propre et aux conditions du développement général de l'Humanité ; ce que je reproche au Droit, c'est-à-dire aux hommes qui s'en occupent, c'est d'être absolument étrangers à cet esprit philosophique qui seul fait la vie de la science, — et par là j'arrive au but direct de cette lettre.

Où en est aujourd'hui en France la doctrine du Droit ? Où en est l'enseignement du Droit ? Règne-t-il dans cette partie de la science et de l'enseignement, le moindre souffle critique et rénovateur ? Y trouve-t-on la moindre idée qu'un juriste adopte et qu'il sache suivre ? Qu'est-ce que le droit dans nos Facultés et au dehors, sinon la chose la plus superficielle, la plus inconsistante et finalement la plus vide, un pur exercice de casuistique et de gymnastique ? Qui pourrait croire au degré d'abaissement auquel est descendu l'enseignement officiel ? Interpréter le plus près possible de la lettre des textes que l'on répute *à priori* indéfectibles, épuiser ensuite toutes les ressources du raisonnement — et du déraisonnement — pour les faire paraître tels ; puis, comme ces textes se contredisent de l'un à l'autre, comme souvent le même texte est contradictoire dans ses différentes parties, imaginer ce qu'on nomme plus qu'ambitieusement des *systèmes* pour établir la conciliation, argumenter à cette fin d'un autre cas soit *à simili*, soit *à contrario*, et s'ingénier à tirer du texte le plus éloigné de la question un nouvel argument dont celui qui le propose aperçoit tout le premier l'étrangeté et le néant, voilà l'art suprême du professeur ! Quant à des points de vue généraux, n'en cherchez pas dans l'enseignement de nos Facultés ; d'abord, n'en cherchez pas qui relieraient le Droit aux autres sciences, et notamment à celle qui est sa base, à la science de la nature ; mais n'en cherchez même pas de propres à la science du droit : *in jure omnis definitio periculosa,*

(*) Voir le discours par lequel sir John Tyndall a inauguré cette année (1874) la session de l'Association britannique pour l'avancement des sciences, discours vraiment magistral et qui serait de tous points admirable si l'auteur, pour ménager les susceptibilités religieuses de ses compatriotes, n'eût trouvé bon de se prêter à des concessions que la science ne saurait admettre (*Adress delivered before the british association assembled at Belfast*, London).

dit un vieil adage; et, en effet, on ne définit qu'à la condition d'avoir quelque chose à définir, et le Droit actuel, par quelque côté qu'on le prenne, le Droit des livres techniques et de l'enseignement, scientifiquement ce n'est rien, c'est une outre gonflée de vent, c'est, je le répète, une casuistique et doublée d'une sophistique.

Or, quelle discipline, quelle règle pour le cœur et pour l'esprit peut engendrer une pareille science?

En même temps que le dégoût des études juridiques d'année en année fait des progrès, et que rien n'est susceptible d'être signalé qui indique une amélioration de notre état dans cet ordre, ce que les plus jeunes retirent de l'enseignement qui leur est donné, c'est un art insensé de soutenir sur tout sujet le pour et le contre, de faire des distinctions et d'établir des nuances qui ne reposent que sur des mots et qui, de dégradations en dégradations, vont jusqu'à l'effacement de toutes convictions, c'est un scepticisme frondeur qui ne laisse debout devant lui aucune idée morale.

Alors, ne vous étonnez pas de voir apparaître ces légions de prétendus hommes d'Etat qui professent et pratiquent ouvertement le dédain des principes, qui considèrent la carrière politique comme une arène où le prix est réservé à la prestidigitation la plus habile, et qui, corrompant toute notion du juste, ne se servent des fonctions publiques que pour satisfaire leurs ambitions et leurs appétits.

C'est à ce point que nous en sommes!

Toutefois, rien n'est irrévocablement perdu, tout peut être sauvé, si nous savons nous reprendre, si nous savons nous retremper aux sources vives, rallumer en nous le foyer de la conscience, remonter aux régions du Vrai. La France en particulier est en possession d'un idéal et de notions suffisantes pour refaire la Morale et le Droit; mettons-nous à l'œuvre et refaisons-les; car, pour ma part, j'en ai l'intime conviction, notre existence de nation est à ce prix.

Veuillez agréer, Messieurs, l'hommage de mon profond respect.

Meudon, 5 novembre 1874.

EMILE ACOLLAS,

Ancien professeur de Droit français à l'Université de Berne,
membre de la Société d'économie politique de Paris.

TABLE ALPHABÉTHIQUE DES AUTEURS

(Cette table comprend tous les auteurs dont un passage est textuellement reproduit, ou dont une opinion est discutée, ou qui sont l'objet d'une appréciation. — On n'y a pas compris les auteurs dont les ouvrages sont cités à titre de simple indication bibliographique.)

A

ACCARIAS. — Sur l'effet translatif de la transaction, III, 557 note 1.

AFFRE. — Sur l'adoption par le prêtre, I, 369.

AHRENS. — Sur la notion du contrat, II, 719 note 1.

— Sur la raison obligatoire des contrast, II, 721 note 1.

ALGLAVE (Emile). — Sur l'ordre public, III, 581 note 3 et 856 note 2.

ALLOU. — Sur les dispositions en faveur du médecin, II, 401 note 2.

ANDRIEUX. — Son rôle au Tribunat, I, XXXIV, et XXXV notes 1 et 3.

ARGENTRÉ (D'). — Sur le caractère déclaratif de la transaction, III, 557 note 1, et 584 note 2.

ARISTOTE. — Sur le caractère sociable de l'homme, II, 717 note 2.

— Sur l'idée et la science, II, 771 note 2.

— Sa méthode d'observation et d'induction ; résultats de cette méthode, III, *Append.*, 4.

B

ASSER (T. M. C.). — Sur le droit de rétention, III, 651 note 4.

AUBRY. Voir ZACHARIÆ.

AUDIFFRET (D'). — Sur l'organisation financière, II, 233 note 2.

AUGUSTIN (ST). — Sur le mariage, III, 937 note 1.

BAGEHOT. — Sa méthode, III, 932 note 1.

BARBEYRAC. — Sur l'acquisition du gibier, II, 16.

— Sur le fondement de la succession *ab intestat*, II, 29-30.

— Sur le droit de disposer entre-vifs ou à cause de mort, II, 376.

— Sur l'erreur quant aux motifs du contrat, II, 733 note 1.

— Sur la remise de la dette, II, 903.

BARROT (Odilon). — Son projet de réforme hypothécaire, III, 627.

BARTOLE. — Sur la substance des choses, I, 608 texte et note 6.

BASTIAT (Fr.) — Sur la définition des biens, I, 522.
— Sur le Droit romain, I, 572 note 2.
— Sur le principe de la liberté du travail, II, 722 note 2.
— Sur l'enseignement du droit, II, 731 note 1.
BATBIE. — Sur la réserve, I, 220 note 2.
BAYLE-MOUILLARD. — Sur l'état estimatif des donations mobilières, II, 478 note 1.
BEAUMANOIR. — Formule la maxime : *Si veut le roi, si veut la loi.* I, LIX, note 1.
— Appréciation de son mérite, II, 685 note 3.
— Sur le cheptel de fer, III, 428 note 1.
BÉDARRIDE. — Sur la nature de la prescription, III, 842 note 1.
BENECH. — Sur la quotité disponible entre époux, II, 705 note 2.
BENTHAM. — Sur le droit civil, I, XX.
— Ses travaux sur la philosophie du Droit, I, LV.
— Sur les privations de droits civils, I, 52.
— Sur la grâce, I, 59-60.
— Sur la nature du droit de succession, II, 30.
— Sur la vocation des collatéraux à la succession *ab intestat*, II, 90 note 1.
— Sur l'identité du droit de succession et du droit de tester, II, 374 note 1.
— Sur la raison obligatoire des contrats, II, 721 note 1.
— Sur la liberté du prêt à intérêt, III, 489 note 3.
BERLIER. — Sur l'augmentation de dot, III, 187 note 1.
BERRIAT-ST-PRIX. — Sur les glossateurs, I, 608 note 5.
BERTHAUD. — Sur l'excuse du crime, II, 73 note 2.
BETHMONT. — Son rôle dans la discussion de la réforme hypothécaire, III, 627 note 1.
BIGOT-PRÉAMENEU. — Sa biographie, I, XLIV.

— Sur l'enfant né plus de trois cents jours après la dissolution du mariage, I, 306.
— Sur la reconnaissance par un époux d'un enfant né avant le mariage, I, 346-349.
— Sur la règle *paterna paternis*, II, 92 note 1.
— Sur le calcul du disponible et de la réserve, II, 437 note 1.
— Sur les testaments conjonctifs, II, 514.
— Sur la quotité disponible entre époux, II, 712 note 3.
— Sur le contrat translatif de propriété, II, 788 note 1.
— Sur l'obligation alternative, II, 836 note 1.
— Sur l'insolvabilité des débiteurs solidaires, II, 853 note 1.
— Sur la définition de l'obligation naturelle, II, 869.
— Sur le payement, II, 873 note 1.
— Sur la force probante du serment, II, 967 note 2.
— Partisan de la clandestinité de l'hypothèque, III, 624 note 1.
— Sur la prescription entre époux, III, 884 note 1.
BLANC (Louis). — Appréciation de son *Histoire de la Révolution*, I, LXXV, note 2.
— Adhésion au droit de l'enfant, I, 363 note 3.
— Sur la liberté dans le mariage, III, 3 note 1.
BLUNTSCHLI. — Son adhésion au démembrement de la France, III, 433 note 2.
— Sur le système hypothécaire en Allemagne, III, 636 note 1.
BOISSONADE (B.). — Sur l'action Paulienne relativement au partage, II, 353 note 1, 354 notes 1 et 5.
— Son appréciation de la théorie de M. Emile Acollas sur la réserve, III, 502 note 1.
— Sur la nature du droit réel et la transcription, III, 632 note 3.
BOITEAU (Paul). — Faisait partie du *Comité d'étude*, I, LXXX note 1, — XC note 1, — XCI note 1, — XCIII note 1.

Bonaparte. — Son influence sur le droit international, I, xi.

— Sur Cambacérès, I, xlvi note 1.

— Appréciation de son caractère, I, lxiii, texte et note 1.

— Sur l'utilité du Code civil, I, lxiv note 1.

— Sur l'âge de la capacité matrimoniale, 1, 125.

— Sur le mariage, 1, 167 note 1.

— Sa capacité logique, 1, 166 note 1 et 167 note 1.

— Sur la subalternisation de la femme au mari, 1, 222 note 1.

— Sur l'obligation pour la femme d'habiter avec le mari, 1, 223 note 1.

— Sur le divorce, 1, 260 note 1.

— Sur les bâtards, le viol et l'adultère, 1, 353 note 2 et 356 note 1.

— Sur l'adoption, 1, 365 note 1.

— Sur l'adultère, 11, 159 note 2.

— Sur la donation opposée au contrat, 11, 381 note 1.

— But qu'il se proposait en faisant confectionner un Code civil, 11, 612 texte et note 2.

— Il rétablit les taxes douanières, 111, 229.

— Sur l'action en rescision pour vileté du prix, 111, 230 note 1.

— Fait admettre l'action en rescision pour le vendeur, 111, 319.

— Repousse l'action en rescision pour l'acheteur, 111, 324.

— Son incapacité législative, 111, 624 note 1.

Bonnier. — Sur la divisibilité de la possession d'état, 1, 315 note 1.

— Sur l'obligation de faire la preuve, 11, 931 note 1.

Bourjon. — Sur la prescription instantanée des meubles, 111, 902-903.

Bright (Jacob). — Sa proposition sur l'électorat des femmes, 111, 7 note 2.

Brisson (Henri). — Faisait partie du Comité d'étude, I, lxxx note 1, — xc note 1, — xci note 1.

Broca. — Sur le crime et la culpabilité, 111, 882 note 1.

Brodeau. — Sur le privilége des frais de dernière maladie, 111, 658.

Buchel. — Sur l'hypothèque des choses incorporelles, 111, 616 note 3.

Buchner (Louis). — Sur la liberté de la volonté humaine. 11, 721 note 1.

— Sur l'infériorité de la femme, 111, 5 note 1.

— Sur le rôle historique de la Grèce, 111, 15 note 1.

— Sur les commencements de l'homme, 111, 433 note 2.

— Sa protestation contre le démembrement de la France, 111, 433 note 2.

— Sur le crime et la culpabilité, 111, 882 note 1.

— Sur l'idée du progrès, 111, 932 note 1.

Buckle. — Son Histoire de la civilisation, 111, 729 note 1.

Bufnoir. — Sur la nature de l'hypothèque, 111, 715 note 1 et 717 note 1.

Bugnet. — Sur la fiction de représentation. 11, 99 note 2.

— Sur les stipulations pour autrui, 11, 767 note 1.

— Sur les incapacités de contracter, 11, 771 note 2.

— Son appréciation sur la discussion relative au contrat translatif de propriété, 11, 788 note 1.

— Sur la condition potestative, 11, 820 note 2.

— Sur les risques en cas d'obligation alternative, 11, 833 note 1.

— Sur la solidarité pour le payement des amendes, 11, 840 note 2.

— Sur la subrogation, 11, 883.

— Sur l'assistance des ascendants au contrat de mariage, 111, 28 note 2.

— Sur la vente à goûter, 111, 241 note 2.

— Sur la clause de rachat moyennant un prix excessif, 111, 312 note 3.

— Sur la différence entre le louage et la vente, 111, 355 note 3.

— Sur le cheptel, 111, 421 note 4.

— Sur la nature de la constitution de rente, 111, 495 texte et note 1.

— Sur la nature du contrat aléatoire, 111, 529 note 2.

— Sur le mandat tacite, 111, 537 note 1.

— Sur la purge spéciale, III, 822 note 2, 824 note 1, 826 note 1, 828 note 1.

BURLAMAQUI. — Sur le droit de disposer entre-vifs à cause de mort, II, 376.

— Sur la raison obligatoire des contrats, II, 721 note 1.

C

CAILLET. — Sur la restitution du prix en cas d'éviction, III, 292 note 1 et 296 note 2.

CAMBACÉRÈS. — Sur la codification, I, XXX.

— Sa biographie, I, LXIV-LXVI.

— Sur l'égalité des enfants, I, 329 note 1.

— Sur le droit de correction, I, 393.

— Sur l'émancipation de plein droit, I, 473.

— Sur la nullité du mariage de l'interdit, I, 504.

— Sur la mobilisation des rentes, I, 549.

— Sur les jours et vues, I, 700 note 1.

— Sur la règle *paterna paternis*, II, 92 note 1.

— Sur le droit héréditaire de l'enfant naturel, II, 132 note 2, et 141.

— Sur l'égalité des enfants, II, 159 note 2. — 161 note 1.

— Partisan de la révocation des donations pour survenance d'enfant, II, 502.

— Sur le Code de la Convention, II, 854 texte et note 3.

— Sa morale, III, 20 note 1.

CAMBON. — Créateur du Grand-Livre de la dette publique, III, 497 note 2.

— Partisan de la mobilisation du sol, III, 621 note 1.

CAMPBELL (James V.). — Sur la faible utilité du droit romain, III, 437 note 2.

— Renseignements fournis par lui sur le système hypothécaire en Amérique, III, 639 note 1.

CARUS. — Sur l'idée du progrès, III, 932 note 1.

CHABOT. — Sur la fongibilité, II, 127 note 4.

— Sur l'imputation, II, 150 note 1.

— Sur la réduction de la part successorale de l'enfant naturel, II, 152 note 1.

CHAMPIONNIÈRE. — Sur la propriété seigneuriale, I, 596 note 5.

CHATEAUBRIAND. — Sur le salariat, III, 343.

— Sur l'inégalité des fortunes, III, 345 note 3.

CHÉNIER (Marie-Joseph). — Sur le Code civil, I, XXXIV note 1.

— Son rôle au Tribunat, I, XXXIV, XXXV notes 1 et 3.

CIESZKOWSKI (A.). — Sur le crédit réel, III, 588-589. — 608 note 3.

CLAMAGERAN. — Faisait partie du *Comité d'étude*, I, LXXX note 1, — XC note 1, — XCI note 1, — XCIII note 1.

— Adhésion au droit de l'enfant, I, 363 note 3.

— Sur l'injustice de la loi fiscale, I, 528 note 1.

— Sur le mandat salarié, III, 538 note 1.

CLAVEL (Dʳ). — Faisait partie du *Comité d'étude*, I, LXXX note 1, — XC note 1, — XCI note 1, — XCIII, note 1.

COCHUT (André). — Faisait partie du *Comité d'étude*, I, LXXX note 1, — XC note 1, — XCI note 1. — XCIII, note 1.

— Adhésion au droit de l'enfant, I, 363 note 3.

COLBERT. — Cherche à organiser la publicité de l'hypothèque, III, 618.

— Partisan de la mobilisation du sol, III, 621 note 1.

COLMET DE SANTERRE. — Sur la théorie de l'accroissement, II, 602 note 2.

— Sur les colégataires, II, 603 note 1.

— Sur la nature du droit de l'institué contractuel, II, 672.

— Sur les conditions potestatives, II, 681 note 2.

— Sur la définition du contrat, II, 735 note 2.

— Sur les risques en cas d'obligation alternative, II, 833 note 1.

— Sur les intérêts dûs par des débiteurs solidaires, II, 844 note 2.

— Sur les défenses résultant de la nature de l'obligation, II, 845 note 1.

— Sur l'indivisibilité, II, 857 note 3 et 859 note 1.

— Sur les offres réelles de choses indéterminées, II, 895 note 1.

— Sur l'art. 1303, II, 917 note 3.

— Sur l'acte authentique, II, 934 note 3.

— Sur la confirmation de la donation, II, 949 note 1.

COMTE (Auguste). — Fondateur du positivisme, III, 882 note 1.

COMTE (Charles). — Sur le droit de l'individu, I, XVI note 1.

— Sur l'organisation judiciaire, I, LXVI note 2.

— Appréciation de son livre, I, LXXVIII note 1.

— Sur l'utilité de l'appel, II, 957 note 3.

CONDORCET. — Sur la formation du Droit, I, sous-titre, — II, sous-titre, — III, sous-titre.

— Sur la solidarité des peuples, I, VIII note 1.

— Sur l'autonomie de l'individu, I, XVI note 1.

— Sa doctrine du progrès, I, LVI.

— Recommandation de ses ouvrages, LXXIV note 3.

— Son plan de constitution, I, CIII note 1.

— Sur le vote direct des lois, I, 2 note 1.

— Sur l'inégalité de la femme par rapport au mari, I, 224 note 1.

— Sur le droit romain, I, 572 note 2.

— Sur l'utilité du droit romain, II, 726 note 1, et III, 860 note 1.

— Sur l'égalité des sexes, III, 4.

— Sur le droit des femmes, III, 8 note 1.

— Sur l'idée du progrès, III, 932 note 1.

— Services qu'il a rendus à la science historique, III, Append., 9.

CONSTANT (Benjamin). — Son rôle au Tribunat, I, XXXIV, XXXV notes 1 et 3.

— Appréciation de ses écrits, I, LXXVI.

COURCELLE-SENEUIL. — Appréciation de son Traité d'économie politique, I, LXXVIII note 4.

— Faisait partie du Comité d'étude, I, LXXX note 1, — XC note 1, — XCI note 1.

— Adhésion au droit de l'enfant, I, 363 note 3.

— Sur la propriété mobilière, I, 528 note 1.

— Sur la vénalité des offices, I, 517 note 1.

— Réponse à ses critiques, II, VI-VII.

— Appréciation économique du rapport, II, 274 note 1.

— Sur la distinction entre le testament et la donation, II, 374.

— Sur le droit de propriété s'éteignant avec le propriétaire, II, 375 note 1.

— Sur la liberté de tester, II, 410 note 1, — 411 note 1.

— Sur le principe de la liberté du travail, II, 722 note 2.

COURDEMANCHE (A. DE). — Sur l'hypothèque et le privilége, III, 615 note 4.

— Sur le régime hypothécaire, III, 625 note 2.

COURTET DE L'ISLE. — Sur l'organisation du crédit foncier, III, 613 note 1 et 625 note 4.

COUTHON. — Partisan de l'égalité de l'homme et de la femme, I, CXV note 1.

CUJAS. — Sur le colonat, I, 613 note 2.

— Sur l'acquisition du gibier, II, 16-17.

— Sur les éléments du contrat, II, 746-747.

— Sur les droits de la femme quant aux biens dotaux, III, 191 note 1.

— Sur la dette d'intérêts et de fruits, en cas de vente rescindée pour lésion, III, 323 note 2.

— Sur l'accroissement après la cession d'hérédité, III, 336 note 2.

— Sur la qualité de locateur et de locataire, III, 352 note 3.

— Sur la prescription, III, 856 note 1.

D

DAGUESSEAU. — Partisan de l'abrogation des fidéicommis, II, 611.

DANTON. — Partisan de l'égalité de l'homme et de la femme, I, CXV note 1.

DARWIN. — Sur la sélection naturelle, III, 882 note 1, et III, 932 note 1.

DAUNOU. — Son rôle au Tribunat, I, XXXIV, XXXV notes 1 et 3.

DELVINCOURT. — Sur les oppositions à mariage par les ascendants, I, 157-158.

— Sur la nature du droit de l'institué contractuel, II, 672 note 4.

— Sur la résolution des ventes mobilières, III, 308 note 3.

— Sur l'objet de la société, III, 445 note 5.

— Sur la possession paisible, III, 863 note 4.

DEMANGEAT. — Sur la nature du mariage romain, I, 118 note 1.

— Adhésion au droit de l'enfant, I, 363 note 3.

— Sur la règle que la servitude ne peut pas consister à faire, I, 710 note 1.

— Sur la définition de l'obligation, II, 723 note 1.

— Sur la solidarité entre créanciers, II, 836 note 2.

— Sur l'action de la loi « Aquilia, » II, 978 note 2.

— Sur la responsabilité du dommage causé par un animal, II, 981 note 1.

— Sur l'interdiction du mari, III, 107 note 1.

— Sur l'inaliénabilité de la dot mobilière, III, 199 note 2.

— Son erreur sur la jurisprudence, III, 267 note 1.

— Sur le bénéfice de discussion de l'acheteur à réméré, III, 346 note 1.

— Sur le droit du locataire, III, 382, note 1, et 383 note 1.

— Sur la promesse d'apport en société, III, 461 note 1.

— Sur le prêt de consommation des sommes d'argent, III, 481 note 2.

— Erreur qu'il a laissé subsister dans le livre de M. Mourlon, III, 565 note 4.

— Id. III, 705 note 1.

— Son adhésion à l'Empire, III, 949 note 2.

DEMANTE. — Sur l'inconstitutionnalité de certains décrets impériaux, I, 49 note 1.

— Sur les créanciers de l'absent, I, 109 note 1.

— Sur la nullité du mariage de l'absent, I, 114 note 3.

— Sur le droit de correction en cas de récidive, I, 395.

— Sur la responsabilité de l'usufruitier légal, I, 449 note 2.

— Sur les actions considérées comme immeubles, I, 539 note 1.

— Sur l'action en reprise, II, 123.

— Sur le droit héréditaire des enfants naturels en concours avec des ascendants et des collatéraux ordinaires, II, 144 note 1.

— Sur la créance d'aliments de l'enfant adultérin ou incestueux, II, 161.

— Sur l'admission de la demande d'envoi en possession, II, 178 note 3.

— Sur l'exécution contre les successeurs irréguliers, II, 341 note 1.

— Sur la révocation des donations pour survenance d'enfant, II, 543 note 1.

— Sur l'écriture du testament olographe, II, 516 note 2.

— Sur les formalités du testament public, II, 524 notes 2 et 4.

— Sur l'effet de l'obligation divisible, II, 857 texte et note 1.

— Sur la force probante des quittances, II, 944.

— Sur la confirmation de la donation, II, 949.

— Appréciation du serment, II, 968.

DEMANTE (Gabriel). — Sur l'effet déclaratif de la transaction, III, 584 note 2.

DEMOLOMBE. — Utilité de son ouvrage, I, LXXVII note 3.

— Sur la mort civile, I, 54.

— Appréciation des décrets de 1809 et 1811, I, 48 note 1.

— Sur la preuve de la filiation naturelle comme obstacle au mariage, 1, 136 note 1.

— Sur le mariage des prêtres et des religieuses, 1, 141 texte et note 2.

— Sur le domicile matrimonial, 1, 147 note 3.

— Sur la cassation de l'arrêt de mainlevée d'opposition à mariage, 1, 164.

— Sur l'absence de théorie légale dans les nullités du mariage, 1, 163.

— Sur le droit d'éducation de l'enfant, 1, 204 note 1, — 205, — 209 note 1.

— Sur la puissance paternelle, 1, 205 note 2.

— Sur l'obligation alimentaire des enfants naturels, 1, 213 note 1.

— Sur le fondement de l'incapacité de la femme mariée, 1, 226 texte et note 1.

— Sur le droit du mari d'autoriser sa femme à s'obliger dans l'intérêt du mari, 1, 244.

— Sur le compte qu'il faut tenir des faits, 1, 304.

— Sur l'indivisibilité de la possession d'état, 1, 315 note 1.

— Sur l'arrêt de Marie-Aurore, 1, 316 note 1.

— Sur les restrictions apportées à la réclamation d'état, 1, 317 note 1.

— Sur l'action subrogatoire pour la réclamation d'état, 1, 323 note 4.

— Sur l'action en réclamation d'état dans la personne des descendants de l'enfant, I, 326.

— Sur la légitimation des enfants dont la filiation est constatée après le mariage, I, 331.

— Sur la reconnaissance par un époux d'un enfant né avant le mariage, I, 347.

— Sur le pouvoir suprême du législateur, I, 348 note 1.

— Sur le droit de l'enfant, I, 348 note 3.

— Sur la méthode défectueuse du Code, I, 351.

— Sur l'interdiction de recherche de filiation adultérine ou incestueuse, I, 360 note 1.

— Sur les causes de nullité de l'adoption, I, 380.

— Sur l'adoption, droit arbitraire, I, 384 note 3.

— Sur la puissance paternelle, I, 386 note 2.

— Sur la prohibition de jouissance légale s'étendant à la réserve, I, 409 note 1.

— Sur la responsabilité de l'usufruitier légal, I, 449 note 2.

— Sur la capacité du mineur émancipé, I, 480 note 3.

— Sur la révocation de l'émancipation, I, 486.

— Sur la capacité de l'interdit dans les intervalles lucides, I, 502-503, et 503 note 2.

— Sur la capacité du demi-interdit, I, 519-520.

— Sur la définition de l'action, I, 539.

— Sur les définitions des art. 533-536, I, 553.

— Sur le domaine public, I, 556 note 1.

— Sur la nature de l'hypothèque, 1, 560 note 1.

— Sur l'impossibilité de démembrer librement la propriété, I, 568 note 1.

— Sur le possesseur de bonne foi, I, 583 note 1.

— Sur les héritiers du possesseur de mauvaise foi, I, 586.

— Sur l'art. 607, I, 636.

— Sur la tutelle administrative, I, 675.

— Sur les caractères de la servitude réelle, I, 711 note 2.

— Sur la constitution des servitudes réelles, 1, 715.

— Sur la méthode défectueuse du Code, II, 2 note 3.

— Sur l'attribution des épaves, II, 25 note 1.

— Sur les présomptions de survie, II, 39 note 1.

— Sur le droit éminent de l'Etat, II, 44 note 2.

— Sur le droit de succession de l'Etat, II, 55 note 1.

— Sur la capacité des étrangers, II, 65 note 3.

— Sur l'indignité, II, 70, texte et note 2, — 71 notes 2 et 3.

— Sur les actes de l'héritier indigne, II, 80 note 1.

— Sur la représentation en ligne collatérale, II, 88 note 1.

— Sur la fiction de représentation, II, 99 note 2, et 105 note 4.

— Sur la vocation des collatéraux, II, 103 note 2.

— Sur la représentation des personnes vivantes, II, 104.

— Sur le fondement des successions irrégulières, II, 118 note 3.

— Sur l'omnipotence de la loi, II, 121 note 1.

— Sur la fongibilité, II, 127 note 4.

— Sur le droit héréditaire de l'enfant naturel, II, 133.

— Sur le droit successoral de l'enfant adultérin ou incestueux, II, 162 note 1.

— Sur le droit éminent de souveraineté de l'Etat, II, 174 note 2.

— Sur l'admission de la demande d'envoi en possession, II, 178 note 3.

— Sur les renonciations par acte notarié, II, 209 texte et note 1.

— Sur l'effet de la renonciation, II, 210 note 1.

— Sur la faveur de la loi, II, 213 note 2.

— Sur l'article 789, II, 216 note 2.

— Sur le divertissement et le recel, II, 224.

— Définition du partage, II, 241.

— Sur la méthode du Code, II, 242 note 2.

— Sur le retrait successoral, II, 267 texte et note 3, — 269.

— Sur l'origine du rapport, II, 273 note 1.

— Sur le rapport des legs, II, 277 note 2.

— Sur le rapport, II, 282 note 2.

— Sur le rapport en cas de représentation, II, 284.

— Sur les donations déguisées, II, 296 note 1.

— Sur la dispense du rapport des fruits, II, 298 note 2.

— Sur le contrat de société entre le de cujus et son successible, II, 301 note 1.

— Sur le rapport des dettes, II, 304 note 3.

— Sur les risques en cas de rapport, II, 311 note 2.

— Sur la contribution des légataires, II, 321 note 2 et 326 note 2.

— Sur la division de l'action hypothécaire, II, 337 note 1.

— Sur l'obscurité des principes qui régissent la séparation des patrimoines, II, 341 note 2.

— Sur l'exercice de la séparation des patrimoines, II, 343.

— Sur le sens du mot *novation*, II, 346 note 1.

— Sur la séparation des patrimoines, II, 349 note 2.

— Sur les conditions impossibles dans les donations, II, 385 note 1.

— Sur la prohibition d'aliéner contenue dans une donation ou dans un testament, II, 386 note 2.

— Sa méthode d'enseignement, II, 387 note 1.

— Sur les incapacités de recevoir, II, 389 note 2.

— Sur les dispositions en faveur du médecin, II, 401 note 2.

— Sur l'incapacité du médecin, II, 402 note 4.

— Sur l'action en réduction des donations faites aux enfants adultérins ou incestueux, II, 404 note 1.

— Formule de la réserve de l'enfant naturel, II, 423.

— Sur le désaccord entre la réserve et le droit héréditaire, II, 424 note 2.

— Sur le droit de la mère d'accepter une donation faite à son enfant, II, 457 note 1.

— Sur l'état estimatif des donations mobilières, II, 478 notes 1 et 2.

— Sur la définition des biens présents, II, 479 note 1 et 480 note 1.

— Sur le droit des héritiers du donateur de demander la révocation, II, 496 note 3.

— Sur la révocation des donations par suite d'adoption, II, 507.

— Sur la non-révocation des donations d'ascendants, II, 508.

— Sur les formalités du testament public, II, 524 note 4.
— Sur le legs d'usufruit, II, 554.
— Sur les présomptions d'interprétation de volonté, II, 569 note 1.
— Sur la concession de droits que fait l'Etat à l'individu, II, 571 texte et note 1.
— Sur la capacité des exécuteurs testamentaires, II, 574 note 1.
— Sur le sens du mot *caducité*, II, 583 note 1.
— Sur la révocation des testaments, II, 588 note 3.
— Sur la théorie de l'accroissement, II, 602 note 2.
— Sur la prescription opposable aux appelés, II, 637 note 3.
— Sur les causes d'ouverture de la substitution, II, 641 note 1.
— Sur le partage d'ascendant, II, 649 note 4.
— Sur la capacité requise pour le partage d'ascendant, II, 651 note 1.
— Sur la transcription de l'institution contractuelle, II, 676 note 1.
— Sur les conditions potestatives, II, 680 note 2.
— Sur l'institution contractuelle entre futurs époux, II, 691 texte et note 1.
— Sur la faculté de révocation des donations entre époux, II, 695 note 2, et 696 note 4.
— Sur la réduction et la caducité des donations entre époux, II, 698 note 2, et 699 note 3.
— Sur la réserve des ascendants réduite à une nue-propriété, II, 703 note 1.
— Sur la définition du contrat, II, 735 note 2.
— Sur la définition du contrat synallagmatique, II, 738 note 2.
— Sur le droit naturel, II, 746 note 3.
— Son dédain pour le droit de la Révolution, II, 761 note 2.
— Sur la lésion, comme vice du consentement, II, 762 note 2.
— Sur les incapacités de contracter, II, 771 note 2.
— Sur l'obligation de donner, II, 782 note 1.

— Sur les risques, II, 789 note 1.
— Sur les fermages et loyers, II, 805 note 1.
— Sur l'évaluation des dommages-intérêts, II, 798 note 1.
— Définition de l'obligation naturelle, II, 869 note 1.
— Sur l'aliénation des meubles par la femme séparée de biens, III, 112 note 3.
— Sur la nature de l'hypothèque, III, 715 note 1.
— Sur le droit d'option en cas d'absence, III, 917 note 1, — 920 note 2, — 921 note 1.
— Sa critique de l'art. 127, III, 918 note 4.
— Sur le droit des envoyés en possession, III, 922.
— Sur la restitution des biens de l'absent, III, 926 note 2 et 927.
— Sur la succession ouverte par l'absent, III, 929.
— Sur les droits acquis, III, 935 note 1.

DESCARTES. — Appréciation de ses œuvres I, LXXIV.

DESMOULINS (Camille). — Partisan de l'égalité de l'homme et de la femme, I. CXV, note 1.

DOMAT. — Sa conception du droit, I, XXVII.
— Sur les jurisconsultes romains, I, 553 note 1.
— Sur la prescription des servitudes, I, 725.
— Partisan de la révocation de la donation, II, 213.
— Sur le droit des créanciers de l'héritier à demander la séparation des patrimoines, II, 348 note 2.
— Sur l'accroissement, II, 601.
— Sur la restitution du prix en cas d'éviction, III, 292 note 1.
— Seul parmi les anciens légistes comprit la science, III, 380 note 3.
— Services qu'il a rendus à la science du Droit, III, *Append.*, 15.

DONEAU. — Sur les droits de la femme quant aux biens dotaux, III, 191 note 1.

DUFOUR. — Appréciation du rapport, II, 274 note 1.

DUMOULIN. — Sur les contrats entre époux, I, 244.

— Sur l'indivisibilité des servitudes, I, 722.

— Définition du fief, II, 43 note 2.

— Sur la représentation, II, 99 note 2.

— Sur la représentation des personnes vivantes, II, 104 texte et note 1 — et 105 note 2.

— Définition du partage, II, 241

— Sur le retrait successoral, II, 272.

— Sur l'avancement d'hoirie, II, 281.

— Sa théorie sur les avancements d'hoirie, II, 281 note 1.

— Sur l'indivisibilité de l'hypothèque, II, 331 note 2.

— Sur l'enfant naturel né après la donation, II, 506.

— Sur le règlement des dommages et intérêts, II, 796 note 2.

— Définition du dol, II, 797 note 1.

— Sur l'obligation solidaire, II, 832 note 1.

— Sur les dommages-intérêts en cas de solidarité, II, 843 note 1.

— Appréciation de son mérite, II, 853 note 3.

— Sur l'indivisibilité des obligations, II, 854 note 3.

— Sur les énonciations de l'acte authentique, II, 935 note 1.

— Sur le caractère de la communauté, III, 32.

— Sur les droits de la femme quant à la communauté, III, 73 note 1.

— Sur la divisibilité de l'exception de garantie, III, 284 note 1.

— Sur la restitution du prix en cas d'éviction, III, 292 note 1.

— Sur les dommages-intérêts en cas d'éviction, III, 294 texte et note 2, — 295, — 297.

— Sur l'action en rescision pour l'acheteur, III, 324.

— Sur le caractère déclaratif de la transaction, III, 577 note 1 et 584 note 2.

— Sur le droit de revendication du vendeur de meubles, III, 674.

— Sur l'indivisibilité de l'hypothèque, III, 718 note 1.

DUNOD. — Sur la jouissance de pure faculté et de simple tolérance, III, 865.

DUNOYER (Ch.). — Sur l'autonomie de l'individu, I, XVI note 1.

— Sur le sens du mot *capital*, I, 249 note 1.

— Sur la vénalité des offices, I, 547 note 1.

— Sur le principe de la liberté du travail, II, 722 note 2.

DUPEUTY. — Partisan de la mobilisation du sol, III, 621 note 1.

DUPONT DE BUSSAC. — Sur la condition résolutoire, II, 818 note 1.

— Sur la suppression de l'action résolutoire, III, 628.

DURANTON. — Sur l'obscurité des textes, I, 487 note 1.

— Sur la nature du droit de l'institué contractuel, II, 672 note 4.

— Sur l'action en annulation pour dol, II, 703 note 2.

— Sur la résolution des ventes mobilières, III, 308 note 3.

— Sur l'objet de la société, III, 445 note 5.

DUVERGER. — Sur le privilége du donateur, III, 685 note 1.

— Sur le privilége du vendeur, III, 695 note 2.

DUVERGIER. — Sur l'action paulienne à l'égard des sous-acquéreurs, II, 814 note 2.

— Sur les contrats réels en Droit français, III, 513 note 1.

DUVEYRIER. — Appréciation de son mérite, I, LII.

— Sur l'impuissance naturelle, I, 295.

— Sur l'enfant né plus de trois cents jours après la dissolution du mariage, I, 305.

— Sur le recel par la femme renonçante, III, 121 note 1.

E

EMMERY. — Appréciation de son mérite, I, LII.

— Sur l'interdiction du mineur, I, 496.

— Sur l'incapacité de l'interdit, I, 504.

ESTERNO (D'). — Sur la législation du cheptel, III, 416 note 2.
— Sur les variétés de cheptel, III, 417 note 1.
— Sur les légistes, III, 423 note 2.
— Sur le détournement en cas de cheptel, III, 424 note 2.
— Sur les prohibitions concernant le cheptel, III, 427 note 2.

F

FAVART. — Sur le contrat translatif de propriété, II, 788 note 1.
FAVRE (Jules). — Sa participation aux travaux du *Comité d'étude*, I, LXXX note 1, — XC note 1, — XCI note 1, — XCIII note 1.
— Adhésion au droit de l'enfant, I, 363 note 3.
— Appréciation de sa conduite politique, III, VI note.
FERRY (Jules). — Faisait partie du *Comité d'étude*, I, LXXX note 1, — XC note 1, — XCI note 1, — XCIII note 1.
FEUERBACH. — Ses travaux sur la philosophie du Droit, I, LV.
FICHTE. — Ses travaux sur la philosophie du Droit, I, LV.
FISCHEL (E.). — Sur le contentieux administratif, I, 674 note 1.
FLOQUET. — Faisait partie du *Comité d'étude*, I, LXXX note 1, — XC note 1.
FOLLEVILLE (Daniel DE). — Sur l'interdiction du mari, III, 105 note 3.
— Sur la vente de la chose d'autrui, III, 340 note 2.
— Sur la prescription des meubles, III, 901 notes 1 et 2.
FRESQUET (DE). — Partisan du droit de l'enfant, I, 363 note 3.
FURGOLE. — Sur l'acceptation tacite, II, 196.
— Sur le mandat d'acceptation conféré aux ascendants, II, 456 note 4.
— Sur la révocation des donations pour survenance d'enfant, II, 503.
— Sur les formalités du testament public, II, 523 note 2.
— Sur l'institution contractuelle, II, 669 note 2.

FUSTEL DE COULANGES. — Sur l'omnipotence de la cité à Rome, I, 601 note 2.

G

GANILH. — Son rôle au Tribunat, I, XXXIV, XXXV notes 1 et 3.
GANS (Edouard). — Ses travaux sur la philosophie du droit, I, LV.
— Son appréciation du droit romain, I, LXXIII.
— Valeur scientifique de son livre, II, 27 note 4.
— Sur le droit romain des obligations, II, 727.
— Sur le mariage grec, III, 15 note 2
GARNIER (Joseph). — Faisait partie du *Comité d'étude*, I, LXXX note 1, — XC note 1, — XCI note 1, — XCIII note 1.
— Adhésion au droit de l'enfant, I, 363 note 3.
GEOFFROY SAINT-HILAIRE. — Sur l'idée du progrès, III, 932 note 1.
GIDE (Paul). — Sur la *manus*, la puissance maritale et la puissance paternelle en droit romain, I, 118 notes 2 et 3.
— Sur l'incapacité de la femme après la séparation de corps, I, 224 note 2.
— Sur les innovations qu'il propose relativement à la condition de la femme mariée, I, 225 note 2.
— Sur le fondement de l'incapacité de la femme mariée, I, 226 note 1.
— Sur la représentation d'une personne par une autre, en droit romain, III, 544 note 1.
— Caractère de son enseignement, III, 560 note 2.
GIRARDIN (Emile DE). — Ses idées sur l'impôt, III, 597 note 1 et 640 note 2.
GLUCK. — Sur l'estimation de la chose en cas d'éviction, III, 294 note 2.
— Sur le rang des créanciers à hypothèque générale, III, 756 note 2.
GŒTHE. — Sur l'idée du progrès, III, 932 note 1.

Goguet. — Son livre *De l'origine des lois*, III, 843 note 2.

Gournay. — Services qu'il a rendus à la science économique, III, *Append.*, 15.

Gousset (Cardinal). — Sur l'adoption par le prêtre, I, 369 note 3.

Grenier. — Sur la définition de l'hypothèque, III, 714 note 1.

Grévy (Jules). — Sur la nature du contrat entre l'avocat et son client, III, 354 note 1.

Grille (F.). — Son édition des *Cahiers des États-Généraux*, I, XXV note 1, - LXXV note 1.

Grimaudet. — Sur le retrait successoral, II, 272.

Grimm (Jacob). — Caractère de la communauté, III, 32 note 2.

— Sur les voies d'exécution contre les débiteurs, en droit germanique, III, 831 note 2.

Gros. — Système de calcul pour la part héréditaire de l'enfant naturel, II, 138 note 1.

Grotius. — Sur la raison obligatoire des contrats, II, 721 note 1.

Guérard. — Appréciation de son ouvrage, I, XXVI note 1.

— Sur la décomposition du domaine dans l'ancien droit, I, 560 note 2.

— Sur le servage, III, 348 note 1.

Guizot. — Caractère de son enseignement, III, 15 note 2.

— Sur la propriété immobilière, III, 606 note 1.

— Appréciation de la secte politique des Doctrinaires, dont il fut un des chefs, I, 564 note 4.

H

Hæckel. — Sur la sélection naturelle, III, 932 note 1.

Hegel. — Ses travaux sur la philosophie du droit, I, LV.

— Son admiration pour la Grèce, II, 27 note 4.

— Sur la nature de l'obligation, II, 724 texte et note 5.

Hélie (Faustin). — Sur les jeux de bourse, III, 530 note 1.

Henrys. — Sur la divisibilité de l'exception de garantie, III, 284 note 1.

Herder. — Sur l'idée du progrès, III, 932 note 1.

— Services qu'il a rendus à la science historique, III, *Append.*, 9.

Hérold. — Faisait partie du *Comité d'étude*, I, LXXX note 1, — XCI note 1, — XCIII note 1.

— Son plan d'un Code civil, I, LXXIV-XC.

— Son rapport sur le divorce, I, XC-XCI.

— Sur l'impuissance naturelle, I, 294 texte et note 2.

— Adhésion au droit de l'enfant, I, 363 note 3.

Hobbes. — Sur le caractère sociable de l'homme, II, 717 note 2.

— Sur l'antagonisme des hommes entre eux, III, 223 note 2.

Horn. — Adhésion au droit de l'enfant, I, 363 note 3.

Hugo (Victor). — Adhésion au droit de l'enfant, I, 363 note 3.

Humboldt (Guillaume de). — Sur le droit individuel, I, XVI note 1.

Huxley. — Sur l'idée du progrès, III, 932 note 1.

J

Jacoby (Johann). — Sur la confédération des peuples, I, VIII note 1.

— Sur le gouvernement direct, I, XVI note 1.

— Sa protestation contre le démembrement de la France, III, 433, note 2.

Joubert. — Sur l'acceptation des donations faites à un incapable, II, 458.

— Sur le défaut de transcription, II, 471.

— Sur l'obligation du donataire, II, 488.

— Sur l'enregistrement des legs, II, 560-561.

— Sur la théorie de l'accroissement, II, 602 note 2.

Jourdan. — Son appréciation du Code Napoléon, III, 625 note 1.

Jozon. — Faisait partie du *Comité d'étude*, I, LXXX note 1, — XC note 1, — XCIII, note 1.

K

KANT. — Sur la confédération des peuples, I, VIII note 1.

— Sur la guerre, I, XI.

— Sur la République et la démocratie, I, XVI note 1.

— Ses travaux sur la philosophie du droit, I, LV.

— Sur la notion du droit personnel et du droit réel, I, 18, 19, 20.

— Sur la théorie du mariage, I, 120 texte et notes 2 et 3.

— Sur la base du droit de l'enfant, I, 203 note 1.

— Sur la base de la puissance paternelle, I, 205 note 3.

— Sur la puissance paternelle, I, 385.

— Erreur sur le fondement de la propriété, I, 572 note 4.

— Erreur sur l'occupation, II, 14 note 1.

— Sur le fondement de la succession *ab intestat*, II, 30.

— Sur la transmission héréditaire, II, 34 note 1.

— Sur la distinction entre le testament et la donation, II, 374.

— Sur les conditions de transmission des testaments, II, 546 note 1.

— Sa définition du droit, III, 645 note 1.

— Sur la nature de la prescription, III, 846 note 1.

— Son plan de fédération, III, 944 note 1.

KENT. — Sur le mariage américain, I, 120 note 3.

— Sur le régime matrimonial en Amérique, III, 17 note 1.

L

LABBÉ. — Sur les retraits, II, 267 note 1.

— Sur le rapport des dettes, II, 305 note 3.

— Sur la condition de l'héritier tenu hypothécairement, II, 335 note 6.

— Sur la confusion, II, 913 note 3.

LABOULAYE. — Recommandation de ses ouvrages, I, XXVI.

— Caractère de son enseignement, I, LXXIII texte et note 1.

— Sur l'incapacité de la femme mariée, I, 225 note 1.

— Sur l'interdiction de posséder des terres faite aux congrégations, II, 397 note 1.

LAFERRIÈRE. — Appréciation de son *Histoire du Droit français*, III, 617 note 1.

LAFFITTE. — Sur le rachat des rentes sur l'Etat, III, 497 note 2.

LAHARY. — Sur l'enfant né plus de trois cents jours après la dissolution du mariage, I, 306.

LAMARCK. — Sur l'idée du progrès, III, 932 note 1.

LAMENNAIS. — Sur la morale publique, III, 20 note 1.

— Sur le crédit réel, III, 588.

— Appréciation de son caractère, III, 590 note 2.

LAROMBIÈRE. — Sur l'erreur quant à la cause du contrat, II, 750 note 1.

LAROMIGUIÈRE. — Son rôle au Tribunat, I, XXXIV, XXXV notes 1 et 3.

LASAGNI. — Sur les actions contre le partage d'ascendant, II, 663 note 2.

LAURENT (Emile). — Sur les sociétés en participation, I, 543.

LAURIÈRE. — Sur l'origine de la saisine, II, 43.

LAW. — Partisan de la mobilisation du sol, III, 621 note 1.

LEBRUN. — Sur l'incapacité de la femme mariée, I, 225 note 1.

— Sur les contrats entre époux, I, 244-245.

— Sur l'indignité, II, 80.

— Sur la représentation, II, 105.

— Sur l'individualité de l'argent, II, 127 note 5.

— Sur l'origine du retrait successoral, II, 266.

LEGOYT. — Adhésion au droit de l'enfant, I, 363 note 3.

LEIBNITZ. — Sur l'arrangement du droit romain, II, 727 note 2.

LEMONNIER (Ch.). — Faisait partie du *Comité d'étude*, I, LXXX note 1. — XC note 1, — XCI note 1, — XCIII note 1

Leroux de Bretagne. — Sur la nature de la prescription, III, 842 note 1.

Lessing. — Sur l'idée du progrès, III, 932 note 1.

— Services qu'il a rendus à la science historique, III, *Append.*, 9.

Linnée. — Sur l'idée du progrès, III, 932 note 1.

Littré. — Adhésion au droit de l'enfant, I, 363 note 3.

— Sur le sens du mot *maladie*, II, 401 note 1.

Locke. — Sur l'autonomie de l'individu, I, xvi note 1.

— Sur la propriété, I, xxviii.

— Sur la puissance paternelle, I, 385.

— Sur le fondement de la propriété, I, 572 note 4, — II, 13, 14 note 1, — II, 356 note 1.

Loisel. (Antoine). — Formule la maxime : *Si veut le roi, si veut la loi*, I, lix note 1.

Lorimer (J., d'Edimbourg). — Sa proposition d'un congrès international, III, 914 note 1.

Loyseau. — Sur l'emphytéose, I, 564 note 3.

— Sur le délaissement hypothécaire, III, 795 note 1.

Lubbock (John). — Son livre *Des origines de la civilisation*, III, 843 note 2.

— Sa méthode, III, 932 note 1.

Lucrèce. — Mérite de sa Physique et de sa Morale, III, *Append.*, 18-19.

Luther. — Sur la marche de l'esprit humain, III, 384 note 5.

Lyell. — Sur l'idée du progrès, III, 932 note 1.

M

Machelard. — Sur la nature du mariage romain, I, 118 note 1.

— Sur la possession romaine, I, 581 note 1.

Maine (Henry). — Son livre sur l'*Ancien droit*, III, 843 note 2.

— Sa méthode, III, 932 note 1.

Maleville. — Sa biographie, I, xlix-l.

Maleville. — Sur l'application de la présomption *pater is est*, I, 319.

— Sur la fente, II, 93 note 2.

— Sur le droit de retour légal, II, 123 note 3.

— Sur le droit héréditaire de l'enfant naturel, II, 141.

— Sur le droit successoral du conjoint, II, 173.

— Sur le successeur irrégulier évincé, II, 180 note 2.

— Sur la réserve des ascendants réduite à une nue-propriété, II, 903 note 1.

Marcadé. — Sur le cas de cassation d'arrêt de mainlevée d'opposition à mariage, I, 164.

— Sur le droit des ascendants d'intenter les actions en nullité absolue du mariage, I, 179.

— Sur le mariage putatif, I, 197.

— Sur la définition de la séparation de corps, I, 268.

— Sur les effets de la séparation de corps, I, 280.

— Sur la nullité du mariage de l'interdit, I, 505 texte et note 1.

— Sur la fiction de représentation, II, 99 note 2.

— Sur la théorie de la représentation, II, 146 note 1.

— Sur l'avancement d'hoirie, II, 281.

— Sur le rapport en cas de représentation, II, 285.

— Sur l'inventaire en cas de dissolution de la communauté, III, 102 note 3.

— Sur le droit de renoncer malgré la clause de forfait, III, 174 note 1.

— Sur la promesse unilatérale de vendre, III, 244 note 1.

— Sur la dation en payement entre époux, III, 251 note 1.

— Sur la vente de la chose d'autrui, III, 265 note 2.

— Sur la délivrance, III, 273 note 2.

— Sur l'erreur de contenance du fonds vendu, III, 278 note 1.

— Sur la prescription comme cause d'éviction, III, 286 note 2.

— Sur le louage de choses fongibles, III, 353 note 3.

Marcadé. — Sur la preuve du prix du bail, III, 360 note 2.
— Sur le droit du locataire, III, 385 note 3.
— Sur l'expulsion du locataire dont le bail n'a pas date certaine, III, 387 note 1.
— Sur la prescription de l'action en dommages-intérêts contre l'architecte, III, 413 note 1.
— Sur les diverses espèces de cheptel, III, 415 note 2.
— Sur la perte en cas de cheptel, III, 420 note 1.
— Sur les droits du cheptelier, III, 423 note 2, — 431 note 1.
— Sur la nature de l'hypothèque, III, 715 note 1.
— Sur la nature de la prescription, III, 842 note 1.
— Sur la renonciation à la prescription, III, 854 notes 1 et 3.
— Sur la prescription, question de conscience, III, 855 note 1, — 857 note 5.
— Sur la possession paisible, III, 863 note 1.
— Sur les petites prescriptions, III, 900 note 2, — 901 note 1.
Marie. — Son adhésion motivée au droit de l'enfant, I, 363 note 3.
— Son erreur sur le quasi-contrat, II, 971 note 1.
Martin (du Nord). — Son projet de réforme hypothécaire, III, 625-626.
Mayer (Adolphe). — Sur la productivité du sol, III, 607 note 1.
Maynz. — Sur l'indivisibilité en droit romain, II, 854 note 1.
Merlin (de Douai). — Rapporteur de la loi de Nivôse, I, 220 note 1.
— Sur la mobilisation des rentes, I, 549 note 1.
— Sur les droits de parcours et de vaine pâture, I, 680 note 1.
— Rapporteur de la loi de Nivôse, II, 88 note 1.
— Sur le droit de retour légal, II, 114 note 1.
— Sur le droit de propriété, II, 375 note 1.
— Sur le défaut de transcription, II, 472.

Merlin (de Douai). — Rapporteur de la loi de Nivôse, II, 701 note 2.
— Repousse le droit égal des époux dans l'administration des biens de la communauté, III, 73 note 2.
— Sur le cheptel de fer, III, 428 note 1.
— Son influence sur la rédaction du Code de la Convention, III, 439 note 1.
Michel (de Bourges). — Sur la condition résolutoire, II, 818 note 1.
— Sur la suppression de l'action résolutoire, III, 628.
Michelet. — Son *Histoire de France*, I, LVIII note 2.
— Appréciation de son *Histoire de la Révolution*, I, LXXV note 2.
— Sur l'origine de la représentation, II, 98-99.
— Son appréciation de Dumoulin, II, 854 note 3.
Mill (John-Stuart). — Sa théorie du libre gouvernement, I, XVI note 1.
— Appréciation de ses écrits, I, LXXIX note 2.
— Sur l'incapacité de la femme mariée, I, 225 note 1.
— Sur la propriété mobilière, I, 528 note 1.
— Sur la théorie du droit de succession, II, 30-31.
— Sur la vocation successorale, II, 90 note 1.
— Sur le droit successoral de l'enfant naturel, II, 131 texte et note 5.
— Sur le rôle social de la disposition à titre gratuit, II, 373 note 1.
— Sur le lien qui identifie le droit de succession et le droit de tester, II, 374 note 1.
— Sur le droit de disposer entre vifs ou à cause de mort, II, 375 texte et note 2.
— Largeur de ses vues, II, 380 note 1.
— Sur les prohibitions de recevoir à titre gratuit, II, 412-413.
— Sur les substitutions, II, 514 note 4.
— Sur la liberté de la volonté humaine, II, 721 note 1.
— Sur le principe de la liberté du travail, II, 722 note 2.

MILL (John-Stuart). — Définition de l'argent, II, 878 note 1.
— Sur la morale nouvelle, III, 1.
— Sur le droit des femmes, III, 8 note 1.
— Définition du producteur, III, 221 note 1.
— Sur la propriété aux paysans, III, 345 note 1.
— Sur la productivité du sol, III, 606 note 2.
— Sa méthode, III, 932 note 1.
— Hommage à sa mémoire, III, *Append.*, 12 note 1.
— Sur l'individu et la société, III, *Append.*, 13.
MILSAND (J.). — Sur la liberté de tester, II, 409 note 1.
MITTERMAIER. — Appréciation de son mérite, III, 12 note 2.
MOLESCHOTT. — Sur l'idée du progrès, III, 932 note 1.
MOLITOR. — Sur l'autorité du tuteur, I, 442 note 1.
— Sur la possession romaine, I, 581 note 1.
— Sur la constitution des servitudes en droit romain, I, 715 note 1.
— Sur l'indivisibilité, II, 856 note 1.
— Définition de l'obligation naturelle, II, 869 texte et note 5.
— Sur l'éviction du donataire de l'acheteur, III, 287 note 3.
— Sur l'évaluation de l'éviction partielle, III, 299 note 1.
— Sur la possession en droit romain, III, 859 note 1.
MOMMSEN. — Sur la corréalité en droit romain, II, 843 note 1.
— Son mot sur les Gracques et appréciation de son livre au point de vue moral, III, 231 note 3.
— Sur le bail en droit romain, III, 347 note 4.
— Son adhésion au démembrement de la France, III, 433 note 2.
— Sur la spéculation à Rome, III, 436 note 5.
— Sur le crédit personnel à Rome, III, 485 note 2.
— Sur l'usure à Rome, III, 487 note 1.
MONTEIL (Alexis). — Appréciation de son *Histoire des Français*, I, LXXV note 2.
MONTESQUIEU. — Définition de la loi, I, III, — II, 14, — III, 932.
— Conçoit l'histoire philosophique du droit, II, 27 note 4.
— Sur les fidéicommis et les substitutions, II, 610 note 2.
— Sur la question de gouvernement, II, 957 note 2.
— Sur la loi, II, 970.
— Sur l'origine de Rome, III, 436 note 4.
— Services qu'il a rendus à la science du droit, III, *Append.*, 15.
MORIN (Frédéric). — Faisait partie du *Comité d'étude*, I, LXXX note 1, — XC note 1, — XCIII note 1.
MOURICAULT. — Sur le contrat translatif de propriété, II, 788 note 1.
MOURLON. — Sur la vente de la chose d'autrui, III, 261 note 3.
— Sur le bénéfice de discussion de l'acheteur à réméré, III, 316 note 1.
— Sur les différences entre la caution solidaire et le codébiteur solidaire, III, 565 note 4.
— Sur l'effet translatif de la transaction, III, 577 note 1.
— Sur l'erreur dans la transaction, III, 586 note 1.
— Sur la collocation des créanciers relativement au privilége des architectes, III, 705 note 1.
— Sur la liberté individuelle, III, 732 note 1.
— Sur la collocation des créanciers en cas d'éviction, III, 807 note 1.
— Sur les saisies immobilières, III, 832 note 1.
— Sur la nature de la prescription, III, 842 note 1.
— Sur les détenteurs précaires, III, 867 note 2.
MUHLENBRUCH. — Sur l'estimation de la chose en cas d'éviction, III, 294 note 2.

N

NICIAS-GAILLARD. — Sur la contribution des légataires, II, 321 note 2, et 325.

O

OKEN. — Sur l'idée du progrès, III, 932 note 1.

OLIVECRONA (D'). — Sur l'origine de la communauté, III, 10 note 2, — 16 note 2.

OLLIVIER (Emile). — Sur les actions en rescision et en résolution, II, 364 note 4.

— Sur les saisies immobilières, III, 832 note 1.

ORTOLAN. — Sur les privations de droits politiques, I, 7 note 1.

— Sur la définition de l'usufruit, I, 609 note 1.

— Sur la définition de l'obligation, II, 723 note 1.

OUDOT. — Caractère de son enseignement, I, 467.

— Sur l'accession, I, 577 texte et note 1.

— Définition de l'obligation naturelle. II, 869 texte et note 4.

— Son appréciation de la loi hypothécaire de Messidor, III. 791 note 1.

P

PARDESSUS. — Sur le rachat des servitudes, I, 730.

PELLAT. — Sur la confusion du droit de propriété avec son objet, I, 537 note 2.

— Sur le possesseur de bonne foi, I, 583 note 2.

— Sur la cession d'usufruit, I, 624 note 1.

— Sur l'origine de la prohibition des donations entre époux, II, 683 note 2.

PELLETAN (Eugène). — Adhésion au droit de l'enfant, I, 363 note 3.

PEPIN-LEHALLEUR. — Sur le maintien de l'emphytéose temporaire, I, 564 note 4.

PÉRIER (Casimir). — Prend l'initiative de la réforme hypothécaire, III, 625 note 2.

PERSIL.— Son rapport sur la réforme hypothécaire, III, 627 texte et note 1.

PHILIPPS (Richard). — Appréciation de son livre sur l'*Organisation judiciaire*, I, LXXVIII note 1.

PLATON. — Sur l'idée et la science, II, 771 note 2.

— Il admet l'égalité des sexes, III, 15 note 2.

PONT (Paul, en collaboration avec RODIÈRE). — Sur les dettes de communauté, III, 59 note 4.

— Sur le remploi, III, 92 note 1.

— Sur l'inventaire en cas de dissolution de la communauté, III. 102 note 2.

PONT (Paul). — Sur la responsabilité de l'architecte. III, 411 note 2.

— Sur le passif des sociétés, III, 447 note 4.

— Sur la présomption relative à la mise d'un associé en industrie, III, 454 note 3.

— Sur la société à durée illimitée, III, 462 note 2.

— Sur le privilége des copartageants, III, 687 note 3.

— Sur la nature de l'hypothèque, III, 717 note 1.

— Sur la solennité de l'hypothèque, III, 747 note 1.

— Sur l'hypothèque pour ouverture de crédit, III, 752 note 1.

— Successeur de Marcadé, III, 863 note 1.

PORTALIS. — Sa biographie, I, XLVI-XLVII.

— Sur le mariage des prêtres, I, 140, — 141.

— Sur l'erreur dans la personne pour le mariage, I, 169.

— Sur l'incompétence de l'officier de l'état civil, I, 185.

— Sur la femme défenderesse au criminel, I, 232.

— Sur les contrats entre époux, I, 245.

— N'a pas abusé de l'esprit philosophique, II, 3.

— Sur la règle *paterna paternis*, II, 92 note 1.

— Il défend la révocation des donations pour cause de survenance d'enfant, II, 502.

PORTALIS. — Sur les contrats translatifs de propriété, II, 788 note 1.
— Fait admettre l'action en rescision pour le vendeur, III, 319.
— Sur l'équité suppléant la loi, III, 953.
POTHIER. — S'appuie sur la maxime : *Si veut le roi, si veut la loi*, I, LIX note 1.
— Sur la distinction du testament et et de la donation, I, 36 note 3.
— Sur l'intervention de l'Eglise dans le mariage, I, 119 note 1.
— Sur l'impuissance, I, 139.
— Sur l'obligation alimentaire des enfants naturels, I, 213 note 1.
— Sur l'obligation pour la femme d'habiter avec le mari, I, 223.
— Sur les causes de séparation de corps, I, 270.
— Sur les conditions de la légitimation, I, 330.
— Sur les immeubles, I, 532.
— Sur le bail à cens, I, 566.
— Sur l'accession, I, 577.
— Sur les actions romaines, I, 601 note 1.
— Sur l'adjonction, I, 602.
— Sur la spécification, I, 603.
— Sur les impenses de l'usufruitier, I, 626.
— Sur la division des manières d'acquérir, II, 9.
— Sur le droit de chasse, II, 15 note 2.
— Sur les épaves, II, 24.
— Sur le butin, II, 26.
— Sur l'origine de la saisine, II, 43 note 3.
— Sa philosophie, II, 98 note 2.
— Sur la représentation des personnes vivantes, II, 104.
— Sur la représentation à l'effet de partager, II, 105.
— Sur le droit de retour légal, II, 113 note 2.
— Sur les successions irrégulières, II, 129-130.
— Sur le douaire, II, 173.
— Sur les renonciations aux successions futures, II, 219.
— Sur le retrait successoral, II, 272.
— Sur le rapport des immeubles, II, 308 texte et note 2.

POTHIER. — Sur la condition de l'héritier tenu hypothécairement, II, 335 note 1.
— Sur la garantie des copartageants, II, 360 note 4.
— Sur la rente, II, 363 note 2.
— Sur le fondement de la réduction, II, 435 note 3.
— Sur les donations déguisées, II, 432.
— Sur la révocation des donations pour survenance d'enfant, II, 502 texte et note 3, — 503.
— Sur les testaments conjonctifs, II, 514.
— Sur l'écriture du testament olographe, II, 516 note 2.
— Sur les formalités du testament public, II, 524 note 1.
— Sur la dispense de faire inventaire accordée à l'exécuteur testamentaire, II, 576.
— Sur la vente des immeubles par l'exécuteur testamentaire, II, 577.
— Sur les droits des appelés à la substitution, II, 640.
— Sur la démission de biens, II, 664 note 1.
— Sur la définition de la convention et du contrat, II, 734 note 1.
— Sur la décomposition de l'obligation, II, 736.
— Sur la pollicitation, II, 738 note 1.
— Sur les contrats synallagmatiques, II, 739-740.
— Sur les éléments du contrat, II, 747.
— Sur les stipulations pour autrui, II, 763 note 3, — 767 note 1.
— Sur les stipulations pour les héritiers, II, 767.
— Sur l'erreur quant aux motifs du contrat, II, 753 note 1.
— Sur la crainte, II, 755 note 1.
— Sur la violence, II, 756 texte et note 4.
— Sur le dol, II, 760 note 2.
— Sur la clause pénale, II, 766 note 1.
— Sur les incapacités de contracter, II, 771 note 2.
— Sur la théorie des fautes, II, 785 note 1.
— Définition des dommages-intérêts, II, 795.

Pothier. — Sur l'interprétation des conventions, II, 806 note 1.

— Sur le règlement des dommages-intérêts, II, 797 texte et note 3.

— Sur les risques dans l'obligation conditionnelle, II, 823 note 2.

— Définition du terme, II, 827.

— Sur le payement avant terme, II, 828 note 2.

— Définition de l'obligation alternative, II, 830.

— Sur les risques en cas d'obligation alternative, II, 832.

— Sur la solidarité entre créanciers, II, 836 note 2, — 837 note 1.

— Sur l'obligation solidaire, II, 839 note 1.

— Sur la solidarité entre débiteurs, II, 842 note 1.

— Sur les dommages-intérêts en cas de solidarité, II, 843 note 1.

— Sur la solidarité entre débiteurs, II, 851.

— Sur l'indivisibilité, II, 855 note 1.

— Sur l'indivisibilité, II, 858 note 1, et 859.

— Sur la clause pénale, II, 865 note 1.

— Définition du payement, II, 868.

— Définition de l'obligation naturelle, II, 869.

— Sur la chose qui doit être payée, II, 878.

— Sur les délais accordés au débiteur, II, 879 note 3.

— Sur la subrogation, II, 883.

— Sur l'acceptation des payements, II, 891 note 2.

— Définition de la novation, II, 896 et 897 note 1.

— Définition de la délégation, II, 899.

— Sur la remise de la chose donnée en nantissement, II, 904.

— Sur la remise de la dette à la caution, II, 905, — 906 texte et note 1.

— Sur la remise de la dette commune à tous les codébiteurs, II, 905 note 1.

— Définition de la confusion, II, 914 note 1.

— Sur les énonciations de l'acte authentique, II, 935 note 1.

— Sur la force probante des papiers domestiques et des quittances, II, 943.

— Sur la preuve du dépôt par témoins, II, 952 note 1.

— Appréciation du serment supplétoire, II, 969 note 3.

— Sur la supériorité de l'homme sur la femme, III, 20.

— Sur la solennité du contrat de mariage, III, 25.

— Définition de la communauté, III, 32.

— Sur la convention tacite de communauté, III, 34.

— Sur les fruits tombant en communauté, III, 36.

— Sur l'avancement d'hoirie, III, 45.

— Sur l'acquisition des fruits par la communauté, III, 48.

— Sur les conséquences du pouvoir du mari sur la communauté, III, 60 note 1.

— Sur les droits de la femme sur la communauté, III, 73 note 1.

— Sur les pouvoirs du mari dans la communauté, III, 74 note 1.

— Sur les impenses voluptuaires faites par la communauté, III, 87.

— Sur la constitution de dot par le mari, III, 99 texte et note 1.

— Sur le deuil de la femme, III, 137 note 1.

— Sur la propriété des meubles sous le régime de la communauté réduite aux acquêts, III, 151.

— Sur les clauses de communauté conventionnelle, III, 152 note 1.

— Sur le préciput, III, 168.

— Définition de la vente, III, 231 note 5.

— Sur le consentement nécessaire pour la vente, III, 233.

— Sur la vente parfaite, III, 236 note 3.

— Définition de la dation en payement, III, 239.

— Sur la vente à goûter, III, 241 note 2.

— Sur la promesse unilatérale de vendre, III, 244 note 1.

— Sur les obligations résultant de la vente, III, 270 note 1.

— Définition de l'éviction, III, 282 note 1.

Pothier. — Sur l'éviction de l'ayant-cause de l'acheteur, III, 287 note 3.

— Sur la restitution du prix en cas d'éviction, III, 292 note 1.

— Sur les dommages-intérêts en cas d'éviction, III, 293 note 1, — 294, — 295, — 297.

— Sur le pacte de réméré, III, 312 note 1.

— Sur la clause de rachat moyennant un prix excessif, III, 312 note 3.

— Sur le droit de rétention, III, 313 texte et note 3.

— Sur la qualité du demandeur, III, 307 note 1.

— Sur les risques en cas de vente rescindée pour lésion, III, 323 note 1.

— Sur la garantie en matière de cession de créance, III, 333.

— Sur la cession de droits litigieux, III, 338 texte et note 2, — 339.

— Définition du louage de choses, III, 350 note 1.

— Sur la qualité de locateur et de locataire, III, 352 note 3.

— Sur les choses qui ne peuvent être louées, III, 354 note 1.

— Sur les différences entre le louage et la vente, III, 355 note 3.

— Sur l'amour du prochain, III, 362 note 1.

— Sur les obligations du bailleur, III, 365.

— Sur l'action en garantie du preneur, III, 368 note 1.

— Sur les engagements résultant de la bonne foi, III, 369 note 1.

— Sur la résolution du bail par la mort, III, 379.

— Sur l'expulsion du locataire dont le bail n'a pas date certaine, III, 387 note 1.

— Sur le droit d'expulsion de l'acheteur à réméré, III, 388.

— Sur l'obligation de réparation, III, 390 note 1.

— Sur l'indemnité due au fermier, III, 396 note 1.

— Supériorité de sa méthode sur celle du Code, III, 407 note 1,

— Sur le cheptel, III, 421 note 4.

Pothier. — Sur le cheptel de fer, III, 428 note 1.

— Sur l'estimation du cheptel de fer, III, 429 note 2.

— Sur le cheptel improprement dit, III, 432.

— Sur les sociétés de commerce, III, 448 et 460 note 1.

— Sur les contrats de bienfaisance, III, 465.

— Sur la constitution de rente, III, 466.

— Sur le prêt à usage, III, 472, texte et note 1, — 474, texte et note 1.

— Sur la compensation et la rétention, en cas de prêt à usage, III, 476.

— Sur le précaire, III, 478.

— Sur le prêt de consommation, III, 481.

— Sur la prohibition du prêt à intérêt, III, 489 note 2.

— Sur la nature de la constitution de rente, III, 495 texte et note 2.

— Sur les cas de nullité de la rente viagère, III, 506 note 2.

— Sur les cas où la rente viagère peut être déclarée insaisissable, III, 509 texte et note 2.

— Sur le dépôt, III, 512, — 515.

— Sur le dépôt irrégulier, III, 513 note 2, — 523 note 1.

— Sur la faute du dépositaire, III, 516 note 2.

— Sur le séquestre, III, 524, 525.

— Sur le jeu, III, 526, note 1.

— Sur la nature du contrat aléatoire, III, 529 note 2.

— Sur la distinction du mandat et du louage de services, III, 539 texte et note 3.

— Sur la substitution du mandataire, III, 544-545.

— Sur les indemnités au mandataire, III, 547 note 1.

— Sur le mandat *ad litem*, III, 551.

— Sur le cautionnement excédant la dette, III, 556.

— Sur le cautionnement d'une obligation alternative, III, 558 note 1.

— Sur le bénéfice de division des cautions, III, 567.

— Sur l'extinction du cautionnement, III, 574.

POTHIER. — Sur le nantissement des créances, III, 596 note 1, — 616 note 3.

— Sur le privilége des frais de dernière maladie, III, 658.

— Sur le privilége des frais de justice, III, 693.

— Sur l'hypothèque pour ouverture de crédit, III, 752 note 1.

— Sur les exceptions du tiers détenteur, III, 797.

— Sur l'interruption de prescription, III, 878 note 1.

— Son éloge par M. Valette, III. 908 note 1.

— Son incapacité philosophique et économique, III, *Append.*, 15.

PRICE. — Sa doctrine du progrès, I, LVI.

PRIESTLEY. — Sa doctrine du progrès, I, LVI.

PROUDHON. — Sur la loi, source du pouvoir, I, 239 note 4.

— Sur les colégataires, II, 603 texte et note 1.

— Sur la différence entre le louage et la vente, III, 354 note 3.

— Sur le droit d'option en cas d'absence, III, 917 note 1.

PROUDHON (P.-J.). — Sur l'inégalité de l'homme et de la femme, III, 4 note 1, — 7 note 1.

— Sur l'échange des produits, III, 340.

— Sur la suppression de l'intérêt de l'argent, III, 467.

PUCHTA. — Sur la nature de l'obligation, II, 724.

PUFFENDORF. — Sur l'acquisition du gibier, II, 16.

— Sur le fondement de la succession *ab intestat*, II, 29-30.

— Sur la raison obligatoire des contrats, II, 721 note 1.

— Sur l'erreur quant aux motifs du contrat, II, 753 note 1.

Q

QUESNAY. — Sur la propriété, I, XXVIII.

— Sa définition du droit naturel, III, *Append.*, 12.

QUESNAY. — Services qu'il a rendus à la science économique, III, *Append.*, 15.

R

RATZEL (Fritz). — Sa méthode, III, 932 note 1.

RAU. Voir ZACHARIÆ.

RAVEZ. — Sur la prescription quinquennale des intérêts judiciaires, III, 898 note 3.

RÉAL. — Sa biographie, I, LII.

— Définition de la puissance paternelle, I, 384.

— Sur le droit de correction, I, 393.

— Sur la perte de la jouissance légale par le second mariage de la mère, I, 405.

— Partisan de la publicité et de la spécialité de l'hypothèque, III, 624 note 1.

RENAUD (de Berne). — Sur l'action possessoire des meubles, III, 80 note 1.

— Sur la prescription des meubles, III, 902 note 1.

RICARD. — Sur la révocation des donations pour survenance d'enfant, II, 503.

— Sur la vente des immeubles par l'exécuteur testamentaire, II, 577.

RIPERT-MONCLAR (DE). — Son association de crédit, III, 589 note 1.

RODIÈRE. Voir PONT.

ROSSI. — Sur le droit administratif, I, XIX.

— Appréciation de son libéralisme I, LXXVI.

— Sur la vénalité des offices, I, 547 note 1.

— Sur les vices du Code au point de vue économique, I, 564 note 4.

— Sur le droit de prélèvement des cohéritiers français en présence d'étrangers, II, 68-69.

— Sur les fidéicommis et les substitutions, II, 610 note 2.

— Sur la distinction des diverses espèces de baux, III, 351 note 4.

ROUHER. — Sur la nullité du testament du condamné, I, 57 note 2, — 68 note 2.

ROUHER. — Appréciation de sa collaboration à la loi du 23 mars, ll, 477 note 1, — lll, 199 note 1, — 633 note 2, — 794 note 2.

ROUSSEAU (J.-J.). — Sur l'autonomie de l'individu et la souveraineté, l, XVI note 1.

— Son influence sur la Révolution, l, XXVIII texte et note 1.

— Sur la propriété, l, XXIX.

— Partisan du droit social, I, 220 note 1.

— Sur la puissance paternelle, I, 385.

— Sur l'origine de la propriété, ll, 14.

— Sur le caractère sociable de l'homme, ll, 717 note 2.

— Sa définition fausse de la loi, ll, 970 note 2.

— Sur le contrat social, lll, 433.

— Sur la souveraineté du peuple, lll, 435 note 4.

ROYER. — Son rapport sur le crédit foncier, lll, 626 note 1.

ROYER-COLLARD. — Appréciation de la secte politique des Doctrinaires, dont il fut un des chefs, I, 564 note 4.

— Sur la liberté, lll, 850 note 2.

S

SAINT-SIMON. — Sur l'idée du progrès, lll, 932 note 1.

SAVIGNY (DE). — Appréciation de sa méthode, et de celle de l'Ecole prétendue historique, l, LV note 2.

— Sur la possession romaine, I, 581 note 1.

— N'est qu'un érudit, ll, 27 note 2.

— Stérilité de son enseignement, ll, 380 note 1.

— Sur la nature de la donation, ll, 381 note 1.

— Sur l'origine de la prohibition des donations entre époux, ll, 683 notes 2 et 3.

— Sur la notion du contrat, ll, 719 note 1.

— Sur la nature de l'obligation, ll, 724.

SAVIGNY (DE). — Caractère de son enseignement, lll, 15 notes 2 et 3.

— Il est le chef de l'école dite historique, lll, 209 note 1.

— Sur le précaire, lll, 478.

SAY (Horace). — Sur les Monts-de-piété, lll, 600 note 1.

— Sur la faillite, lll, 773 note 3.

SAY (J.-B.). — Son rôle au Tribunat, l, XXXIV et XXXV note 3.

SCHAAFFHAUSEN. — Sur les commencements de l'homme, lll, 433 note 2.

SCHILLING. — Sur le gage en droit romain, lll, 614 note 4, — 615 note 1.

SERRE (DE). — Appréciation de la secte politique des Doctrinaires, dont il fut un des chefs, I. 564 note 4.

SERRIGNY. — Sur le mariage des prêtres, l, 141.

SIEVÈS. — Sa collaboration à la Constitution de l'an VIII, l, XXXIV.

SIMÉON. — Sur l'indignité, ll, 82.

— Sur la représentation des ascendants, II, 101 note 1.

— Sur la réduction de la part de l'enfant naturel, ll, 152 note 1.

SIMON (Jules). — Faisait partie du *Comité d'étude*, l, LXXX note 1, — XC note 1.

— Sur l'indissolubilité du mariage, I, 202 note 1.

— Adhésion au droit de l'enfant, I, 363 note 3.

— Sur la famille-monarchie, I, 387 note 1.

— Sur la propriété littéraire, I, 548 note 1.

— Appréciation de sa conduite politique, lll, VI.

— Sur l'organisation de la famille et la communauté, lll, 11 note 1.

SINTENIS. — Sur l'hypothèque des choses incorporelles, lll, 616 note 3.

SMITH (Adam). — Sur la liberté produisant l'harmonie, lll, *Append.*, 13.

SUIN. — Appréciation de son exposé des motifs, II, 450 note 4.

— Sa coopération à la loi du 23 mars, lll, 794 note 2.

Mise en vente de l'Appendice et des Tables
du Manuel.

LIBRAIRIE DE GERMER-BAILLIÈRE
17, PLACE DE L'ÉCOLE DE MÉDECINE

MANUEL

DE

DROIT CIVIL

COMMENTAIRE PHILOSOPHIQUE & CRITIQUE

DU CODE NAPOLÉON

CONTENANT L'EXPOSÉ COMPLET DES SYSTÈMES JURIDIQUES

PAR LE PROFESSEUR

ÉMILE ACOLLAS

ANCIEN PROFESSEUR DE DROIT CIVIL FRANÇAIS A L'UNIVERSITÉ DE BERNE
MEMBRE DE LA SOCIÉTÉ D'ÉCONOMIE POLITIQUE ET DE LA SOCIÉTÉ D'ANTHROPOLOGIE
DE PARIS

SECONDE ÉDITION

3 FORTS VOLUMES IN-8° (OUVRAGE COMPLET)

Accompagnés d'un APPENDICE *et de* TABLES ANALYTIQUES *très détaillées, ces dernières formant, dans leur corrélation avec le* MANUEL, *un véritable Dictionnaire des matières du Droit civil. —* Prix : **40** *francs.*

Chaque volume du Manuel se vend séparément **12** *francs.*

Le volume d'Appendice et de Tables se vend également à part au prix de 4 francs.

La réputation du *Manuel de Droit civil* du professeur ÉMILE ACOLLAS n'est plus à faire. Accueilli avec le même concert d'éloges en Angleterre, en Belgique, en Hollande, en Suède, en Suisse, en Autriche, en Italie, en Portugal et jusque dans les deux Amériques, ce livre, dès à présent, est classé parmi les meilleurs qu'ait produits, en ce siècle, l'esprit scientifique français.

SULLY. — Cherche à organiser la publicité des hypothèques, lll, 618.

T

TAINE. — Son appréciation sur Royer-Collard, lll, 850 note 2.

TAMBOUR (Jules). — Son livre sur les voies d'exécution, lll, 831 note 4.

TAULIER. — Sur la tacite reconduction en cas de cheptel, lll, 426 note 1.

THAUMAS DE LA THAUMASSIÈRE. — Sur le cheptel, lll, 417, — 421 note 4.

— Sur l'estimation du cheptel de fer, lll, 429 note 2.

THIBAUDEAU. — Sa biographie, l, lI.

THIBAUT. — Sur le droit romain, l, LXXIII.

THIERS. — Sur la discussion du Code civil au Tribunat, l, XXXV note 1.

— Son appréciation sur Cambacérès, I, XXXV note 2, — II, 161 note 2.

— Son appréciation sur le Code civil, II, 809 note 1.

— Appréciation de son gouvernement, lll, 225 note 1, — 226 note 2.

THOMAS (St). — Sur la prohibition du prêt à intérêt, lll, 488.

TIRAQUEAU. — Sur le retrait successoral, ll, 272.

— Sur le droit de rétention, lll, 313 texte et note 3.

TOCQUEVILLE (DE). — Sur l'autonomie de l'individu, l, XVI note 1.

— Sur le rôle des légistes, l, LXXII.

— Appréciation de ses écrits, l, LXXVII note 2.

— Sur l'immunité des fonctionnaires, I, 72 note 1.

— Sur la puissance paternelle, I, 387 note 1.

— Sur la supériorité des femmes américaines, lll, 17 note 1.

— Sur les paysans propriétaires, lll, 348 note 2.

TOULLIER. — Sur la liberté de démembrer la propriété, I, 568 note 1.

— Sur le droit de vue, I, 701.

— Sur la fiction de représentation, ll, 99 note 2.

— Sur la modification du contrat de mariage, lll, 27 notes 2 et 4.

TOULLIER. — Sur le caractère de la communauté, lll, 33 note 2.

— Sur la propriété littéraire, lll, 39 note 4.

— Son appréciation sur la communauté, lll, 47 note 1.

— Sur l'inventaire à la dissolution de la communauté, lll, 103 note 1.

— Sur les ventes entre époux, lll, 252 note 2.

TREILHARD. — Sa biographie, l, L-LI.

— Son erreur sur le droit successoral du conjoint, II, 173.

— Sur l'acceptation sous bénéfice d'inventaire imposée, ll, 199 note 1.

— Sur les successions vacantes, ll, 237 note 2.

— Sur le rapport, ll, 283.

— Sur l'obligation d'éducation, ll, 297 note 1.

— Sur la fraude en matière de partage, ll, 354.

— Sur le cas où la caution paye une somme en décharge du cautionnement, ll, 906 note 1.

— Partisan de la publicité et de la spécialité de l'hypothèque, lll, 624 note 1.

— Sur le privilége du bailleur, lll, 664.

TRONCHET. — Sa biographie, l, XLVIII.

— Sur le retour légal des frères et sœurs de l'enfant naturel, ll, 168-171.

— Sur l'hypothèque garantissant une rente, II, 339 note 4.

— Sur le mandat d'acceptation conféré aux ascendants, ll, 456 note 4.

— Il combat la révocation des donations pour cause de survenance d'enfant, ll, 502.

— Partisan de la clandestinité de l'hypothèque, lll, 624 note 1.

TROPLONG. — Appréciation de ses ouvrages, l, XL.

— Sur la condition des étrangers, I, 37 note 1.

— Sur la capacité du mineur émancipé, I, 480 note 3.

— Sur le droit du locataire et l'antichrèse, I, 561-562, — 564-565.

— Sur l'antithèse du droit naturel et du droit positif, ll, 9 note 2.

TROPLONG. — Sur les présomptions de survie, ll, 39 note 1.

— Sa justification de l'exclusion du conjoint de la succession, ll, 173 note 3.

— Sur l'effet de la renonciation, ll, 210 note 1.

— Sur l'incapacité de la femme, ll, 394 note 4.

— Sur la liberté de tester, ll, 411 note 3.

— Ses erreurs sur la réserve, ll, 417 note 2.

— Sur l'indivisibilité de l'hypothèque du légataire particulier, ll, 565 note 1.

— Sur l'ouverture provisoire de la substitution, ll, 642 note 2.

— Sur l'obligation aux dettes des enfants copartagés, ll, 653 note 1.

— Sur l'action en réduction ou en rescision du partage d'ascendant, ll, 659 note 4.

— Sur les actions contre le partage d'ascendant, ll, 663 note 2.

— Sur le défaut de transcription de l'institution contractuelle, ll, 675 note 1.

— Sur la réserve des ascendants réduite à une nue-propriété, ll, 703 note 1.

— Sur la part d'enfant le moins prenant, ll, 712 note 4.

— Sur l'origine du régime dotal, lll, 16 note 1.

— Sur le caractère de l'action en reprise, lll, 39 note 2.

— Sur la donation faite illégalement par le mari, lll, 75 note 2.

— Sur le droit de reprise de la femme, lll, 133 note 1.

— Sur la réduction des avantages indirects par contrat de mariage, lll, 148 note 4.

— Sur la communauté à titre universel, lll, 175.

— Sur la restitution de la dot, lll, 215 note 1.

— Appréciation de son mérite, lll, 247 note 3.

— Sur la dation en payement entre époux, lll, 251 note 1.

TROPLONG. — Sur les ventes entre époux, lll, 252 note 2.

— Sur la délivrance des meubles, lll, 272.

— Sur l'évaluation de l'éviction partielle, lll, 299 note 2.

— Sur la nullité et l'annulabilité, lll, 310 note 1.

— Sur les risques de la chose vendue en cas de vices rédhibitoires, lll, 303 note 3.

— Sur la résolution des ventes mobilières, lll, 308 note 3.

— Sur le droit du locataire, lll, 355 note 2.

— Sur la cession de bail, lll, 361 note 1.

— Sur le droit du locataire, lll, 382 note 1 et 383 note 1.

— Sur la cessation du colonage, lll, 394 note 1.

— Sur la responsabilité du voiturier, lll, 405 note 3, — 406 note 2.

— Sur la nature du cheptel, lll, 417 note 1.

— Sur les risques en cas de cheptel, lll, 420 note 1.

— Sur les droits du cheptelier, lll, 423 note 2.

— Sur la vente du troupeau en cas de cheptel, lll, 425 note 1.

— Sur les droits du cheptelier, lll, 431 note 1.

— Sur la personnalité des sociétés civiles, lll, 443 note 1.

— Sur le respect dû au contrat, lll, 477 note 3.

— Sur l'application de la loi du 3 septembre 1807, lll, 492 note 1.

— Son ignorance économique. lll, 494 note 1.

— Sur la résolution de la constitution de rente, lll, 498 note 2.

— Sur la substitution du mandataire, lll, 545 note 1.

— Sur le gage constitué pour un autre, lll, 555 note 1.

— Sur le droit de revendication du vendeur de meubles, lll, 678 note 1.

— Sur le classement des privilèges, lll, 694 note 2.

— Sur l'indivisibilité de l'hypothèque, lll, 718 note 1.

TROPLONG. — Sur l'hypothèque et le droit des gens, III, 719 note 1.

— Sur l'hypothèque des biens à venir, III, 750 note 3.

— Sur l'exception de discussion du tiers détenteur, III, 796 note 3.

— Son silence sur la résolution de propriété en cas d'adjudication, III, 819 note 1.

— Sur la nature de la prescription, III, 847 note 1.

— Sur l'interdiction de renoncer à la prescription, III, 851 note 3.

— Sur la renonciation à la prescription au nom d'un incapable, III, 854 note 2.

— Sur la prescription qui doit être invoquée en justice, III, 855 note 2.

— Sa polémique avec M. Valette, III, 894 note 2.

— Sur les imprimeurs considérés comme marchands, III, 895 note 2.

TURGOT. — Sur l'autonomie de l'individu, I, XVI note 1.

— Sur le principe de la propriété, I, XXVIII.

— Appréciation de son mérite, I, LVI note 1.

— Recommandation de ses ouvrages, I, LXXIV note 2.

— Sur le droit de travailler, II, 722 note 2.

— Sur les prêts d'argent, II, 799 note 1, et 804 note 2.

— Sur la liberté du prêt à intérêt, III, 489 note 3.

— Sur l'idée du progrès, III, 932 note 1.

— Services qu'il a rendus à la science du droit, III, Append., 9.

— Sur les prétendus droits de la société, III, Append., 13.

— Services qu'il a rendus à la science économique, III. Append., 15.

TYLOR. — Son livre sur l'*Histoire primitive de l'humanité*, III, 843 note 2.

TYNDALL (John). — Son discours d'ouverture à l'Association pour l'avancement des sciences, III, *Append.*, 19 note 1.

U

UNTERHOLZNER. — Son système pour calculer la part héréditaire de l'enfant naturel, II, 137 note 3.

V

VACHEROT. — Faisait partie du *Comité d'étude*, I, LXXX note 1, — XC note 1, — XCI note 1, — XCIII note 1.

— Son adhésion au droit de l'enfant, I, 363 note 3.

— Appréciation de sa conduite politique, III, VI note.

— Sur l'antinomie du juste et de l'utile, III, *Append.*, 13 note 1.

VALETTE. — Sur les registres d'état civil, I, 81 note 1.

— Sur le mariage des prêtres et des religieuses, I, 141 texte et note 2.

— Sur le domicile matrimonial, I, 147, note 3.

— Sur le droit d'opposition reconnu au tuteur et au curateur, I, 159.

— Sur l'obligation d'éducation incombant aux ascendants, I, 207 note 1.

— Sur le fondement de l'incapacité de la femme mariée, I, 226 note 1.

— Sur le droit des héritiers du mari d'intenter l'action en nullité des actes faits par la femme non autorisée, I, 253.

— Sur le divorce et la séparation de corps, I, 259 note 1.

— Sur le recel de la naissance d'un enfant, I, 295.

— Sur l'adultère, cause de désaveu, I, 297 note 1.

— Sur la preuve de la paternité par la possession d'état, I, 314 note 3

— Sur la possession d'état divisible, I, 315 note 1.

— Adhérant au droit de l'enfant, I, 363 note 3.

— Sur l'adoption, I, 367.

— Sur l'annulation de l'adoption, I, 380 note 3.

— Sur les charges de la jouissance légale, I, 403 note 2.

Valette. — Sur la prohibition de jouissance légale s'étendant à la réserve, I, 409 note 1.

— Sur la prohibition faite au tuteur d'acheter les biens du mineur, I, 443.

— Sur la responsabilité de l'usufruitier légal, I, 449 texte et note 2.

— Sincérité de ses systèmes, I, 475 note 3.

— Sur la capacité du mineur émancipé, I, 480 note 3.

— Sur la comparaison du mineur émancipé avec le tuteur, I, 484 note 2.

— Sur la tutelle en cas d'émancipation révoquée, I, 486 note 4.

— Inutilité de ses efforts pour améliorer la législation par voie d'interprétation, I, 491 note 3.

— Sur la nullité des actes de l'interdit, I, 500 note 2.

— Sur la capacité de l'interdit dans les intervalles lucides, I, 503.

— Sur la capacité du demi-interdit, I, 519 note 1.

— Sur la communauté légale, I, 520 note 2.

— Sur les sûretés du créancier, I, 562 note 2.

— Système de calcul de la part héréditaire de l'enfant naturel, II, 139 note 1, — 140 note 1, — 142 note 2.

— Sur le droit héréditaire de l'enfant naturel en concours avec des descendants et des collatéraux ordinaires, II, 144 note 1.

— Sur l'effet de la renonciation, II, 210 note 1.

— Sur l'exercice du retrait successoral, II, 270 note 2.

— Sur les dispositions en faveur du médecin, II, 401 note 2.

— Sur la capacité de l'époux médecin, II, 403 note 2.

— Fut rapporteur de la loi du 7 mai 1819, II, 614 note 1.

— Sur la consignation, II, 894 note 1.

— Sa collaboration à la loi du 10 juillet 1850, III, 24 note 3.

— Son adhésion à l'empire, III, 64 note 1.

Valette. — Sur l'augmentation de dot, III, 187 note 1.

— Sur la prescription de l'action en dommages-intérêts contre l'architecte, III, 413 note 1.

— Sur l'effet du partage des sociétés, III, 464 note 2.

— Sur la compensation en cas de prêt à usage, III, 476 texte et note 1.

— Sur le maintien de la condition résolutoire, III, 628 note 1.

— Sur la transcription en cas de deux ventes successives, III, 633 note 1.

— Sur les causes des priviléges, III, 644 note 2.

— Sur l'hypothèque du légataire, III, 647 note 1.

— Sur la source des priviléges, III, 654 note 2.

— Sur la suppression des priviléges généraux, III, 655 note 1.

— Sur le privilége des frais funéraires, III, 657 note 3.

— Sur le privilége des frais de dernière maladie, III, 658 note 1.

— Sur le privilége des fournitures de subsistances, III, 660 note 3.

— Sur le classement des priviléges, III, 661 note 3, — 694 note 1.

— Sur la base des priviléges mobiliers, III, 662 note 1.

— Sur le privilége du bailleur, III, 663 note 2, — 667 note 2.

— Sur le privilége du conservateur de la chose, III, 671 note 2.

— Sur l'absence de privilége pour les dépenses d'amélioration, III, 672 note 1.

— Sur le privilége du vendeur de meubles, III, 674 texte et note 2.

— Sur la cause du privilége de l'aubergiste, III, 678.

— Sur le classement des priviléges, III, 694 note 2.

— Sur le privilége du vendeur, III, 695 note 2, — 698 note 2, — 700 note 1, — 701 notes 1 et 2.

— Sur l'indivisibilité de la séparation des patrimoines, III, 709 note 1.

— Sur la nature de l'hypothèque, III, 714 note 4, — 717 note 1.

VALETTE. — Sur les immeubles par leur objet, III, 722 note 1.

— Sur l'hypothèque des servitudes, III, 722 note 3.

— Sur l'existence de l'emphytéose, III, 723 note 1.

— Sur l'hypothèque des actions immobilières, III, 723 note 2.

— Sur l'hypothèque des légataires, III, 726 note 1.

— Sur l'hypothèque des biens des héritiers. III, 727 note 3.

— Sur l'aliénation des conquêts de communauté, III, 731 note 1.

— Sur l'hypothèque de la femme mariée, III, 732 note 1.

— Interruption de son ouvrage, III, 735 note 4.

— Sur les hypothèques consenties par le vendeur à réméré, III, 746 note 1.

— Sur l'interprétation de l'art. 2136, III, 761 note 2.

— Sur l'inaliénabilité de la dot mobilière, III, 765 note 1.

— Sur la subrogation à l'hypothèque. III, 766 note 1.

— Sur le régime hypothécaire, III, 791 note 1.

— Sur la possession, III, 861 note 1.

— Sur l'interruption de prescription, III, 874.

— Sur la comparaison du commandement et de la sommation, III, 876 note 2.

— Sa polémique avec Troplong, III, 894 note 2.

— Sur l'absence, III, 908 note 1.

— Son résumé du Code civil, III, 917 note 1.

— Sur la non-rétroactivité, III, 931 note 1, — 935 note 1.

— Son adhésion à l'empire, III, 949 note 2.

VATIMESNIL (DE). — Son rapport sur la réforme hypothécaire, III, 627 texte et note 1.

— Sur le privilége des architectes, III, 687. — 688 note 1.

— Sur l'hypothèque des biens à venir, III, 750 note 1.

— Sur la subrogation à l'hypothèque pour l'assurance, III, 753 note 2.

VATIMESNIL (DE). — Sur la nullité de l'hypothèque, III, 779 note 1.

— Sur la durée des inscriptions hypothécaires. III, 784 note 2.

— Sur la suppression du délaissement hypothécaire, III, 795 note 1.

— Sur la suppression de la prescription acquisitive de l'hypothèque, III, 810 note 1.

— Sur le droit de surenchère, III, 817 note 1.

VAUBAN. — Sur la misère. I, 679 note 2.

— Appréciation de son système rationnel d'impôts, III, 640 note 2.

VELEZ-SARSFIELD. — Rédacteur du **Code de la République Argentine**, III, 647 note 2.

VERNET. — Sur la réserve, II, 416 notes 1 et 2.

— Son commentaire de l'art. 924, II, 444 note 1.

— Sur l'effet translatif de la transaction, III, 577 note 1.

VICO. — Sur l'idée du progrès, III, 932 note 1.

— Fondateur de la science historique, III, *Append.*, 9.

VILLÈLE (DE). — Sur le rachat des rentes sur l'Etat, III, 497 note 2.

VILLEQUEZ. — Son système sur l'art. 783, II, 203-204.

VINNIUS. — Sur l'acquisition du gibier, II, 17.

— Sur la révocation de la donation pour cause de survenance d'enfant, II, 501.

VIRCHOW. — Sa protestation contre le démembrement de la France, III, 433 note 2.

VOET. — Sur la vente en bloc, III, 241 note 1.

— Sur la promesse unilatérale de vente, III, 244 note 1.

VOGT (Karl). — Sa protestation contre le démembrement de la France, III, 433 note 2.

— Sur le crime et la culpabilité, III, 882 note 1.

— Sur l'idée du progrès, III, 932 note 1.

VOLTAIRE. — Sur la liberté, III, 955.

Vraye. — Ses critiques contre le Crédit foncier, III, 631 note 2.

W

Wallace. — Sur la sélection naturelle, III, 882 note 1, — 932 note 1.

Wallon. — Sur les effets de l'esclavage, III, 613 note 4.

Westlake (John). — Son adhésion à la doctrine de l'autonomie de l'individu, III, 634 note 2.

Wheaton. — Sur le droit des belligérants, I, x note 1.

Williams (Joshua). — Sur l'organisation de la propriété immobilière en Angleterre, III, 634 note 2.

Y

Young (Arthur). — Sur les paysans propriétaires, III, 348 note 2.

Z

Zachariæ, Aubry et Rau. — Sur l'obligation alimentaire des enfants naturels, I, 213 note 1.

— Sur la capacité nécessaire pour faire une reconnaissance, I, 335 note 2.

— Sur l'annulation de l'adoption, I, 380.

— Méthode de leur ouvrage, I, 467, — 576 note 2.

— Sur la représentation, II, 105 note 4.

— Sur le retour légal, II, 123 note 3.

— Sur le concours des enfants naturels avec les descendants, II, 137 note 2.

— Sur l'admission de la demande d'envoi en possession, II, 178 note 3.

— Sur l'éviction du successeur irrégulier, II, 181 note 2.

— Définition de l'acceptation tacite, II, 194.

— Définition du partage, II, 241.

— Sur le contrat de société entre le de cujus et son successible, II, 300 note 3.

— Sur la contribution des légataires, II, 325 note 1, — 326 note 2.

— Sur le droit de poursuite des successeurs irréguliers et légataires, II, 330 note 2.

— Sur l'indivisibilité de l'hypothèque, II, 334 note 1.

— Sur le sens du mot : *novation*, II, 340 note 1.

— Sur la prohibition d'aliéner contenue dans une donation ou dans un testament, II, 386 note 2.

— Sur l'action en révocation des donations pour ingratitude, II, 497 note 2.

— Sur la concession de droits que fait l'Etat à l'individu, II, 571, texte et note 1.

— Sur la prescription opposable aux appelés, II, 637 texte et note 3.

— Sur la réduction du partage d'ascendant, II, 659 note 2.

— Sur la nature du droit de l'institué contractuel, II, 672 note 5.

— Sur l'erreur quant à la cause du contrat, II, 750 note 1.

— Sur les incapacités de contracter, II, 771 note 2.

— Définition de l'obligation naturelle, II, 869.

— Sur la distinction de l'annulation et de la rescision, II, 988 note 3.

— Sur l'obligation de garantie du vendeur, III, 283 note 1.

— Sur l'éviction de l'acheteur, III, 295 note 1.

— Sur la rescision de la vente pour lésion, III, 320 note 1.

— Sur la responsabilité des colocataires, III, 374.

— Sur le droit du locataire, III, 388 note 2.

— Sur les risques dans le cheptel, III, 420 note 1.

— Sur la tacite reconduction du cheptel, III, 426 note 1.

— Sur la personnalité des sociétés civiles, III, 444 note 2.

— Sur le droit d'administration des associés, III, 456 note 2.

— Sur l'obligation contractée par

l'associé non mandataire, III, 458 note 3.

— Sur le prêt de consommation des sommes d'argent, III, 481 note 2.

— Sur la résolution de la constitution de rente, III, 498 note 2.

— Sur la remise du dépôt à un tiers après la mort du déposant, III, 519 note 1.

— Sur les cas de séquestre judiciaire, III, 525.

— Sur le mandat tacite, III, 536 note 2.

— Sur les droits non susceptibles de transaction, III, 581 note 3.

— Sur la transaction, III, 587 notes 1 et 2.

— Sur le droit de rétention, III, 651 note 5.

— Sur le droit de revendication de l'aubergiste, III, 679 note 1.

— Sur la séparation des patrimoines, III, 711 note 1.

ZACHARIÆ, AUBRY et RAU. — Sur la nature de l'hypothèque, III, 717 note 1.

— Sur l'interprétation de l'art. 2136, III, 761 note 2.

— Sur les exceptions du tiers détenteur, III, 797 note 2.

— Sur la collocation des créanciers en cas d'éviction, III, 807 note 1.

— Sur la prescription acquisitive et libératoire, III, 848 note 1.

— Sur la possession, III, 859 note 1, — 861 notes 2 et 3.

— Sur la prescription quinquennale, III, 898 note 3.

— Sur la représentation de l'absent en justice, III, 913 note 1.

— Sur la prescription de l'action en restitution des biens de l'absent, III, 926 note 2.

— Sur la non-rétroactivité des lois, III, 935 note 1.

FIN DE LA TABLE DES AUTEURS

TABLE DES DOCUMENTS LÉGISLATIFS

(Cette table comprend, *par ordre de date*, les Constitutions, Lois, Sénatus-Consultes, Décrets, Ordonnances, Edits, Arrêtés, Avis du Conseil d'Etat, Circulaires ministérielles, Rapports, expliqués ou cités dans l'ouvrage. — Les Arrêts des tribunaux n'y sont pas compris.)

AVANT 1789

1510, Juin (Ordonnance sur la réformation de la justice). — Sur la prescription quinquennale, III, 898 note 1.

1539, Août (Ordonnance de Villers-Cotterets, sur le fait de la justice). — Sur les registres d'état civil, I, 69.

— Sur les donations de mineur à tuteur, II, 398 note 1.

— Sur l'insinuation des donations, II, 462 texte et note 2.

— Sur la durée de l'exception de rescision, II, 921.

1549, Février (Déclaration). — Sur les donations faites par un mineur, II, 398 note 1.

1560, Janvier (Ordonnance générale d'Orléans). — Limite les substitutions fidéicommissaires, II, 611.

— Sur la vente des droits litigieux, III, 255.

1560, Juillet (Edit sur les secondes noces et les donations y relatives).

— Sur les enfants nés d'un premier mariage, I, 374.

— Sur la réserve, II, 415 note 1.

— Sur le second mariage de la veuve et les donations entre époux, II, 683 note 7, — 687 texte et note 1, — 688 note 1.

— Sur la quotité disponible entre époux, II, 710 note 1.

1566, Février (Ordonnance de Moulins, sur la réforme de la justice). — Sur l'insinuation des donations, II, 462 texte et note 2.

— Limite les substitutions fidéicommissaires, II, 611.

— Sur la preuve testimoniale II, 950 note 1.

— Sur l'hypothèque judiciaire, III, 615 note 1.

1579, Mai (Ordonnance de Blois, relative à la police générale du royaume). — Sur les registres d'état civil, I, 69.

1581, Juin (Edit de création d'un bureau de contrôle des actes extrajudiciaires).—Sur l'enregistrement des contrats et testaments, III, 618.

1606, Juin (Edit). — Sur l'enregistrement des contrats et la publicité de l'hypothèque, III, 618.

1606, Août (Déclaration qui défend aux notaires et tabellions d'insérer dans les brevets, contrats et obligations, aucune clause de renonciation au sénatus-consulte Velléien). — Sur l'abrogation du S.-C. Velléien, III, 560 texte et note 1.

1609, Mai (Edit portant que les prêteurs de deniers constitués en rentes, seront subrogés de plein droit dans les droits de créanciers). — Sur la subrogation, II, 883.

1629, Janvier (Ordonnance générale, *Code Michaud*). — Sur les testaments, II, 516 texte et note 1.

— Sur la vente des droits litigieux, III, 255.

— Sur le jeu, III, 532, note 3.

— Sur l'hypothèque des jugements étrangers, III, 741.

— Sur la prescription quinquennale, III, 898 note 1.

1667, Avril (Ordonnance civile touchant la réformation de la justice). — Sur les registres d'état civil, I, 69-70 — 76 — 77.

— Prohibe la preuve du dépôt par témoins, II, 952 note I.

— Sur la saisie du cheptel de fer, III, 429 note 3.

— Sur la preuve testimoniale du dépôt nécessaire, III, 521 note 3.

1669, Août (Edit portant réglement général pour les eaux et forêts). — Sur les épaves des rivières, II, 22.

1673, Mars (Edit portant établissement de greffes pour l'enregistrement des oppositions des créanciers hypothécaires). — Sur la publicité de l'hypothèque, III, 618-619.

1673, Mars (Ordonnance du commerce). — Sur la prescription à l'égard des marchands, III, 660 note 4.

1681, Août (Ordonnance de la marine). — Sur les rivages de la mer, I, 577, note 1.

— Sur la pêche maritime, II, 17.

— Sur l'acquisition des choses du cru de la mer, II, 20-21.

— Sur les épaves maritimes, II, 21-22.

1685, Juin (Déclaration portant défense aux pères de famille, etc.). — Sur le mariage des Français à l'étranger, I, 152.

1685, Août (Déclaration). — Sur le mariage des Français en pays étranger, I, 152.

1690, Novembre (Déclaration sur la publication et l'enregistrement des substitutions et l'insinuation des donations). — Sur le défaut de publication des substitutions, II, 634 note 3.

1697, Mars (Edit portant règlement pour les formalités des mariages). — Sur le domicile du mariage, I, 146.

1712, Janvier (Déclaration portant règlement pour la publication et l'enregistrement des substitutions). — Sur le défaut de publication des substitutions, II, 634 note 2.

1731, Février (Ordonnance sur les donations). — Sur la forme des donations, II, 449, — 450, — 455.

— Sur l'annulation des donations, II, 462 texte et note 2, — 469, — 477.

— Admet la révocation des donations pour survenance d'enfant, II, 501-502, — 513 note 1.

— Sur les donations par contrat de mariage, II, 667.

— Sur les clauses potestatives dans les donations par contrat de mariage, II, 679, — 681.

1731, Mai (Déclaration au sujet de la coupe du varech). — Sur l'attribution du varech, II, 21.

1735, Août (Ordonnance concernant les testaments). — Sur la forme des testaments, II, 514, — 527, — 530, — 531 note 1, — 534.

1736, Avril (Déclaration concernant la forme de tenir les registres des baptêmes, mariages et sépultures). — Sur les registres d'état civil, I, 69-70, — 76, — 77.

1747, Août (Ordonnance concernant les substitutions). — Limite les substitutions fidéicommissaires, II, 611, — 630 note 2.

— Sur la publicité des substitutions.
ll, 633 note 1,—634 texte et note 3.
— Sur l'hypothèque subsidiaire de la
femme du grevé, ll, 638 texte et
note 2.
— Sur l'abandon anticipé du grevé,
ll, 643.
— Sur la caducité de la substitution,
ll, 646 note 1.
1771, Juin (Edit portant création de
conservateurs des hypothèques sur
les immeubles).— Sur la purge des
hypothèques, lll, 619,— 621 note 2.
1772, Octobre (Déclaration qui permet à tous riverains des côtes maritimes de cueillir le varech). —
Sur l'attribution du varech, ll, 21.
1776, Février (Edit portant suppression des jurandes et communautés de commerçants et métiers).—
Sur la liberté du travail, ll, 722
note 2.
1787, Novembre (Ordonnance concernant ceux qui ne font pas profession de la religion catholique.)
— Sur l'état civil des protestants,
l, 70.

Assemblée Constituante.

4-11 août 1789 (Décret portant abolition du régime féodal, etc...). —
Sur le rachat des rentes, l, 549.
— Sur l'abolition de l'emphytéose
perpétuelle, l, 564.
— Sur le rachat de la redevance foncière, l, 567.
— Sur le droit de chasse, II, 16.
— Sur la suppression des priviléges
féodaux, ll, 87.
— Sur l'abolition de la vénalité des
offices, ll, 932 note 2.
3-12 octobre 1789 (Décret concernant le prêt à intérêt). — Sur la
liberté du prêt à intérêt, lll, 490.
15-28 mars 1790 (Décret relatif aux
droits féodaux). — Sur la succession *ab intestat*, ll, 87.
12 juillet-24 août 1790 (Décret sur
la constitution civile du clergé).—
l, 70 note 1.
6-18 août 1790 (Décret portant aboli-

tion des droits d'aubaine et de détraction). — Abolissant le droit
d'au-baine, l, 37.
16-24 août 1790 (Décret sur l'organisation judiciaire). — Sur le droit
d'action du ministère public, l,
184.
— Sur les juges de paix, l, 334.
— Sur l'interprétation des lois, lll,
952,
2-11 septembre 1790 (Décret sur l'organisation judiciaire). — Abolit
l'ordre des avocats, lll, 255 note 2.
7-11 septembre 1790 (Décret relatif à
la forme de procéder devant les
autorités administratives et judiciaires). — Abolit les lettres de
rescision, ll, 918.
31 octobre-5 novembre 1790 (Décret
concernant l'abolition des droits de
traites). — Supprime les douanes,
lll, 229 note 1.
22 novembre-1er décembre 1790 (Décret relatif aux domaines nationaux). — Sur les forêts de l'Etat,
l, 557, texte et note 1.
— Sur les biens sans maître, ll, 24·
— Sur l'imprescriptibilité des biens
du domaine public de l'Etat, lll,
851.
5-19 décembre 1790 (Décret relatif au
droit d'enregistrement des actes
civils et judiciaires). — Sur les déclarations de command, lll, 238
note 1.
9-15 décembre 1790 (Décret relatif au
mode de restitution des biens des
religionnaires fugitifs). — Sur les
descendants des protestants, l, 30.
18-29 décembre 1790 (Décret relatif
au rachat des rentes foncières). —
Sur le taux du rachat des rentes, l,
550.
— Sur l'abolition de l'emphytéose
perpétuelle, l, 564.
— Sur le rachat des redevances foncières, l, 567.
— Sur la durée du bail, lll, 363.
2-15 mars 1791 (Décret concernant
le tarif général des droits d'entrée
et de sortie).—Supprime les douanes, lll, 229.
6-27 mars 1791 (Décret relatif au nou-

vel ordre judiciaire). — Sur les certificats de vie, III, 509.

8-15 avril 1791 (Décret relatif au partage des successions *ab intestat*). — Sur la sucession des étrangers, I, 37, — 39, — 50, — II, 65 note 3. — Sur l'abolition des priviléges en matière de succession *ab intestat*, II, 87, — 106. — Sur les renonciations à une succession non ouverte, II, 219.

13-20 avril 1791 (Décret concernant l'abolition de plusieurs droits seigneuriaux). — Sur l'abolition du droit d'épaves, II, 23, — 24, — 25.

8-10 juillet 1791 (Décret concernant la conservation des places de guerre et la police des fortifications). — Sur les servitudes militaires, I, 684.

6-22 août 1791 (Décret pour l'exécution du tarif des droits d'entrée et de sortie). — Sur les choses égarées dans les bureaux de douanes, II, 26. — Sur le privilége des douanes, III, 653 note 1.

3-14 septembre 1791 (Constitution française). — Sur l'organisation judiciaire, I, LXVI texte et note 1. — Exposé général, I, XCVIII-CIII. — Sur les descendants des protestants, I, 30. — Sur le mariage, I, 119 texte et note 2, — 141. — Sur l'expropriation, I, 576. — Sur l'élection des juges, II. 929, note 1. — Sur le principe d'association, III, 439 note 1.

5-12 septembre 1791 (Décret relatif aux clauses impératives ou prohibitives insérées dans les testaments, donations et autres actes). — Sur les conditions attentoires à la liberté, II, 385.

13 septembre-16 octobre 1791 (Décret relatif aux déclarations de command). — Sur les déclarations de command, III, 238 note 1.

25 septembre-6 octobre 1791 (Code pénal). — Supprimant la peine de l'adultére, I, 279.

28 septembre-6 octobre 1791 (Décret concernant les biens et usages ruraux et la police rurale). — Sur les droits de parcours et de vaine pâture, I, 679-680, — 681 note 1, — 730. — Sur les dettes de la femme, III, 66. — Sur le droit du locataire et du fermier, III, 380-384.

Assemblée législative.

18 janvier 1792 (Décret relatif aux lois concernant l'adoption). — Sur l'adoption, I, 364.

20 août 1792 (Décret relatif au rachat des redevances non supprimées). — Sur la prescription quinquennale, III, 898 note 1.

20-25 septembre 1792 (Décret qui détermine le mode de constater l'état civil des citoyens). — Sur les registres d'état civil, I, 70, — 82, — 125. — Sur les actes respectueux, I, 130. — Sur l'abolition des dispenses, I, 138. — Sur le lieu de célébration du mariage, I, 146. — Permet le mariage à l'étranger sans autorisation, I, 152. — Sur la valeur des oppositions irrégulières, I, 163. — Sur l'âge de la majorité, I, 411.

20-25 septembre 1792 (Décret qui détermine les causes, le mode et les effets du divorce). — Sur le divorce, I, 110. — Etablissant le divorce et abolissant la séparation de corps, I, 259-260.

Convention Nationale.

14-15 novembre 1792 (Décret qui abolit les substitutions). — Interdit les substitutions, II, 611, — 612, — 614.

25-27 janvier 1793 (Décret concernant l'adoption de la fille de Michel Lepelletier). — Sur l'adoption des enfants Lepelletier - St-Fargeau, I, 364.

31 janvier-1er février 1793 (Décret qui interprète le décret du 20 septembre par lequel la majorité est fixée à vingt-un ans). — Sur l'âge de la majorité, I, 411.

9-12 mars 1793 (Décret qui ordonne l'élargissement des prisonniers détenus pour dettes, et qui abolit la contrainte par corps). — Abolit totalement la contrainte par corps, II, 895, — 896 note 1.

28 mars-5 avril 1793 (Décret concernant les peines portées contre les émigrés). — Maintenant la mort civile pour les émigrés et les prêtres déportés, I, 54 note 1.

10-11 juin 1793 (Décret concernant le mode de partage des biens communaux). — Sur les sections des communes, I, 559.

24 juin 1793 (Acte constitutionnel). — Exposé général, I, CIII-CVII.
— Sur la confection des lois, I, 1.
— Sur la naturalisation, I, 33.
— Sur l'élection des juges, II, 929 note 1.
— Sur le principe d'association, III, 439 note 1.

4-5 juillet 1793 (Décret portant que les enfants trouvés porteront le nom d'enfants naturels de la Patrie). — Sur les enfants trouvés, I, 26.

17 juillet 1793 (Décret qui supprime sans indemnité toutes les redevances ci-devant seigneuriales et droits féodaux). — Abolition de la redevance féodale, I, 567.

9 août 1793 (Projet de Code de la Convention). — Voir TABLE ALPHABÉTIQUE DES MATIÈRES, au mot *Convention nationale*.

24 août-13 septembre 1793 (Décret qui ordonne la formation d'un Grand-Livre pour inscrire et consolider la dette publique). — Sur la création du Grand-Livre de la dette publique, III, 497 note 2.
— Sur la prescription quinquennale, III, 898 note 1

17 septembre 1793 (Décret qui déclare les décrets relatifs aux émigrés applicables aux déportés). — Sur la mort civile pour les émigrés et les prêtres déportés, I, 54 note 1.

12 brumaire an II (Décret relatif aux droits des enfants nés hors mariage). — Sur l'égalité des enfants dans la succession, I, 288.
— Sur le droit successoral de l'enfant naturel, II, 131 note 2.
— Sur les droits des descendants de l'enfant naturel, II, 145-146.
— Sur les conditions attentatoires à la liberté, II, 385.

4 frimaire an II (24 novembre 1793) (Décret sur l'ère nouvelle, etc...). — Sur le calendrier républicain, I, LVII note 1.

17-21 nivôse an II (Décret relatif aux donations et successions). — Sur la réserve, I, 220 texte et note 1.
— Sur la succession *ab intestat*, II, 87-88, — 92, — 93, — 94, — 95, — 99.
— Oblige les héritiers au rapport sans préciput, II, 274.
— Sur les conditions attentatoires à la liberté des époux, II, 385.
— Permet les donations entre époux, II, 388.
— Abroge la réserve, mais restreint la liberté de disposer à titre gratuit, II, 415-417.
— Sur les aliénations à fonds perdu faites par le *de cujus*, II, 429-431.
— Admet les donations déguisées, II, 451.
— Augmente la quotité disponible pour les donations entre époux, II, 687 texte et note 3, — 688 note 1.
— Fut déclaré rétroactif, III, 939 note 3.

16 pluviôse-21 germinal an II (Décret qui abolit l'esclavage des nègres dans les colonies). — Abolition de l'esclavage, I, 46.

26 pluviôse-28 ventôse an II (Décret qui interdit aux créanciers de faire des saisies-arrêts sur les fonds destinés aux entrepreneurs de travaux pour le compte de l'Etat). — Sur un privilége d'intérêt public, III, 682, note 1.

19 floréal an II (Décret qui déclare compris dans la suppression des retraits, le retrait successoral, II, 267

6 messidor an III (Décret qui prohibe la vente des graines en vert et pendants par racines).— Sur la vente des blés en vert, II, 259.

9 messidor an III (Décret contenant le Code hypothécaire). — Sur le régime hypothécaire, III, 620 texte et note 1, — 621.

— Imité en Prusse, III, 638.

— Sa valeur scientifique, III, 640.

— Abrogeait l'hypothèque des meubles, III, 725 note 1.

— Abrogeait les hypothèques tacites, III, 728, — 734.

— Abrogeait l'hypothèque judiciaire, III, 737.

— Etablit la spécialité de l'hypothèque, III, 749 texte et note 1.

6 thermidor an III (Décret qui autorise le dépôt du montant des billets à ordre ou autres effets négociables). — Sur la consignation du montant de la lettre de change, II, 894.

5 fructidor an III (Constitution de la République française). — Exposé général, I, cvii-cxiv.

— Sur la non-rétroactivité des lois, I, 7.

— Sur la suppression du budget des cultes, I, 70 note 1.

— Sur l'élection des juges, II, 929 note 1.

— Sur le principe d'association, III, 439 note 1.

14 fructidor an III (Décret qui abolit l'action en rescision des contrats de vente entre majeurs pour cause de lésion d'outre-moitié).— Abolit la rescision des ventes pour lésion, II, 761 note 2, — III, 319 note 1.

10 vendémiaire an IV (Décret sur la police intérieure des communes). — Sur la responsabilité des communes, II, 980.

12 vendémiaire an IV (Décret qui détermine un mode pour l'envoi et la publication des lois). — Supprimant la publication effective des lois, I, 5, — 7.

3 brumaire an IV (Code des délits et des peines). — Abolissant la mort civile, I, 54 note 1.

Directoire.

11 germinal an IV (Loi qui prescrit l'emploi des effets mobiliers déposés dans les greffes et conciergeries des tribunaux). — Sur les choses égarées dans les greffes, II, 26.

20 prairial an IV (Loi qui établit un mode pour statuer sur les prédécès de plusieurs individus se succédant de droit et morts dans la même exécution).— Sur les présomptions de survie, II, 38.

5 thermidor an IV (Loi relative aux transactions entre citoyens).— Sur la liberté du prêt à intérêt, III, 490.

14 thermidor an IV (Loi contenant une nouvelle fixation des droits d'enregistrement). — Sur les déclarations de command, III, 238 note 1.

16 vendémiaire an V (Loi qui conserve les hospices civils dans la jouissance de leurs biens, et règle la manière dont ils seront administrés). — Sur la personnalité des hospices, I, 554 note 1, — 559.

5 nivôse an V (Loi contenant un nouveau tarif pour la poste aux lettres). — Sur l'administration des postes, III, 406 note 2.

18 pluviôse an V (Loi relative aux successions). — Admet les donations déguisées, II, 451.

8 nivôse an VI (Loi relative à la formation d'un nouveau Grand-Livre de la dette publique). — Sur les biens insaisissables, III, 649 note 2.

11 brumaire an VII (Loi sur le régime hypothécaire). — Sur la transcription des aliénations immobilières, I, 527 note 1.

— Sur les rentes foncières, I, 549.

— Sur la publicité de la transmission des droits réels, II, 462, — 470.

— Sur le défaut de transcription, II, 471, — 472

— Sur la transcription, II, 790.

— Sur la publicité de la transmission des droits réels, III, 229.

— Sur la publicité et la spécialité de l'hypothèque, III, 621-622.

— Rétablit l'hypothèque de la femme, III, 729.

— Rétablit l'hypothèque du mineur, 734.

— Rétablit l'hypothèque judiciaire, III, 737-738.

— Sur l'inscription hypothécaire, III, 791-792.

4 frimaire an VII (Loi portant établissement d'une contribution sur les portes et fenêtres). — Sur l'impôt des portes et fenêtres, III, 371.

22 frimaire an VII (Loi sur l'enregistrement). — Sur les droits fiscaux, I, 527.

— Sur l'évaluation de l'usufruit, I, 609.

— Sur la nullité des contre-lettres, II, 936.

— Etablit l'impôt des mutations, III, 229.

— Sur les droits de mutation, III, 324 note 2.

— Sur la transaction, III, 584 note 2.

— Sur les conquêts de communauté, III, 731 note 1.

21 ventôse an VII (Loi relative à l'organisation de la conservation des hypothèques). — Sur les priviléges des comptables, III, 681 note 2.

22 floréal an VII (Loi contenant des mesures pour assurer et faciliter le payement des rentes et pensions). — Sur les biens insaisissables, III, 649 note 2.

Consulat.

22 frimaire an VIII (Constitution de la République française). — Organisation politique, I, XXXII-XXXIII.

— Appréciation, I, LXIII note 1.

— Sur la promulgation des lois, I, 4.

— Sur la qualité de citoyen, I, 21.

— Sur la qualité de Français, I, 27, 28.

— Sur l'inconstitutionnalité de certains décrets impériaux, I, 48.

— Sur la poursuite des fonctionnaires, I, 72.

28 pluviôse an VIII (Loi concernant la division du territoire français et l'administration). — Sur les maires et adjoints, I. 70.

4 germinal an VIII (Loi concernant les libéralités entre-vifs ou de dernière volonté). — Admettant le préciput, II, 274.

— Sur la réserve et la quotité disponible, II, 415-417, — 420.

— Sur la réserve des ascendants, II, 702.

24 thermidor an VIII (Arrêté nommant une commission pour la rédaction d'un projet de Code civil). — Sur la confection du Code civil, I, XXXII.

21 ventôse an IX (Loi qui détermine la portion saisissable sur les traitements des fonctionnaires et employés). — Sur les biens insaisissables, III, 649 note 2.

29 germinal an IX (Arrêté relatif à l'organisation des bourses de commerce). — Sur les priviléges des comptables, III, 681 note 2.

26 messidor an IX (Convention entre le gouvernement français et le pape). — I, 70 note 1, — 140.

22 ventôse an X (Sénatus-consulte relatif à la manière dont sera fait le renouvellement du Tribunat et du Corps législatif). — Sur l'épuration du Tribunat, I, XXXV.

18 germinal an X (Arrêté concernant la communication préalable des projets de loi au Tribunat). — Sur la confection du Code civil, I, XXXVI.

18 germinal an X (Loi relative à l'organisation des cultes). — Sur l'application du Concordat, 140, 141.

29 floréal an X (Loi relative aux contraventions en matière de grande voirie). — Sur l'hypothèque des jugements des tribunaux administratifs, III, 739 note 1.

30 floréal an X (Loi relative à la traite des nègres et au régime des colonies). — Rétablissant l'esclavage, I, 46.

16 thermidor an X (Sénatus-consulte organique de la constitution). — Sur le consulat à vie, I, XXXII note 1.

18 thermidor an X (Arrêté concernant la pêche en goëmon et varech). — Sur l'attribution du varech, II, 21.

12 brumaire an XI (Avis du Conseil d'Etat concernant les formalités à observer pour inscrire des actes sur les registres de l'état civil). — Sur les déclarations tardives de naissance, I, 82.

— Sur la rectification des actes, I, 91.

13 frimaire an XI (Rapport). — Sur le concordat, I, 141.

25 ventôse an XI (Loi contenant organisation du notariat). — Sur les actes notariés, I, 73, 74.

— Sur les actes respectueux, I, 130.

— Sur la compétence territoriale du notaire, I, 148.

— Sur la faculté de conférer l'authenticité, I, 334.

— Sur la procuration en brevet, I, 335 note 1.

— Sur la forme des actes notariés, II, 451, — 521, 522, 526, — 534, 535.

— Sur l'acte révocatoire d'un testament, II, 586.

— Rétablit le monopole des notaires, II, 932 note 2.

— Sur la force exécutoire des actes notariés, II, 934.

— Sur les priviléges des comptables, III, 681 note 2.

11 germinal an XI (Loi relative aux prénoms et changements de noms). — Sur les prénoms, I, 83.

21 germinal an XI (Loi contenant organisation des écoles de pharmacie). — Sur la vente des remèdes secrets, III, 259.

22 germinal an XI (Loi relative aux manufactures, fabriques et ateliers). — Sur l'apprentissage, I, 443.

— Sur les rapports entre patrons et ouvriers, III, 402 note 3.

14 floréal an XI (Loi relative au curage des canaux et rivières, et à l'entretien des digues). — Sur les associations syndicales, I, 677.

— Sur le fossé servant à l'écoulement des eaux, I, 693.

25 thermidor an XI (Arrêté conte-

nant le tableau des distances de Paris aux chefs-lieux de départements). — Sur le calcul des distances pour la publication des lois, I, 5.

9 frimaire an XII (Arrêté relatif au livret dont les ouvriers devront être pourvus). — Sur les rapports entre patrons et ouvriers, III, 402 note 3.

22 ventôse an XII (Loi relative aux écoles de Droit). — Sur l'enseignement du droit romain, I, LVIII.

— Rétablit l'ordre des avocats, III, 255 note 2.

30 ventôse an XII (Loi contenant la réunion des lois civiles en un seul corps de lois, sous le titre de *Code civil des Français*). — Sur la confection du Code civil, I, XXXVI, — 548, — 564, — II, 23.

— Abroge implicitement la loi de brumaire an VII, II, 790.

Premier Empire.

28 floréal an XII (Sénatusc-onsulte organique). — Sur l'établissement de l'empire, I, XXXII note 1.

25 thermidor an XII (Avis du Conseil d'Etat qui applique aux actes émanés de l'autorité administrative les dispositions qui accordent l'hypothèque aux condamnations judiciaires). — Sur l'hypothèque des jugements des tribunaux administratifs, III, 739 note 1.

25 nivôse an XIII (Loi contenant des mesures relatives au remboursement des cautionnements...). — Sur les priviléges des comptables, III, 681 note 2, 682 note 1.

15 pluviôse an XIII (Loi relative à la tutelle des enfants admis dans les hospices). — Sur les enfants assistés, I, 382, — 492.

— Sur leur curateur, I, 478 note 2.

— Sur leur conseil de tutelle, I, 490.

— Sur la succession des enfants mineurs décédés dans les hospices, II, 175.

1er germinal an XIII (Décret concer-

nant les droits réunis). — Sur le
privilége de la régie des contributions indirectes, III, 653 note 2.

25 prairial an XIII (Avis du Conseil
d'Etat sur le jour à compter duquel
les décrets impériaux sont obligatoires). — Sur la publication des
décrets, I, 7.

4 thermidor an XIII (Avis du Conseil
d'Etat sur les formalités relatives
au mariage). — Sur la preuve du
décès des ascendants, I, 127, 131.

22 fructidor an XIII (Sénatus-consulte
sur le rétablissement du calendrier
grégorien). — I, CVII note 1.

4e jour complém. an XIII (Avis du
Conseil d'Etat sur les formalités à
observer pour la célébration du
mariage des militaires). — Sur le
lieu de célébration du mariage, I,
146.

14 janvier 1806 (Circulaire ministérielle). — Sur le mariage des prêtres, I, 140.

12 mars 1806 (Décret qui ordonne
l'impression de la déclaration de
1728, concernant le port d'armes).
— Sur la vente des armes, III, 259.

24 mars 1806 (Loi relative au transfert d'inscriptions appartenant à
des mineurs ou interdits). — Sur
la vente des inscriptions de rente
par le tuteur, I, 446, 447, 454, 458.
— Par le mineur émancipé, I, 479,
482.

30 avril 1806 (Loi sur les douanes).
— Rétablit les taxes douanières,
III, 229.

8 juillet 1806 (Circulaire ministérielle). — Sur la publicité des demandes d'envoi en possession, II,
178.
— Sur les successions en déshérence,
II, 237 note 1.

14 août 1806 (Sénatus-consulte relatif
à la principauté de Guastalla). —
Autorise les majorats, II, 613, — 620.

21 août 1806 (Décret portant que les
certificats de vie, nécessaires pour
le payement de rentes viagères et
pensions sur l'Etat, seront délivrés
par les notaires). — Sur les pensions de l'Etat, III, 510 note 1.

23 septembre 1806 (Décret concernant les attestations à délivrer aux
rentiers viagers et pensionnaires
de l'Etat). — Sur les pensions de
l'Etat, III, 510 note 1.

3 février 1807 (Circulaire ministérielle). — Sur le mariage des prêtres, I, 140.

9 février 1807 (Circulaire ministérielle). — Sur le mariage des prêtres, I, 140.

1er juin 1807 (Avis du Conseil d'Etat
sur les moyens de prévenir les difficultés en matière d'hypothèques
légales). — Sur la purge spéciale,
III, 824 note 1, 825 note 1.

2 juillet 1807 (Avis du Conseil d'Etat
sur les extraits des registres de
l'état civil délivrés par des employés des mairies). — Sur les extraits d'état civil, I, 81 note 1.

19 août 1807 (Sénatus-consulte concernant l'organisation du Corps législatif). — Suppression du Tribunat, I, 49.

3 septembre 1807 (Loi sur le taux de
l'intérêt de l'argent). — Admet la
rescision d'un contrat pour lésion,
II, 367 note 1.
— Sur la fixation du taux des intérêts,
II, 798, — 844.
— Sur la limitation du taux de l'intérêt, III, 490 texte et note 1, 491,
492-494.
— Son application à la constitution
de rente, III, 496, 500.
— N'est pas applicable à la rente
viagère, III, 507.
— Est applicable à l'antichrèse, III,
601.

3 septembre 1807 (Loi relative aux
inscriptions hypothécaires en vertu
de jugements rendus sur des demandes en reconnaissance d'obligation). — Sur l'hypothèque de
l'Etat, III, 737.
— Sur l'hypothèque résultant d'un
jugement de reconnaissance d'écriture, III, 770.

3 septembre 1807 (Code Napoléon).
— Sur la révision du Code civil, II,
613 note 4, — 620.

4 septembre 1807 (Loi interprétative,

sur l'inscription des créances hypothécaires). — Sur la rectification des inscriptions hypothécaires, III, 784 note 3.

5 septembre 1807 (Loi relative au mode de recouvrement des frais de justice). — Sur le privilége pour les frais de justice criminelle, III, 653 note 3.

5 septembre 1807 (Loi relative aux droits du trésor public sur les biens des comptables). — Sur le privilége des comptables, III, 682 note 1.

— Sur la réduction des hypothèques des comptables, III, 789 note 1.

— Sur le privilége du trésor sur les biens des comptables, III, 653 note 4, — 727 note 1.

7 septembre 1807 (Loi sur les douanes). — Rétablit les taxes douanières, III, 229.

16 septembre 1807 (Loi relative au desséchement des marais, etc...). — Sur l'alignement des voies publiques, I, 684.

16 septembre 1807 (Loi qui détermine le cas où deux arrêts donnent lieu à l'interprétation de la loi). — Sur l'interprétation des lois, III, 952.

16 janvier 1808 (Décret qui arrête les statuts de la Banque de France). — Sur les actions de la Banque, I, 539.

— Sur l'hypothèque des actions, III, 722 note 2.

25 février 1808 (Avis du Conseil d'Etat sur l'application des priviléges du trésor). — Sur le privilége du trésor de la couronne, III, 653 note 2.

17 mars 1808 (Décret portant organisation de l'Université). — Sur la personnalité des établissements universitaires, I, 554 note 1, — 559.

7 mai 1808 (Déclaration du Conseil d'Etat sur le mariage du grand-oncle avec la petite-nièce). — Sur le mariage entre grand-oncle et petite-nièce, I, 134.

12 novembre 1808 (Loi relative au privilége du trésor public pour le recouvrement des contributions). Sur le privilége pour certaines contributions directes, III, 653 note 2.

— Sur le privilége du trésor, III, 682 note 1.

14 novembre 1808 (Loi relative à la saisie immobilière des biens d'un débiteur). — Sur la saisie, III, 839.

18 février 1809 (Décret relatif aux congrégations ou maisons hospitalières de femmes). — Sur les religieuses hospitalières, I, 141 note 2.

6 avril 1809 (Décret relatif aux Français qui auront porté les armes contre la France, et à ceux qui, rappelés de l'étranger, ne rentreront pas en France). — Sur le service militaire à l'étranger, I, 48-50.

3 novembre 1809 (Avis du Conseil d'Etat sur les droits à exercer relativement aux effets mobiliers d'une personne décédée dans un hospice et dont la succession est tombée en déshérence). — Sur la succession des majeurs décédés dans les hospices, II, 175.

16 mars 1810 (Décret concernant la propriété et l'administration des canaux d'Orléans et de Loing). — Sur les actions des canaux, I, 539.

20 avril 1810 (Loi sur l'organisation de l'ordre judiciaire et l'administration de la justice.) — Sur l'action d'office du ministère public, I, 160, — 183-184, — 209.

21 avril 1810 (Loi concernant les mines, les minières et les carrières). — Sur la concession des mines, I, 575, — 588.

— Sur la transmission de la concession, I, 622.

— Sur la nature immobilière de la mine, III, 721 note 1.

— Sur les conquêts de communauté, III, 731 note 1.

— Sur l'insaisissabilité de la redevance, III, 834 note 1.

16 mai 1810 (Avis du Conseil d'Etat sur le mode de remboursement des consignations faites à la caisse d'amortissement). — Sur la consignation, II, 894.

13 août 1810 (Décret sur la manière dont il sera procédé dans le cas où

des ballots, caisses, malles, paquets confiés à des entrepreneurs de roulage ou de messageries n'auront pas été réclamés dans les six mois de l'arrivée à leur destination). — Sur les choses égarées dans les bureaux de messageries. ll, 26.

18 août 1810 (Décret concernant les remèdes secrets). — Sur la vente des remèdes secrets, lll, 259.

26 décembre 1810 (Avis du Conseil d'Etat relatif au mode de rectification des erreurs ou irrégularités commises sur les registres hypothécaires). — Sur la rectification des inscriptions hypothécaires, lll, 784 note 3.

19 janvier 1811 (Décret concernant les enfants trouvés ou abandonnés et les orphelins pauvres). — Sur les enfants assistés, I, 492.

9 avril 1811 (Décret portant concession gratuite aux départements, arrondissements et communes, de la pleine propriété des édifices et bâtiments nationaux). — Sur la personnalité du département, I, 554 note 1, — 682.

26 août 1811 (Décret concernant les Français naturalisés à l'étranger et ceux qui sont entrés au service d'une puissance étrangère). — Sur le service militaire à l'étranger, I, 45-50.

23 octobre 1811 (Décret relatif au cas où un gouvernement étranger demanderait l'extradition d'un Français prévenu d'avoir commis un crime contre des étrangers). — Sur l'application des lois françaises à l'étranger, lll, 946.

12 novembre 1811 (Avis du Conseil d'Etat portant qu'il peut être pris inscription hypothécaire en vertu des contraintes décernées par l'administration des douanes). — Sur l'hypothèque des jugements des tribunaux administratifs, lll, 739 note 1.

9 décembre 1811 (Décret qui détermine les limites dans lesquelles il ne peut être élevé aucune construction autour des places de guerre et postes militaires). — Sur le rayon des places de guerre, I, 575.

24 mars 1812 (Avis du Conseil d'Etat sur la question de savoir si les arrêtés des préfets, fixant les débets des communes et des établissements publics, sont exécutoires sur les biens de ces comptables, sans l'intervention des tribunaux). — Sur l'hypothèque des jugements des tribunaux administratifs, lll, 739 note 1.

3 janvier 1813 (Décret contenant des dispositions de police relatives à l'exploitation des mines). — Sur les décès par accident, I, 88.

25 septembre 1813 (Décret concernant les mineurs ou interdits, propriétaires d'une action de la Banque de France). — Sur la vente des actions de la Banque par le tuteur, I, 446, 454, 458.

— Par le mineur émancipé, I, 479.

Restauration.

4 juin 1814 (Charte constitutionnelle). — Abolition de la confiscation, I, 49, — 55 note 1.

28 avril 1816 (Loi sur les finances). — Sur les offices vénaux, I, 547 texte et note 1.

— Sur la consignation, ll, 893.

— Rétablit la vénalité des offices, ll, 932 note 2.

— Sur le rétablissement de la vénalité des offices, lll, 673 note 4.

— Sur le privilége pour droit et amende en matière de timbre, lll, 673 note 7.

— Sur le privilége des comptables, lll, 681 note 2.

8 mai 1816 (Loi sur l'abolition du divorce). — Abolition du divorce, I, 139, — 150, — 257, — 260, — 280.

— Sur l'abolition du divorce, lll, 101, — 117, — 126.

22 mai 1816 (Ordonnance contenant règlement sur l'administration de la caisse d'amortissement et de la

caisse des dépôts et consignations).
— Sur la consignation, II, 893.

3 juillet 1816 (Ordonnance relative
aux attributions de la caisse des
dépôts et consignations). — Sur la
consignation, II, 893.

27 novembre 1816 (Ordonnance concernant la promulgation des lois et
des ordonnances). — Sur la promulgation des lois, I, 4.

—Sur la publication urgente des lois,
I, 6, 7.

2 janvier 1817 (Loi sur les donations
et legs aux établissements ecclésiastiques). — Sur la personnalité
des établissements ecclésiastiques,
I, 554 note 1, — 559.

13 janvier 1817 (Loi relative aux
moyens de constater le sort des
militaires absents). — Sur les registres d'état civil détruits, I, 77.

— Sur les absents, I, 109 note 1.

18 janvier 1817 (Ordonnance addi-
tionnelle, concernant la promulgation des lois et ordonnances). —
Sur la publication urgente des lois,
I, 6.

21 juillet 1818 (Circulaire ministérielle). — Sur les officiers d'état civil, I, 73.

14 juillet 1819 (Loi relative à l'abolition du droit d'aubaine et de détraction). — Sur l'aptitude des
étrangers à succéder, I, 37, 39, 50,
— II, 61, — 65-69, — III, 949.

— Déclare l'étranger capable de recevoir, II, 397.

17 juillet 1819 (Loi relative aux servitudes imposées à la propriété
pour la défense de l'Etat). — Sur
les servitudes militaires, I, 684.

1er août 1821 (Ordonnance qui fixe
le mode d'exécution de la loi sur
les servitudes imposées à la propriété pour la défense de l'Etat). —
Sur les servitudes militaires, I, 684.

3 mars 1822 (Loi relative à la police
sanitaire). — Sur la destruction des
animaux contagieux, I, 575.

— Sur la forme des testaments dans
les lazarets, II, 538.

16 juin 1824 (Loi relative aux droits
d'enregistrement et de timbre). —

Sur la personnalité du département,
I, 554 note 1.

24 mai 1825 (Loi relative à l'autorisation et à l'existence légale des
congrégations et communautés religieuses de femmes). — Sur la
personnalité des établissements
ecclésiastiques, I, 554 note 1, —
559.

— Sur les donations faites aux associations et corporations, II, 397
note 1, — 404.

3 août 1825 (Circulaire ministérielle).
— Sur l'attribution des épaves, II,
23, 24.

17 mai 1826 (Loi sur les substitutions).
— Règle les majorats, II, 613-614.

30 juillet 1828 (Loi relative à l'interprétation des lois). — Sur l'interprétation des lois, III, 952-953.

15 avril 1829 (Loi relative à la pêche
fluviale). — Sur la pêche fluviale,
II, 17.

— Sur les dettes de la femme, III, 66.

Règne de Louis-Philippe.

14 janvier 1831 (Ordonnance relative
aux donations et legs, acquisitions
et aliénations de biens concernant
les établissements ecclésiastiques
et les communautés religieuses de
femmes). — Sur les donations faites aux associations et corporations,
II, 397 note 1.

21 mars 1832 (Loi sur le recrutement
de l'armée). — Sur l'enrôlement
volontaire, I, 390, — 443.

16 avril 1832 (Loi qui modifie l'art. 164
du Code civil). — Sur les dispenses de mariage entre beau-frère et
belle-sœur, I, 138.

28 avril 1832 (Loi contenant des modifications au Code pénal). — Sur
l'abus de confiance, III, 424.

31 janvier 1833 (Loi sur les sommes
déposées dans les bureaux de poste).
— Sur les sommes abandonnées
dans les bureaux de poste, II, 26.

12 mai 1835 (Loi sur les majorats). —
Abroge le S. C. de 1806 sur les majorats, II, 613 texte et note 5, 614.

1er avril 1837 (Loi relative à l'autorité des arrêts rendus par la Cour de cassation après deux pourvois). — Sur l'interprétation des lois, I, 10-11, — III, 952-953.

18 juillet 1837 (Loi sur l'administration municipale). — Sur l'affouage, I, 558 note 1.

— Sur les sections de communes, I, 559.

— Sur les donations faites aux personnes civiles, II, 397 note 1.

10 mai 1838 (Loi sur les attributions des conseils généraux et des Conseils d'arrondissement). — Sur la personnalité du département, I, 554 note 1.

— Sur les biens du département, I, 559.

— Sur les donations faites aux personnes civiles, II, 397 note 1.

25 mai 1838 (Loi sur les justices de paix). — Sur la compétence des juges de paix, III, 372.

28 mai 1838 (Loi sur les faillites et banqueroutes). — Sur le privilége des ouvriers du failli, III, 660.

30 juin 1838 (Loi sur les aliénés). — Sur le cas du mari aliéné, I, 242.

— Sur les aliénés non interdits, I, 410.

— Sur la validité des actes de l'aliéné, I, 507.

— Exposé général, I, 514-518.

— En quoi elle est incomplète, I, 515.

— Sur les partages où un aliéné est intéressé, II, 249.

— Sur la prescription de l'action en annulation des actes de l'aliéné, II, 922.

— Sur l'hypothèque de l'aliéné, III, 736.

6 juin 1839 (Ordonnance qui autorise tous les notaires à délivrer des certificats de vie). — Sur les pensions de l'Etat, III, 510 note 1.

6 juin 1840 (Loi sur la pêche fluviale). — Sur la pêche fluviale, II, 17.

3 mai 1841 (Loi sur l'expropriation pour cause d'utilité publique). — Sur l'expropriation, I, 576, note 1.

— Cause d'extinction des servitudes, I, 730.

— Sur l'expropriation publique, III, 238.

— Sur le privilége du vendeur en cas d'expropriation, III, 701.

— Sur l'hypothèque en cas d'expropriation, III, 753.

— Sur le renouvellement de l'inscription hypothécaire, en cas d'expropriation, III, 784 note 2.

— Sur la faculté de surenchérir, en cas d'expropriation, III, 804 note 5.

2 juin 1841 (Loi sur les ventes judiciaires de biens immeubles). — Sur le partage entre mineurs, I, 458.

— Sur l'aliénation et l'hypothèque des biens du pupille, I, 459, 460.

— Sur la clause de voie parée, III, 603.

— Sur la surenchère, III, 804 notes 2 et 3.

— Sur l'adjudication sur saisie, III, 841.

21 juin 1843 (Loi sur la forme des actes notariés). — Procuration pour faire une reconnaissance, I, 335.

— Sur les actes notariés, II, 450-453, — 693.

— Sur la rédaction du contrat de mariage, III, 26 texte et note 2.

— Sur la procuration pour constituer hypothèque, III, 748.

3 mai 1844 (Loi sur la police de la chasse). — Sur le droit de chasse, II, 16.

29 avril 1845 (Loi sur les irrigations). — Sur les eaux d'irrigation, I, 674.

— Sur la servitude du passage, I, 675-676, 677.

11 juillet 1847 (Loi sur les irrigations). — Sur la servitude de barrage des eaux, I, 677.

Deuxième République.

27 avril-3 mai 1848 (Décret relatif à l'abolition de l'esclavage dans les colonies et possessions françaises). — Sur le trafic des esclaves, I, 46.

4 novembre 1848 (Constitution de la République française). — Appréciation générale, I, XVIII.

— Sur la confection des lois, I, 2.

10 janvier 1849 (Loi sur l'organisation de l'assistance publique). — Sur les enfants assistés, I, 492.

22 mars 1849 (Loi qui modifie l'art. 9 du Code civil). — Sur la déclaration de nationalité, I, 29, — 34.

7 mai 1849 (Loi sur les majorats et les substitutions). — Restreignant la transmission des majorats sur demande, II, 614 texte et note 1.

3-11 décembre 1849 (Loi sur la naturalisation et le séjour des étrangers en France). — Sur la naturalisation, I, 27, 28, — 32.

2-9 janvier 1850 (Loi qui modifie l'art. 472 du Code d'instruction criminelle). — Sur l'exécution par effigie, I, 63.

7-15 mars 1850 (Loi sur les moyens de constater les conventions entre patrons et ouvriers...). — Sur les rapports entre patrons et ouvriers, III, 402 note 3.

25 avril 1850 (Rapport). — V. à la table des auteurs, VATIMESNIL.

3 mai 1850 [*Bulletin des lois* du 21 juin 1852] (Décret relatif à la vente des remèdes nouveaux dont l'utilité aura été reconnue). — Sur la vente des remèdes secrets, III, 259.

8-16 juin 1850 (Loi sur la déportation). — Abolissant la mort civile pour les condamnés à la déportation, I, 54, — 57 note 1.

18-25 juin 1850 (Loi qui crée une caisse des retraites pour la vieillesse). — Sur la caisse des retraites, II, 176 note 1.

10-18 juillet 1850 (Loi relative à la publicité des contrats de mariage). — Mention du contrat dans l'acte de mariage, I, 151-152.

— Sur la publicité du contrat de mariage, III, 18, — 24, — 26.

6-15 décembre 1850 (Loi relative au désaveu de paternité). — Sur la séparation de corps, cause de désaveu, I, 297 texte et note 3.

19-27 décembre 1850 (Loi relative au délit d'usure). — Sur l'usure, III, 490, 491, 493 texte et note 2.

7-12 février 1851 (Loi concernant les individus nés en France d'étrangers qui eux-mêmes y sont nés). — Sur la nationalité des enfants d'étrangers, I, 23, — 29, 30, — 34, 35.

22 février-4 mars 1851 (Loi relative aux contrats d'apprentissage). — Sur le contrat d'apprentissage, III, 402 note 3.

14-21 mai 1851 (Loi qui modifie l'arrêté de l'an XII en ce qui concerne les avances aux ouvriers). — Sur les rapports entre patrons et ouvriers, III, 402 note 3.

24 juin-24 juillet 1851 (Loi sur les monts-de-piété). — Sur les monts-de-piété, III, 600.

9 janvier-1er février 1852 (Décret sur l'exercice de la pêche côtière). — Sur les dettes résultant de délits ou quasi-délits de la femme, III, 66.

14-22 janvier 1852 (Constitution faite en vertu des pouvoirs délégués à L.-N. Bonaparte). — Sur la confection des lois, I, 2, 3.

2-21 février 1852 (Décret pour l'élection au Corps législatif). — Sur l'électorat et l'éligibilité, I, 32, — 67.

28 février-9 avril 1852 (Décret sur les sociétés de crédit foncier). — Sur les sociétés de crédit foncier, III, 629-630.

25-30 mars 1852 (Décret sur la décentralisation administrative). — Sur les prises d'eau, I, 673.

28 mars-20 avril 1852 (Décret relatif aux sociétés de crédit foncier). — Sur le crédit foncier, III, 630 note 1.

Second Empire.

10-31 décembre 1852 (Décret concernant les lettres de gage des sociétés de crédit foncier). — Sur le crédit foncier, III, 630 note 1.

— Sur les inscriptions hypothécaires au profit du crédit foncier, III, 783 note 1.

25-30 décembre 1852 (Sénatus-Consulte portant interprétation et modification de la Constitution). — Sur le droit de grâce, I, 59.

— Sur le droit d'amnistie, I, 60.

— Sur la déclaration d'utilité publique, I, 576.

23 février 1853 (Circulaire ministérielle). — Sur le crédit foncier, III, 630 note 1.

10-15 juin 1853 (Loi relative aux sociétés de crédit foncier). — Sur la faculté de purger pour la société du crédit foncier, III, 812 note 1.

31 mai-3 juin 1854 (Loi portant abolition de la mort civile). — Abolition de la mort civile, I, 44, — 52-68, — 139, — 257, — 646, — II, 35, — 60.

— Prononce l'incapacité de recevoir du condamné, II, 397.

— Prononce l'incapacité du condamné à disposer, II, 395.

— Sur l'abolition de la mort civile, III, 47, — 60, — 101, 102 note 1, — 125, — 169, — 509.

10-15 juin 1854 (Loi sur le libre écoulement des eaux provenant du drainage). — Sur la servitude de passage des eaux du drainage, I, 677.

6 juillet 1854 (Décret portant organisation du Crédit foncier de France). — Sur le crédit foncier, III, 630 note 1.

23 mars 1855 (Loi sur la transcription en matière hypothécaire). — Sur la transcription des aliénations immobilières, I, 527 note 1.

— Des actes constitutifs d'antichrèse, I, 562.

— Du contrat constitutif de servitude, I, 714.

— Des renonciations aux servitudes réelles, I, 729.

— Sur la transcription des donations immobilières, II, 202.

— Sur la transcription de l'aliénation des immeubles héréditaires, II, 347.

— Sur l'inscription de la demande en révocation, II, 490.

— Ne déroge pas aux règles de publicité des substitutions, II, 635.

— Sur les actes qui doivent être transcrits, II, 676.

— Sur la transcription, II, 790 ; III, 235.

— Argument tiré de cette loi pour l'inaliénabilité de la dot immobilière, III, 198-199.

— Sur la transcription des actes constitutifs de servitudes, III, 288-300.

— Sur la transcription, III, 315.

— Sur l'action en résolution du vendeur, III, 309.

— Sur la transcription du jugement d'adjudication, III, 326.

— Transcription des cessions de loyers, III, 332.

— Sur la transcription de certains locaux, III, 386.

— Sur la transcription des actes constituant antichrèse, III, 601, 604.

— Sur la publicité de la transmission des droits réels, III, 623 note 3.

— Exposé général de cette loi, III, 632-634.

— Sur la conservation des priviléges du vendeur, III, 685.

— Sur la séparation des patrimoines, III, 709.

— Sur l'inscription des hypothèques légales, III, 728, 759, 782.

— Sur la subrogation à l'hypothèque de la femme, III, 766-767.

— Sur l'inscription hypothécaire, III, 792-794, — 814, 830.

— Sur la transcription des baux, III, 803 note 1.

— Sur la renonciation à l'hypothèque de la femme, III, 808.

— Sur la cession des créances futures, III, 837.

26 avril 1855 (Loi relative à la dotation de l'armée). — Sur la caisse de dotation de l'armée, II, 176 note 1.

21-29 mai 1858 (Loi contenant des modifications au Code de procédure civile). — Sur la transcription du jugement d'adjudication, III, 803 note 2.

— Sur l'ouverture de l'ordre après purge, III, 825, — 829 note 2.

28 mai-6 juin 1858 (Loi qui modifie le décret de 1848, relatif aux propriétés d'esclaves). — Sur le trafic des esclaves, I, 46.

28 mai-11 juin 1858 (Loi sur les négociations concernant les marchandises déposées dans les magasins généraux). — — Sur le gage commercial, III, 590, — 600.

4 juin 1859 (Loi sur le transport, par la poste, des valeurs déclarées). — Sur la responsabilité de l'administration des postes, III, 406 note 2.

1er août 1860 (Lois relatives au rachat, pour cause d'utilité publique, de plusieurs canaux). — Sur le rachat des actions des canaux, III, 722 note 2.

31 mai 1862 (Décret portant règlement général sur la comptabilité publique). — Sur l'hypothèque des départements, III, 737.

2 juillet 1862 (Loi portant fixation du budget général ordinaire des dépenses et des recettes de l'exercice 1863). — Sur l'immobilisation des rentes, III, 206.

20 mai 1863 (Lois relatives au rachat de plusieurs canaux). — Sur le rachat des actions des canaux, III, 722 note 2.

23 mai 1863 (Loi qui modifie le titre VI du livre Ier du Code de commerce). — Sur le gage commercial, III, 590, — 600.

18 juillet 1866 (Sénatus-consulte qui modifie la Constitution). — Sur les amendements aux lois, I, 3.

14 mars 1867 (Sénatus-consulte qui modifie l'art. 26 de la Constitution). — Sur le rôle législatif du Sénat, I, 3.

29 juin 1867 (Loi sur la révision des procès criminels et correctionnels). — Sur la révision des procès, I, 61, — 68.

29 juin 1867 (Loi relative à la naturalisation). — Sur la naturalisation, I, 32, — 50.

22 juillet 1867 (Loi relative à la contrainte par corps). — Abolition de la contrainte par corps, I, 39.
— Sur l'abolition de la contrainte par corps, II, 830 note 1.
— Sur l'abolition partielle de la contrainte par corps, II, 895-896.
— Laisse subsister la contrainte par corps pour les amendes, III, 68 note 2.
— Sur l'abolition de la contrainte par corps, III, 559, 562.

24 juillet 1867 (Loi sur les sociétés). — Sur les sociétés commerciales, III, 445 note 3.

2 août 1868 (Loi qui abroge l'art. 1781 du Code Napoléon). — Sur le serment du maître contre l'ouvrier, III, 402.

Troisième République.

12 février 1872 (Loi portant modification des art. 450 et 550 du Code de commerce). — Sur le privilége du bailleur, en cas de faillite, III, 665 note 2.

FIN DE LA TABLE DES DOCUMENTS LÉGISLATIFS

TABLE ALPHABÉTIQUE ET ANALYTIQUE

DES MATIÈRES CONTENUES DANS LES TROIS VOLUMES

Abandon.

Indications diverses :

De l'usufruit, I, 633, 650-652.
L'- du fonds servant libère de la ser-
vitude, I, 660, 662.
L'- du droit de mitoyenneté libère de
l'obligation de réparations, I, 688.
L'-du droit de mitoyenneté libère-t-il
de l'obligation de clôture? I, 692-
693.
Du fonds assujetti à une servitude, I,
721-722.
Aliénation sans acquisition, II, 4.
Occupation des choses abandonnées,
II, 21.
De l'hérédité par l'héritier bénéficiaire, II, 230, 231.
Donations consistant dans l'abandon
d'un droit, II, 450.
Le donataire peut-il par l'abandon
des biens donnés se soustraire à
l'exécution des charges? II, 491,
492.
De la substitution par le grevé, II, 643.
De son droit par le créancier, II,
902-903.
La femme commune ne peut pas se
soustraire aux dettes par l'abandon
de son lot, III, 144.
Le délaissement est un abandon, III,
799.

Abrogation de la loi.

Définition : Substitution d'une loi
nouvelle à une autre pour améliorer la notion du droit, ou rectifier
une observation imparfaite, I, 14-
15.
L' - peut résulter soit d'un usage
contraire, soit de la simple désuétude, parce que la fonction législative qui réside dans chacun des
citoyens peut s'exercer directement, I, 14-15.

Absence.

Exposé général : I, 103-117.
Spécialement, *Exposé général* des effets de l'absence, III, 906-930.
Idée rationnelle : Protection par les
habitants de la même commune, I,
107 note 2.

Indications diverses :

Présomption d'absence, I, 104-108.
Déclaration d'absence, I, 108-110.
Effets de l'absence déclarée, I, 111-
117.
Ne dissout pas le mariage, I, 113.
Absence de l'ascendant auquel de-
vraient être faits les actes respec-
tueux, I, 130.

Absence du mari : la femme est autorisée par justice, I, 241.

Absence du mari (non présent) à
l'époque de la naissance d'un enfant
de sa femme, I, 309-310.

En cas de déclaration d'absence,
l'envoi en possession provisoire ne
constitue pas, en droit, une ouverture de la succession, II, 36.

Action en partage exercée au nom
des héritiers absents, II, 250.

Cas où un absent est intéressé dans
un partage, II, 255-266.

L'absence, au moment de la donation,
de l'enfant du donateur rend-elle
la donation révocable? II, 505-506 ;
507.

Les envoyés en possession provisoire
de l'absent sont mandataires légaux pour recevoir un payement,
II, 877.

Le curateur de l'absent est mandataire judiciaire pour recevoir un
payement, II, 877.

En l'- du mari, la femme peut s'o-
bliger pour l'établissement des enfants, III, 69.

Comment se dissout la communauté
en cas d'absence, III, 101.

L'- donne lieu à la restitution de la
dot, III, 212.

L'- n'empêche pas la prescription de
courir, III, 321 note 1.

Cas de caution légale, III, 561.

Comment les biens de l'absent peuvent être hypothéqués, III, 746.

Effets de l'absence quant à la prescription, III, 891.

Abus de confiance.

Le détournement du cheptel est un
abus de confiance, III, 424.

L'- n'empêche pas la prescription
instantanée, III, 905.

Acceptation de cession de créance.

Par le débiteur, II, 792, — III, 329-332.

Cession contenue dans un partage,
III, 359.

Acceptation de communauté.

Exposé général : III, 117-128.

Indications diverses :

En cas d'aliénation par le mari des
immeubles de la femme, III, 31.

En cas de stipulations de préciput,
III, 170-171.

Son effet au point de vue de l'hypothèque de la femme sur les conquêts, III, 730-732.

Acceptation de congé.

L'- n'est pas nécessaire, III, 376.

Acceptation de donation.

Exposé général : II, 453-459.

Indications diverses :

La femme peut sans autorisation
accepter les donations faites à ses
enfants, I, 257.

Donations faites au mineur, I, 456 ;
au mineur émancipé, I, 482.

Capacité nécessaire au moment de
l'acceptation du donataire, II, 407.

Acceptation par le débiteur de la
donation de créance, II, 460.

Acceptation de la donation portant
partage d'ascendant, II, 650.

Les donations par contrat de mariage
sont dispensées de l'acceptation
expresse, II, 667.

L'acceptation expresse est nécessaire
pour les donations entre époux, II,
692.

Donations faites à la femme, III, 69-
70.

Acceptation de legs.

Idée rationnelle : Le légataire doit
être réputé accepter, tant qu'il n'a
pas manifesté une intention contraire, et, même après avoir accepté, il doit être laissé libre de
revenir sur sa décision à charge de
restituer, II, 59 note 1.

Indications diverses :

Legs faits au pupille, I, 455-456 ; au
mineur émancipé, I, 482.

Acceptation de mandat.

Par le mandataire, III, 536.

Acceptation des offres.

Par le créancier, II, 893-894.

Acceptation de remploi.

Par la femme, III, 90, 93-95.
Est-elle nécessaire pour le remploi
obligatoire ? III, 96.

Acceptation de succession.

Exposé général : : II, 186-208.
Idée rationnelle : Tout successeur
doit être réputé accepter, tant qu'il
n'a pas manifesté une opinion contraire ; même après avoir accepté,
il doit être laissé libre de revenir
sur cette acceptation à charge de
restituer, II, 59 note 1, — 205 note 3.

Indications diverses :

Succession échue au mineur, I, 454-
456 ; au mineur émancipé, I, 483 ;
L' - est libre, II, 47.
L' - est-elle une condition suspensive
pour l'acquisition de la saisine?
II, 47.
L' - est nécessaire pour investir définitivement l'héritier provisoirement investi par la volonté du défunt, II, 183.
Annulation de l'acceptation, II, 199-
208.
L' - doit-elle être présumée après le
délai de trente ans? II, 217.
En cas d' - pure et simple, les créanciers de la succession ont le droit
d'exercer l'action en rapport au
nom de leur débiteur, II, 290.
En cas d' - pure et simple, les créanciers du défunt deviennent créanciers personnels de l'héritier et ils
ont l'action en réduction, II, 436.
Le dol est un vice réel dans l'acceptation, II, 760.
L' - produit l'obligation de délivrer
et l'obligation de conserver, II, 784.
L'acceptation est un quasi-contrat,
II, 971.
Succession échue à la femme mariée,
III, 69-70.

Toute cession d'hérédité emporte acceptation pure et simple, III, 337.

Acceptation de tutelle.

L' - est obligatoire pour la personne
capable et non dispensée à qui elle
est déférée, I, 411.
L' - est un quasi contrat, II, 971.

Accession.

Exposé général : I, 576-605 ; — des
choses immobilières, I, 587-599 ;
des choses mobilières, I, 599-605.
Idée rationnelle : Ce n'est pas un
mode d'acquérir, I, 577 note 1, —
II, 6-7. — L'accession n'a pas de
sens, III, 754 note 2.

Indications diverses :

La femme peut acquérir par-, I, 234.
L' - est considérée comme mode d'ac-
quérir originaire, II, 10.
Acquisition du trésor par -, II, 19.
Profite à l'usufruitier, I, 622.
Subit l'hypothèque, III, 753-754.

Accessoires.

Indications diverses :

Les immeubles par destination sont
des meubles accessoires d'un fonds,
I, 532.
Le propriétaire en profite, I, 577.
L'usufruitier en jouit, I, 622.
La servitude porte sur les -, I, 721.
Les - doivent être délivrés avec la
chose léguée, II, 565.
La vente les comprend, III, 276.
La cession de créance les comprend,
III, 332.
L'hypothèque s'y étend, III, 754.

Accessoires (Contrats).

(Voir *Contrats.*)

Accommodement de famille.

Définition, III, p. 45.

Accroissement.

ENTRE COHÉRITIERS : *Exposé général*,
II, 209-212.

Indications diverses :

L'- entre cohéritiers ne s'applique pas en cas de retour légal, ll, 115.

De la part obtenue par l'un des appelés mort entre la déchéance du droit à la substitution et la mort du grevé, ll, 642.

Des parts des héritiers de la femme prédécédée qui renoncent à la communauté, lll, 127.

La part échue par accroissement au vendeur de droits successifs profite-t-elle à l'acheteur? lll, 336.

ENTRE COLÉGATAIRES : *Exposé général,* ll, 599-608.

Acheteur.

Obligations de l'-, *Exposé général,* lll, 304-309.

Indications diverses :

L'acheteur d'une chose non frugifère est mis en demeure par une sommation, ll, 801.

L' - d'une chose frugifère doit les intérêts de plein droit, ll, 802.

Les acheteurs sont parties dans le jugement quant à la chose jugée, ll, 960.

Profite-t-il de la part échue par accroissement au vendeur de droits successifs? III, 336.

Le bail est opposable à l'- de la chose louée, lll, 379.

A le droit de purger, lll, 812, — 826 note 1.

Peut joindre les possessions, lll, 866.

Acquêts.

Définition dans l'ancien Droit, ll, 86.

Communauté réduite aux acquêts, lll, 150, 152.

Acquiescement.

Indications diverses :

On ne peut pas acquiescer au jugement qui rejette la réclamation d'état, I, 322.

Le tuteur peut acquiescer à une action immobilière, avec avis du conseil de famille, I, 457.

Comparaison avec la transaction, I, 461.

Le mineur émancipé, assisté et autorisé, peut acquiescer à une action immobilière, I, 483.

Comparaison avec la transaction, lll, 578.

Acquisition.

Idée rationnelle : Le principe qui légitime l'acquisition est l'effort de l'individu; ce principe est constant; tandis que la manière d'acquérir, moyen juridique, est variable, ll, 1.

Indications diverses :

Incapacité d'acquérir par la femme mariée; I, 238; la femme peut acquérir lorsqu'une acquisition se fait à son profit et sans son intervention, I, 237-238.

La femme séparée peut-elle acquérir? I, 237-238.

Le tuteur ne peut pas acquérir les biens du pupille, I, 443 texte et note 3, — 462.

Distinction entre l'acquisition à titre onéreux et à titre gratuit, I, 574.

L'accession n'est pas un mode d'-, I, 577.

Acquisition de la mitoyenneté, I, 691.

Le mot acquérir est en général corrélatif d'aliéner, ll, 4.

Distinction entre l'acquisition à titre onéreux et à titre gratuit, ll, 10-11; — à titre universel et à titre particulier, ll, 11-12.

Tous les acquéreurs ont le droit de purger, lll, 812, 826 note 1.

Le possesseur acquiert la propriété, lll, 859.

La loi peut-elle supprimer rétroactivement un mode d'acquérir? lll, 938-939.

Les lois relatives à l'acquisition des biens sont de statut réel, lll, 946.

Acte.

Sens général de ce mot : I, 69.

La forme des actes est réglée par la loi du lieu, I, 9 texte et note 2, — lll, 950.

Acte authentique.

Exposé général : II, 932-936.
Idée rationnelle : l' - doit disparaître, II, 928.

Indications diverses :

Nécessaire pour la reconnaissance d'enfant, I, 333-334.
Différences entre l'acte solennel et l'acte authentique, I, 334 note 3.
Le contrat de société entre le *de cujus* et son successible doit être fait par acte authentique, II, 300.
Importance de l'acte authentique au point de vue de la remise de la dette, II, 903.
Les actes de l'état civil et les actes notariés sont des actes authentiques, II, 932.
Dans quels cas la copie d'un - sert de commencement de preuve par écrit, II, 945.
Nécessaire pour l'acceptation d'une cession de créance, III, 329.
Nécessaire pour certaines procurations, III, 537.
Nécessaire pour le contrat de gage, III, 595-596.
Nécessaire pour la subrogation à certains priviléges, III, 683.
Son infériorité à l'égard de l'acte sous seing-privé, III, 743.
Nécessaire pour la subrogation à l'hypothèque légale des femmes, III, 767.
Nécessaire pour la main-levée de l'inscription hypothécaire, III, 786.
Peut-il être suppléé par l'acte sous seing-privé fait à l'étranger? III, 951.

Acte confirmatif.

Règles y relatives, II, 948.

Acte de décès.

Exposé général : I, 85-89.

Actes de l'état civil.

Exposé général : I, 69-93.

Indications diverses :

Extraits des actes de l'état civil, I, 74.

Les actes de l'état civil sont des actes authentiques, II, 932.
Les extraits ont la même force que les registres, II, 945.

Acte de mariage.

Exposé général : I, 149-151.

Acte de naissance.

Exposé général : I, 81-85.

Indications diverses :

Fait preuve de la maternité légitime, I, 312-313.
Comparaison avec la possession d'état, I, 314.
Uni à la possession d'état, fait preuve absolue, I, 315-316.
Destruction de l'acte de naissance (suppression d'état), I, 320.
Ne constate pas la filiation de l'enfant naturel, I, 333.

Acte de notoriété.

Nécessaire pour constater l'absence des ascendants, I, 130.
Nécessaire pour constater l'absence des successeurs préférables en cas de demande d'envoi en possession, II, 177.

Acte de reconnaissance.

Exposé général : I, 332-352.

Indications diverses :

Est un acte de l'état civil, I, 85.
Ne peut pas suppléer l'acte de naissance, I, 313.

Acte judiciaire.

Définition, III, 719.

Indications diverses :

Hypothèque en résultant, III, 742-743.
Sert à intervertir la possession, III, 869.

Acte notarié.

Condition des témoins, I, 73.

Différences avec les actes de l'état civil, I, 74.

Nécessaire pour la donation, II, 450, — pour l'acceptation de donation, II, 453, 454.

Nécessaire pour l'acte de suscription du testament mystique, II, 529.

Valeur de l'acte notarié portant révocation d'un testament, II, 584, 586.

Un acte nul comme testament public, valable comme acte notarié, révoque-t-il valablement un testament ? II, 586, 587.

Nécessaire pour les donations entre époux, II, 692.

Lorsqu'une obligation est constatée par un -, le juge peut-il accorder des délais ? II, 880.

Nécessaire pour la subrogation par la volonté du débiteur, II, 885.

Est un acte authentique, II, 932.

A la force exécutoire, II, 934.

Nécessaire pour le contrat de mariage, III, 25.

Nécessaire pour le rétablissement de la communauté, III, 116.

Nécessaire pour la constitution d'hypothèque, III, 746, 748.

Acte récognitif.

Définition, II, 946-947.

Acte respectueux.

POUR LE MARIAGE : *Idée rationnelle* : Considérations présentées sur ce sujet au Comité d'Etude, I, XCV-XCVI.

Appréciation, I, 130.

Exposé général, I, 129-130.

POUR L'ADOPTION : *Indication*, I, 367-368.

Acte sous seing-privé.

Exposé général, II, 936-944.

Indications diverses :

Sa force probante, II, 518-520.

L'acte sous seing-privé peut revêtir le caractère authentique ; l'acte non valable comme authentique peut valoir comme -, II, 933.

Son importance quant à la remise de la dette, II, 903.

Peut procurer au créancier une hypothèque générale, III, 742.

Dans quels cas il peut constituer hypothèque, III, 747-748.

Peut suffire pour l'inscription hypothécaire, III, 775.

Fait à l'étranger, peut-il suppléer l'acte authentique ? III, 951.

Actif.

Composition de l'- de la communauté légale, III, 36-53.

Action.

Idées rationnelles. — Signe caractéristique du droit, I, IV.

Manque au droit international, I, VII.

C'est la force sociale mise à la disposition de l'individu dont la liberté est atteinte, I, 12.

Il n'y a lieu à refus d'action pour une disposition de l'individu que tout autant qu'elle ne fait pas naître un intérêt appréciable et qu'elle viole le droit d'autrui, I, 13.

Est la sanction du droit, I, 539.

L'action en justice suppose l'existence de la société, II, 717-718.

Indications diverses :

Le contrat engendre, modifie ou anéantit une action, II, 718.

Enumération des actions qui peuvent être exercées par les créanciers, II, 809-810.

Le grevé de substitution peut intenter les actions relatives aux biens et y défendre, II, 636.

Prescription des actions, III, 887.

Les actions relatives aux droits réels sont de statut réel, III, 946.

Action civile.

Elle tend à la réparation du dommage, I, 192.

Différence entre l'action publique et l'action civile ; leur confusion dans l'art. 199, I, 192-195. — En cas de suppression d'état, dérogations au droit commun, I, 320-321. — Ces dérogations s'appliquent-elles à la

recherche de la filiation naturelle ? I, 357.
— En cas d'accession immobilière, I, 587.
— En cas d'accession mobilière, I, 600-605.

Action *de in rem verso.*

Indications diverses :

Possesseur de bonne foi qui a construit sur le sol d'autrui, I, 590.
Usufruitier, I, 636.
Tiers non intéressé qui paye la dette d'autrui, II, 872, — 974.
Tiers qui gère l'affaire d'autrui dans son intérêt personnel, II, 974.
Exercice de l' - contre la communauté, III, 69.
Ne dérive pas de l'obligation contractée par l'associé non mandataire en son propre nom, III, 458 note 3.
Au profit du déposant contre le dépositaire incapable, III, 515.
En cas de mandat donné ou reçu par un incapable, III, 542.
N'appartient pas à la caution malgré la défense du débiteur, III, 555.

Actions de la Banque.

Généralités : — Sont immobilières et susceptibles d'hypothèques, II, 464.

Indications diverses :

Aliénation par le tuteur, I, 446, 454, 458.
Immobilisation, I, 539.
Transmission, III, 332.
Sont susceptibles d'hypothèque, III, 722.
Peuvent être saisies, III, 833.

Actions des canaux.

Immobilisation, I, 539.
Ont été rachetées, III, 722 note 2.

Actions des sociétés.

Sont meubles, I, 544-545.
Différences entre l'intérêt et l'action, I, 543 texte et note 3.

Donnent-elles lieu au privilége du vendeur de meubles ? III, 673.

Actions de tutelle.

Se prescrivent par dix ans ; l'action en payement du reliquat se prescrit par trente ans, I, 471-472.

Action en annulation.

(Voir *Action en nullité*).

Action en bornage.

A un caractère mixte, I, 678 note 1.
Qui peut l'intenter et devant quel tribunal, I, 678.

Action en contestation d'état.

1° POUR LA FILIATION LÉGITIME : Définition, I, 307-308.
On peut l'exercer sauf le cas où il y a titre et possession conformes, I, 326.
Prescription, renonciation, compétence, I, 327.
2° POUR LA FILIATION NATURELLE : Son application ; personnes qui peuvent l'invoquer, I, 342-346.
Elle est possible même quand il y a titre et possession d'état conformes, I, 363.

Action en contestation de légitimité.

Définition, I, 308.
Cas d'application, I, 305.
Entraîne-t-elle nécessairement l'illégitimité de l'enfant ? I, 306-307.
Ses caractères : différences avec l'action en désaveu, I, 311.

Action en désaveu.

Elle sert à repousser la présomption *pater is est,* I, 290.
Causes de désaveu, I, 293-297.
Elle est toujours possible contre l'enfant conçu avant et né pendant le mariage, sauf dans trois cas : I, 301-302.
Définition, I, 308.
A qui elle appartient, I, 308-309.

Dans quel délai elle doit être intentée, I, 309-311.
Ne s'applique pas à enfant qui n'a
ni titre ni possession d'état, I,
310.
Différences avec la contestation de
légitimité, I, 311.
Ne s'applique pas à l'enfant qui a
prouvé sa maternité par la preuve
testimoniale, I, 319.
Applicable à l'enfant qui a établi sa
maternité à défaut de registres, I,
320.

Action en garantie.

Partage, II, 360-364. — Comparaison
de l' - avec l'action en rescision, II,
370-371.
Vente, III, 282-284.

Action en indignité.

Coutre qui et par qui elle peut être
intentée, II, 76-78.

Action en nullité.

Mariage, I, 165-186. — Action per-
sonnelle, II, 810.
Actes faits par la femme non autori-
sée, I, 252-254.
Adoption, I, 380.
Actes faits par l'interdit, I, 500-506.
Actes faits par l'aliéné, I, 516.
Partage d'ascendant, II, 660-664.
Contrats, II, 917-925. — Action per-
sonnelle ou réelle, II, 762-763. —
Ratification, II, 758.
Donation, II, 948-949.
Aliénation de l'immeuble dotal, III,
207-210.
Vente de la chose d'autrui, III, 260-
268.
Echange de la chose d'autrui, III, 342
texte et note 3.
Prescription, III, 893.

(Voir, au surplus, au mot : *Nullité*.)

Action en partage.

Exposé général, II, 243-272.

Indications diverses :

L'- même mobilière est assimilée à
l'action immobilière, I, 453.

Le tuteur peut y défendre, I, 453.
Le tuteur peut l'intenter avec l'autorisation du conseil de famille, I,
457.
Le mineur émancipé peut l'intenter
et y défendre avec assistance du
curateur, I, 482.
L' - peut être intentée par le légataire universel, II, 546. — et par le
légataire à titre universel, II, 554.
L' - des biens dotaux peut-elle être
intentée par le mari ? III, 191, 192
texte et note 1.
Imprescriptibilité, III, 887.

Action en réclamation d'état.

Idée rationnelle : devrait être absolument libre, I, 322.

Indications diverses :

Définition, I, 308.
Cas d'application, I, 316, — II, 157.
Moyens de la combattre, I, 318-320.
Compétence exclusive des tribunaux
civils et subordination de l'action
criminelle à l'action civile, I, 320-
321.
Durée et transmission de l'action, I,
321-326.
Appartient-elle comme action propre
aux descendants de l'enfant ? I, 325-
326.
Règles de l'- en matière de filiation
naturelle, I, 357-359.
Imprescriptibilité, III, 857.

Action en réduction.

— des libéralités excédant la quotité
disponible, II, 433-448.
— des actes faits par le mineur émancipé, I, 480-481, 486.

Action en réméré.

Conditions de son exercice, III, 313-
314.
Sa divisibilité, III, 318-319.

Action en reprise.

Définition ; l' - appartient au donateur
exerçant le retour légal ; énumération des actions en reprise, II,
122.

L'- est comprise dans le droit de retour légal de l'adoptant, I, 376.
L'- contre une précédente communauté tombe-t-elle dans la nouvelle communauté du même époux? III, 39.

Action en rescision.

— du partage, II, 364-371.
— du partage d'ascendant, II, 657-664.
— des contrats, II, 917-925.
— de la vente, III, 321, 325.

Action en résolution.

En matière de vente : l'- est réglementée par la loi du 23 mars, III, 633.
La revendication du vendeur de meubles est-elle différente de l'action en résolution? III, 675-678.

Action en révocation.

— de l'acceptation de succession, II, 199-208.
— de la renonciation à succession, II, 212-213.
— des donations, II, 494-497. — L'- des donations pour ingratitude est attachée à la personne, II, 810.
— des testaments, II, 592-595.

Action en séparation de biens.

Procédure de l'- , III, 108-109.

Action en séparation de corps.

Personnes qui peuvent l'intenter, I, 275-277.
Fins de non-recevoir qui lui sont opposables, I, 274-275.
Procédure de l'-, I, 277-279.
L'- est attachée à la personne, II, 810.

Action estimatoire.

Exercice de l'action estimatoire par l'acheteur, III, 302.
Prescription, III, 304.

Actions immobilières.

Définition, I, 453 note 2.

Indications diverses :

Comment elles sont exercées par le tuteur. I, 453, 457.
Comment elles sont exercées par le mineur émancipé, I, 518-521.
Sont immeubles par leur objet, I, 539.
La donation d'actions qui tendent à la revendication d'un immeuble est-elle soumise à la transcription? II, 465.
Le mari ne peut pas exercer les actions pétitoires immobilières de la femme commune, III, 80.
Peuvent-elles être hypothéquées? III, 723.
Ne peuvent pas être saisies, III, 834 note 1.

Actions mobilières.

Définition, I, 453 note 1.

Indications diverses :

Dans quelles conditions la femme tutrice de son mari interdit peut les intenter, I, 242.
Elles peuvent être intentées par le tuteur, I, 453, — et par le mineur émancipé, I, 480 texte et note 1.
Le demi-interdit ne peut les intenter et y défendre qu'avec l'assistance du conseil, I, 519.
Exercice des - appartenant à la femme sous la communauté, III, 79, 80.

Action Paulienne.

Exposé général, II, 808-816.

Indications diverses :

En cas de renonciation à l'usufruit, I, 651-652.
S'applique à l'acceptation de succession, II, 208.
S'applique à la renonciation à succession, II, 214, 216.

S'applique-t-elle au partage ? II, 353-355.

N'est pas utile aux créanciers du grevé en cas d'abandon des biens substitués, II, 643.

Est possible contre le partage d'ascendant, II, 653.

S'applique à la séparation de biens, III, 111.

S'applique à la renonciation à communauté, III, 121.

Exercée contre la constitution de dot, III, 184 note 3.

Se rattache au droit de gage des créanciers, III, 649.

L'art. 2225 en est-il une application ? III, 857.

Actions personnelles.

1° ACTIONS RÉSERVÉES A LA PERSONNE :

Actions en annulation du mariage, I, 172-173.

Action en réclamation d'état, I, 322-324.

Enumération des actions attachées à la personne, II, 810.

2° ACTIONS SANCTIONNANT LES DROITS PERSONNELS, I, 21.

L'action en bornage a un caractère à la fois personnel et réel, I, 678 note 1.

Action Paulienne, II, 813 texte et note 2.

L'action en annulation pour dol est-elle personnelle ? II, 762-763.

Action du locataire, III, 385.

Actions pétitoires.

Définition, I, 453 note 1.

Indications diverses :

Les - relatives à l'usufruit, sont intentées par l'usufruitier, I, 643.

La donation d'actions qui tendent à revendiquer un immeuble est-elle soumise à la transcription ? II, 465.

Le mari ne peut pas exercer les actions pétitoires immobilières de la femme commune, III, 80.

Sous le régime sans communauté le mari ne peut pas intenter les - immobilières de la femme, III, 179 texte et note 1.

Le mari sous le régime dotal a le droit de les intenter, III, 191.

Le possesseur y est défendeur, III, 859.

Actions possessoires.

Définition, I, 453 note 1.

Indications diverses :

Les - peuvent être intentées par le tuteur, I, 453 ; — par l'usufruitier, I, 643.

L'action en déplacement de bornes est une action possessoire, I, 678.

Leur origine dans la saisine d'an et jour, II, 44 note 1.

Le temps intermédiaire entre le jour du décès et celui de l'envoi en possession compte au profit des successeurs irréguliers pour l'exercice des -, II, 52-53.

Exercice des actions possessoires de la femme commune, III, 79-80.

Acquises à l'acheteur dans la vente de la chose d'autrui, III, 264 note 1.

Ne peuvent pas être intentées par le preneur, III, 368.

Appartiennent au possesseur, III, 859.

Action publique.

Elle tend à faire punir le coupable, I, 192.

Différence entre l'action civile et l'action publique ; leur confusion dans l'art. 199, I, 192-195. — En cas de suppression d'état, dérogations au droit commun, I, 320-321. — Ces dérogations s'appliquent-elles à la recherche de la filiation naturelle ? I, 357.

— En cas d'accession immobilière, I, 587.

— En cas d'accession mobilière, I, 600.

Action rédhibitoire.

Exercée par l'acheteur, III, 302.

Prescription, III, 304.

Actions réelles.

Définition : celles qui servent de sanction aux droits réels, 1, 21.

Indications diverses :

L'action en bornage est à la fois personnelle et réelle, I, 678 note 1.
Les actions en annulation des contrats pour erreur, violence, dol ou
lésion sont réelles, ll, 762-763.
L'action en répétition de l'indû est
réelle, ll, 976.
L'action en résolution de la vente est
réelle, lll, 308-309.

Action subrogatoire.

Exposé général, ll, 808-811.

Indications diverses :

Pour l'action en désaveu, I, 309.
Pour la réclamation d'état, I, 322-324.
Ne s'applique pas au retrait successoral, ll, 269.
Applicable à la demande de rapport,
ll, 288.
Donne aux créanciers de la succession le moyen d'exercer l'action en
rapport, ll, 290.
Se rattache au droit de gage des
créanciers, lll, 649.
L'art. 2225 en est-il une application,
lll, 857.

(Voir, au surplus, au mot : *Créanciers.*)

Actualité.

DE LA DONATION : *Exposé général,* ll,
381-382.

Indications diverses :

Applications, ll, 478-484.
En cas de partage d'ascendant, ll,
656.
Dérogation dans l'institution contractuelle, ll, 671.
Dérogation dans les donations par
contrat de mariage, ll, 679.
Le testament ne produit aucun effet
actuel, ll, 384.

Adjonction.

Accession de meubles, I, 601-602.

Adjudication.

Indications diverses :

Cas où l' - fait un propre, lll, 45.
La garantie pour cause d'éviction a-
t-elle lieu en cas d'adjudication
sur saisie? lll, 286-287.
D'un immeuble vendu à réméré, lll,
316-318.
L'action en résolution est-elle oppo-
sable à l'adjudicataire? lll, 309.
Sur licitation, lll, 325-326.
Effet légal des inscriptions d'hypo-
thèque sur l'immeuble adjugé, lll,
783.
Sur saisie fait perdre le droit de
suite, lll, 803.
Après surenchère, lll, 818.
En cas de saisie, lll, 841.
Est un juste titre pour la prescrip-
tion, lll, 889.

Administration.

Matières diverses :

— des biens de l'absent, I, 105-107 ;
lll, 914.
— de la femme mariée sous les divers régimes matrimoniaux, I, 228-
230. — Conflit entre la faculté d'administrer et la théorie d'incapacité,
I, 237-238. — Autorisation générale
d'administrer donnée à la femme,
I, 248.
— du tuteur en général, I, 441-467.
— du mineur émancipé, I, 477-485.
— provisoire du défendeur en interdiction, l, 499 ; — lll, 735-736.
— provisoire de l'aliéné, l, 517 ; —
peut donner lieu à hypothèque, lll,
736.
— du successeur irrégulier évincé, ll,
181.
— de l'héritier, cas d'acceptation tacite, ll, 195-196.
— des biens de la succession par
l'héritier bénéficiaire, ll, 231.
— du curateur à succession vacante
ll, 239-240.

— du grevé de substitution, II, 638.

— de la communauté, III, 72-77 ; — donne au mari le droit d'aliéner à titre onéreux ; III, 731.

— des biens personnels de la femme commune, III, 77-83.

— de la femme séparée de biens, III, 112.

— des biens de femme sous le régime sans communauté, III, 177-178.

— des biens dotaux, III, 190-192.

— de la femme dotale après la séparation de biens, III, 211.

— de la société, III, 455-457.

— du créancier antichrésiste, III, 602.

— de l'époux présent qui opte pour la continuation de la communauté, III, 917-918.

Observations :

Faut-il être capable d'administrer pour recevoir un payement ? II, 374.

Le bail rentre dans la capacité des administrateurs, III, 363.

Le mandat est réputé ne comprendre que les actes d'administration, III, 540-541.

Administration légale.

Exposé général, I, 413-416.

Indications diverses :

Est maintenue à l'époux défendeur en séparation de corps, I, 281.

Elément de la puissance paternelle, I, 387.

Différences avec la tutelle, I, 413-414.

Ne s'applique pas aux enfants naturels, I, 416, — 489.

Capacité du père administrateur légal pour intenter l'action en partage, II, 249.

Ne donne pas lieu à hypothèque légale, III, 735.

Adoption.

Exposé général, I, 364-381.

Idée rationnelle : devrait être une tutelle pour les enfants orphelins, I, 364, 375.

Indications diverses :

Mentionnée sur les registres de l'état civil, I, 69.

Produit une parenté civile, I, 133.

Produit des empêchements au mariage, I, 137.

Donne naissance à une dette alimentaire entre l'adoptant et l'adopté, I, 211.

La femme peut, sans autorisation, consentir à l'adoption de ses enfants, I, 257.

Le prêtre peut-il adopter ? I, 369.

L'enfant naturel peut-il être adopté ? I, 369-371.

Adoption testamentaire, I, 383-384.

Ses effets quant à la succession, II, 110-112.

L'adoptant n'a pas de réserve, II, 424.

Révoque-t-elle la donation ? II, 507.

Est un contrat solennel, II, 744 note 1.

Les lois y relatives sont de statut personnel, III, 947.

Adultère.

Indications diverses :

Considérations présentées au *comité d'études,* I, XCIII-XCIV.

Sanction civile et pénale de l'adultère, I, 221-222.

Cause de la séparation de corps, I, 269.

L'adultère réciproque est-il une fin de non-recevoir ? I, 274.

Peine de l'adultère de la femme prononcée par un tribunal civil, I, 279.

Cause de désaveu, quand il y a recel de la naissance, I, 295-297.

Laisse subsister la présomption de paternité du mari, sauf en cas de séparation de corps, I, 297 note 3.

Opinion de Bonaparte sur l'adultère, I, 353 note 2.

Adultérins.

(Voir *Enfants adultérins.*)

Æde (Loi).

Sur l'expulsion du locataire, III, 392.

Age.

Idée rationnelle : La faiblesse de l'âge légitime l'intervention de la société, I, 409.
Considérations présentées au *Comité d'études*, I, XXIV-XCV.

Indications diverses :

Capacité matrimoniale, I, 125.
Nullité du mariage pour défaut d'âge, I, 178.
Exigé pour l'adoption, I, 366.
Exigé pour 'a tutelle officieuse, I, 382.
Pour l'exercice du droit de correction, I, 392-393.
Mettant fin à la jouissance légale, I, 404.
Mettant fin à la minorité, I, 410.
Excuse de la tutelle, I, 437.
De la majorité, I, 494.
Pour les présomptions des comourants, II, 37-38.
Au point de vue de la capacité de disposer, II, 392-393.

Agents diplomatiques.

Sont compétents pour recevoir les actes de l'état civil des Français à l'étranger, I, 79-80.
Sont compétents pour célébrer le mariage de deux Français à l'étranger, I, 152.
Reçoivent le dépôt du testament fait en mer, II, 538.
Sont compétents pour dresser le testament des Français à l'étranger, II, 541.

Agiotage.

Dérivé des rentes sur l'Etat, III, 471.
Son développement récent, III, 533 note 1.
N'a rien de commun avec le crédit, III, 608 note 1.

Agréés.

Leurs charges sont vénales et illégales, I, 547 note 1.
Ne sont pas mandataires *ad litem*, III, 551 note 3, — 552 note 1.
Prescription de leur action, III, 897 texte et note 1.

Aléatoires (Contrats).

(Voir *Contrats*).

Aliénation.

Définition, I, 232.

Idées rationnelles :

Est ordinairement corrélative d'acquisition. II, 4.
Distinction entre l'aliénation à titre onéreux et l'aliénation à titre gratuit, I, 574.
L'aliénation à titre gratuit a pour rôle d'atténuer l'inégalité des conditions du concours social et de faire remettre la meilleure fonction à la meilleure activité, II, 372-373.
Le droit d'aliéner est limité par l'hypothèque, III, 715.

Matières diverses :

MARIAGE : Incapacité d' - pour la femme mariée, I, 233.
Possibilité d' - pour la femme mariée, sans intention de sa part, I, 234.
La femme commerçante peut aliéner des immeubles, I, 249.
TUTELLE : Aliénation des immeubles du pupille, I, 459-460.
Aliénation des immeubles du mineur émancipé, I, 483.
Aliénation des immeubles du mineur émancipé commerçant, I, 487.
INTERDICTION : Le demi-interdit peut aliéner ses meubles, I, 519.
Peut-il aliéner à titre gratuit? I, 519, note 1.
Le demi-interdit ne peut aliéner ses immeubles, I, 519.
BIENS : Différence entre le domaine privé et public au point de vue de l'aliénation, I, 557.

Servitudes : Pour constituer une servitude réelle il faut être capable d'aliéner, I, 714, — II, 10-11.

Successions : L'ascendant exerçant le droit de retour légal subit les aliénations consenties par le donataire, II, 115.

Les aliénations consenties par le donataire tombent par le retour conventionnel, II, 116.

De la chose donnée en cas de retour légal, II, 122. — Le droit de retour légal s'exerce-t-il sur les objets donnés qui, après avoir été aliénés, sont rentrés dans le patrimoine du donataire? II, 124.

Sort des - s faites par le successeur irrégulier, II, 181-183.

Distinction entre les - s à titre gratuit et les - s à titre onéreux faites par le successeur irrégulier, II, 182.

De l'immeuble soumis au rapport, II, 310-312.

L' - des meubles ou des immeubles éteint-elle le droit de demander la séparation des patrimoines? II, 347.

Des biens donnés, en cas de réduction, II, 447.

Donations et testaments : Du sort des - s consentis par le donataire avec retour conventionnel, II, 486.

De la chose léguée révoquant le legs, II, 589-591.

Le grévé a le droit d'aliéner avant l'ouverture de la substitution, II, 636.

L'instituant contractuel conserve le droit d'aliéner à titre onéreux, mais non celui de disposer à titre gratuit, II, 670-673.

Contrats : Il faut que le débiteur qui paie soit capable d'aliéner, II, 873-874.

Contrat de mariage : Aliénation des immeubles de la femme commune, III, 80-81.

Droit d' - de la femme séparée de biens, III, 112.

La femme commune qui accomplit des actes de disposition sur les biens de la communauté dissoute n'est pas déchue pour cette cause du bénéfice d'inventaire, III, 144.

Comment le mari peut aliéner les immeubles ameublis, III, 158.

Des biens de la femme sous le régime sans communauté, III, 180.

La dot mobilière est-elle inaliénable ? III, 196-199.

Cas où l'aliénation du fonds dotal peut avoir lieu par exception, III, 201-205.

Question de l'inaliénabilité de la dot mobilière, III, 765 note 1.

Vente : L'acquéreur à réméré peut aliéner son droit, III, 336, note 1.

Louage : L'aliénation de la chose louée ne met pas fin au bail, III, 379-388.

Du troupeau donné à cheptel, III, 424-425.

Mandat : Le mandat d'aliéner doit être exprès, III, 541.

Société : L'associé n'a pas le droit d'aliéner sa part des choses sociales, III, 443.

Priviléges et hypothèques : Aliénation de l'immeuble vendu ; son effet quant au privilége du vendeur, III, 700.

De l'immeuble partagé ; son effet quant au privilége des copartageants, III, 703.

De l'immeuble construit ; son effet quant au privilége des architectes et ouvriers, III, 707.

De l'immeuble du débiteur ; son effet quant au privilége de séparation des patrimoines, III, 708.

Des conquêts pendant la communauté, au point de vue de l'hypothèque de la femme, III, 731-732.

Différence entre l'aliénation et la constitution d'hypothèque, III, 745.

Suivie de transcription, empêche l'inscription des hypothèques, III, 770, 773 note 3.

Effet légal des inscriptions d'hypothèque, III, 783.

Empêche l'inscription hypothécaire, III, 791-794.

Pour délaisser, il faut être capable d'aliéner, III, 799-800.

Des démembrements de la propriété par le débiteur hypothécaire, III, 802-803.

PRESCRIPTION : Corrélation entre l'aliénabilité et la prescription, III, 851.

Pour renoncer à la prescription, il faut être capable d'aliéner, III, 853-854.

ABSENCE : Les envoyés en possession provisoire peuvent-ils aliéner les immeubles ? III, 912.

Les actes d' - faits par l'époux présent qui opte pour la continuation de la communauté sont-ils valables ? III, 918.

Des biens de l'absent par les envoyés en possession définitive, III, 923.

Aliénations consenties par l'héritier apparent de l'absent, III, 930.

Aliéné.

Idée rationnelle : L' - a droit à la protection sociale qui remplace la famille, I, 514-515.

Indications diverses :

Le mari étant aliéné, la femme est autorisée par justice, I, 242.

Tutelle des aliénés, I, 492.

Annulabilité de ses actes, I, 516.

Administration de sa personne et de ses biens, I, 516-518.

Procédure de l'action en partage au cas où un aliéné est intéressé, II, 249.

Est incapable d'être exécuteur testamentaire, II, 575.

Est incapable de contracter, II, 770.

Jouit d'une hypothèque, III, 736.

Aliments.

Définition : Le mot *aliments* ne doit pas être restreint aux besoins physiques, I, 216.

Idées rationnelles :

Corrélation entre la dette alimentaire envers le mineur et la dette d'éducation, I, 206, 207 note 2.

Les aliments ne sont dûs à l'adulte que par exception, lorsqu'il se trouve, par une cause anormale, hors d'état de se suffire, I, 211.

La dette alimentaire est proportionnée, d'une part, aux besoins physiques, intellectuels et moraux du créancier, d'autre part aux facultés du débiteur, I, 216.

La dette d'aliments doit être personnelle, et se réaliser, à la mort du débiteur, en un prélèvement sur sa succession, I, 220.

Exposé général : I, 211-220.

Indications diverses :

Les enfants nés d'un mariage putatif ont droit aux aliments, I, 200.

La dette d'aliments est une obligation réciproque de famille, I, 203.

La dette d'aliments existe entre époux, I, 221.

La femme peut demander des - au mari pendant l'instance en séparation de corps, I, 278.

L'enfant naturel reconnu a droit à des -, I, 350.

Les père et mère naturels ont droit à des -, I, 353.

Les père et mère adultérins ou incestueux n'ont pas droit à des aliments, I, 353.

Dus à l'adoptant et à l'adopté, I, 372-373.

Dus par le tuteur officieux au pupille devenu majeur, I, 382.

Les - doivent être fournis à l'enfant détenu par exercice du droit de correction, I, 394.

La femme est créancière d' -, I, 655.

Le droit de l'enfant naturel n'est pas inscrit dans le Code, II, 131.

L'enfant adultérin ou incestueux n'a droit qu'à des aliments, II, 157 ; dans quelle mesure ? II, 158-161, 159 note 2, et 161 note 1.

La dette d'aliments existe au profit des enfants adultérins ou incestueux même du vivant de leurs parents, II, 158 note 1.

Le conjoint dans le besoin n'a pas droit à des - contre la succession du conjoint prédécédé, II, 172.

Le condamné à une peine afflictive

ou infamante peut recevoir pour cause d'aliments, II, 397.

Différence entre la réserve et la dette d'aliments, II, 412.

Dans quelle mesure le donataire est obligé de fournir des -, II, 493.

L'ascendant qui n'a que la nue propriété de sa réserve n'a pas droit à des aliments, II, 703.

La dette d' - n'est pas susceptible de compensation légale, II, 909.

Les - des époux sont charges du mariage, III, 71.

Accordés à la veuve : régime de communauté, III, 125, 146 ; régime dotal, III, 215-216.

La pension d' - est une cause d'aliénation du fonds dotal, III, 202.

Le droit aux aliments n'est pas susceptible de transaction, III, 581.

Se prescrivent pour cinq ans, III, 898.

Allemagne.

A tenté l'édification d'une doctrine du Droit, I, LIV-LV.

Sur la nomination d'un curateur au présumé absent, I, 107 note 2.

Sur le second mariage du conjoint de l'absent, I, 113 note 1.

Distinction des manières d'acquérir, II, 8 note 2.

A pratiqué le nantissement pour la transmission du droit réel, III, 618 note 2.

Alliance.

Définition I, 134.

Indications diverses :

Prohibitions au mariage en résultant, I, 136.

Résulte-t-elle du concubinage ? I, 136-137.

Ne cesse pas par la mort des enfants du mariage, I, 137.

Dispenses de mariage, I, 138.

Dette alimentaire entre alliés à titre d'ascendants et de descendants, I, 211, 212.

Pas de lien entre l'enfant naturel et les alliés de ses père et mère, I, 350.

De l' - naturelle comme empêchement au mariage, I, 351 note 1.

Les alliés composent le conseil de famille, I, 427.

Est une cause d'incapacité pour les témoins du testament public, II, 535.

Alluvion.

Exposé général : I, 593-594.

Indications diverses :

Profite à l'usufruitier, I, 622.

Est-elle comprise dans le louage ? III, 365 note 2.

L'hypothèque s'y étend, III, 753.

Alternatives (Obligations).

(Voir *Obligations*).

Améliorations.

(Voir *Impenses*).

Amendes.

Solidarité pour le payement, II, 840.

Payées par la communauté pour le mari, III, 62.

Donnent lieu à la contrainte par corps, III, 588.

Amérique.

(Voir *États-Unis*).

Ameublissement.

Clause de communauté conventionnelle, III, 156-161.

Amnistie.

Définition : I, 60.
Idée rationnelle : I, 60.

Indications diverses :

S'applique aux condamnations par contumace, I, 66.

Enlève au conjoint du condamné le droit de demander la séparation de corps, I, 271.

Anatocisme.

A quelles conditions il peut avoir lieu, II, 803-804.

Angleterre.

A tenté l'édification d'une doctrine du Droit, I, LIV-LV.
Pratique le jury en matière civile, I, LXV note 1.
Ses institutions pénales, I, LXXVIII note 2.
Sur l'absence, I, 103 note 1.
Institution de la « denization » qui confère seulement le droit au domicile sur le sol anglais, I, 44.
Admet les substitutions, II, 614 note 4.
A supprimé la prohibition du mariage entre beaux-frères et belles-sœurs, III, 3 note 1.
A accordé à la femme le droit d'électorat municipal, III, 7 note 2.
A pratiqué le nantissement pour la transmission du droit réel, III, 618 note 2.
Organisation de son système hypothécaire, III, 634-636.

Animaux.

Immeubles par destination, I, 533-534.
Pigeons, lapins, abeilles, poissons, I, 536-537, — 598-599.
Usufruit sur les animaux, I, 643-644.
Acquis par occupation, II, 15-17.
Responsabilité des dommages qu'ils causent, II, 981.
Vente d' - domestiques, III, 304.
Peuvent être donnés à cheptel, III, 415-430.
Sont grevés du privilége de l'aubergiste, III, 679.

Annexion.

Exposé général : I, 33.
Idée rationnelle : il n'y a d'annexion légitime que par la volonté des habitants du territoire, I, 33.

Annulabilité.

(Voir *Nullité*).

Annulation.

(Voir *Nullité*).

Anthropologie.

Le droit doit se déduire de la nature humaine, c'est-à-dire que la science du droit est une branche de l'anthropologie, I, III, IV ; — III, 463 note 2, — 843 note 1, — 882 note 1, — 932 note 1, 951 note 1.
Rapports de l' - avec le droit, III, *Append.,* 3 à 8.

Antichrèse.

Exposé général : III, 600-605.

Indications diverses :

Est un droit réel, I, 562.
L'antichrésiste a droit à une indemnité pour les travaux faits sur le sol, I, 592-593.
Ne peut être prouvée par témoins, II, 955.
Ses inconvénients, III, 591 note 3.
Différences avec le gage, III, 604-605.
L'antichrésiste possède à titre précaire, III, 864.
Est un juste titre pour la prescription, III, 889.

Appel.

Idée rationnelle : II, 957 note 3.
Son effet suspensif, I, 164.

Appelés.

A LA SUBSTITUTION : *Définition,* II, 617.
Supportent les conséquences du défaut de publicité de la substitution, II, 635.
Souffrent-ils de la prescription qui a couru contre le grevé ? II, 636-637.
Leurs droits quant à l'ouverture de la substitution, II, 640.
Effet à leur égard des diverses causes d'ouverture de la substitution, II, 641, 642, 644, 645.
Causes de caducité de la substitution de leur chef, II, 645-646.

N'ont pas d'hypothèque sur les biens du tuteur à la substitution, III, 735-736.

Apport.

Clause de communauté conventionnelle, III, 152-155, 163.
Des sociétés, III, 440, — 450-452.

Apprentissage.

Consenti par le pupille, I, 443.

Arbitrage.

Règlement de parts entre associés, III, 454.
La sentence arbitrale entraine hypothèque judiciaire, III, 739.

Arbres.

Immeubles par nature, I, 530.
Présomption relative à la propriété, I, 588.
Plantations faites par un tiers, I, 590.
Usufruit, I, 620-631.
Mitoyenneté, I, 697.
Distance requise pour la plantation, I, 698-699.
Propres mobiliers, III, 38.

Architectes.

Sont responsables de la ruine du bâtiment, II, 981.
Leur responsabilité, III, 411-414.
Leur privilége, III, 687-689.
Conservation de leur privilége, III, 704-707.
Inscription de leur privilége, III, 771.
Prescription de l'action en garantie contre eux, III, 893.

Argentine (République).

Le nouveau Code ne reconnait que les hypothèques conventionnelles, III, 647 note 2.
Le nouveau Code admet le droit de rétention généralisé, III, 651 note 4.

Arrérages.

Définition, I, 546.

Indications diverses :

L'usufruitier légal est-il tenu d'acquitter les arrérages échus au commencement de sa jouissance? I, 402-403.
Taux des arrérages, libre dans la rente foncière et non dans la rente constituée, I, 579.
Sont à la charge de la communauté, III, 71.
Limitation du taux dans la rente constituée, III, 496.
Acquisition en cas de rente viagère, III, 508.
Liberté du taux dans la rente viagère, III, 507.
Effet de l'inscription d'hypothèque, III, 780-782.
Prescription quinquennale, III, 898.

Arrêts de règlement.

Sont incompatibles avec la séparation des pouvoirs législatif et judiciaire, I, 12.
Interdiction au juge de prononcer par cette voie, III, 953-954.

Arrhes.

Dans la vente, III, 245-246.
Dans le bail, III, 357 note 2.

Ascendants.

Idées rationnelles :

Les - sont obligés à reconnaître et à élever l'enfant à défaut des père et mère, I, 285-288.
Examen de la légitimité de la vocation des - à la succession *ab intestat,* II, 90-91.

Matières diverses :

ABSENCE : Les - sont appelés à la surveillance des enfants en cas de disparition des parents, I, 116.

MARIAGE : Les - doivent donner leur consentement au mariage des enfants, I, 127-129; — ou recevoir des actes respectueux, I, 129.
Les - ont le droit de faire opposition au mariage dans un ordre graduel, I, 156-158, et sans encourir de dommages-intérêts, I, 164.

Les - ont l'action en annulation du mariage pour défaut de consentement, I, 173.

Les - ont l'action en nullité absolue, I, 176-178, et 182-185.

DETTE D'ÉDUCATION ET DETTE ALIMENTAIRE : Les - ont, à défaut des père et mère, la direction de l'enfant et par conséquent l'obligation de l'élever, I, 205-206 et 207 note 2. — dans l'ordre de dévolution de la tutelle légitime, I, 207.

Les - ne sont pas tenus de la dette d'éducation envers un enfant naturel, I, 210.

Dette alimentaire entre - et descendants, I, 211.

ADOPTION : Le consentement des - n'est pas requis pour l'adoption, I, 368.

TUTELLE : Tutelle légitime des -, I, 425.

SUCCESSION : Représentation non admise dans la ligne ascendante, ll, 101.

Droit successoral des ascendants, ll, 111-112.

Concours de l'enfant naturel avec les ascendants, ll, 139-142 ; — avec des ascendants et des collatéraux ordinaires, ll, 143.

RETOUR LÉGAL : L' - donateur a le droit de retour légal, ll, 113-129.

Le mot ascendant comprend-il les père et mère naturels pour le retour légal, ll, 117-118.

RÉSERVE : Leur réserve quant à la succession ordinaire et à la succession anomale, ll, 423-426.

Les - ont la nue-propriété de leur réserve en cas de donation entre époux, ll, 702-703.

DONATIONS : Les ascendants ont le droit d'accepter une donation pour leur descendant, I, 456.

Le représentant doit-il le rapport des donations faites aux - ? ll, 286.

Les - exerçant la tutelle peuvent recevoir de leurs pupilles, ll, 399.

Les - ont le droit d'accepter une donation faite au mineur, ll, 456.

Les - ont le droit de faire opérer la transcription d'une donation faite au mineur, ll, 466.

Les donations faites par les - en faveur du mariage ne sont pas révocables pour survenance d'enfants, ll, 508.

Les - autres que les père et mère n'ont pas le droit de faire des substitutions, ll, 623.

PARTAGE D'ASCENDANT : Au moyen du partage d' -, les - peuvent régler l'attribution de leur patrimoine, ll, 646-648.

CONTRATS : Effets de la violence exercée sur les ascendants, ll, 754-755.

CONTRAT DE MARIAGE : Les - sont-ils toujours parties dans le contrat de mariage? lll, 28 note 2.

Les - doivent assister le mineur dans le contrat de mariage, lll, 30.

Les immeubles par eux donnés à un époux en paiement ou à charge de payer leurs dettes sont propres, lll, 44.

Assignat limitatif.

Définition, lll, 240 note 2.

Assignation.

(Voir *Citation en justice*).

Assistance.

Idée rationnelle : la morale formule pour tout homme l'obligation d'assistance envers tout homme, I, 388.

Indications diverses :

Devoir des époux l'un envers l'autre, sanction, I, 221. — Les époux se doivent - même après séparation de corps, I, 268, 281.

L' - du tuteur est nécessaire au pupille, I, 443.

L' - du curateur est nécessaire au mineur émancipé, I, 477-484 ; ll, 922-925.

L' - du conseil judiciaire est nécessaire au demi-interdit, I, 518-521 ; — ll, 190.

Association.

Idées rationnelles :

Le droit de l'individu comporte la faculté de s'associer, I, 16, — 544 note 3.

La loi n'a qu'à enregistrer la formation des personnalités créées par l'association, I, 185.

Indications diverses :

Le droit d' - n'est pas libre, I, 542.

Associations syndicales de drainage, I, 677.

On ne peut pas disposer librement en faveur des associations, II, 396 et 397 note 1.

Assurance.

Définition : II, 742 note 1, et III, 529.

Idées rationnelles :

Est destinée à faire de l'homme une valeur réalisable et négociable, III, 468 et 527-528.

Est appelée à devenir la caisse de retraite du travailleur, III, 502.

Est la base du crédit personnel, III, 487.

Son importance au point de vue du crédit, III, 597 note 1.

Doit rendre le crédit mobilier aussi solide que le crédit immobilier, III, 607 note 2.

Indications diverses :

Est un contrat aléatoire, II, 742.

Démonstration que dans l'assurance contre l'incendie la chance existe des deux côtés, II, 743 note 1.

Le montant de l'assurance est-il soumis au rapport? II, 298.

Cas de l'immeuble soumis au rapport assuré et incendié, II, 310.

Le montant de l' - sur la vie faite par le *de cujus* entre-t-il dans le calcul de la réserve ? II, 439.

Les donations résultant d'une assurance sur la vie sont dispensées de formes, II, 452-453.

Les polices d' - se transmettent par endossement, III, 332.

La compagnie d' - peut se faire substituer à l'action du bailleur contre les locataires, III, 374.

Les assurances mutuelles ne sont pas des sociétés, III, 441 note 2.

Les hypothèques ne se transportent pas sur le montant de l'assurance, III, 753 texte et note 2.

Aubain.

Etranger dont on connaît l'origine, I, 36.

Aubaine (Droit d').

Incapacité de l'étranger dans l'ancien Droit, I, 36-37.

Supprimé par la Révolution, I, 37.

Aubergiste.

Responsabilité des faits d'autrui, II, 980.

Responsabilité en cas de dépôt, III, 522.

Privilége sur les effets du voyageur, III, 678-679.

Prescription des actions, III, 894-895.

Autonomie.

(Voir *Individu, Commune, Département, Etat.*)

Autorisation.

Nécessaire à la femme mariée pour figurer dans un procès, I, 230-232.

Forme de l' - du mari, I, 238-239.

Autorisation de justice suppléant le mari, I, 239-247.

Quelle - est nécessaire quand la femme s'oblige envers un tiers dans l'intérêt du mari ? I, 244 ; quand les deux époux contractent ensemble? I, 244-247.

Générale d'administrer, I, 248.

Pour faire le commerce, I, 249.

La justice peut-elle autoriser la femme à faire le commerce? I, 251.

Effet de l'autorisation de justice non opposable au mari, I, 252.

Effet du défaut d'autorisation, I, 252-254.

Ratification du mari, I, 254-256.

Actes pour lesquels l'autorisation du mari n'est pas nécessaire, I, 256-257.

Autorisation du conseil de famille, I, 454, 458, 461, 462, 467.
Nécessaire à la femme mariée pour accepter une succession ou y renoncer, II, 190.
Nécessaire à l'héritier bénéficiaire pour faire des actes de disposition, II, 225; — pour la vente des immeubles, II, 233.
Nécessaire à la femme pour exercer l'action en partage, II, 251.
Nécessaire à la femme pour accepter une exécution testamentaire, II, 574.
Différences entre l'- du mari et l'- de justice au point de vue des dettes de la femme, III, 66-70.
Nécessaire pour l'aliénation du fonds dotal, III, 202.
Nécessaire pour hypothéquer les biens de l'absent, III, 746.
Nécessaire aux envoyés en possession provisoire des biens de l'absent pour l'aliénation du mobilier, III, 912; pour accepter ou répudier une succession, III, 913.

Autorité de la chose jugée.

(Voir *Chose jugée*).

Autriche.

Mariage du conjoint de l'absent, I, 113, note 1.

Avancement d'hoirie.

Fait à l'enfant de l'interdit, I, 511.
Imputation sur la réserve, II, 289.
Le partage d'ascendant est-il un -? II, 652.
Sort de l'- fait par les envoyés en possession définitive des biens de l'absent, III, 923.

Aveu.

Exposé général : II, 963-965.

Indications diverses :

La possession d'état est un aveu, I, 189.
L'- est repoussé dans la procédure de séparation de corps, I, 277 texte et note 3.
L'- de non légitimité n'est pas opposable à l'enfant, I, 322.
La reconnaissance est l'aveu de la filiation, I, 333.
L'- est le témoignage des parties, II, 927.
Rationnellement l'acte récognitif constitue un aveu, II, 947.
L'- n'est pas une présomption légale, II, 956.
Le serment peut être un aveu, II, 966.
L'- du mari ne fait pas preuve en cas de séparation de biens, III, 108.
L'- en matière de bail peut être provoqué par l'interrogatoire sur faits et articles, III, 359.
L'- du dépositaire peut être provoqué, III, 515.
Prouve la transaction, III, 579.

Avis.

Du conseil de famille, I, 431.
De trois jurisconsultes, I, 461, 482.

Avocat.

Idée rationnelle : Il ne devrait pas y avoir d'ordre d'avocats constitué et privilégié, III, 257 note 1.
Préjugés de l'ordre des avocats, III, 538 note 1.

Indications diverses :

Ne peut acquérir des droits litigieux, III, 255 texte et note 2.
Nature du contrat entre l'avocat et son client, III, 354 note 1.
Prescription des actions, III, 897.

Avoué.

Idée rationnelle : Appréciation du monopole des - s, III, 257 note 1.

Indications diverses :

L'aveu des -s lie la partie qu'ils représentent, II, 964.
Les -s ne peuvent acheter les biens dont ils poursuivent la vente, III, 253.
Ne peuvent acquérir des droits litigieux, III, 255.
Sont mandataires *ad litem*, III, 551 note 3, 552 note 1.

Leur cautionnement est grevé d'un privilége, III, 682.

Prescription des actions, III, 897.

Avulsion.

Partie enlevée du sol, I, 595.

Ayant-cause.

Les - ont-ils le droit d'opposer le défaut de transcription de la donation, II, 468-476.

Autorité, à leur égard, de la chose jugée, II, 960.

Le serment ou le refus de serment forme preuve pour ou contre eux, II, 968.

L'éviction subie par l'ayant-cause de l'acheteur donne lieu à garantie, III, 287.

Le vendeur est pour son privilége l'ayant-cause de l'acquéreur, III, 701.

Bail.

Exposé général : III, 356-399.

Indications diverses :

Sens de ce mot dans l'ancien droit, I, 561 texte et note 1.

Des biens du pupille, consenti par le tuteur au profit d'un tiers, I, 452 ; — par le subrogé-tuteur au profit du tuteur, I, 443, 462.

Des biens du mineur émancipé, I, 479.

Consenti par le mineur émancipé, I, 480.

Consenti par l'usufruitier, I, 623.

Le droit du locataire n'est pas un droit réel, I, 564-565 ; — III, 379-385.

Les baux passés par le grevé de substitution sont maintenus, II, 638.

Dans quelles conditions le mari peut donner à bail les biens de la femme, III, 82-83.

La femme séparée de biens ne peut pas faire de bail de plus de neuf ans, III, 112.

Les baux subsistent en cas de réméré, III, 315.

Transcription des cessions de loyers, III, 332.

Les baux peuvent être passés par les envoyés en possession provisoire des biens de l'absent, III, 911.

Sur le droit de gage du bailleur, III, 599 note 1.

Privilége du bailleur d'immeubles, III, 663-670.

Effet des baux consentis par le débiteur hypothécaire, III, 803.

Annulabilité des baux faits par le saisi, III, 841.

Bail à cens.

Ancien droit réel, I, 566.

Bail à cheptel.

(Voir *Cheptel.*)

Bail à complant.

Ancien droit réel, I, 566.

Bail à domaine congéable.

Ancien droit réel, I, 566.

Bail à ferme.

Règles particulières, III, 392-399.

Cheptel accessoire de ce bail, III, 428-430.

Bail à locatairie perpétuelle.

Ancien droit réel, I, 566.

Bail à loyer.

Règles particulières, III, 388-392.

Bail à rente.

Ancien droit réel, I, 565, 546-549.

(Voir, au surplus, au mot : *Rente foncière.*)

Bail à vie.

Ancien droit réel, I, 567.

Banque de France.

Appréciation de son monopole, II, 879 note 1.

(Voir, au surplus, au mot : *Actions de la Banque.*)

Bans de mariage.

Annonce du mariage dans l'ancien Droit, I, 143.

TABLE DES MATIÈRES   91

Barrage.

Servitude de barrage des eaux, I, 677.

Bâtiments.

Sont immeubles par nature, I, 529.
Sont réputés faits par le propriétaire et à ses frais, I, 588.
Faits avec les matériaux d'autrui, I, 589.
Faits sur le sol d'autrui, I, 590-593.
Soumis à l'usufruit, I, 652.
Responsabilité du propriétaire en cas de ruine des - , II, 981.
Bail des maisons ou bâtiments, III, 388-392.
Responsabilité des architectes et entrepreneurs, III, 411-414.
Les constructeurs de - sont privilégiés, III, 688.
L'hypothèque s'étend aux - construits sur un terrain, III, 754.

Belgique.

Distinction des manières d'acquérir, II, 8 note 2.
Base de son système hypothécaire, III, 640 note 1.

Bénéfice de cession.

(Voir *Cession de biens.*)

Bénéfice de discussion.

Cas divers :

Du légataire particulier, II, 332 texte et note 1.
Appartient-il au successeur universel tenu hypothécairement qui a payé sa part des dettes? II, 333-335.
Du tiers détenteur attaqué en réduction par le réservataire, II, 447.
Du tiers attaqué par le créancier au moyen de l'action paulienne, II, 813.
De l'acquéreur à pacte de réméré, III, 315.
De la caution, III, 561, 563-565.
Du tiers détenteur d'immeubles hypothéqués, III, 796-797.
Des mineurs et interdits, III, 836.

Bénéfice de division.

Est refusé aux débiteurs solidaires, II, 842.
De la caution, III, 565-567.
Le - accordé aux cautions a pour résultat la division du payement, II, 881.

Bénéfice d'inventaire.

Exposé général : II, 222-236.
Définition : I, 454.
Idée rationnelle : II, 236 note 3.

Indications diverses :

Cas où l'acceptation sous bénéfice d'inventaire est imposée, I, 454-455. — II, 188, 198.
L'acceptation sous - est révocable, II, 207.
Comparaison entre l'héritier bénéficiaire et le curateur à succession, II, 239-240.
En cas d'acceptation sous -, les créanciers de la succession ne peuvent pas exercer l'action en rapport, II, 290.
Les successeurs irréguliers et les donateurs avec retour légal ont droit au - , II, 322.
Est utile aux légataires et donataires universels et à titre universel, II, 328.
Effet du - au point de vue du droit de poursuite, II, 222, — 329, 335.
Effet du - au point de vue de l'obligation de garantie en cas de partage, II, 362.
En cas d'acceptation sous -, les créanciers du défunt n'ont pas l'action en réduction, II, 436.
Est utile à l'héritier pour n'être pas tenu des legs *ultra vires,* II, 561-563.
L'institué contractuel peut accepter l'institution contractuelle sous - , II, 674.
Mesure de la faute de l'héritier bénéficiaire, II, 785.
Subrogation légale au profit de l'héritier bénéficiaire qui a payé les dettes de la succession, II, 889.

Met obstacle à la confusion, II, 914 note 1.

De la femme commune, III, 142-144.

Est-il applicable en cas de clause de forfait de communauté? III, 174 texte et note 1.

Empêche l'inscription du privilége du vendeur d'immeubles, III, 700 ; du privilége des architectes et ouvriers, III, 705-796 ; de la séparatoni des patrimoines, III, 708.

Profite-t-il aux créanciers et légataires? III, 711-712.

L'acceptation sous - empêche l'inscription des hypothèques, III, 772-773.

La vente des biens d'une succession indivise acceptée sous bénéfice d'inventaire ne détruit pas le droit de suite, III, 805.

Produit la suspension de prescription, III, 884.

Bénéfice de réductibilité.

Pour certains actes du mineur émancipé, I, 480-481.

Bible.

Code à la fois religieux et politique, I, LXI.

Bibliographie.

Du droit ancien, I, XXV-XXVII.

Du droit de la Révolution, I, XXIX-XXXI.

Du droit actuel, I, XXXIX-XLIX.

Choisie pour l'étudiant , I, LXXII-LXXIX.

Bienfait de la loi.

Permettant à certaines personnes de devenir plus facilement françaises, I, 26-28.

Etendu à l'enfant de l'étranger naturalisé, I, 29.

Pour recouvrer la qualité de français, I, 47.

Biens.

Idées rationnelles :

Les biens sont les droits eux-mêmes, I, 522, 537.

La liberté est le premier de tous les biens; le bien, c'est la liberté devenant la propriété, I, 522.

La doctrine définit les -, les objets des droits, I, 523.

Distinction rationnelle des - , I, 523.

Rapport des - avec les personnes et les choses, I, 524 note 1.

Tout successeur doit être un successeur aux -, sans continuer la personne du défunt, II, 45-46, et 59 note 1.

Distinction des - en frugifères et non frugifères, III, 305, 306 note 2.

Exposé général :

Distinction des -, I, 524-553.

Considérés dans leurs rapports avec ceux qui les possèdent, I, 553-559.

Indications diverses :

Distinction des - dans l'ancien droit au point de vue successoral, II, 86.

Abrogation de cette distinction, II, 92.

Le droit de retour légal s'applique à tous les -, II, 121.

Susceptibles ou non d'hypothèques, II, 404.

Présents : définition, II, 479 ; la donation de - présents est valable, II, 479.

A venir : définition, II, 479 ; la donation de - à venir est nulle, II, 479.

Donations de - présents par contrat de mariage, II, 668-669.

Donations de - à venir par contrat de mariage, II, 669-676.

Société de tous biens présents, III, 447.

Les - à venir peuvent-ils être compris dans la société de - présents? III, 447.

Dont la discussion peut être requise, III, 564.

Les - sont obligés en même temps que la personne, III, 648.

Les - à venir ne peuvent pas être hypothéqués ; les - présents peuvent l'être, III, 749-750.

La priorité de rang s'étend-elle aux - à venir? III, 755-756.

Imprescriptibles, III, 850-851.

La loi peut-elle modifier rétroactivement les droits relatifs aux biens? III, 938-940.

Les lois concernant les - sont du
statut réel, III, 946.

Bigamie.

Cause d'annulation de mariage, I,
180-182.
Rationnellement la nullité du mariage
fondée sur la - devrait disparaître,
I, 202 note 1.
N'empêche pas d'appliquer la présomption de paternité du mari, I,
181, 196.
La nullité du mariage prononcée pour
- permet de constater la filiation
adultérine, II, 157.

Billet.

Règles y relatives, II, 940.
Cession par endossement, III, 332.

Bois.

Sont immeubles tant qu'ils adhèrent
au sol, I, 530.
Usufruit, I, 620.
Usage, I, 658.
Usufruit de la communauté, III, 38,
50-51.

Bonne foi.

Indications diverses :

La - rend putatif un mariage nul ou
annulable ; peut-elle résulter d'une
erreur de droit ? ; la - est présumée
pour les erreurs de fait et non pour
les erreurs de droit, I, 196-199.
Caractères de la possession de -; ses
effets pour l'acquisition des fruits ,
à quel moment elle est exigée, I,
581, 582-585. — Possession de mauvaise foi, I, 585-587.
L'héritier du possesseur de mauvaise
foi acquiert les fruits quand il est
de -, I, 586.
De celui qui fait des travaux sur le
sol d'autrui, I, 590-593.
L'héritier déclaré indigne est légalement considéré comme possesseur
de mauvaise foi, II, 79.
Le successeur irrégulier de - gagne
les fruits, II, 180. — Ne les gagne
pas s'il est de mauvaise foi, II, 184.

Des tiers qui ont contracté avec le
successeur irrégulier évincé, II,
181, 182, 184.
Son effet sur la révocation de donation, II, 505-507.
Vente d'une même chose mobilière à
deux personnes différentes , II,
791-792.
Cas où le créancier a consommé de
bonne foi l'objet payé n'appartenant pas au débiteur, II, 874.
Du débiteur, nécessaire pour la cession de biens, II, 895.
Du créancier qui a supprimé son titre, II, 975.
De celui qui a reçu le paiement de
l'indû, II, 975-976.
La - du bailleur ne détruit pas son
obligation de garantie, III, 368 texte
et note 3.
De l'acheteur dans la vente de la
chose d'autrui, III, 263.
De l'acheteur relativement à la restitution des fruits, III, 292.
Du vendeur en cas de vices rédhibitoires, III, 302-303.
Nécessaire pour la renonciation à
société, III, 463.
De l'héritier du dépositaire, III, 518.
Des tiers qui traitent avec le mandataire dont le mandat a cessé, III,
551.
Du locateur quant à l'exercice de son
privilége, III, 668.
Pour la prescription, III, 890-891.
Pour la prescription instantanée, III,
902.
Du possesseur d'une hérédité en cas
d'absence, III, 930 note 1.

Bonnes mœurs.

(Voir *Morale.*)

Bon père de famille.

L'usufruitier doit jouir en - , I, 629.
L'usager doit jouir en -, I, 655.
La manière d'agir d'un - sert de mesure à la prestation des fautes, II,
785.
Le gérant d'affaires doit administrer
en -, II, 973.

Formule de la jouissance du preneur, III, 370.
Obligation de l'emprunteur à usage, III, 473.
Responsabilité du séquestre judiciaire, III, 524.

Bordereaux.

Nécessaires pour l'inscription hypothécaire, III, 776-778.

Bornage.

Limitation de la propriété, I, 677-678.

Bourse.

Son rôle, I, 447 note 2.
Appréciation des jeux de bourse, III, 530 note 1.
La répétition est-elle admise ? III, 531-532.

Brésil.

Nécessité des routes dans ce pays, III, 403 note 1.

Brevet.

Acte en brevet, I, 335 note 1.
Effet de la remise de l'acte en brevet, II, 904.

Butin.

L'acquisition du butin pris à la guerre n'est pas légitime, parce qu'elle viole le droit d'autrui, II, 26.

Caducité.

Matières diverses :

Des testaments, II, 583-584, 595-599.
Des legs, II, 599-608.
De la substitution, II, 624, — 645-656.
La représentation en matière de substitution est une dérogation à la caducité des testaments, II, 624.
Des donations par contrat de mariage dans le cas où le mariage n'a pas lieu, II, 667.
De la donation des biens présents par contrat de mariage, par le prédécès des donataires, II, 668.
La - par prédécès du donataire s'applique aux donations par contrat de mariage, II, 681.
Le prédécès du donataire rend caduque l'institution contractuelle entre futurs époux, II, 691.
Les donations entre époux sont-elles caduques par prédécès du donataire ? II, 698-700.

Calendrier républicain.

Exposé, I, CVII note 1.
Abolition, III, 886 note 2.

Canonique (Droit).

(Voir *Droit canonique*.)

Capacité.

Matières diverses :

Requise pour le mariage, I, 125-142.
Requise pour la reconnaissance d'enfant, I, 335.
Requise pour l'adoption, I, 366-371.
Requise pour la succession *ab intestat*, II, 60-84.
Requise pour la disposition à titre gratuit, II, 387-408.
Des enfants qui bénéficient du partage d'ascendant, II, 651.
Requise pour donner ou recevoir par institution contractuelle, II, 671.
La - de l'obligé est une condition nécessaire à la validité du contrat, II, 746.
Requise dans les contrats, II, 769-773.
Requise pour consentir les conventions matrimoniales, III, 29-31.
Requise pour la vente, III, 247-248.
En matière de bail, III, 363.
Pour les sociétés universelles, III, 447.
Requise pour conférer un mandat, III, 541.
Nécessaire pour la transaction, III, 580.
Nécessaire pour hypothéquer, III, 743-745.
Nécessaire pour donner main-levée de l'inscription hypothécaire, III, 786.

Nécessaire pour consentir la réduction d'une inscription hypothécaire, III, 788-789.

Nécessaire pour le délaissement, III, 799.

Nécessaire pour renoncer à la prescription acquise, III, 853-854.

Capital.

Idées rationnelles :

Le capital doit être mis à la disposition de tout homme, II, 805 note 2 ; — III, 346.

Erreur de l'ancien droit sur la nature du capital, I, 546 note 2.

Le contrat de louage de choses porte sur le résultat, l'effort accompli, sur le capital proprement dit, III, 344.

Le capital, n'étant que du travail accumulé, peut s'associer au travail futur, III, 468.

En fait, il est le résultat de la rapine et de la conquête, III, 469.

Division des capitaux en fixes et circulants, III, 589.

Le - ne demande pas le remboursement quand il est sûr de l'obtenir, III, 612.

Définition : I, 578 ; — III, 344 note 2.

Indications diverses :

Observations sur le sens de ce mot, I, 249 note 1, — 482.

Les actions mobilières, relatives à un capital, peuvent-elles être intentées par le mineur émancipé, I, 480 note 1.

Mobilier reçu par le mineur émancipé, I, 482 ; par le demi-interdit, I, 518.

Le - des dettes du constituant d'usufruit est payé par le nu-propriétaire, I, 639-642.

Captation.

N'est pas une cause de nullité de la disposition à titre gratuit, II, 391-392.

Carrières.

(Voir *Mines.*)

Cas fortuit.

(Voir *Risques.*)

Cassation.

Le pourvoi en cassation n'est pas suspensif, I, 164.

De l'arrêt de main-levée d'opposition à mariage, I, 164.

D'un jugement ordonnant la radiation d'une inscription hypothécaire, III, 788-789.

La prescription ne peut pas être invoquée en -, III, 856.

Catholicisme.

Le - prohibait le prêt à intérêt, III, 468-469, — 488.

Cause.

La - d'acquisition est le principe qui légitime l'acquisition, I, 574, 577 ; — II, 1, 3.

La - est une condition essentielle du contrat, II, 745.

Effets de l'erreur sur la cause du contrat, II, 750.

Des obligations, II, 776-780.

Cause illicite, définition, II, 779.

Le changement de - opère novation, II, 897-898.

De la - en matière de chose jugée, II, 959-960.

Cas du payement effectué sans -, ou pour une - immorale, II, 976-977.

Le défaut de - donne lieu à la résiliation du contrat, III, 282.

L'éviction rend le contrat de vente sans cause, III, 288-289.

L'éviction totale enlève toute cause à la vente, III, 291.

Le défaut de - peut faire annuler la transaction, III, 579 note 1.

Caution.

Indications diverses :

L'usufruitier de la jouissance légale ne donne pas caution, I, 406.

Le curateur à succession ne fournit pas caution, II, 240.

Le grevé de la substitution ne donne pas caution, II, 639.

Différence de la caution avec le porte-fort, II, 765.

Intérêts qui sont dus à la caution, II, 799, — III, 569.

Le débiteur principal lui doit les intérêts de plein droit, II, 802.

Peut faire un paiement, II, 871.

Subrogation légale au profit de la -, II, 888.

La consignation ne libère pas la caution, II, 894.

Remise de la dette soit au débiteur soit à la caution, II, 905.

Effets du serment déféré à la caution ou au débiteur, II, 908.

Il n'y a pas lieu à caution pour l'usufruitier de la communauté, III, 51.

Cas où la femme est réputée caution de son mari, III, 67.

Le mari sous le régime sans communauté n'en donne point, III, 180.

Le mari dotal n'en donne pas, III, 192.

La - n'est pas due par l'époux qui opte pour la continuation de la communauté en cas d'absence de l'autre époux, III, 920.

La - peut remplacer les sûretés du bailleur, III, 389.

L'antichrésiste n'en donne pas, III, 605.

La - poursuivie comme tiers détenteur n'a pas le bénéfice de discussion, III, 796.

La - ne peut pas délaisser, III, 800.

La - ne peut pas purger, III, 813.

Caution légale.

Exposé général : III, 561.

Cas divers :

A fournir par l'étranger demandeur (*judicatum solvi*), I, 41-42.

A fournir par l'usufruitier, I, 629-631.

A fournir par l'usager, I, 655.

A fournir par les successeurs irréguliers, II, 178-179.

A fournir par l'héritier bénéficiaire, II, 233.

A fournir par le mari à la femme préciputaire en cas de séparation de corps, III, 170-171.

A fournir par le vendeur à l'acheteur troublé, III, 305-306.

A fournir par le créancier surenchérissant, III, 817.

A fournir par les envoyés en possession provisoire des biens de l'absent, III, 909.

A fournir par le légataire de l'absent, III, 909.

A fournir par l'époux présent qui opte pour la dissolution de la communauté en cas d'absence de l'autre époux, III, 920.

Cautionnement.

Exposé général : III, 552-575.

Indications diverses :

L'obligation de - que le donataire aurait contractée expressément envers la femme du donataire est résolue par la révocation de la donation pour survenance d'enfant, II, 511.

Le cautionnement est un contrat unilatéral, II, 739, à titre gratuit, II, 741, accessoire, II, 744.

Le cautionnement peut garantir une obligation naturelle, II, 870.

Le - passe du subrogeant au subrogé, II, 882-884.

Différence du - et de l'expromission II, 899.

Effets de la remise du titre au débiteur principal, quant au -, II, 904.

Cas où la caution paie une somme en décharge du -, II, 905-906.

De la compensation en cas de -, II, 910.

Le - survit à la créance éteinte par compensation, II, 913.

De la confusion en cas de -, II, 915.

Le - ne subsiste pas en cas de tacite reconduction, III, 378.

Le - est transmis avec la créance cédée, III, 332.

Transaction faite en cas de -, III, 584.

(Voir au surplus, au mot : *Caution.*)

Cédules hypothécaires.

D'après la loi de messidor, III, 620.

Adoptées par la législation prussienne, III, 638.

Certificat.

De publication et de non-opposition, I, 145, 162-163.
De vie, pour la rente viagère, III, 509-510.

Certificateur de caution.

Le - ne jouit pas du bénéfice de discussion, III, 562.
Le - n'est pas libéré par la confusion, III, 573.

Cession.

L'usage ne peut pas être cédé, I, 657.
L'institué contractuel ne peut pas céder son droit du vivant de l'instituant, II, 673.
La cession de la jouissance de la dot n'est pas possible, III, 192.
Des priviléges, III, 713.
La subrogation à l'hypothèque légale est une -, III, 766 note 1.
De priorité du rang hypothécaire, III, 767 note 2.

Cession de bail.

La - est interdite du pupille au tuteur, I, 462.
Différences entre la cession de bail et la sous-location, III, 361-362.
L'art. 1753 est opposable au cessionnaire, III, 390.
Interdite au colon, III, 393-394.

Cession de biens.

Exposé général, II, 895-896.

Indications diverses :

Les étrangers ne jouissaient pas du bénéfice de la - avant la loi du 22 juillet 1867, I, 39.
Non admise en faveur du dépositaire infidèle, III, 520.

Cession de créance.

Exposé général : III, 326-334.

Indications diverses :

La - est interdite du pupille au tuteur, I, 444, 462-466.

Le mineur émancipé peut-il seul céder ses créances? I, 480 note 3.
Le partage d'une créance peut constituer une -, II, 359.
Différence entre la cession de créance faite dans un partage et la cession de créance ordinaire, II, 361.
Au profit du tiers payant la dette d'autrui, II, 872.
La subrogation est-elle une cession de créance? II, 882-883.
Différences de la cession de créance et de la subrogation, II, 890.
Comparaison de la - et de la novation, II, 902.
Le débiteur cédé peut-il invoquer la compensation du chef du cédant? II, 910-911.
Donne-t-elle lieu au privilége du vendeur de meubles? III, 673.
Créance hypothécaire cédée par la femme, III, 767.
Saisie pratiquée par le cessionnaire, III, 840.
Est réglée par le statut réel, III, 948.

Cession de droits litigieux.

Exposé général : III, 338-339.

Indications diverses :

Interdite du pupille au tuteur, I, 462.
Interdite à certaines personnes, III, 255-256.

Cession de loyers.

La - à titre gratuit est soumise à la transcription, II, 465-466, — III, 332.
Consentie par le débiteur hypothécaire, III, 803.

Cession d'hérédité.

Exposé général : III, 335-337.

Indications diverses :

Constitue une acceptation tacite, II, 196.
Donne lieu au retrait successoral, II, 270.
Peut constituer un partage, II, 357.
Est un contrat aléatoire non rescindable, II, 367-368.

Cession d'usufruit.

Interdite du pupille au tuteur, I, 462.
Est une vente du droit lui-même, I, 624.
N'est pas possible pour l'usufruit de la communauté, III, 51.

Champart.

Ancien droit réel, I, 566.

Charges.

Matières diverses :

De la jouissance légale. I, 401-404.
De l'usufruit, I, 627-644.
Payement des charges de la succession, II, 320-355, — 561.
Inexécution des charges, cause de révocation des donations, II, 489-492, 494. — La donation révoquée pour survenance d'enfant reste révocable pour inexécution des -, même après la prescription, II, 513.
Les charges des legs doivent être exécutées par l'exécuteur testamentaire, II, 578. — L'inexécution des - imposées au légataire est une cause de révocation du legs, II, 593. — Ce que deviennent les -- des legs en cas d'accroissement, II, 600. — L'accroissement entre colégataires a-t-il lieu avec ou sans charges ? II, 607-608.
De conserver et de rendre : tel est le caractère des substitutions, II, 617. — La charge de conserver et de rendre n'existe pas dans la substitution vulgaire, II, 621. — En faveur de qui elle peut être imposée, II, 624. — On ne peut s'en dégrever après acceptation, II, 625.
État des charges annexé à la donation cumulative des biens présents et à venir, II, 678.
Par qui sont supportées les - de l'usufruit et du mariage en cas de communauté, III, 71-72.

Chasse.

Exposé général : II, 15-17.

Indications diverses :

L'usufruitier en jouit, I, 623.

La - était réservée dans l'ancien droit au seigneur, I, 679.
Le droit de - est-il compris dans le louage? III, 365 note 2.

Cheptel (Bail à).

Exposé général, III, 415-432.
Le - ne doit pas rentrer dans le louage, III, 351.

Choses.

Idées rationnelles :

Les - ne devraient pas être opposées aux droits, III, 326.
Les - ne relèvent de la science du droit que comme objets possibles des droits, I, 522.
Rapports des - avec les personnes et les droits, I, 524 note 1.

Choses communes.

Définition : II, 13.

Indications diverses :

On a soutenu que les cours d'eau étaient choses communes, I, 596-597.
Les - sont susceptibles d'être appropriées en partie par occupation, II, 13.

Chose d'autrui.

Indications diverses :

Legs de la chose d'autrui, II, 567-568.
Le contrat ayant pour objet un corps certain appartenant à autrui ne transfère pas immédiatement la propriété, II, 789.
Payement fait avec la chose d'autrui, II, 873-874.
Vente de la chose d'autrui, III, 260-268.
Pourquoi la vente de la chose d'autrui est nulle, III, 232.
La vente de la chose d'autrui ne transfère pas immédiatement la propriété, III, 234 note 2.
Echange de la chose d'autrui, III, 340 note 2, — 342.

Le commodat peut avoir pour objet la chose d'autrui, III, 473.
Dépôt de la chose d'autrui, III, 514.
La - peut être mise en gage, III, 597.
Nullité de l'hypothèque constituée sur la -, III, 743-744.

Choses fongibles.

Définition : Ce qui fait la fongibilité, ce n'est pas la nature de la chose, c'est l'intention des parties, I, 525, 615, — II, 127 note 4, — III, 474, 480.

Indications diverses :

Sont susceptibles de quasi-usufruit, I, 611-615.
Comment le retour légal s'exerce sur les choses fongibles, II, 126-128.
Dans le cas de donation de -, la réduction ne se fait pas en nature, II, 444.
Compensation légale entre deux dettes de choses fongibles de la même espèce, II, 908.
Sur les -, le droit d'usufruit devient un droit de propriété, III, 49.
Tombent dans la communauté réduite aux acquêts, III, 151.
Deviennent la propriété du mari sous le régime sans communauté, III, 179-180.
Le mari dotal en devient propriétaire, III, 193.
Ne peuvent être louées, III, 353 texte et note 3, — 354 note 2.
L'usufruit de ces choses équivaut à la propriété, III, 451.
Peuvent être prêtées à consommation, III, 480 texte et note 1.

Choses futures.

Peuvent être l'objet d'une obligation, II, 776.
Vente de -, III, 258-259.

Choses indéterminées.

Matières diverses :

LEGS : Legs particulier de -, II, 561, 569.
Le legs de - n'est pas révocable par aliénation de la chose léguée, II, 591.

OBLIGATIONS : Les - peuvent être l'objet d'une obligation, II, 776.
Effets du contrat ayant pour but de transférer la propriété des -, II, 782-783.
Payement de l'obligation ayant pour objet une chose indéterminée, II, 878.
De la consignation dans les dettes de -, II, 895.
La perte en est-elle possible? II, 917.
VENTE : Vente d'une chose indéterminée, III, 233, 234, 235.
Obligations du vendeur dans la vente de -, III, 269-270.
SOCIÉTÉ : Apport de société consistant en choses indéterminées, III, 451.

Chose jugée.

Définition : II, 958.
Idée rationnelle : L'autorité de la - ne dérive pas en soi de l'idée de présomption légale, II, 956.

Indications diverses :

Jugement de rectification d'un acte d'état-civil, I, 92.
Son application à la réclamation d'état, I, 318.
Une décision passée en force de chose jugée établit la filiation adultérine ou incestueuse, I, 340 ; — II, 158.
Jugement passé en force de chose jugée contre l'héritier bénéficiaire, II, 226-228.
L'obligation éteinte par chose jugée reste naturelle, II, 870.
L'autorité de la - appartient à la transaction, III, 584.
Les jugements étrangers ont-ils force de chose jugée? III, 740-742.

Christianisme.

Fait du mariage un sacrement, I, 118.
Proscrit les secondes noces, II, 685.
A été édifié sur les bases du paganisme, III, 16 note 3.
Maintient l'antagonisme des peuples, III, 223.

Circuit d'actions.

En cas de dette héréditaire garantie par une hypothèque, II, 336.

Citation en conciliation.

Constitue le débiteur en demeure, II, 800-801.
Interrompt la prescription, III, 875.

Citation en justice.

Définition : I, 93 note 2 ; — II, 800 note 4.
Doit être signifiée à domicile, I, 93.
Constitue le débiteur en demeure, II, 800, 801.
Interrompt la prescription, III, 873.

Citoyen.

Celui qui a la jouissance des droits politiques, I, 21.
Qui est citoyen ? I, 22.
Qualité inutile aux témoins des actes de l'état-civil, I, 73.
Qualité nécessaire aux témoins des actes notariés, I, 73.
Qualité inutile au tuteur, I, 439.
Cette qualité est-elle nécessaire aux témoins des testaments ? II, 534.

Classement.

Des priviléges généraux, III, 661 ; 691-695.
Des priviléges sur les récoltes, III, 671 note 1.

Clause illicite.

(Voir *Condition illicite.*)

Clause pénale.

Exposé général : II, 864-867.
Cas où elle engendre une obligation principale, II, 864-865.

Indications diverses :

La clause pénale ajoutée à une promesse de mariage est nulle, I, 126.
L'addition d'une - rend valable la stipulation pour autrui, II, 776.
De la - tacite dans les obligations, II, 797.

La - est un règlement anticipé des dommages-intérêts, II, 797.
La - ne peut pas dépasser le taux légal, II, 798.
Obligation avec clause pénale, II, 835-836.
La - est due par tous les co-débiteurs solidaires, II, 844.
De la - en cas d'obligation indivisible, II, 861.
Admise pour la transaction, III, 582 texte et note 2.

Clôture.

Limitation de la propriété, I, 679-682. — Le droit de se clore est une conséquence immédiate du droit de propriété, I, 679 ; il est restreint par les droits de parcours et de vaine pâture, I, 681.
Forcée en cas de voisinage, I, 692-693.

Codicille.

Forme de disposition non admise dans le droit actuel, II, 379.

Codification.

Idées rationnelles :

Conditions scientifiques de la codification, I, LX.
Plan d'un travail de refonte de la législation civile, I, LXXX-XCVII.
Méthode législative rationnelle, I, 576 note 2.
La - est la synthèse des idées législatives générales, III, 376 note 2.
La - devrait laisser un large rôle à la jurisprudence, III, 954.

Notions historiques :

Histoire générale de la codification, I, LXI-LXIII.
De la - sous la Révolution, I, XXIX-XXX.
Histoire, description et appréciation du Code Napoléon, I, XXXI-XXXVII.
Appréciation du Code Napoléon, I, LXIII-LXIV.
Principes généraux du Code Napoléon, I, 165 note 1.

Collatéraux.

Définition : I, 133.

Idée rationnelle :

Appréciation du droit d'opposition quant au mariage, conféré aux collatéraux, I, 164 note 2.

Examen de la légitimité de la vocation des collatéraux à la succession *ab intestat*, II, 89-90.

Indications diverses :

Prohibition à mariage entre collatéraux : parenté, I, 134 ; — alliance, I, 136.

Certains - ont le droit de faire opposition au mariage, I, 158-159, — à peine de dommages-intérêts, I, 164.

Ont le droit d'intenter les actions en nullité absolue du mariage, I, 177, 178, 179, 180, 182, 185.

Représentation admise pour les collatéraux privilégiés, non pour les collatéraux ordinaires, II, 103-104.

Droit successoral des collatéraux privilégiés, II, 109-111.

Droit successoral des collatéraux ordinaires, II, 112.

Concours de l'enfant naturel avec les collatéraux privilégiés, II, 139-142.

Les neveux et nièces sont-ils compris parmi les collatéraux privilégiés en concours avec l'enfant naturel ? II, 140-142.

Concours de l'enfant naturel avec les collatéraux ordinaires, II, 142-144.

Les frères et sœurs de l'enfant naturel sont soumis aux formalités de l'envoi en possession, II, 185, 186.

Concours des collatéraux avec les ascendants réservataires, II, 424-425.

Les - autres que les frères et sœurs n'ont pas le droit de faire des substitutions, II, 623.

Les frères et sœurs ont le droit de faire des substitutions, II, 622.

Collectivité sociale.

Idées rationnelles :

La - constitue le législateur, I, v.

La - a, d'après la loi actuelle, un droit propre dans le mariage, où elle intervient représentée par l'officier d'état-civil, I, 186, 189 note 2.

La - est obligée vis-à-vis de l'enfant à défaut de la famille, I, 285.

La - n'a pas de droit propre, I, 386 note 2.

Dans quelles conditions son intervention est légitime et nécessaire, I, 409.

La - abandonne les enfants naturels, I, 488, 491 note 3.

La - est une abstraction, I, 493.

La - doit au mineur la protection ; au majeur le simple respect de son droit, I, 493, 494.

La - a le droit d'intervenir en cas de faiblesse de raison, mais sans porter atteinte au droit individuel, I, 49 ;.

Intervention de la société en faveur de l'aliéné, I, 514-515.

La - ne peut avoir un droit distinct des droits des individus qui la composent, I, 571 note 1.

La - n'a le droit d'intervenir dans le conflit des intérêts individuels que lorsqu'il y a empiétement du droit de l'un sur celui de l'autre, II, 371-372.

La - n'a pas le droit de se substituer au propriétaire pour régler l'usage de la propriété, II, 689.

L'ordre juridique repose sur l'existence de la société, II, 717.

La - a le droit d'exiger la preuve avant de donner sa sanction, mais ne peut pas limiter la preuve, II, 925-926.

La - ne doit intervenir que pour défendre un individu contre une violation de son droit, III, 527.

La - n'a pas le droit d'exiger la publicité du mariage, III 936 note 1.

Colonage.

Idée rationnelle : Appréciation économique du -, III, 393 note 2.

Définition, I, 613 note 2 ; — III, 352.
Règles spéciales, III, 393-394.

Indications diverses :

Réserve des droits du colon en cas d'usufruit, I, 613.
Risques dans le colonage, III, 398.
Cheptel accessoire de ce bail, III, 428-430.

Comité d'étude.

Procès-verbaux d'une réunion ayant pour objet la refonte de la législation civile, I, LXXX-XCVII.

Command.

Modalité de la vente, III, 237-238.

Commandement.

Définition : I, 93 texte et note 2.
De payer, fait au tiers détenteur, III, 802.
Le - doit précéder la saisie, III, 840.
Le - interrompt la prescription, III, 875.

Commencement de preuve par écrit.

Matières diverses :

MARIAGE : L'acte de mariage inscrit sur feuille volante vaut-il comme commencement de preuve par écrit ? I, 188-189.
FILIATION : Définition et application pour la preuve de la maternité légitime, I, 317.
Id. pour la preuve de la maternité naturelle, I, 356-357.
OBLIGATIONS : Conditions que doit remplir le -, II, 954.
Du - résultant d'énonciations étrangères à la disposition d'un acte, II, 935.
Un acte sous-seing privé non valable est-il un -? II, 939.
Le billet non approuvé est-il un commencement de preuve par écrit ? II, 940.
Les livres des commerçants ne fournissent pas un - ? II, 942 note 1.
La transcription peut servir de -, II, 946.

Est-il nécessaire pour le serment supplétoire ? II, 969 note 3.
CONTRATS DIVERS : Le - ne rend pas la preuve testimoniale admissible pour le bail, III, 359 ; — ni pour la transaction, III, 579 ; — ni pour l'antichrèse, III, 601.

Commerce.

Idées rationnelles :

Rationnellement il n'y a pas de distinction entre les commerçants et les non commerçants, III, 646 note 4 ; — 773 note 3.
Crédit commercial : le titre circule d'autant plus aisément qu'il est plus facilement réalisable, III, 611.
Développement des magasins généraux, III, 611 note 1.
Les docks, les comptes-courants et les chèques sont dérivés du dépôt, III, 511.

Indications diverses :

En matière commerciale, exception à la règle de la caution *Judicatum solvi*, I, 42.
L'établissement commercial ne suffit pas à prouver la perte de l'esprit de retour, I, 45.
Femme commerçante, sa capacité, I, 249-251.
La justice peut-elle autoriser la femme à faire le commerce ? I, 251.
Mineur émancipé commerçant, sa capacité, I, 487.
Sociétés commerciales : généralités, I, 542-545.
Les fonds de commerce sont meubles, I, 548.
Les effets de - novent-ils une créance civile? II, 698.
Choses qui sont dans le commerce, II, 775.
Cause des titres commerciaux, II, 779 note 3.
Le mineur commerçant n'est pas restituable pour lésion, II, 924.
La formalité des doubles n'est pas utile pour les actes de commerce, II, 939.

Force probante des livres de -, ll, 941-942.

La preuve testimoniale est toujours admise en matière de -, ll, 949-950.

Cas où l'un des époux a une part dans une société de commerce dissoute, lll, 40-41.

Du sort des dettes de la femme commerçante au point de vue de la communauté, lll, 58.

Sort des dettes de la femme commerçante dans la communauté, lll, 67.

Choses qui sont dans le commerce, lll, 258.

En matière commerciale la vente de la chose d'autrui n'est pas nulle, lll, 268.

Résolution dans les ventes commerciales, lll, 309.

L'entrepreneur de transport est un commerçant, lll, 404.

Le crédit du commerçant peut constituer un apport de société, lll, 440 note 1.

Comparaison entre les sociétés commerciales et les civiles, lll, 441-444.

La forme commerciale donne la personnalité civile aux sociétés civiles, lll, 444 note 2.

Renvoi relatif aux sociétés de commerce, lll, 464.

Taux des intérêts en matière commerciale, lll, 492.

L'escompte et le change ne sont point soumis à la restriction de l'intérêt, lll, 493.

Facilités données au gage commercial, lll, 590, 596, 597, 599.

Privilége des marchands pour fournitures de subsistances, lll, 660-661.

Le privilége du vendeur s'applique-t-il aux fonds de -? lll, 673.

En matière commerciale, il n'y a pas lieu à l'exercice de l'action en revendication pour le droit de rétention, lll, 677 texte et note 1.

Enumération des priviléges commerciaux, lll, 682 note 1.

La faillite réduit l'hypothèque de la femme du commerçant, lll, 728.

Capacité du mineur émancipé commerçant au point de vue des hypothèques, lll, 745.

Prescription des actions des marchands, lll, 896.

Commodat.

Exposé général : lll, 472-478.

Indications diverses :

Le - est un contrat unilatéral, ll, 739 note 1, — un contrat synallagmatique imparfait, II, 740, — un contrat réel, ll, 744.

Mesure des fautes du commodataire, II, 785.

Solidarité des commodataires conjoints, ll, 840.

Le - ne peut donner lieu à compensation, II, 909.

Différences du - avec le prêt de consommation, lll, 471, 479.

Le commodataire a-t-il un droit de rétention ? lll, 651 note 1.

Les meubles reçus à titre de - sont soumis au privilége du bailleur, lll, 658.

Communauté conventionnelle.

Exposé général : lll, 149-182.

Communauté d'acquêts.

Exposé général : lll, 150-152.

Combinaison de la - avec le régime dotal, lll, 219.

Communauté légale.

Exposé général : lll, 32-182.

Caractères fondamentaux de ce régime, ses conséquences irrationnelles, lll, 13-14.

Avantages de la femme sous ce régime, lll, 119 note 3.

Idée rationnelle : La - est la spoliation de la femme par le mari, 1, 520 note 2, — l'expropriation de la femme au profit du mari, lll, 46 note 1.

Indications diverses :

Capacité de la femme sous ce régime, I, 228.

Sort des dettes de la femme commerçante dans la communauté, I, 249.

Mesures conservatoires à prendre par la femme commune pendant l'instance en séparation de corps, I, 278.

Le demi-interdit peut-il se marier sans autorisation sous ce régime? I, 519-520.

La communauté est souvent cause de constitution d'usufruit, I, 606-607.

L'époux qui opte pour la continuation de la - a l'action en partage, II, 250.

Que devient la constitution de dot vis-à-vis du rapport sous ce régime? II, 287.

Sous ce régime la femme peut avoir une hypothèque subsidiaire sur des biens substitués, II, 639.

L'art. 1573 n'est pas applicable à ce régime, III, 217-218.

Le régime en communauté n'est pas susceptible du 3e cas de dation en payement entre époux, III, 250.

La - est un cas de société universelle, III, 446.

Une créance mobilière munie d'une hypothèque tombe en communauté, III, 717.

L'hypothèque légale de la femme frappe-t-elle les conquêts? III, 730-732.

Saisie des immeubles de communauté, III, 838.

Suspension de la prescription sous le régime de la -, III, 882-883.

Droit d'option de l'époux commun en cas d'absence de l'autre époux, III, 916-921.

Communauté universelle.

La clause de - est permise dans le contrat de mariage, III, 20, 175.

Communautés religieuses.

(Voir *Congrégations.*)

Commune.

Idées rationnelles :

Notions philosophiques sur l'organisation et les attributions de la commune, I, xv-xvi.

Solidarité de tous ses habitants : d'où, devoir de protection envers les absents, I, 103, 107 note 2; — envers les mineurs, I, 288, — et envers les orphelins, I, 409.

Collectivité d'individus associés entre eux, n'ayant par elle-même aucun droit propre, I, 554-682.

Autonomie nécessaire de la commune, I, 555 note 2.

Indications diverses :

Les communes sont des personnes civiles, I, 554.

Biens des communes, I, 558-559.

Les habitants des communes ont droit à l'usage des eaux de source, I, 669-670.

Droits de parcours et de vaine pâture existant au profit des communes, I, 679 note 1 et 681.

Servitudes légales d'utilité communale, I, 683, 684.

Attribution du varech aux habitants des communes, II, 21.

Acceptation des dons et legs faits au profit des communes, II, 396, — 457.

Responsabilité des communes, II, 980.

Les administrateurs ne peuvent acheter les biens communaux, III, 253.

La - ne peut transiger, III, 581 texte et note 2.

Appréciation de l'hypothèque légale qui lui appartient, III, 646, — 726-737.

La saisie immobilière n'est pas possible contre elle, III, 840.

Les biens communaux sont imprescriptibles, III, 850.

Commune renommée.

Preuve admise, à défaut d'inventaire :

Contre le tuteur, I, 445 texte et note 3.

Contre l'usufruitier, I, 628 texte et note 1.

Contre le mari : pour établir la valeur mobilière des successions échues aux époux, III, 62, 71 ; — pour établir la valeur des biens de la communauté, III, 103 ; — pour établir la propriété des meubles acquis pendant le mariage par la femme, III, 151-152 ; — pour établir la valeur du mobilier apporté par la femme, III, 179.

Contre les envoyés en possession des biens de l'absent, III, 910.

Communisme.

Appréciation, II, 543 note 4.

Compensation.

Exposé général : La - est un mode d'extinction des obligations, II, 906-913.

Indications diverses :

Compensation des frais en cas d'opposition à mariage, I, 164.

Le terme de droit est un obstacle à la compensation, II, 828.

La - libère le débiteur vis-à-vis de tous les créanciers solidaires, II, 838.

La - de la dette est un cas de défense pour les débiteurs solidaires, II, 847.

La - peut avoir pour résultat la division du payement, II, 880-881.

La - n'est pas possible en matière de rapports de communauté, III, 129-130.

Le débiteur acceptant la cession perd le bénéfice de la compensation, III, 332 note 1.

Interdite à l'associé, III, 452.

Interdite à l'emprunteur à usage, III, 476.

Relation de la théorie de fongibilité avec celle de compensation, III, 480 note 1.

Interdite au mandataire, III, 543.

Différences entre la caution solidaire et le co-débiteur solidaire au point de vue de la compensation, III, 564-565.

La - ne s'opère pas de plein droit au profit de la caution, III, 573.

Cas où les priviléges et hypothèques survivent à la créance, III, 808.

Compétence.

La compétence du tribunal est déterminée par le domicile, I, 94.

Effet du domicile d'élection, I, 101.

En matière d'absence, I, 105.

La - de l'officier de l'état-civil est territoriale, I, 148-149.

Le défaut de compétence de l'officier de l'état-civil est une cause de nullité avec pouvoir discrétionnaire du juge, I, 185-186.

Rationnellement la compétence ne serait qu'un élément de publicité, l'officier ne devant être qu'un témoin, I, 186.

L'incompétence de l'officier de l'état-civil est couverte par la possession d'état, I, 190.

Le tribunal criminel est seul compétent pour connaître de l'action civile tendant au rétablissement de l'acte de mariage, I, 194.

Tribunal compétent pour autoriser la femme, I, 240 ; — pour juger la demande en séparation de corps, I, 277.

Des tribunaux civils, exclusive en matière de questions d'état, I, 320-321.

En matière de réclamation d'état naturel, I, 357.

Pour statuer sur les délibérations du conseil de famille, I, 432.

Pour statuer sur l'interdiction, I, 498.

Pour donner main-levée de l'interdiction, I, 512.

Du tribunal en matière de bornage, I, 678 texte et note 1.

Pour les actions en règlement de succession, II, 36.

Du tribunal pour statuer sur la demande d'envoi en possession, II, 177.

Du tribunal pour nommer le curateur à succession vacante, II, 239.

Du tribunal en matière de partage, II, 256.

Nullité de l'acte authentique pour incompétence de l'officier public, II, 933.

La - est différente pour le délit civil ou pour le délit criminel, II, 977.

Des juges de paix en matière de bail, III, 372.

Du tribunal pour les actions relatives aux créances hypothécaires, III, 784.

Pour la saisie immobilière, III, 838.

La loi peut-elle modifier rétroactivement les règles y relatives ? III, 940.

Complainte.

Définition : I, 453 note 1.

Indications diverses :

La - peut être intentée par le tuteur, I, 453.

Conditions de son exercice, III, 859 note 1.

(Voir, au surplus, au mot : *Actions possessoires*).

Compromis.

Interdit au tuteur, I, 466.

Interdit au mineur émancipé, I, 484.

Interdit au mandataire non muni d'un mandat spécial, III, 540.

Comparé au jugement et à la transaction, III, 577 note 1, 578 note 1.

Comptables.

Hypothèque légale sur leurs biens, III, 737.

Compte.

A rendre par l'administrateur légal, I, 415.

A rendre par le tuteur, I, 467-472. — L'action de reddition de - de tutelle se prescrit par 10 ans, III, 893.

A rendre par l'héritier bénéficiaire aux créanciers et légataires, II, 231.

A rendre par le curateur à succession, II, 240.

A rendre par l'exécuteur testamentaire, II, 579-580.

A rendre par le gérant d'affaires, II, 973.

Cas où le mari doit rendre compte, III, 114, 115, 181, 218.

A rendre par le mandataire, III, 542.

A rendre par les envoyés en possession des biens d'un absent, III, 911, 915-916.

A rendre par l'époux présent ayant opté pour la continuation de la communauté, III, 919.

Conception.

Indications diverses :

Influence de l'époque de la - sur la nationalité, I, 25.

Epoque où elle se place, I, 291-293 ; — I, 355 texte et note 1.

Influence de l'époque de la - sur la filiation, I, 290, 298-301, 303, 319.

Capacité juridique de l'enfant simplement conçu : Fait obstacle à l'adoption, I, 366 ; — peut succéder *ab intestat*, II, 61-64 ; — peut recevoir à titre gratuit, II, 395-396 ; — n'empêche pas la révocation des donations pour cause de survenance d'enfant, II, 503, 510 ; — peut bénéficier d'une substitution vulgaire, II, 621.

Conciliation.

(Voir *Citation en conciliation*).

Concordat.

Le - rattache l'Eglise à l'Etat, I, 70 note 1.

Le - rend obligatoires les canons de l'Eglise, I, 140-141.

Concordat (entre créanciers).

Le concordat est un contrat qui nuit aux tiers, II, 807.

Le concordat accordé à l'un d'eux est-il un cas de défense pour les co-débiteurs solidaires ? II, 847-848.

Obligation naturelle du failli concordataire, II, 870.

Concubinage.

Produit-il un empêchement au mariage ? I, 136-137.

Du mari, cause de séparation de corps, I, 269.

Le - du mari lui fait perdre le droit de dénoncer l'adultère de la femme, I, 274.

Condition.

Matières diverses :

CONTRATS : Condition dans les obligations, ll, 817-827.

La stipulation faite par un tiers est valable quand elle est la - d'une stipulation pour soi-même ou d'une donation à un autre, ll, 766.

Une dette pure et simple peut-elle être novée par une dette conditionnelle ? ll, 897 note 1.

L'action Paulienne appartient-elle au créancier conditionnel ? ll, 812 note 1.

DONATIONS : Différence entre les conditions et les charges, ll, 489-490.

La - n'empêche pas la donation d'être actuelle, ll, 382.

Donations qui sont la - d'un autre contrat, ll, 450.

De dotalité et de paraphernalité dans les donations et legs, lll, 187-188.

LEGS : Capacité nécessaire au moment de l'événement de la - du legs, ll, 408.

Prédécès du légataire avant l'événement de la -, ll, 596.

USUFRUIT : L'usufruit peut être affecté d'une -, I, 610-611.

SUCCESSION : L'acceptation d'une succession ne peut être faite sous -, ll, 189 texte et note 1.

Rationnellement, le partage existe à l'état de - dans toute indivision, ll, 241.

SUBSTITUTION : La substitution peut être faite à une autre condition que la mort du grevé, ll, 622 note 1 : — l'arrivée de cette - est une cause d'ouverture de la substitution, ll, 645.

HYPOTHÈQUES : Cas de la créance hypothécaire sous -, lll, 751.

L'hypothèque sur les biens à venir est conditionnelle, lll, 756 note 2.

L'inscription hypothécaire d'une créance sous - n'a lieu qu'après l'événement de la -, lll, 770.

PRESCRIPTION : La - est une cause de suspension de prescription, lll, 885.

Condition illicite ou impossible.

Idée rationnelle : La loi ne doit prohiber aucune condition ; la société peut seulement refuser l'action à une disposition qui viole le droit d'autrui, I, 13.

Généralités :

Notions historiques, ll, 385.

Dans les dispositions à titre gratuit, ll, 384-387.

Dans les contrats, ll, 818-819.

Indications diverses :

La stipulation de retour au profit des enfants du donateur ou d'un tiers constitue une condition illicite, ll, 486, 618.

La nullité de la donation entachée de substitution est une dérogation à la règle des conditions illicites, ll, 620.

Condition potestative.

Généralités :

Dans les donations, ll, 382, — 481.

Dans les donations par contrat de mariage, II, 668, 679-680.

Dans les donations entre futurs époux, ll, 690, 692.

Dans les contrats, ll, 819.

Indications diverses :

Le fidéicommis *de eo quod supererit* ne constitue pas une -, ll, 619.

L'ouverture de crédit produit une obligation sous -, lll, 752 texte et note 1.

Condition résolutoire.

Idées rationnelles : Ses inconvénients économiques, ll, 818 note 1 ; — lll, 227, — 318 note 2.

Ses inconvénients sont corrigés pour les meubles par la prescription instantanée, lll, 610.

Discussion sur la - à la Constituante de 1849, lll, 628-629.

Généralités :

Dans les contrats, II, 824-827.
Dans la vente, III, 307-309.
Dans le bail, III, 378.
Dans la constitution de rente, III, 498-500.
Dans la rente viagère, III, 507-508.

Indications diverses :

Qualité de français attribuée sous cette condition à l'enfant né en France d'un étranger qui y est né, I, 26.
La comparution volontaire ou forcée du contumace dans les vingt ans, est une condition résolutoire qui fait évanouir toutes les conséquences de la condamnation, I, 65.
La déchéance pour abus de jouissance est-elle une condition résolutoire tacite? I, 649.
Cause d'extinction de l'usufruit, I, 653.
La saisine est-elle attribuée sous la condition résolutoire de renonciation? II, 47, — 191-192.
Le droit de retour légal n'est plus considéré comme une condition résolutoire tacite, II, 114.
Le droit de retour conventionnel constitue une condition résolutoire, II, 116, — 485-486.
Toute donation d'immeuble faite à un héritier contient une condition résolutoire, II, 309.
Toute aliénation sous condition résolutoire de la chose léguée emporte révocation du legs, II, 590.
Le grévé de substitution est propriétaire sous condition résolutoire, II, 626-627.
De la - qui affecte les donations entre époux, II, 694.
Il y a une - sous-entendue dans les contrats synallagmatiques et non dans les contrats unilatéraux, II, 739.
L'événement de la - éteint-il toujours l'obligation? II, 867-868.
L'événement de la - est un cas de défense pour les co-débiteurs solidaires, II, 847 texte et note 1, 848.

La - peut être apposée à l'adoption d'un régime de mariage, III, 29 texte et note 3.
Le réméré en est une application, III, 311, 312.
L'acquéreur sous- est-il tenu de respecter le bail? III, 388 note 2.
La - fait évanouir l'hypothèque légale de la femme, III, 730.
La renonciation à la communauté est une -, III, 732 note 1.
La - n'empêche pas la purge, III, 813.

(Voir, au surplus, les mots : *Action en résolution, Pacte commissoire, Résolution*).

Condition suspensive.

Généralités :

Dans les contrats, II, 822-823.
Dans la vente, III, 237.

Indications diverses :

La déclaration de l'art. 9 est une condition suspensive qui doit être rétroactive, I, 28.
L'acceptation est-elle une condition suspensive de la saisine? II, 47, — 191-192.
Toute donation faite à un héritier renferme une obligation sous condition suspensive, II, 309.
Cas où le legs universel est affecté d'une condition suspensive, II, 546.
Cas où le legs à titre universel est affecté d'une -, II, 554.
Affectant le legs particulier, II, 559.
Cas de l'aliénation sous - de la chose léguée, II, 590.
Les appelés à la substitution sont propriétaires sous condition suspensive, II, 627, 640-641.
Une - peut être apportée à l'adoption d'un régime matrimonial, III, 29.
La - est présumée dans les ventes à goûter, III, 241 ; — dans les ventes à l'essai, III, 242 ; — en cas d'estimation à faire, III, 246-247.
La - empêche la purge, III, 813-814.
La déclaration d'absence est une - de l'envoi en possession provisoire, III, 907.

Confirmation.

Définition: II, 948.

Indications diverses :

L'action en nullité de mariage n'est pas susceptible de confirmation; l'action en annulation de mariage est, au contraire, susceptible de confirmation, I, 124.

L'action en annulation de mariage pour défaut de liberté et erreur dans la personne est susceptible de -, I, 172.

L'action en annulation pour défaut de consentement des ascendants est susceptible de - de la part des ascendants, I, 173-174 ; — de la part de l'époux, 175.

L'action en annulation pour impuberté n'est pas susceptible de -, I, 179.

L'action en annulation du mariage pour bigamie ou inceste n'est pas susceptible de -, I, 181.

L'action en annulation des actes faits par la femme non autorisée est susceptible de -, I, 254-256.

La - anéantit les actions en annulation du partage pour dol et violence, II, 369.

La - n'est pas possible pour la donation révoquée pour survenance d'enfant, II, 510-511.

La - est impossible pour le testament nul pour vice de forme, II, 543.

La - est impossible dans le cas de *nullité* et possible dans le cas d'*annulabilité* du contrat, II, 746.

La - fait tomber les actions en annulation, II, 758.

Du payement reçu par le créancier incapable, II, 875.

La - est impossible pour la vente de la chose d'autrui, III, 262.

Comparée à la transaction, III, 578 note 1.

Des hypothèques constituées par des incapables, III, 745.

(V., au surplus, le mot : *Ratification*.)

Confiscation.

Admise par le 1er Empire, abolie par la Charte de 1814, I, 55 note 1.

Prononcée par le décret de 1809 contre le français portant les armes contre la France, I, 49.

Résultant de la mort civile, sous le nom de déshérence, I, 55.

Conflit des lois.

Règle de la non-rétroactivité, I, 7; — III, 931-943.

Théorie des statuts, I, 8; — III, 943.

Idée rationnelle : Les conflits , soit entre les lois des différents peuples, soit entre les lois nouvelles et les lois anciennes, doivent disparaître, III, 934, 942, — 944.

Confusion.

Matières diverses :

ACQUISITION DE LA PROPRIÉTÉ : Cas d'accession mobilière, I, 600-601.

EXTINCTION DES SERVITUDES : Usufruit, I, 646-647.

Servitudes réelles, I, 726.

EXTINCTION DES OBLIGATIONS : *Exposé général :* II, 913-915.

Indications diverses :

La déclaration d'indignité fait cesser la -, II, 79.

Les créances et les droits ne s'éteignent pas par confusion dans le cas d'acceptation bénéficiaire, II, 230.

La - des meubles héréditaires avec les meubles de l'héritier éteint le droit de séparation des patrimoines, II, 348.

La - de l'obligation est une défense pour les co-débiteurs solidaires, II, 847, — 848, 849.

Le bénéfice d'inventaire de la femme commune n'empêche pas la -, III, 144.

La - cesse par la cession de droits successifs, III, 336.

La - laisse subsister les effets du cautionnement, III, 573.

La — n'éteint pas définitivement les privilèges et hypothèques, III, 808.

Confusion de part.

Motif invoqué à tort pour justifier les dix mois de viduité imposés à la femme, I, 258.

Congé.

Le - fait cesser le bail d'une durée indéterminée, III, 375-376.

Le - empêche la tacite reconduction, III, 377 texte et note 3.

Que l'acquéreur doit donner au locataire, III, 387.

Congrégations.

Les femmes appartenant à des - peuvent se marier, I, 141 note 2.

Les - sont des personnes morales, I, 554 note 1.

Les - possèdent des biens, I, 559.

On ne peut pas disposer librement en faveur des -, II, 396-397; —458.

Conjoint.

Peut agir pendant la présomption d'absence, I, 106.

Droit d'option, en cas d'absence, entre la continuation ou la dissolution de la communauté, I, 111; — III, 916-921.

En cas d'absence ne peut pas se remarier, I, 113.

Si cependant il s'est remarié, le mariage pourra-t-il être attaqué par d'autres que l'absent? I, 114-115.

Il peut demander l'envoi en possession provisoire des biens de l'absent, lorsqu'il est héritier présomptif, I, 115.

Dans quel cas il est héritier présomptif, I, 115 texte et note 3; iniquité et contre-sens.

Le - a le droit de former opposition à mariage, I, 156, — 164 note 2.

Le - a le droit de demander l'annulation du second mariage, I, 177-182.

Le - doit consentir à l'adoption, I, 367.

Doit consentir à la tutelle officieuse, I, 382.

A le droit de provoquer l'interdiction, I, 497.

Son droit successoral devrait consister en usufruit, I, 607.

Est exclus de la succession de son conjoint par l'enfant naturel, II, 144.

Cas où le conjoint concourt avec l'enfant naturel, II, 146.

L'enfant naturel est tenu d'imputer sur sa part ce qui a été donné ou légué à son conjoint, II, 148.

La réduction d'un enfant naturel peut profiter au conjoint, II, 156.

Son droit dans la succession de l'enfant naturel, II, 171.

Droit successoral du conjoint, II, 171-173.

Donation faite au conjoint : présomption de dispense de rapport, II, 287.

Le - de l'incapable est réputée personne interposée, II, 405.

Comment ses droits dans la succession de l'époux prédécédé étaient réglés par la Convention, II, 700 texte et note 3, 701 note 1.

Effets de la violence exercée sur lui, II, 754-755.

Solidarité du - et du subrogé-tuteur à défaut d'inventaire, II, 840.

Serment de crédibilité déféré à la veuve, II, 967.

Le mari est mandataire légal pour recevoir le payement, II, 877.

(Voir, au surplus, les mots : *Contrat de mariage, Epoux, Mariage*).

Conquête.

Cause d'acquisition de la nationalité, contraire à l'idée du droit, I, 33, 46.

Conquêts.

Définition, III, 36 note 1.

Les - tombent en communauté, III, 42-43.

L'hypothèque légale de la femme frappe-t-elle les -? III, 730-732.

Conscience.

Idées rationnelles :

La - est la sanction des lois morales, I, III-IV.

Une seule conscience a le même droit que vingt millions de consciences réunies : il n'y a donc pas de morale sociale, I, 13.

De la conscience dérivent la liberté et la responsabilité, I, 16.

Le mariage ne relève que de la conscience, I, 117, 119-120.

L'individu est une conscience, I, 327.

La reconnaissance d'enfant est une question de conscience, I, 335.

La - donne à l'homme son autonomie que la loi n'a qu'à garantir, I, 494.

La - formule les devoirs moraux du propriétaire, I, 570 texte et note 1, 575.

Le domaine de la - est différent de celui de la loi, I, 666 note 1.

Faculté de discerner le bien du mal, II, VII.

C'est à la conscience d'apprécier la justice des dispositions à titre gratuit, II, 372, 409, 413.

Différence entre le point de vue juridique et le point de vue moral ou de la conscience, quant à l'exercice du droit de propriété, II, 665 note 2.

Le progrès consiste à éliminer la loi en y substituant la conscience, II, 695 note 2, — 754 note 1, — 778 note 2.

La - doit compléter la loi, III, 369 note 1.

Conseil d'Etat.

Son rôle dans la confection des lois, I, 2-3.

Son autorisation, nécessaire pour poursuivre les fonctionnaires publics, I, 72.

Conseil de famille.

Exposé général, I, 426-432.

Indications diverses :

Le - défère la surveillance des enfants en cas de disparition des père et mère, I, 116.

Le - nomme un tuteur *ad hoc* pour consentir au mariage de l'enfant naturel mineur, I, 132.

Le - consent au mariage de l'enfant légitime mineur à défaut d'ascendants, I, 132.

Le - autorise le tuteur et curateur à faire opposition au mariage, I, 158-159.

Le - agit en nullité pour défaut de consentement, I, 173.

A les actions en nullité absolue du mariage, I, 177-178.

Le - autorise la femme mariée pour certains actes, I, 243.

Le - doit consentir à la tutelle officieuse à défaut des père et mère, I, 382.

Le - n'a pas lieu d'une façon permanente dans l'administration légale, I, 413.

Le - maintient ou enlève la tutelle à la mère, I, 418.

Nomme le subrogé tuteur, I, 433.

Prononce les exclusion et destitution, I, 440.

Il est associé au tuteur pour l'éducation, la garde et la correction du pupille, I, 442, 450, 467.

Il est chargé de consentir au mariage et à l'émancipation, I, 442.

Autorise seul le tuteur à certains actes, I, 454-458.

Autorise, sauf homologation, certains actes du tuteur, I, 458-461.

Dans quelles conditions il émancipe le mineur, I, 475-477.

Le - nomme le curateur, I, 478.

Il autorise certains actes du mineur émancipé, I, 483.

Comment il est composé pour les enfants naturels reconnus, I, 489-490.

Il donne son avis sur les demandes en interdiction, I, 498.

Le - peut nommer la femme tutrice du mari interdit et régler l'administration, I, 509-510.

Le - règle l'établissement de l'enfant de l'interdit, I, 510-511.

Le - est contradicteur nécessaire de la demande en main levée d'interdiction, I, 512.

Le - nomme le tuteur à la substitution, II, 628.

Le - peut autoriser une contre-lettre au contrat de mariage, III, 27 note 4.

Doit assister le mineur et l'interdit dans le contrat de mariage, III, 30-31.

Le - peut restreindre l'hypothèque légale du mineur, III, 768.

Conseil judiciaire.

Exposé général, I, 518-521.

Indications diverses :

La personne qui en est pourvue conserve son domicile, I, 100.

Le mari étant pourvu d'un conseil judiciaire, la femme est autorisée par justice, I, 242.

La personne qui en est pourvue peut faire une reconnaissance, I, 336.

Le - peut être demandé et nommé directement, I, 499.

Comparaison entre le demi-interdit et le mineur émancipé, I, 520-521.

Comparaison entre le demi-interdit et l'interdit, I, 521.

Acceptation de succession par le demi-interdit, II, 190.

Comment le demi-interdit peut intenter l'action en partage, II, 249.

Le demi-interdit est incapable d'être exécuteur testamentaire, II, 575.

Incapacité du demi-interdit, II, 772-773.

Capacité du demi-interdit pour le contrat de mariage, III, 31 texte et note 3.

La prohibition d'acheter n'est pas applicable au conseil judiciaire, III, 254.

Ses biens ne sont pas grevés de l'hypothèque légale, III, 735.

Le - reçoit les poursuites à fin de saisie contre le demi-interdit, III, 838.

Conseil de tutelle.

Pour la mère tutrice, I, 417.
Pour les enfants assistés, I, 490-492.

Consentement.

Matières diverses :

MARIAGE : Des époux nécessaire pour le mariage : si le consentement manque, il y a nullité ; si le consentement est vicieux, il y a annulabilité, I, 126 ; — I, 167 à 172.

Des ascendants au mariage des enfants, I, 127-129, — I, 172 - 178. — Elément de la puissance paternelle, I, 387.

Considérations présentées sur ce sujet au Comité d'étude, I, XCV-XCVI.

Au mariage du pupille, I, 442.

ADOPTION : Du conjoint pour l'adoption, I, 367.

Des père et mère pour l'adoption, I, 367-368.

TUTELLE OFFICIEUSE : Du conjoint pour la tutelle officieuse, I, 382.

Des père et mère pour la tutelle officieuse, I, 382.

SUCCESSION : Le - de l'enfant adultérin ou incestueux n'est pas nécessaire pour son exclusion de la succession, II, 161.

CONTRATS : Le - est une des conditions essentielles du contrat, II, 745.

Il est distinct de la capacité, II, 746 texte et note 1.

Exposé général du consentement dans les contrats, II, 747-769.

Exposé général des vices du consentement en matière de contrats, II, 748-763.

Le - à la donation comme à tout autre acte doit être libre et éclairé, II, 390.

Du - en matière de vente, III, 233.

Consentement mutuel.

Le - n'est pas une cause de séparation de corps, I, 272.

Il peut seul faire cesser la séparation de corps, I, 284.

Le - est une cause de révocation des contrats, II, 781.

Le - est une cause de dissolution de la société, III, 462,

Le - ne peut pas révoquer le contrat de mariage, III, 26, — 105.

Conservateur des hypothèques.

Le - reçoit les transcriptions des donations immobilières, II, 463.

Le - est tenu d'inscrire d'office le privilége du vendeur, III, 699.

Le - reçoit les inscriptions des hypothèques et priviléges, III, 770, 776, 780.

Le - opère les radiations d'inscriptions, III, 786, 789.

Sa responsabilité, III, 828-830.

Conservatoires (Actes).

Enumération des -, I, 256-257 ; — II, 195 ; — II, 809.
La femme mariée peut faire les - sans aucune autorisation, I, 256-257.
Nécessaires pendant l'instance en séparation de corps, I, 278.
Le curateur au ventre ne peut faire que des actes conservatoires, I, 422.
En cas où l'usufruitier ne trouve pas de caution, I, 630-631.
En cas d'abus de jouissance de l'usufruitier, I, 649.
Les - n'emportent pas acceptation tacite, II, 195.
Les - peuvent être faits par l'héritier qui accepte bénéficiairement, II, 224.
Les - peuvent être faits par le légataire universel avant la délivrance, II, 546 ; et par le légataire à titre universel, 554 ; et par le légataire particulier, II, 559.
A faire par l'exécuteur testamentaire, II, 575-577.
Les appelés à la substitution ont droit de faire des actes conservatoires, II, 640.
Le créancier peut les faire de plein droit, II, 809.
Le créancier peut les faire avant l'événement de la condition, II, 821 ; et avant l'échéance du terme, II, 828.
Le mar. est tenu de faire les actes conservatoires sur les biens de la femme, III, 82.
La femme peut les faire sans accepter tacitement la communauté, III, 120.
La femme dotale peut les faire, III, 192 note 2.

Consignation.

Exposé général : II, 892-895.
A faire par le créancier surenchérissant, III, 818.

Consolidation.

La - paralyse l'exercice de l'usufruit, I, 646-647.

Dans les legs d'usufruit faits conjointement, y a-t-il lieu à - ? II, 605-607.
La - éteint les priviléges et hypothèques, III, 808.

Consommation.

Vues économiques sur la -, III, 222 texte et note 1.

Constitut possessoire.

Mode de tradition feinte, II, 787.
Le contrat translatif de propriété contient un -, III, 867.

Constitution de dot.

Règles sur la constitution de dot, III, 97-100.
Règles pour le régime dotal, III, 183-190.
Faite par les envoyés en possession définitive des biens de l'absent, III, 923.

(Voir, au surplus, aux mots : *Dot* et *Régime dotal*).

Constitution de rente.

Exposé général, III, 494-501.

(Voir, au surplus, au mot : *Rente*).

Constitutions.

Analyse des Constitutions de la Révolution, I, XCVII-CXIV.

Constructions.

(Voir *Bâtiments*).

Consuls.

(Voir *Agents diplomatiques*).

Contenance.

Erreur de - dans la vente, III, 277-280.
Erreur de - dans l'échange, III, 343.

Continuité.

Des servitudes réelles, I, 712-713.
Les servitudes discontinues sont susceptibles d'une possession continue, I, 717 note 1.
De la possession, III, 862.

Contrainte par corps.

S'exerçait contre les étrangers, I, 39.

Pouvait être évitée par la cession de biens, II, 895-896.

Cas où la femme s'obligeait pour faire cesser la - exercée contre le mari, III, 68.

La - exercée contre le mari était une cause d'aliénation du fonds dotal, II, 895 ; — III, 202.

La - ne se transmettait pas aux héritiers de la caution, III, 559.

La caution judiciaire en était susceptible, III, 562.

Son abolition en matière civile, III, 588.

Contrat.

Idées rationnelles :

Le contrat ne porte pas atteinte à l'autonomie de l'individu : celui qui n'exécute pas son obligation doit une réparation pécuniaire du dommage causé par l'inexécution, II, 719-721.

Il n'y a pas de classification des contrats ; il faut s'en tenir à l'intention des parties, III, 510 note 2 ; — 512 note 1 ; — 517 note 2.

La volonté des parties doit être en harmonie avec le but du contrat, III, 513 note 1.

Le mariage n'est pas un contrat, I, 120 texte et note 3.

Exposé général : II, 717-970.

Définition du contrat d'après le Code, II, 734-737.

Distinction entre le - et l'obligation, II, 774.

Distinction entre le - et la loi, III, 355 note 1.

Indications diverses :

Le jugement est quelquefois un contrat judiciaire, I, 284.

Différences entre le - et la reconnaissance d'enfant, I, 335.

L'adoption est un contrat, I, 378.

La tutelle officieuse est un contrat, I, 381.

La femme ne peut ni aliéner ni acquérir par contrat, I, 234.

La femme est incapable de s'obliger par contrat, I, 235.

Les contrats entre époux sont-ils permis ? I, 244-247.

Entre pupille devenu majeur et tuteur, I, 469-470.

Le - peut produire un droit de créance immobilier, I, 538-539.

Le - est aujourd'hui translatif de propriété, I, 376 note 1 ; — II, 5 ; — III. 232-234.

Dol personnel, cause d'annulation des contrats, II, 201.

Lésion, cause de rescision dans les contrats, II, 201.

Contrats à titre onéreux entre le défunt et un successible, II. 299, 301, 304.

La donation est un contrat, II, 381, — 453-454.

L'institution contractuelle tient du contrat, II, 669-670.

Dans les contrats translatifs de droit réel, la condition suspensive pour l'une des parties est résolutoire pour l'autre, II, 822-824.

Le contrat promettant la translation de propriété sous une alternative transfère par lui-même la propriété, II, 836.

Le contrat peut produire la solidarité entre créanciers, II, 837, et entre débiteurs, II, 839.

Cas où le débiteur n'est pas propriétaire de l'objet qu'il paye en exécution d'un contrat translatif de propriété, II. 872 ; — III, 261, 264.

La remise de la dette peut-elle avoir lieu sans contrat ? II, 903 texte et note 1.

Le contrat translatif de propriété rend le créancier propriétaire, II, 917 texte et note 3.

Que deviennent dans la communauté les dettes du mari nées du contrat, III, 60, et les dettes de la femme nées du contrat, III, 65.

Le - translatif de propriété aurait dû suffire pour constituer le nantissement, III, 591 note 1.

Le contrat translatif de propriété

contient un constitut possessoire, III, 867.

La loi peut-elle rétroactivement en modifier la forme ou les effets? III. 939-940.

Contrat accessoire.

Définition, II, 744.
Le cautionnement est un -, III, 554-556.
Le nantissement est un -, III, 591.
L'antichrèse est un -, III, 600.
La constitution d'hypothèque est un-, III, 807.

Contrat aléatoire.

Exposé général : III, 526-533.
Définition, II, 742, 743 note 1.

Indications diverses :

L'usufruit a un caractère aléatoire, I, 609, 613.
La vente de la chose d'autrui peut être un contrat aléatoire, III, 201.
Cas où la vente revêt le caractère de -, III, 289 texte et note 2.
La rescision pour lésion n'a pas lieu dans les ventes aléatoires, III, 320.
Le cheptel a un caractère aléatoire, III, 419.
Le prêt a toujours un caractère aléatoire, III, 502-504.
La rente viagère est un -, III, 502-504.

Contrat à titre onéreux.

Définition, II, 740.
Tous les contrats commutatifs sont des contrats à titre onéreux, II, 742.
Effet de la condition potestative ou impossible dans les contrats à titre onéreux, II, 819.

Contrat consensuel.

Définition, II, 744.
Rente viagère, III, 504.
Cautionnement, III, 554.
Louage de choses, III, 354.
Transaction, III, 578.

Contrat commutatif.

Définition, II, 742.
Le louage de choses est un -, III, 354.

Contrat de bienfaisance.

Définition, II, 740-741.

Idée rationnelle : Le - a pour cause d'obéir au devoir de fraternité, II, 777.
La donation est un -, II, 383.
Le prêt est un -, III, 465.
Le cautionnement peut être un -, III, 554.

Contrat de crédit.

Son rôle économique, II, 721.
Le - est réductible au profit du mineur émancipé, I, 481.
Différence du - avec l'emprunt, I, 483.
La vente à terme est un -, III, 237 note 3.

Contrat de mariage.

Exposé général : III, 1-220.
Donations par -, *Exposé général :* II, 665-717.

Indications diverses :

Le - reçoit son exécution en cas de mariage putatif, quand les deux époux sont de bonne foi, I, 199.
Quand un seul est de bonne foi, il peut, mais n'y est pas obligé, en demander l'exécution, I, 200.
Fait par le pupille, I, 443.
De l'enfant de l'interdit, I, 511.
Fait par le demi-interdit, I, 519-520.
Caractère des dispositions à titre gratuit par contrat de mariage, II, 380.
La règle « donner et retenir ne vaut » ne s'applique pas aux donations faites par contrat de mariage, II, 484.
Les donations par contrat de mariage portent atteinte à la moralité du mariage, II, 493 note 6.
Les donations par - ne sont pas révocables pour ingratitude, II, 500.

Le - est un contrat solennel, II, 744.
Le - ne peut être révoqué par consentement mutuel, II, 781.
Les droits qui en résultent ne sont pas susceptibles de transaction, III, 581.
Date de l'hypothèque légale de la femme pour les avantages qu'il stipule, III, 757-758.
Le - peut stipuler la réduction de l'hypothèque légale de la f. mme, III, 764.

Contrat de prestation de travail.

Observation sur les termes à employer, III, 352 texte et note 3.

Idées rationnelles :

Son rôle économique, II, 721.
La notion de ce contrat est moderne, II, 730 texte et note 2.
Conditions auxquelles ce contrat a lieu actuellement, II, 762 note 2.
Le - est un contrat de production, III, 221 note 1.
Le - comprend le louage d'ouvrage et le mandat salarié, III, 344 texte et note 4, — 400.
Le - ne doit plus faire de l'ouvrier un salarié, III, 346.

Contrat innommé.

Définition, II, 743.
Son importance en droit romain, II, 728.
La promesse unilatérale de vente acceptée est un -, III, 244 note 1.
La vente de la chose d'autrui peut être un -, III, 261.

Contrat pignoratif.

Définition, III, 312.
Le - est prohibé, III, 593.

Contrat réel.

Définition, II, 744.

Indications diverses :

Le commodat est un -, III, 472.
Le prêt de consommation est-il un - ? III, 479 texte et note 2.

La constitution de rente est-elle un - ? III, 495-496.
Le dépôt est un -, III, 513-514.
Le nantissement est un -, III, 591 texte et note 1, — 595 texte et note 3.
L'antichrèse est un -, III, 600.

Contrat synallagmatique.

Définition, II, 738-740.

Indications diverses :

La donation est-elle un - ? II, 491-492.
Cause de l'obligation dans le -, II, 777.
De la rédaction de l'acte sous-seing privé pour le -, II, 938.
La vente est un -, III, 237 note 2.
Le louage de choses est un - III, 354.
La rente viagère est un -, III, 504.
Le louage de service est un -, III, 539.
La transaction est un -, III, 578.

Contrat unilatéral.

Définition, II, 738-740.

Indications diverses :

Le - peut être commutatif, II, 742.
Le commodat est un -, III, 473-477.
Le prêt de consommation est-il un - ? III, 479, texte et note 2 et 480.
Le dépôt est un -, III, 513-514.
Le mandat est un -, III, 539.
Le cautionnement est un -, III, 554.
La constitution de rente est-elle un - ? III, 495-496.
Le nantissement est un -, III, 591.
L'antichrèse est un -, III, 600.

Contre-lettre.

Définition, II, 935.
Conditions de validité de la contre-lettre quant au contrat de mariage, III, 27-28.

Contribution.

Concours des créanciers sur les biens du débiteur insolvable, I, 20 ; — III, 670.
Aux dettes du constituant par le nu-propriétaire et le légataire d'usufruit, I, 640-642.

Entre créanciers en cas d'acceptation
bénéficiaire, II, 234.
Aux dettes de la succession, II, 321.
Aux dettes de communauté, III, 141-
142.

Contributions publiques.

(Voir *Impôts*).

Contumace.

Différence entre les condamnations
contradictoires et les condamnations par contumace, I, 53.
Conséquences civiles des condamnations par contumace, I, 61-66.
En cas de condamnation du mari,
même par contumace, la femme
est autorisée par justice, I, 241.
La condamnation par contumace entraîne l'indignité de succession, II,
70-71.
La - est une cause de déchéance du
terme de grâce, II, 830.

Convention.

Définition, II, 734.
La - ne peut pas déroger à l'ordre
public et aux bonnes mœurs, I, 12.
(Voir, au surplus, au mot *Contrat*).

Convention nationale
(Code de la).

[Voir, pour les autres dispositions
législatives émanées de la Convention nationale, la TABLE DES DOCU-
MENTS LÉGISLATIFS, section : *Convention nationale*, et la TABLE DES
MATIÈRES, au mot : *Révolution
(Droit de la)*.]

Généralités :

Sa confection, I, XXIX-XXX.
Sa méthode, I, XXXVII note 1.
Appréciation générale, I, LXII.

Indications diverses :

Consacre le droit d'éducation de l'enfant naturel, I, 210 note 4.
Laisse à la morale la détermination

des droits et devoirs respectifs des
époux, I, 221.
Admet le divorce par la volonté de
l'un des époux, I, 250.
Proclame le droit de l'enfant, I, 288
texte et note 2.
Formule les règles de l'adoption, I,
364, 367.
Formule la puissance paternelle
comme une protection, I, 386.
Organise la tutelle, I, 409-410.
Considère la puissance paternelle
comme une tutelle, I, 416 note 1.
Nomme la mère enceinte tutrice, I,
422 note 4.
Ne réglemente pas les causes d'ex-
cuse de tutelle, I, 435.
Ne réglemente pas les causes d'ex-
clusion de la tutelle, I, 439.
Ne comprend pas l'émancipation, I,
473 note 3.
Fait de l'interdit un mineur, I, 496,
507.
Ne protége pas le prodigue, I, 518.
Ne distingue pas les immeubles par
destination, I, 532.
Comment il définit la propriété, I,
569.
Comment il définit la servitude réelle,
I, 661.
Laisse toute liberté au propriétaire
d'ouvrir les jours ou vues, I, 700.
Ne sépare pas la manière d'acquérir
de la théorie de la propriété, II, 2.
Classe la prescription dans les ma-
nières d'acquérir, II, 3.
Fausse la notion de la succession en
la fondant sur la copropriété fami-
liale et le droit éminent de l'Etat,
II, 32 texte et note 2.
Est muet sur la saisine héréditaire,
II, 34 et 50 note 3.
Efface la distinction des héritiers lé-
gitimes et des successeurs irrégu-
liers, II, 51 note 1.
Admet deux causes d'incapacité de
succéder, II, 60.
Est muet sur l'indignité, II, 61.
Est dominé en matière de succession
ab intestat par une idée d'égalité
exclusive, II, 87-88, 92, 93, 94, 96.
Règle le droit successoral de l'enfant
naturel, II, 131 note 2.

Règle les droits des descendants de l'enfant naturel, ll, 145-146.

Oblige les parents à donner une profession à leurs enfants, ll, 161 note 2.

Ne règlemente pas la dévolution de la succession de l'enfant naturel, ll, 163 note 1.

Accorde à l'enfant survivant la jouissance des biens de l'époux décédé, ll, 173.

Met les successions vacantes à la disposition de la nation, ll, 174 note 2.

Permet de révoquer l'acceptation d'une succession, ll, 186-187.

Admet la révocation de la renonciation, ll, 213.

Défend de renoncer à la succession d'un homme vivant, ll, 219.

Assimile la succession vacante à la succession abandonnée, ll, 237.

N'admet que le partage à l'amiable ou devant arbitre, ll, 254 note 2.

Est muet sur le retrait successoral, ll, 267.

Rend obligatoire le rapport sans préciput pour arriver à l'égalité absolue des héritiers, ll, 273.

Admet l'option entre le rapport en nature et le rapport en moins prenant, ll, 275 note 3.

Ne dispense pas le renonçant du rapport, ll, 280 note 1.

Dispense du rapport certains avantages, ll, 296 note 2.

Déclare libres les contrats entre le successible et le *de cujus*, ll, 299 et 300 note 1.

Rejette le rapport des legs, ll, 301, et des dettes, ll, 303.

Est muet sur le paiement des dettes de la succession, ll, 321.

Porte atteinte au droit de disposer à titre gratuit, mais supprime les formes et organise la publicité de la transmission, ll, 373.

Annule les donations et testaments avec conditions impossibles ou illégales, ll, 385.

Ne contient pas de règle sur la capacité de donner, ll, 388.

Abroge la réserve, mais restreint la disposition à titre gratuit, ll, 415.

Abolit plusieurs causes de résolution des donations, ll, 449.

Ordonne la publicité des dispositions testamentaires, ll, 513.

Admet le testament olographe, ll, 516.

Ne fait pas mention des substitutions, ll, 612 note 1.

Est muet sur le partage d'ascendants, ll, 648.

Ne s'occupe pas des donations par contrat de mariage, ll, 666 note 2.

Maintient la quotité disponible ordinaire pour les donations entre époux, ll, 687 texte et note 3.

Règle le droit de l'époux nécessiteux contre la succession de l'époux prédécédé, ll, 700 texte et note 3, 701 note 1.

N'a pas compris le principe d'où dérive l'obligation, ll, 731-732.

Ne considère pas la lésion comme une cause de rescision pour les majeurs, ll, 748 note 2.

Indique l'erreur comme vice du contrat, ll, 755 note 2.

Appelle la violence « défaut de liberté, » ll, 754 note 2.

Abolit la rescision pour cause de lésion, ll, 761 texte et note 2.

Règle le contrat translatif de propriété, ll, 786 texte et note 1.

Déclare la clause pénale obligatoire, ll, 798.

Comment il définit les conditions, ll, 818 note 1.

Comment il définit le terme, ll, 827.

Règle les déchéances du terme, ll, 829 note 3.

Règle les obligations alternatives, ll, 830.

Est muet sur l'indivisibilité, ll, 854 note 3.

Reconnaît huit causes d'extinction des obligations, ll, 867.

Comment il définit le paiement intégral, ll, 879.

Déclare que les offres réelles sont un payement, ll, 892.

Règle brièvement la novation, ll, 896.

Ne définit pas la nature juridique de la remise de la dette, ll, 902.

Règle brièvement la compensation, II, 906.

Laisse la fongibilité à l'appréciation de l'intention des parties, II, 908 note 1.

Ne mentionne pas la confusion comme mode d'extinction des obligations, II, 903.

Supprime le serment judiciaire, II, 928.

N'attribue pas à l'acte authentique une force probante exceptionnelle, II, 930.

Restitue le mariage à la conscience, III, 2.

Sanctionne le régime de communauté, mais en atténue les mauvais effets, III, 9-14.

Sanctionne le droit égal des époux dans l'administration de la communauté, III, 73 note 2.

Interdit le réméré, III, 229.

Comment il définit la vente, III, 232.

Prohibe la vente entre époux, III, 249 note 6; et l'achat des biens du mineur par le tuteur, III, 253 note 1.

Règle la garantie en matière de vente, III, 281 texte et note 2.

Pose le principe de la garantie des vices rédhibitoires, III, 331.

Ne réforme le louage que sur des points secondaires, III, 348, 349 texte et note 1.

Définit en même temps le louage de choses et le louage d'ouvrage, III, 350 note 2, — 364 note 1.

Ne réglemente pas la preuve de bail, III, 359 note 3.

Reconnaît la faculté de sous-louer comme de droit, III, 362 note 1.

Rend le droit du locataire absolument opposable aux tiers, III, 381, 384.

Formule parfaitement l'obligation de réparation du locataire, III, 390 note 1.

Supprime la loi Æde, III, 392.

Fait supporter les risques du fermage par les deux parties, III, 395 note 1, et 397 note 3.

Considère le cheptel comme une société, III, 416 note 2.

Rédige mal la matière des sociétés, III, 439 note 1.

Ne mentionne pas les contrats aléatoires, III, 535 note 3.

Reconnaît aux époux un droit égal d'administration, III, 728.

Conversion de saisie.

Sur délaissement, fait perdre le droit de suite, III, 804.

Copie.

Des actes de l'état-civil, I, 74.

Force probante d'une - de titres, II, 945.

Copie d'actes à fournir pour la purge des hypothèques légales, III, 824.

Copropriété.

Définition, II, 240.

Différence entre la mitoyenneté et la copropriété, I, 685.

Tout copropriétaire a le devoir de sauvegarder la chose commune, I, 688.

La - est identique à l'indivision, II, 240.

La - cesse par le partage, II, 355.

La - est un quasi-contrat, II, 971.

La communauté est une copropriété entre les époux, III, 34; — III, 145.

L'acquisition d'immeubles à la suite d'indivision fait des propres, III, 45.

Vente à réméré d'une part indivise d'immeuble, III, 316-318.

Vente sur licitation d'une chose indivise, III, 325-326.

Exercice de l'action en réméré en cas de copropriété, III, 318-319.

Cas de la cession de créance faite au copropriétaire, III, 339.

La femme durant le mariage est fictivement copropriétaire de la communauté, III, 732 note 1.

La vente des biens d'une succession indivise ne détruit pas le droit de suite, III, 805.

La saisie d'une part indivise peut-elle avoir lieu, III, 835 note 2.

L'interruption civile de la prescrip-

tion a un effet relatif, même en cas de -, III, 878.

Copropriété familiale.

DROIT ROMAIN : Caractère général de la propriété à Rome, I, XIV; — II, 27 note 3; — II, 414 note 2.
Fondement de la légitime I, 407.
DROIT COUTUMIER : Base du système des successions et des donations dans l'ancien Droit français, II, 32, — 376.
Fondement du retrait successoral, II, 267.
Fondement de la réserve, II, 414, — 543 note 4, — 546 note 1, — 588 note 2.
Fondement du partage d'ascendants, II, 616, note 1, — 656.
Fondement de la prohibition des donations entre époux, II, 686.
Origine de l'irrévocabilité du contrat de mariage, III, 26-27.
Origine du caractère de propres attribué aux immeubles acquis par succession, III, 44.

Corps certain.

Définition, II, 459 note 1.
Cas du legs particulier d'un -, II, 558.
Le - peut être l'objet d'une obligation, II, 776.
Effets du contrat ayant pour but de transférer la propriété d'un corps certain, II, 782-783.
Le contrat qui porte sur un corps certain est translatif de propriété, II, 786-789.
La dette de corps certain est-elle indivisible ? II, 858.
Payement de l'obligation ayant pour objet un corps certain, II, 878.
Consignation quant aux dettes de corps certain, II, 894.
Perte du corps certain objet de l'obligation, II, 916.
Vente d'un -, III, 233-235; elle n'emporte pas toujours translation de propriété, III, 234 note 2.
Obligations du vendeur dans la vente d'un -, III, 269-270.

Apport de société consistant en un -, III, 450.

Corps législatif.

Son rôle dans la confection des lois, I, 2-3.

Correction (Droit de).

Exposé général, I, 391-399.
Idée rationnelle : C'est une énormité légale, I, 391.
Définition : Recours éventuel à l'emprisonnement comme moyen d'éducation, I, 386.
Attribut de la puissance paternelle, I, 387.
Sur le pupille, I, 442, — 467.
Le · n'appartient pas à l'étranger, III, 946.

Cotuteur.

Second mari de la mère tutrice, I, 420.
Ses biens sont grevés de l'hypothèque légale, III, 735.

Coupes de bois.

Immeubles par nature, I, 530.
Faites par l'usufruitier, I, 620.
Que devient le produit des coupes de bois au point de vue de la composition de la communauté, III, 50-51.
Les - appartiennent aux créanciers du saisi, III, 841.

(Voir, au surplus, au mot : *Bois*).

Cour de cassation.

Idées rationnelles :

Appréciation de la capacité de ses membres, étrangers au droit rationnel et à l'économie politique, III, 198 note 1; — 324 note 2.
Appréciation de son mode de recrutement, III, 322 note 4.

Indications diverses :

Son pouvoir d'interprétation, I, 10-11 ; — III, 952-953.

Sur le droit héréditaire des enfants naturels, II, 134 note 1.

Sur l'effet de la renonciation de l'héritier, II, 210 note 1.

Son interprétation erronée de l'article 1184, III, 408 note 2.

Refuse au vendeur à réméré la faculté d'hypothéquer, III, 746 note 1.

Cours d'eau.

(Voir *Rivières*.)

Courses.

Appréciation des courses de chevaux, III, 531 note 3.

Coutumes.

Généralités :

Le droit coutumier est un amalgame du droit romain et du droit féodal ; il se résume dans cette maxime : « si veut le roi, si veut la loi, » I, IX.

Il n'admet pas qu'il existe pour les sociétés d'autre ordre que celui du droit divin et de l'oppression , I, 259, — 560, — 661.

Appréciation générale, I, LVIII.

Indications diverses :

Autorité légale des - dans l'ancien droit, I, XXIV-XXV.

Abrogation des -, I, XXXVI.

Importance du domicile dans les -, I, 93.

Les - voient surtout dans le mariage un sacrement, I, 119.

Les - professent la maxime « ne dote qui ne veut, » I, 210.

Les - consacrent l'inégalité de la femme mariée, I, 222-225.

Les - interdisent les contrats entre époux, I, 244.

Les - permettent l'autorisation générale à la femme, I, 248.

Les - considèrent comme *nul*, non existant, l'acte fait par la femme sans autorisation, I, 252.

Les - considèrent le consentement postérieur du mari comme détruisant l'action de la femme, I, 254.

Les - défendent à la femme de tester sans autorisation, I, 256.

Les - rejettent le divorce, mais admettent le principe bâtard et contradictoire de la séparation de corps, I, 259.

Quelques - ne consacrent pas la puissance paternelle, I, 386 texte et note 1.

Les - admettent la garde noble et bourgeoise, I, 400, 402, 403.

Les - préfèrent la tutelle dative , I, 425.

Les - prohibent la cession de créance du pupille au tuteur, I, 462.

Les - admettent l'émancipation de plein droit, I, 472-473.

Les - donnent une curatelle aux prodigues et aux fous, I, 495.

Les - admettent l'acquisition des servitudes par prescription, I, 716.

Sur l'attribution des épaves, II, 23.

Sur la saisine, II, 43, 44 texte et note 1.

Système de succession *ab intestat* dans les -, II, 84-87.

Les - admettent le retrait successoral ; origine de cette institution, II, 266-267, 269 note 5, 272.

Les - admettent le rapport, II, 272-273, — et le préciput, 277 note 1.

Les - prohibent les contrats à titre onéreux entre le défunt et un successible, II, 299, 301, 304.

Les - introduisent le rapport des dettes, II, 303.

Les - ne distinguent pas le legs universel et le legs à titre universel, II, 223.

De la contribution aux dettes dans les -, II, 321 note 2.

Les - admettent la séparation des patrimoines, II, 341.

Les - posent la règle « donner et retenir ne vaut, » II, 382-383.

Les - annulent la donation de mineur à tuteur, II, 398.

Les - admettent la légitime et la réserve, II, 414.

Caractères de la règle « donner et retenir ne vaut, » II, 449.

Les - exigent la tradition à la suite de la donation, II, 459.

Sur la révocation des donations, II, 489.

Les - prohibent l'institution d'héritier, II, 514.

Les - admettent les exécuteurs testamentaires, II, 572.

Sur la révocation des testaments, II, 584.

Les - pratiquent la substitution, II, 610-611.

Les - autorisent d'abord, puis prohibent les donations entre époux, II, 683-686.

Les - admettent la rescision pour cause de lésion, II, 761 texte et note 2.

Les - prohibent la capitalisation des intérêts, II, 803.

Les - distinguent l'action en rescision de l'action en annulation, II, 917-918.

Une - peut-elle régler aujourd'hui un régime de mariage? III, 22-23.

Communauté légale dans les -, III, 37.

Comment les - règlent le sort des immeubles acquis par succession, au point de vue de la composition de la communauté, III, 44.

Au temps des -, les dettes immobilières sont nombreuses, III, 57 note 3.

Les - admettent la continuation de la communauté, III, 102.

Les - admettent le bénéfice d'inventaire pour la femme commune, III, 142 note 2.

Les - admettent un préciput légal entre époux, III, 167 note 2.

Les - admettent la tradition comme délivrance des meubles, III, 272, 273 note 1.

Les - exigent la signification de la cession de créance, III, 328 note 3.

Les - commencent à fortifier le droit du locataire, III, 380 texte et note 3.

Origine du cheptel, III, 416.

Les - n'admettent pas la prescription instantanée des meubles, III, 424 note 1.

Sur la société, III, 438 texte et note 5.

Sur le prêt à intérêt, III, 488-489 note 4.

Sur la retenue des impôts par le débi-rentier, III, 492.

Les - admettent le bénéfice de subrogation, III, 567-568.

Sur la transaction, III, 577 note 1.

Les - prohibent l'antichrèse, III, 591.

Régime hypothécaire des -, III, 617-619.

Sur la revendication du vendeur de meubles, III, 674.

Origine du privilége de l'aubergiste, III, 678 note 3.

Sur le domaine congéable, III, 721 note 1.

Sur l'hypothèque des meubles, III, 724 note 2.

Sur l'hypothèque légale de la femme, III, 728.

Origine de l'hypothèque judiciaire, III, 737.

Sur les voies d'exécution contre les débiteurs, III, 831 texte et notes 1 et 3.

Créances.

Indications diverses :

Les - peuvent être immo bilières, I 538-539.

Les - sont corrélatives à l'obligation, I, 541.

La créance portant sur un meuble, est meuble par détermination de la loi, I, 541.

La rente foncière est un droit de créance, I, 549.

Usufruit d'une créance, I, 618.

Le droit de créance n'est pas susceptible de possession, et par conséquent ne peut s'acquérir ni par tradition ni par prescription, II, 6-7.

Le droit héréditaire de l'enfant naturel n'est pas un simple droit de créance, II, 132 note 2.

L'enfant adultérin ou incestueux n'a qu'un droit de créance, II, 158.

Les - se divisent de plein droit, ll, 244 ; — lll, 128.

Le rapport des - se fait en moins prenant, ll, 319.

La règle que le partage est simplement déclaratif ne s'applique pas aux créances, ll, 358-359.

Effets de la donation de créances, ll, 460.

Donation de - révoquée pour ingratitude, ll, 498.

Ce qu'on appelle legs de -, ll, 569.

Inscription pour les créances privilégiées en matière de substitution, ll, 632.

Le mot · est un terme corrélatif d'obligation, ll, 737.

Translation de la propriété des créances à l'égard des tiers, ll, 792.

Du payement fait au possesseur de la créance, II, 877.

La veuve a un droit de créance à l'habitation, lll, 125.

La femme exerçant ses reprises en nature n'a qu'un droit de -, lll, 131-133.

Le droit de la communauté en cas d'ameublissement 'indéterminé est un droit de -, lll, 159.

La femme qui a stipulé la reprise d'apport n'a qu'une créance contre la communauté, III, 166.

La femme est créancière de son préciput contre son mari, lll, 168.

La femme n'a qu'une créance pour les choses dotales dont le mari devient propriétaire, lll, 195.

Constitution en dot des -, lll, 214.

Définition de la délivrance des -, lll, 271 note 2.

Cession des -, lll, 326-334.

Mise en gage des - , lll, 594-596.

Le gage de - est parfaitement spécial et déterminé, lll, 609.

Le privilége du vendeur de meubles s'y applique-t-il ? lll, 673.

L'hypothèque prend la nature de la créance qu'elle garantit, lll, 716-717.

Une créance hypothéquée peut être mise en gage, lll, 724 note 2.

Garanties par l'hypothèque légale de la femme, lll, 729-730.

Garanties par l'hypothèque légale du mineur, lll, 734-735.

Le montant de la - hypothécaire doit être déterminé, lll, 751.

Evaluation de la - indéterminée par le créancier pour l'inscription hypothécaire, lll, 751, 775.

Réduction de l'hypothèque quand l'évaluation est excessive, lll, 790-791.

Les priviléges et hypothèques s'éteignent avec la créance garantie, lll, 807-808.

Les - ne sont pas susceptibles de prescription acquisitive, lll, 849.

Les - peuvent-elles être aliénées par les envoyés en possession provisoire ? lll, 910-912.

Créanciers.

Définition, ll, 737.

Indications diverses :

Les - peuvent agir pendant la présomption d'absence, I, 106.

Les - n'ont pas le droit de demander la déclaration d'absence, I, 109 texte et note 1.

Les - ont le droit d'intenter les actions en nullité absolue du mariage, I, 178-182, 185.

Les - de la femme et du mari ont-ils le droit de demander la nullité des actes faits par la femme non autorisée ? I, 253-254.

Les - des époux n'ont pas le droit d'exercer l'action en séparation de corps, I, 275.

Les - du mari n'ont pas l'action en désaveu, I, 309.

Les - des héritiers du mari ont l'action en désaveu, I, 309.

Les - de l'enfant ne peuvent pas exercer l'action en réclamation d'état, I, 322-324.

Les - des héritiers de l'enfant peuvent exercer l'action en réclamation d'état, I, 326.

Les - de l'enfant naturel n'ont pas l'action en réclamation d'état naturel, I, 358.

Les - des père et mère ne peuvent pas saisir l'usufruit de la jouissance légale, I, 401-406.

Les - des sociétés, personnes civiles, ont pour gage le patrimoine de la société, I, 545 note 1.

Les - de la succession ont le droit de poursuivre le légataire d'usufruit pour les intérêts des dettes, I, 639.

Les - de l'usufruitier peuvent faire révoquer sa renonciation, I, 651-652.

Les - de l'usager ne peuvent pas exercer son droit à sa place, I, 657.

Les - des cohéritiers peuvent-ils exercer l'action en indignité ? II, 78.

Les - de la succession peuvent poursuivre le successible qui a fait cession de ses droits successifs, II, 197.

Les - de l'héritier peuvent attaquer son acceptation, II, 208.

Les - de l'héritier peuvent attaquer sa renonciation, II, 214, 216.

Comment ils sont payés en cas d'acceptation bénéficiaire ? II, 234-236.

Les - ont le droit de requérir l'apposition des scellés en cas de partage : à quelles conditions, II, 255.

Les - n'ont pas le droit d'exercer le retrait successoral au nom du débiteur, II, 268.

Les - peuvent exercer l'action en rapport au nom de leur débiteur, II, 288.

Le rapport n'est pas dû aux créanciers, II, 290 et 291.

Pourquoi ils n'ont pas le droit d'exercer l'action en rapport, II, 291 note 3.

Intervention au partage des créanciers hypothécaires, II, 315.

Action personnelle des créanciers contre les héritiers, II, 328-331.

Dans quelles conditions les créanciers peuvent poursuivre l'héritier en vertu de titres exécutoires, II, 340.

Tous les - héréditaires ont le droit de demander la séparation des patrimoines, II, 342.

C'est contre les - de l'héritier que la demande en séparation des patrimoines doit être intentée, II, 343.

Les - de l'héritier n'ont pas le droit de demander la séparation des patrimoines, II, 348-349.

Les - qui ont demandé la séparation des patrimoines restent-ils créanciers personnels de l'héritier ? II, 351-352.

Les - d'un copartageant ont le droit d'intervenir au partage, II, 353-355.

Les - des héritiers réservataires ont l'action en réduction, II, 433.

Les - du de cujus n'ont pas l'action en réduction, II, 435 texte et note 4.

Les - du donataire ont le droit de faire opérer la transcription, II, 466.

Les - chirographaires du donateur peuvent-ils opposer le défaut de transcription ? II, 469.

Les - hypothécaires et privilégiés du donateur ont-ils le droit d'opposer le défaut de transcription ? II, 473-477.

Les - du donataire n'ont pas le droit d'opposer le défaut de transcription, II, 473.

Les - des personnes chargées de faire la transcription peuvent-ils opposer le défaut de transcription ? II, 474-476.

Les - du donateur ont le droit d'agir en révocation des donations pour inexécution des charges, II, 494.

Les - du grevé peuvent opposer le défaut de publicité de la substitution, II, 633.

Les - du grevé peuvent faire saisir sur lui les biens du grevé, II, 636.

L'abandon des biens substitués par le grevé est non avenu à l'égard de ses -, II, 643.

Les - de l'ascendant partageant peuvent attaquer le partage, II, 653.

Les - créanciers ont l'action subrogatoire, II, 808-811.

Les - ont l'action Paulienne, II, 808, 811-816.

Solidarité entre -, II, 837-838.

Payement fait au créancier, II, 873-874.

Le changement de - opère novation, II, 897.

Les - sont parties dans les jugements quant à la chose jugée, II, 960.

Les - des époux viennent en concours avec les - de la communauté, III, 33.

Les - de la femme peuvent-ils exercer le retrait d'indivision ? III, 53.

Distinction à leur égard des dettes communes et des dettes personnelles des époux, III, 56-58.

Les - ne peuvent demander la séparation de biens, III, 110.

Les - du mari peuvent intervenir avant le jugement de séparation de biens et l'attaquer, III, 111.

Les - de la femme peuvent attaquer la renonciation à la communauté, III, 121.

Les - de la communauté sont-ils primés par les reprises de la femme? III, 132-133.

Dans quelle mesure le bénéfice d'inventaire de la femme commune peut être opposé aux -, III, 143.

Effets à leur égard de la clause de séparation de dettes, III, 162-163.

Effets à leur égard de la clause de franc et quitte, III, 164.

La clause de préciput n'est pas opposable aux - de la communauté, III, 171.

Les - de la femme dotale peuvent-ils exercer l'action en annulation de l'aliénation du fonds dotal ? III, 210 note 1.

Les - d'un époux peuvent attaquer la vente entre époux, III, 253.

Cas d'éviction de l'acheteur par les créanciers hypothécaires, III, 298.

Les - du vendeur subissent le bénéfice de discussion de l'acheteur à réméré, III, 319.

Les - du cédant sont des tiers, III, 329.

A l'égard des - de la succession, le vendeur d'hérédité reste héritier, III, 336.

Les - d'une société civile viennent en concours avec les créanciers des associés, III, 444.

Comment les - peuvent agir contre les associés, III, 458.

Le déposant, dans le dépôt irrégulier, n'est pas créancier, III, 523.

Les bénéfices de division et de discussion leur sont opposables, III, 563, 566.

Les - ont un droit de gage sur les biens du débiteur, III, 649.

Les - du locataire ont droit de relouer la maison, III, 669.

Les - hypothécaires doivent-ils demander la séparation des patrimoines contre l'héritier bénéficiaire ? III, 711.

Hypothèque légale des - de la faillite, III, 726, 728 note 1.

Classement des - entre eux, III, 755.

Inscription de leurs priviléges, III, 771.

Les - doivent être indiqués dans l'inscription hypothécaire, III, 777.

Différence entre les - au point de vue de la saisie, III, 833.

Les - de l'héritier ne peuvent saisir sa part indivise dans une succession, III, 835.

Les - ont le droit d'invoquer la prescription au nom de leur débiteur, III, 850-858.

Crédi-rentier.

(Voir *Rentes.*)

Crédit.

Idées rationnelles :

Nécessité du crédit agricole, II, 263 note 2.

Le développement du - augmente l'importance de la compensation, II, 906.

Histoire du -, III, 485.

Le véritable crédit est personnel, III, 467 note 2, — 486.

Notion économique du - réel, III, 588-590.

Insuffisance des monts-de-piété, III, 600 note 1.

Le - doit reposer sur un gage facilement réalisable, III, 605.

Comparaison du - mobilier et immobilier, III, 606-611.

Le gage de créance tient au - personnel, III, 609.

Appréciation des Facultés et des Cours sur le crédit, III, 626 note 1.

Le - suppose la publicité : d'où impossibilité d'hypothéquer les meubles, III, 725 note 3.

Sa définition scientifique, III, 747 note 1.

Indication juridique :

Hypothèque constituée pour sûreté d'une ouverture de crédit, III, 751-752.

(Voir, au surplus, au mot : *Contrat de crédit.*)

Crédit foncier.

Organisé par la loi de messidor, III, 620-621.

Son organisation actuelle, III, 629-632.

Les inscriptions hypothécaires de cette société sont dispensées du renouvellement, III, 783 note 1.

Cette société a la faculté de purger, III, 812 note 1.

Cultes.

Sécularisation de l'Etat et du droit, I, 70 note 1.

Curateur.

Au patrimoine délaissé par le présumé absent, I, 103, 107 ; — III, 309. — Ce curateur est mandataire judiciaire pour recevoir un payement, II, 877.

De la femme mariée mineure, I, 243. — Ce curateur est compétent pour recevoir les poursuites à fin de saisie, III, 838.

Au ventre, surveillant de l'accouchement de la femme, I, 421-423.

Du mineur émancipé, Exposé général, I, 478-484. — Ce curateur a le droit de former opposition au mariage dans certains cas, I, 158-159 ; — a le droit de faire opérer la transcription des donations faites au mineur, II, 466-467 ; — est com-

pétent pour recevoir les poursuites à fin de saisie, III, 838. — Les actes faits avec son assistance donnent-ils lieu à restitution ? II, 922, 925.— La prohibition d'acheter ne lui est pas applicable, III, 254. — Ses biens ne sont pas grevés d'hypothèque légale, III, 736.

Aux biens abandonnés par l'héritier bénéficiaire, II, 230.

A succession vacante, II, 239. — Ce curateur ne doit pas être nommé pendant les délais de publication de la demande d'envoi en possession, II, 178. — Ses frais de gestion sont garantis par le privilége des frais de justice, III, 656.

A l'immeuble délaissé par hypothèque, III, 800.

Date.

Des actes de l'état civil, I, 71.

Du testament olographe, II, 517 texte et note 2. — Le testament olographe fait foi de sa date, II, 520-521.

Du testament mystique, II, 528, 531 note 1.

De l'acte sous-seing privé, II, 937.

Du contrat de mariage, III, 24.

Du contrat de constitution de rente viagère, III, 506.

Date certaine.

Comment l'acte sous-seing privé acquiert la -, II, 940-941.

De la - des dettes de la femme en communauté, III, 58.

Nécessité de la - pour les dettes à payer dans les cas d'aliénation du fonds dotal, III, 203.

Nécessité de la - pour l'acceptation de la cession de créance, III, 329.

Nécessité de la - pour rendre le bail opposable à l'acquéreur, III, 385, 386 note 2 et 387.

Importance de la - pour le privilége du bailleur, III, 663-664.

Nécessité de la - pour la validité des baux faits par le saisi, III, 841.

Dation en paiement.

(Datio in solutum).

Définition, II, 878.

Indications diverses :

La cession de droits successifs à titre de dation en payement est susceptible de retrait successoral, II, 270.

L'abandon non gratuit de son droit par le créancier peut être une dation en payement, II, 903.

Les immeubles donnés en payement par un ascendant sont propres, III, 44.

Le remploi en est-il une application ? III, 89, — 95.

Le droit de la femme exerçant ses reprises en nature est une dation en payement, III, 133.

La femme renonçant à la communauté ne peut se payer par voie de -, III, 145.

Cas où la clause d'apport équivaut à une -, III, 155.

La - ne change pas la nature de la dot, III, 194.

Cas où la - est actuellement permise entre époux, III, 250-253.

Différences de la - et de la vente, III, 239.

D'une créance litigieuse, III, 339.

Le cautionnement ne renaît pas en cas d'éviction de l'objet reçu en payement, III, 575.

Ordonnée en faveur du gagiste, III, 592-593.

La - ne peut pas être ordonnée par justice en cas d'antichrèse, III, 602.

Les hypothèques renaissent en cas d'éviction de l'objet reçu en payement, III, 807 texte et note 1.

La - est un juste titre pour la prescription, III, 889.

Débi-rentier.

(Voir *Rentes.*)

Débiteur.

Définition, II, 737.

Indications diverses :

Solidarité entre les -s, II, 839-853.

Le - peut-il empêcher un tiers de payer pour lui ? II, 872.

Le changement de - opère novation, II, 896.

L'associé est - de son apport, III, 450.

Les biens du - sont le gage des créanciers, III, 649.

Le - doit être désigné dans l'inscription hypothécaire, III, 777.

Décès.

Acte de -, I, 85-89.

Preuve du -, en général, I, 76-78 ; — pour le mariage, I, 127.

Présomption de décès dans l'absence, I, 104 ; — III, 906.

Déchéance.

Matières diverses :

De la puissance paternelle, I, 389. —

Elle fait perdre la jouissance légale, I, 405-406 ; — Et fait exclure de la tutelle, I, 440.

Du droit de faire partie d'un conseil de famille, I, 440.

De l'usufruit pour abus de jouissance, I, 648-649.

De la faculté d'accepter ou de répudier une succession dans le délai de trente ans, II, 216-219.

De la faculté d'accepter ou de renoncer sous bénéfice d'inventaire par suite de recel ou divertissement des effets de la succession, II, 220.

La - de la faculté d'accepter sous bénéfice d'inventaire ou de renoncer résulte-t-elle d'un jugement rendu contre l'héritier bénéficiaire ? II, 227-228.

Du bénéfice d'inventaire en cas de vente sans formalités, II, 233.

De la substitution contre le grevé qui n'a pas fait nommer un tuteur à la substitution, II, 628.

La - ne peut pas être prononcée contre le grevé de la substitution pour abus, II, 638.

La - du grevé pour défaut de nomination du tuteur est une cause d'ouverture de la substitution, II, 642.

La déchéance du terme de grâce est encourue plus facilement que la - du terme de droit, II, 828.

De la - du terme, ses causes, II, 829-830.

Le délai de l'action en annulation est-il une prescription ou une déchéance? II, 920.

De la jouissance légale en cas de défaut d'inventaire, III, 103.

De la faculté de réméré, III, 313.

Du bénéfice d'inventaire en cas de vente de biens héréditaires, III, 712.

Du droit de suite pour défaut de transcription, III, 793.

Il n'y a plus de - pour plus-pétition, III, 840.

Déconfiture.

Indications diverses :

La - évite au créancier qui veut exercer l'action paulienne la discussion des biens du débiteur, II, 814.

La - est une cause de déchéance du terme, II, 829.

La - du délégué donne lieu à garantie, II, 900.

La - du mari dissout la communauté au profit des créanciers de la femme, III, 110.

La - de l'acheteur donne lieu à l'exercice du droit de rétention du vendeur, III, 275.

La - est une cause de dissolution de la société, III, 459, 462.

La - résout la constitution de rente, III, 500.

Cas où la caution peut agir contre le débiteur, III, 571.

La maladie qui la précède donne-t-elle lieu au privilége? III, 658.

Point de départ du privilége de subsistances en cas de -, III, 661.

La - n'empêche pas l'inscription de l'hypothèque, III, 772.

Décret.

Distinction entre le - et la loi, I, 4 note 1.

Mode de publication du -, I, 7.

Nécessaire pour conférer la naturalisation, I, 32.

Certains -s, quoique inconstitutionnels, ont force de loi, I, 48-49.

Nécessaire pour déclarer l'utilité publique, I, 576.

Défense.

A opposer par les co-débiteurs solidaires, II, 845-848.

L'obligation naturelle fournit une défense contre la demande en répétition de la prestation volontaire, II, 870.

La prescription est une - au fond, III, 856.

Dégradation civique.

Définition, I, 55.

Indications diverses :

Résulte des peines afflictives et infamantes perpétuelles, I, 55 ; — temporaires, I, 58 ; — des peines simplement infamantes, I, 58.

Est quelquefois peine principale, I, 58.

Cesse par l'amnistie, I, 60 ; — par la réhabilitation, par la révision de la condamnation, I, 61.

Résulte des condamnations par contumace, I, 62.

Différences de la - avec l'interdiction des droits civiques, civils et de famille, I, 66-67.

Est une cause d'incapacité pour les témoins testamentaires, II, 534.

Est prononcée contre le faux-serment, II, 967 note 2.

Degrés de parenté.

Définition, I, 133, — II, 97.

Manière de les compter en droit civil et en droit canonique, I, 133.

Hiérarchie des degrés au point de vue successoral, II, 92, 94.

Déguerpissement.

Du débi-rentier, I, 549 texte et note 2.

Délai.

De publication des lois, I, 5.
Accordé au contumax, 1, 63-64.
Pour déclarer les naissances, I, 81-82.
Pour déclarer les décès, I, 86.
Des publications de mariage, I, 143-144.
De la transcription du mariage contracté à l'étranger, I, 154.
Pour statuer sur les oppositions à mariage, I, 164.
Pour l'homologation de l'adoption, I, 378.
Pour l'adoption testamentaire, I, 383-384.
Accordé à l'héritier pour faire inventaire et délibérer, II, 224-226.
Accordé au donataire pour l'exécution des charges, II, 494.
Le - de la saisine de l'exécuteur testamentaire ne peut être prolongé, II, 572.
Les tribunaux peuvent en accorder quand il n'y a pas de condition résolutoire expresse, II, 826.
Accordé à la veuve pour faire inventaire et délibérer, III, 125.
Accordé au débiteur saisi, III, 837.
Accordé par le juge au débiteur, II, 879 texte et note 3, et 880.

Délaissement.

Le légataire particulier peut délaisser l'immeuble hypothéqué, II, 332 texte et note 1.
Cette faculté appartient-elle au successeur universel tenu hypothécairement, qui a payé sa part de dettes ? II, 333, 335.
Le - de l'acheteur est assimilé à l'éviction, III, 286.
Le tiers détenteur peut délaisser l'immeuble hypothéqué, III, 798-800.

Délégation.

DROIT POLITIQUE. *Idées rationnelles :*
La - de la fonction législative est un système imparfait, I, v.
La - est la base de toutes les fonctions publiques ; elle doit être limitée le plus possible, I, xv, LXIV.
DROIT CIVIL : Définition et règles de la -, II, 899-900.
Comparaison de la - et de la cession de créance, III, 334.

Délibération.

Du conseil de famille, I, 432.
Du conseil de famille approuvant un contrat de mariage, III, 30.

Délit civil.

Exposé général : II, 977-981.

Indications diverses :

La femme est capable de s'obliger par son délit, I, 235 texte et note 1.
La possession de mauvaise foi peut être un délit, I, 585.
Les dommages et intérêts, payés par les père et mère en cas de délit commis par un de leurs enfants, sont-ils rapportables ? II, 294.
Toute dette résultant d'un délit est sujette à rapport, II, 304.
L'obligation qui résulte du - a pour cause le préjudice causé à la liberté d'autrui, II, 726.
Solidarité, au point de vue civil, des co-auteurs d'un même délit, II, 841-842.
Le mineur est obligé par son délit, II, 924.
Les obligations qui dérivent du - sont susceptibles de la preuve testimoniale, II, 955.
Les obligations, antérieures au mariage, dérivant du - tombent en communauté, III, 59.
Que deviennent dans la communauté les dettes du mari nées de délits, III, 60, 62-64 ; et les dettes de la femme nées de -, III, 66.

Délit d'un époux envers l'autre, cas de récompense, III, 88.

Le - de la femme dotale rend aliénable le fonds dotal, III, 195 note 2.

Délivrance.

Les enfants naturels peuvent obtenir des héritiers légitimes la délivrance qui rend inutile l'envoi en possession, II, 56.

Son influence au point de vue du droit de poursuite, II, 330.

Cas où le légataire universel doit la demander aux héritiers réservataires, II, 546-548.

La - doit être demandée par le légataire à titre universel, II, 554-555 ; et par le légataire particulier, II, 559.

L'institué contractuel doit-il la demander ? II, 674.

Dans les contrats en général, II, 783-784.

Dans la donation, II, 460, 488.

Dans la vente, III, 270-281.

Dans la cession de créances, III, 328.

Dans le louage, III, 365-366.

Demande en justice.

La - constitue le débiteur en demeure, II, 800-801.

Comparaison avec le commandement au point de vue de la prescription, III, 875.

Demande reconventionnelle.

Définition, II, 907 note 2.

Elle produit la compensation judiciaire, II, 913.

Démembrement de propriété.

Idées rationnelles :

Le propriétaire doit pouvoir démembrer sa propriété à la double condition de ne pas porter atteinte à son droit de propriété, ce qui implique la faculté de rachat, et de ne pas porter atteinte au droit des tiers, ce qui implique la publicité, I, 20, — 568.

Le démembrement de la propriété serait une gêne à la liberté, une atteinte à la propriété, si on ne pouvait le faire disparaître par le rachat, I, 660.

Le démembrement de propriété est légitime à la condition que l'individu puisse recouvrer par le rachat la plénitude de la propriété, I, 708.

Indications diverses :

Les - sont des droits réels, I, 560.

Nomenclature des démembrements, I, 561-565.

Aliénation d'un - par l'héritier donataire, II, 315.

La nature juridique des - implique détermination de l'objet, III, 643.

L'hypothèque est un -, III, 715 texte et note 1; — III, 716, 743.

Aliénation d'un - par le débiteur hypothéqué, III, 802-803.

Les lois relatives au - sont de statut réel, III, 946.

Démence.

Cause d'opposition au mariage de la part des collatéraux, I, 158.

Cause de nullité de la reconnaissance d'enfant, I, 342.

Cause d'interdiction, I, 496.

Cause d'annulation des actes, I, 506-507.

Cause d'incapacité de disposer, II, 390-392.

Cause de nullité des contrats, II, 769-771.

(Voir, au surplus, au mot : *Aliéné*.)

Demeure.

Détermination de la demeure dans les obligations, II, 800-802.

En cas de demeure, les risques passent au débiteur, II, 790.

Dans les obligations de ne pas faire, II, 793.

Cause de dommages-intérêts, II, 794.

De la - en cas de pacte commissoire, II, 826.

La mise en - profite à tous les créanciers solidaires, II, 838.

La mise en - du débiteur le rend responsable, II, 917.
Mise en - de l'acheteur, III, 308.
Mise en - de l'emprunteur à usage, III, 475.
La mise en - du débi-rentier n'est pas nécessaire pour la résolution de la constitution de rente, III, 498.
Nécessaire pour faire courir les intérêts en cas de mandat, III, 543.
Les héritiers présomptifs de l'absent doivent être mis en - de demander l'envoi en possession provisoire, III, 908.

Demi-interdit.

(Voir *Conseil judiciaire*.)

Démission de biens.

Dans l'ancien droit, II, 664 note 1.

Démocratie.

Idées rationnelles :

La - a pour principe l'autonomie de l'individu, I, XVI note 1.
La - est la doctrine de l'effort propre : le travail est l'unique cause légitime de la propriété, il est aussi le constant initiateur du devoir et le propulseur des grandes inspirations morales, II, 410.
Dans un régime démocratique, l'enfant est l'artisan de son propre sort, I, 211.
La - est la science de la liberté et de l'égalité, III, 7 note 1.
La - demande la mobilisation du sol, III, 648.

Déni de justice.

En cas de refus de jugement, I, 9 et 10 ; — III, 953.

Denization.

Droit au domicile en Angleterre, I, 44.

Dénonciation.

La dénonciation capitale calomnieuse est une cause d'indignité, II, 73-74.
Le défaut de dénonciation par l'héritier du meurtre du défunt est une cause d'indignité, II, 74-75.

Département.

Idées rationnelles :

Notions sur l'organisation et les attributions du -, I, XV-XVI.
Le - est une association d'individus, I, 554.
Le - doit avoir son autonomie, I, 555 note 2.
Le - est une abstraction, sans droit propre, I, 683.

Indications diverses :

Le - est une personne civile, I, 554.
Biens du -, I, 559.
Le - a une hypothèque légale sur les biens des comptables, III, 737.
Ses biens sont imprescriptibles ; il peut invoquer la prescription, III, 850-851.

Déportation.

Son effet au point de vue de la privation des droits civils, I, 53, 57 note 1.

Dépôt.

Exposé général : III, 510-525.

Indications diverses :

Le - est un contrat synallagmatique imparfait, II, 740 ; — unilatéral, II, 739 ; — à titre gratuit, II, 741.
Le contrat de - produit l'obligation de conserver, II, 784.
Mesure des fautes du dépositaire, II, 785.
Le - n'est pas susceptible de donner lieu à la compensation légale, II, 909.
La preuve du - ne peut se faire par témoins, II, 951 et 952 note 1.

Différences avec le séquestre, III, 524.

Le - n'est pas un juste titre pour la prescription, III, 889.

La possession provisoire des biens de l'absent est-elle un - ? III, 911.

Dépôt d'hôtellerie.

Définition, III, 513.
Règles, III, 522.

Dépôt irrégulier.

Définition, III, 513.
Notion économique, III, 511.
Règles, III, 522-523.

Dépôt judiciaire.

Le - ne doit pas être confondu avec le séquestre, III, 525.

Dépôt nécessaire.

Définition, III, 513.
Règles, III, 521.
Le - est susceptible de la preuve par témoins, II, 955.

Désaveu.

DE PATERNITÉ : Opinion du Comité d'étude sur ce sujet, I, XCVI. — Cas où la filiation adultérine est constatée par -, II, 157.

(Voir, au surplus, au mot : *Action en désaveu.*)

DU MANDATAIRE *ad litem*, II, 964.

Descendants.

Idées rationnelles :

Examen de la légitimité de la vocation des - à la succession *ab intestat*, II, 89.

La réserve des - est contraire à l'idée démocratique, II, 409-410.

Indications diverses :

Dette alimentaire entre ascendants et -, I, 211.

Les - de l'enfant ont-ils une action propre en réclamation d'état ? I, 325-326.

Les - profitent de la légitimation de l'enfant décédé, I, 332.

Les - de l'adopté n'ont aucun droit à la succession de l'adoptant, I, 374-375.

La présence des - légitimes paralyse le retour légal, I, 376.

Les - de l'adoptant au droit au retour légal, I, 376-377.

Représentation admise pour la ligne descendante, II, 101-103.

Droit successoral des -, II, 106-107.

Concours de l'enfant naturel avec les descendants, II, 134-138.

Les descendants de l'enfant naturel peuvent réclamer sa part, II, 745.

L'enfant naturel est tenu d'imputer sur sa part ce qui a été donné ou légué à ses descendants, II, 148-149.

Les descendants même légitimes de l'enfant adultérin ou incestueux n'ont pas le droit de réclamer la créance d'aliments, II, 164.

Les - des frères et sœurs de l'enfant naturel peuvent exercer le droit de retour légal, II, 170-171.

Les - de l'incapable sont réputés personnes interposées, II, 405.

Les - ont une réserve, II, 420-422.

L'existence des - au moment de la donation en empêche la révocation pour cause de survenance d'enfant, II, 503.

Quels - peuvent être appelés à une substitution, II, 622-624.

Tous les - ayant un droit héréditaire doivent être compris dans le partage d'ascendants, II, 649-655.

Influence de l'existence de - sur la quotité disponible entre époux, II, 703-709.

Quels - sont réputés personnes interposées dans les donations entre époux, II, 715.

Effets de la violence exercée sur les - du contractant, II, 754-755.

Les - de l'absent ont droit de le représenter, III, 929 note 2.

Déshérence.

Droit de l'Etat sur les biens délaissés :

Par le mort civilement, I, 55.
Par un individu décédé sans héritiers, II, 174.
Par un étranger décédé, III, 918.
Différence entre la - et la vacance de succession, II, 237.

Droit des hospices sur les biens dé-
laissés :
Par un mineur décédé, II, 175.

Désistement.

De l'enfant à l'action en réclamation
d'état, I, 324.
Comparé à la transaction, III, 578
note 1.
Du créancier surenchérissant, III,
818.
Le - du demandeur annule l'interruption de prescription, III, 873.

Destination du père de famille.

Mode d'acquisition de la servitude
relative aux eaux de sources, I,
666, 668.
Mode d'acquisition de la servitude
relative aux eaux pluviales, I, 671.
Mode d'acquisition de la servitude
relative à la plantation des arbres,
I, 699.
Mode d'acquisition de la servitude de
vue, I, 704.
Mode d'acquisition de la servitude
d'égout, I, 706.
Mode d'acquisition des servitudes
réelles, I, 718-720.

Destination du propriétaire.

(Voir *Immeubles par destination*.)

Destitution.

De la tutelle, I, 438-440.
De la curatelle, I, 479.
De l'exécution testamentaire, II, 581.

Désuétude.

La - peut-elle abroger une loi? I,
14-15.

Détention.

Sorte de possession, III, 858.

Détériorations.

(Voir *Risques* et *Fautes*.)

Détraction (Droit de).

Contre l'étranger, I, 37.

Dette alimentaire.

Causes diverses :

Parenté et alliance légitimes, I, 211-
220.
Mariage, I, 221.
Paternité ou maternité naturelle, I,
350, 353.
Paternité ou maternité adultérine ou
incestueuse, I, 353 ; — II, 457-461.
Adoption, I, 372.
Tutelle officieuse, I, 382.
Donation, II, 493.

(Voir, au surplus, au mot : *Aliments*.)

Dette d'éducation.

Idées rationnelles :

La - est un élément du droit de l'enfant, I, 202.
La dette d'éducation devrait rationnellement se réaliser, à la mort du
débiteur, en un prélèvement sur
sa succession, I, 220.
Rationnellement, l'adoption aurait
dû servir à acquitter la dette d'é-
ducation, I, 375.

Exposé général :

I : *Pour l'enfant légitime*, I, 204-
209.
Le droit à l'éducation est muni d'action, pour l'enfant et pour chacun
des parents, I, 204.
La dette d'éducation incombe à chacun des père et mère, et à leur
défaut, aux ascendants, I, 205-206,
— 207 note 2.
Organisation de l'action, I, 207-209.
II : *Pour l'enfant naturel*, I, 209-210.
Son droit se réduit à un droit alimentaire. — Organisation de l'action, I, 210.

Indications diverses :

Contractée par le tuteur officieux,
I, 382.
Imposée à l'usufruitier de la jouis-
sance légale, I, 401.

Le père doit laisser une provision destinée à acquitter la dette d'éducation, II, 131.

Différences entre la réserve et la dette d'éducation, II, 412.

Dettes.

Définition, II, 737.

Indications diverses :

Payement des - , en cas de legs d'usufruit, I, 638-642.

Parmi les acquéreurs universels, les continuateurs de la personne sont tenus à l'infini ; les successeurs aux biens jusqu'à concurrence de leur émolument ; — les acquéreurs particuliers ne sont tenus d'aucune dette, II, 12.

L'obligation de payer toutes les dettes du défunt se rattache à la saisine, II, 46.

Les successeurs irréguliers sont tenus même *ultra vires* des dettes héréditaires, II, 53-55.

Rationnellement, le successeur doit être tenu des dettes du défunt au prorata de l'émolument qu'il retire, et *in infinitum*, à moins qu'il ne justifie que le montant des biens était inférieur au montant des dettes, II, 59 note 1 ; — II, 188.

L'ascendant exerçant le droit de retour légal contribue au payement des dettes, II, 115.

Le donateur, en cas de retour conventionnel , ne contribue pas au payement des dettes, II, 116.

L'héritier bénéficiaire n'est tenu des dettes que jusqu'à concurrence de son émolument, II, 229.

Ce qui est employé pour le payement des dettes d'un cohéritier est rapportable, II, 293.

Rapport des dettes , II, 261, — 303-306.

Différences entre le rapport et le payement des dettes, II, 306.

Payement des - de la succession, II, 320-355.

Donation faite à charge d'acquitter les dettes, II, 482-483.

Le donataire est-il tenu du paiement des dettes du donateur ? II, 487-488.

Le légataire universel est-il tenu des - *ultra vires* ? II, 325, 549, 550, 551.

Comment le légataire à titre universel les paie, II, 556.

L'exécuteur testamentaire n'est pas obligé de payer les -, II, 578.

Les enfants copartagés par donation sont-ils tenus des dettes ? II, 653.

Les enfants copartagés par testament sont-ils tenus des - ? II, 654-655.

L'institué contractuel paie-t-il les dettes? II, 674.

État des - annexé à la donation cumulative de biens présents et à venir, II, 678.

Composant le passif de la communauté, III, 56-72.

Les - se divisent de plein droit, III, 128.

Payement des - de la communauté, III, 138-144.

La femme renonçant à la communauté contribue-t-elle au payement des dettes? III, 146.

Quelles dettes tombent dans la communauté réduite aux acquêts? III, 150.

Sort des - dans le cas de clause de réalisation, III, 153; dans le cas de clause d'apport, III, 154 ; dans le cas de clause d'ameublissement, III, 158-160 ; dans le cas de clause modificative du partage, III, 173-174.

Payement des - des sociétés, III. 457-459.

Les - hypothécaires se transmettent au tiers détenteur, III, 794.

L'héritier pour partie qui paie sa part de dette hypothécaire n'a pas le bénéfice de discussion, III, 796.

Deuil.

De la femme commune, III, 137.

De la femme dotale, III, 217.

De la femme sous le régime sans communauté, III, 220.

Les frais du - ne sont pas privilégiés, III, 657.

Devis.

Dans le louage d'ouvrage, III, 407.

Discontinuité.

Des servitudes réelles, I, 712-713.
Les servitudes discontinues sont susceptibles d'une possession continue, I, 717 note 1 ; — III, 862.
La prescription libératoire des servitudes discontinues est susceptible
  d'interruption naturelle, III, 872.
De la possession, III, 862.

Discussion.

Des biens de l'héritier renonçant par
  le créancier qui fait révoquer sa
  renonciation, II, 215.
Des sûretés d'une créance par le
  cessionnaire de cette créance, III,
  334 note 2.

(Voir, au surplus, au mot : *Bénéfice
  de discussion.*)

Dispense.

Matières diverses :

D'âge pour le mariage, I, 125.
De parenté ou d'alliance pour le mariage ; inutilité des dispenses, I,
  137-138.
De publications de mariage, I, 143.
Les enfants sont-ils légitimés par le
  mariage avec dispense ? I, 328-330.
De rendre compte accordée au tuteur, I, 467, 469.
De faire inventaire au légataire d'u-
  sufruit, I, 628.
De fournir caution à l'usufruitier, I,
  629-630.
L'enfant naturel ne peut être dispensé
  de l'imputation, II, 148.
La - du rapport est le préciput, II,
  276.
Les donations par interposition ou
  déguisées impliquent-elles la - du
  rapport, II, 295-296.
La dispense du rapport doit être expresse, II, 432.

Le testateur peut-il dispenser l'exécuteur testamentaire : 1° de faire
  dresser l'inventaire, II, 576 ; 2° de
  rendre compte ? II, 579.
De reproduire le titre primordial, II,
  947.

Disposition à titre gratuit.

Idées rationnelles :

La - est un droit pour celui qui dispose et non pour celui qui reçoit :
  rôle économique et moral de la
  disposition à titre gratuit, II, 11, —
  27-29.
Le droit de succession est identique
  au droit de disposer, II, 30.
Le droit de disposer est la conséquence du droit de propriété, II,
  371.
Le droit de tester est une application du droit de disposer, II, 408.

(Voir, au surplus, les mots : *Donation, Legs, Partage d'ascendant,
  Quotité disponible, Réduction.*)

Dissolution.

Du mariage, I, 257.
De la communauté, III, 100-117 ; —
  provisoire en cas d'absence, III,
  920-921.
Des sociétés, III, 459-464 ; — son influence sur la nature du droit des
  associés, I, 545.

Distance.

Légale, pour la promulgation des
  lois, I, 4-5.
A observer :
Pour plantation d'arbres, I, 698-699.
Pour certaines constructions, I, 700.
Pour ouverture de vues, I, 701-703.

Distribution.

Procédure de - par contribution, II,
  234, — III, 841.
Les frais de distribution sont garantis
  par le privilége des frais de justice,
  III, 656.

Divertissement.

Des effets de la succession, ll, 219-221.
Des effets de la communauté, lll, 120-121.

Divisibilité.

(Voir *Indivisibilité.*)

Division.

(Voir *Bénéfice de division.*)

Divorce.

Exposé général, I, 259-268.

Idées rationnelles :

Le divorce est fondé sur le droit qu'a l'individu de disposer de soi-même : le mariage ne peut subsister que si la volonté libre qui l'a créé persévère, I, 257.
Le - doit être la constatation publique de la dissolution du mariage par la volonté des époux ou de l'un d'eux, I, 259.
Le - devrait être rationnellement la sanction des obligations de fidélité, secours, assistance, I, 222.
La théorie des nullités de mariage se relie rationnellement à celle de la dissolubilité du mariage, I, 202 note 1.
Discussion sur ce sujet, au *Comité d'Etude,* I, xc-xci.

Indications diverses :

Empêchement au mariage résultant du divorce, I, 139.
Le - était une cause de dissolution de la communauté, lll, 101 ; — 126.
Le - ne donnait pas ouverture aux gains de survie, lll, 117.
L'époux qui obtenait le - conservait son droit de préciput, lll, 170.
Une loi sur le - peut-elle avoir un effet rétroactif? lll, 937.

Dol.

Définition, I, 168 ; — ll, 758.

Matières diverses :

N'est pas une cause d'annulation du mariage, I, 168. — La séduction est une espèce de dol, I, 168-169.
Cause d'annulation de la reconnaissance d'enfant, I, 342.
Cause d'annulation de l'adoption, I, 380.
Cause de révocation de l'acceptation de succession, ll, 200-201.
Cause d'annulation de la renonciation à succession, ll, 213.
Cause d'annulation du partage, ll, 365. — Le partage entaché de dol peut être ratifié, ll, 369.
Cause d'annulation de la répudiation d'un legs, ll, 597.
Cause d'annulation du contrat , ll, 758-760.
Effet du - du débiteur quant à l'inexécution de l'obligation, ll, 797.
Cas de défense pour les codébiteurs solidaires, ll, 847-848.
L'action en annulation pour - dure 10 ans, ll, 919.
Le - peut être prouvé par la preuve testimoniale et les présomptions judiciaires, ll, 963.
Le - dol peut être un délit civil, ll, 977.
Cause d'annulation de l'acceptation de communauté, lll, 120.
Cause d'annulation de la transaction, lll, 586.

Domaine.

Distinction du - direct et utile dans l'ancien droit, I, 560 texte et note 2.
De l'Etat, I, 556-558.
Des communes, I, 559.
Prescription pour ou contre le -, lll, 850-851.

Domaine congéable.

Définition, I, 566.

Indications diverses :

Le - est un immeuble susceptible d'hypothèque, ll, 464 ; — lll, 721 note 1.
Le - peut être purgé, lll, 813.
Le - peut être saisi, lll, 833.

Domestiques.

Indications diverses :

Domicile légal des -, I, 100.
Présomption relative aux délits commis par les -, ll, 979.
Les formalités du billet ne sont pas applicables aux -, ll, 940.
Le deuil de la femme comprend celui des -, lll, 167.
Le preneur répond des fautes des -, lll, 370.
Louage de services des -, lll, 401-402.
Privilége qui garantit le salaire des -, lll, 658-660.
Prescription de l'action des -, lll, 894-896.

Domicile.

Exposé général : I, 93-102.

Idées rationnelles :

Le - appartient pour sa définition au droit politique et pour ses effets à la procédure ; le -, siége juridique de la personne, est au lieu du principal établissement ; sa fixation doit donc être volontaire, jamais imposée, I, 93.
L'élection de - est un mandat, I, 102.

Indications diverses :

Est-ce la résidence ou le domicile qu'il faut considérer pour le calcul des délais de publications ? I, 6.
L'étranger peut-il avoir un - en France ? I, 34-35.
Les publications de mariage doivent être faites au - des époux, I, 144.
Quid lorsque le domicile et les biens de l'absent ne sont pas situés dans le même ressort, I, 105.
Le - élu est obligatoire pour faire opposition au mariage, I, 161.
Domicile conjugal pour l'adultère du mari, I, 269.
La femme peut être autorisée à quitter le - conjugal pendant l'instance en séparation de corps, I, 278.
La femme séparée peut avoir un - propre, I, 98, — 282.

L'enfant a le même - que son père, I, 490.
Le - de la tutelle ne varie pas, I, 428.
Le mineur émancipé peut avoir un - propre, I, 477.
La succession s'ouvre au -, ll, 35.
C'est le - qui fixe le régime matrimonial pour le mariage entre Français et étrangers, lll, 25 texte et note 2.
Le prix de la vente à terme est payable au - de l'acheteur, lll, 305.
La restitution de la chose prêtée se fait au -, lll, 482.
Le - élu est nécessaire pour l'inscription hypothécaire, lll, 777.
— pour la signification à fin de saisie, lll, 840.

Dommages-intérêts.

Exposé général : 1º Contrats et quasi-contrats, ll, 793-805 ; — 2º Délits et quasi-délits, ll, 978.

Idée rationnelle :

Toute obligation doit se résoudre en -, à la volonté de l'obligé : sans cela, la liberté de l'individu est atteinte, ll, 721-725, 736-737.

Généralités :

La mère de l'enfant naturel ne peut pas rechercher la paternité pour demander des -, I, 354.
Les - payés par les père et mère en cas de délit commis par un de leurs enfants sont-ils rapportables ? ll, 294.
La créance du donataire peut se résoudre en -, ll, 487.
Les fautes donnent lieu à des -, ll, 785.
Solidarité pour le payement des -, ll, 840.
Les - dûs en cas de faute d'un des débiteurs solidaires ne sont pas à la charge des autres, ll, 843.
Payés par la communauté pour le mari, lll, 63-64.
La garantie se résout en -, lll, 281-282.

Cas divers :

En cas de promesse de mariage non exécutée, I, 126.

En cas d'opposition à mariage non fondée, I, 164.

Dûs par le tuteur qui n'a pas fait nommer un subrogé tuteur, I, 433.

En cas d'accession immobilière, I, 587.

En cas d'accession mobilière, I, 600.

En cas de faute de l'usufruitier, I, 644.

Dûs par les mari ou tuteur qui n'ont pas requis la transcription des donations faites à la femme ou au pupille, II, 467.

En cas d'inexécution de l'obligation de conserver, II, 784.

En cas d'inexécution de l'obligation de faire et de ne pas faire, II, 793; — 826.

En cas de perte de l'objet de l'obligation avant l'accomplissement de la condition, II, 824.

En cas de cession prohibée de droits litigieux, III, 255.

Dûs à l'acheteur en cas de vente de la chose d'autrui, III, 263; en cas d'éviction, III, 293-298.

En cas d'éviction de la chose louée, III, 368.

Dûs par le vendeur de mauvaise foi en cas de vices rédhibitoires, III, 313.

Dûs en cas d'échange de la chose d'autrui, III, 342 texte et note 3.

Dûs au locataire expulsé, III, 387.

Dûs par le voiturier, III, 406 texte et note 1.

Dûs par l'architecte ou l'entrepreneur en cas d'écroulement, III, 411-414.

Dûs à l'emprunteur qui souffre des vices de la chose, III, 478, 483.

En cas de non restitution de la chose prêtée, III, 482.

Dûs au dépositaire, III, 521.

Dûs au mandataire par le mandant, III, 547.

Dûs par le mandataire en cas de renonciation inopportune, III, 550.

Dûs à la caution, III, 569.

Dûs au créancier gagiste, III, 598.

Dûs par le subrogé-tuteur qui ne fait pas inscrire l'hypothèque du mineur, III, 762.

Dûs par le conservateur des hypothèques, III, 829.

Don manuel.

Comment le - est estimé pour le rapport, II, 318.

La femme mariée ne peut pas faire un -, II, 394 note 4.

Le - se fait sans acte notarié, II, 450.

Le - est soumis, en principe, aux règles de la disposition entre-vifs, II, 453 note 1.

Le - n'est pas susceptible d'un état estimatif, II, 478.

Donataire.

Indications diverses :

Le - de biens à venir a le droit de demander la déclaration d'absence, I, 109.

Le retrait successoral ne peut être exercé contre le -, II, 268.

L'héritier - est soumis au rapport, II, 277.

Comment le - universel ou à titre universel contribue au payement des dettes, II, 327.

Comment il est tenu du droit de poursuite, II, 329-331.

Peut-il être poursuivi en vertu de titres exécutoires, II, 340-341.

Capacité nécessaire au -, II, 395-404.

A quel moment la capacité du - est-elle exigée, II, 407.

L'héritier renonçant. - ou légataire sans préciput, peut-il cumuler la quotité disponible et la réserve ? II, 418-419.

Le - ne peut pas intenter l'action en réduction, II, 434.

Du - soumis à réduction et insolvable, II, 443.

Acceptation du -, II, 453-458.

Droits transférés au -, II, 459.

Le - a le droit de faire opérer la transcription, II, 466.

Le - particulier postérieur à une première donation, peut-il opposer le défaut de transcription ? II, 471-472.

Le - particulier des personnes chargées de faire la transcription peut-il opposer le défaut de transcription ? II, 474-476.

Droits et obligations du -, II, 487-488.

Le - peut-il, par l'abandon des biens donnés, se soustraire à l'exécution des charges? II, 491.

L'ingratitude du - est une cause de révocation, II, 493.

Le - peut prescrire contre l'action en révocation, II, 512.

Les enfants copartagés par donation sont-ils des -s, II, 652.

Le prédécès du - est une cause de caducité pour toutes les donations par contrat de mariage, II, 681.

Le - est partie dans le jugement quant à la chose jugée, II, 960.

L'éviction du - de l'acheteur donne lieu à garantie, III, 287 texte et note 3.

Le bail est opposable au -, III, 384.

Le - particulier à charge n'a pas droit de purger, III, 813.

Le - peut joindre la possession de son auteur à la sienne propre, III, 856.

Donateur.

Indications diverses :

Droit de retour légal de l'ascendant -, II, 113-129.

Capacité nécessaire au -, II, 390-395, 398-404.

A quel moment la capacité du - est-elle exigée ? II, 406-407.

Le - a-t-le droit de faire opérer la transcription, II, 466.

Le - ne peut pas opposer le défaut de transcription, II, 476.

Le - ne peut pas apposer à la donation une condition potestative, II, 481.

Le - peut-il se réserver la liberté de disposer des objets donnés ? II, 483.

Le - peut stipuler le retour conventionnel, II, 485-486.

Effets de la survenance d'enfant au -, II, 501-513.

Le - peut accorder à la femme du grevé une hypothèque subsidiaire sur les biens substitués, II, 639.

Donations entre-vifs.

Exposé général : II, 371-513.

Idées rationnelles :

La disposition à titre gratuit est un droit pour celui qui dispose ; elle permet de confier les capitaux à l'activité la plus capable, elle met l'instrument du travail entre les mains du plus digne, II, 11, — 371.

La - n'est en elle-même qu'un acte unilatéral, I, 234 note 2 ; — II, 381 note 1.

Définition : II, 380.

Indications diverses :

Distinction de la - et du testament, I, 36 note 3.

La -, interdite à l'étranger par le Code, lui a été permise par la loi de 1819, I, 37.

La - est interdite au condamné, I, 57.

Le contumace peut-il faire ou recevoir une - ? I, 64-65.

Obligation alimentaire du donataire vis-à-vis du donateur, I, 211.

La femme non autorisée ne peut faire de -, I, 233.

La femme ne peut ni aliéner ni acquérir par -, I, 234.

La femme peut sans autorisation accepter les - faites à ses enfants, I, 257.

La - n'est pas révoquée par l'adoption, I, 374.

Acceptation d'une - faite au mineur, I, 456.

Le tuteur ne peut pas faire de - pour le pupille, I, 466.

De l'ex-pupille à son ex-tuteur, I, 470.

Faite au mineur émancipé, I, 482.

Faite par le mineur émancipé, I, 485.

Faite par l'interdit dans un intervalle lucide, I, 501-503.

Interdite au demi-interdit seul, I, 519.

Le donateur sous réserve d'usufruit

140   APPENDICE

est dispensé de donner caution, I,
629.

La - n'est pas un mode spécial d'acquérir; dans le droit actuel, c'est
un contrat, II, 5.

Droit de retour légal de l'ascendant
donateur, II, 113-129.

Tout donateur peut stipuler le retour
conventionnel, II, 116.

L'enfant naturel doit tenir compte à
ses cohéritiers des - qu'il a reçues,
II, 147-151.

Faite aux descendants de l'enfant naturel, II, 148-149.

La réduction de la part héréditaire
de l'enfant naturel est-elle une -?
II, 153.

La - faite par ses père et mère à l'enfant adultérin ou incestueux est
nulle, II, 162.

La cession à titre gratuit faite par un
successible constitue une -, II, 196-
197.

Les héritiers ne peuvent pas se prévaloir du défaut de transcription
des - immobilières, II, 202.

La - de droits successifs n'est pas susceptible du retrait successoral, II,
270.

Rapport des - : exposé, II, 272-320.

Rapprochement de la révocation des
- avec la révocation judiciaire des
testaments, II, 592.

La - peut-elle contenir une substitution vulgaire? II, 621.

Cas où la - contenant une substitution
est révoquée, II, 644.

La substitution contenue dans une -
ne peut pas être caduque du chef
du grevé, II, 645.

Le partage d'ascendant tient de la -,
II, 647-648.

Le disposant, autre qu'un ascendant,
peut attribuer à la - les effets d'un
partage, II, 649.

Partage d'ascendant fait par -, II, 650,
654, 661-663.

Que deviennent dans la communauté
les dettes du mari provenant de -?
III, 61-62 ; de la femme provenant
de -? III, 69-71.

Les - sont interdites au mari sur les
biens de la communauté, III, 74-75.

Sort des - donations faites par le mari
alors qu'il n'en avait pas le droit,
III, 75-76.

La constitution de dot est une donation, III, 99. — 184-185.

Le préciput n'est pas une -, III, 169
texte et note 1.

La clause de totalité de la communauté au profit de l'époux survivant n'est pas une -, III, 175.

Faite sous condition de dotalité à la
femme mariée, III, 187.

Le retrait litigieux n'existe pas dans
les - de droits litigieux, III, 338.

La - peut servir à constituer la rente
viagère, III, 504.

Date de l'hypothèque légale de la
femme pour les sommes provenant
de -, III, 758.

La transcription de la - empêche l'inscription hypothécaire, III, 791-
793.

La renonciation à prescription n'est
pas une -, III, 847.

Le donataire, après révocation de la
- pour survenance d'enfant, conserve sa qualité de donataire, III,
869.

Les envoyés en possession provisoire,
héritiers réservataires, ont-ils le
droit de faire réduire les -? III,
913-915.

Des biens de l'absent par les envoyés en possession définitive, III,
923.

La - de biens à venir est un droit
éventuel, III, 927.

Donations à cause de mort.

Forme de disposition non admise par
le droit actuel, II, 379-380.

L'institution contractuelle n'est pas
une donation à cause de mort, II,
669 note 3 et 671.

Les donations entre époux sont-elles
des -? II, 694.

Donations avec charges.

Définition, II, 490 note 1.

Exposé général, II, 489-492, 494.

Indications diverses :

Diffèrent des donations mutuelles, ll, 508 note 1.

Sont révocables pour survenance d'enfant, ll, 513.

Ne donnent pas lieu au privilége du vendeur, ll, 684-685.

Les - faites par l'ascendant à un époux font des propres, lll, 44.

Donations déguisées.

Les - sont-elles soumises au rapport? ll, 278, — 295-296, — 429, — 451.

Distinctions des auteurs, ll, 292 note 1.

Les - au profit d'un incapable sont nulles, ll, 405.

Les - sont-elles valables ? ll, 451-452.

Les - sont révoquées par survenance d'enfant, ll, 508.

Les - entre époux sont nulles, ll, 713-714.

La constitution de rente viagère peut être une -, lll, 507.

Donations entre époux.

Exposé général : ll, 682-717.

Appréciation rationnelle, ll, 689 texte et note 2.

Indications diverses :

Les - reçoivent leur exécution en cas de mariage putatif, I, 200.

La femme peut révoquer sans autorisation les donations qu'elle a faites à son mari pendant le mariage, I, 256.

La femme peut faire transcrire les donations qui lui sont faites, I, 256.

Sont-elles révoquées de plein droit par la séparation de corps? I, 282-283.

Sont-elles révocables pour cause d'ingratitude? I, 284.

Comment elles sont réduites, ll, 442.

La règle « donner et retenir ne vaut » ne s'y applique pas, ll, 484.

Les - sont-elles révocables pour ingratitude? ll, 500-501.

Les - ne sont pas révocables pour survenance d'enfant, ll, 508.

Les ventes entre époux sont interdites parce qu'elles déguisent des -, lll, 249, 252 note 2.

Nécessité de deux actes distincts pour la donation mutuelle entre époux, ll, 694.

Différences entre la donation ordinaire et la donation entre futurs époux, ll, 715-716, et la donation entre époux, ll, 716-717.

Effets de la donation faite aux deux époux conjointement quant à la composition de la communauté, lll, 46.

Donations indirectes.

Que deviennent les - en cas de rapport? ll, 278 et 292.

Distinctions des auteurs , ll , 292 note 1.

Les donations indirectes sont valables entre époux, ll, 713.

Faites au moyen de dation en payement entre époux, lll, 252.

Donations mutuelles.

Définition, ll, 508 note 1.

Sont révocables pour survenance d'enfant, ll, 508.

Nécessité de deux actes distincts quand elles sont faites entre époux, ll, 694.

Donations par contrat de mariage.

Exposé général : ll, 665-682.

Indications diverses :

La donation faite par un tiers par contrat de mariage à l'époux de mauvaise foi doit être maintenue, I, 202.

Les enfants à naitre sont capables de recevoir par -, ll, 396.

Différence entre la donation ordinaire et la donation par contrat de mariage, ll, 681-682.

La donation cumulative de biens présents et à venir est autorisée entre futurs époux, ll, 690, — lll, 19.

La donation sous condition potestative est permise par exception dans
le contrat de mariage, III, 19.
Le donataire de biens à venir peut
demander l'envoi en possession
provisoire des biens de l'absent,
III, 908.

Donations par interposition.

Distinctions des auteurs, II, 292,
note 4.
Sont-elles rapportables ? II, 295-296,
282.
Les - au profit d'un incapable sont
nulles, II, 405.
Les - entre époux sont nulles, II,
713-714.

Donations rémunératoires.

Définition, II, 508, note 1.
Sont révocables pour survenance
d'enfant, II, 508.
Permises en faveur du médecin ou
ministre du culte, II, 401-402.
Permises à l'auteur d'une institution
contractuelle, II, 670.

Dot.

Définition et appréciation, III, 183
texte et note 1.
Constitution de - aux enfants de l'interdit, I, 510-511.
Ne peut pas être constituée par la
personne pourvue d'un conseil judiciaire, I, 519.
Rapport de la dot, II, 287.
La - peut être garantie par une hypothèque subsidiaire sur les biens
substitués, II, 639.
Règles sur la constitution de dot sous
le régime de communauté, III,
97-100.
Le péril de la - est une cause de séparation de biens, III, 104.
Sous le régime sans communauté la
dot n'est pas inaliénable, III, 180.
Constitution de dot sous le régime
dotal, III, 183-190.
Restitution de la dot, III, 212-248.
La - est garantie par l'hypothèque
légale, III, 730.

Les envoyés en possession définitive
sont-ils obligés de restituer à l'absent les biens qu'ils ont constitués
en dot ? III, 923.
(Voir, au surplus, au mot : *Régime
dotal.*)

Douaire.

Provision alimentaire pour la femme
dans l'ancien droit, II, 173.
Son origine, II, 683 note 4.

Double écrit.

Formalité nécessaire aux actes sous
seing-privé, II, 938-939.

Double lien.

Admis par les coutumes, II, 86.
Abrogé dans le droit actuel, II, 94.

Drainage.

Servitude pour l'écoulement des eaux
du -, I, 677 texte et note 1.
Privilège pour travaux de -, III, 689.

Droit.

Idées rationnelles :

Notion philosophique du -, I, III-IV.
L'idée du -, c'est la liberté pour chacun de développer ses facultés, I,
VI.
Le - est une règle de liberté tendant
à mettre la force sociale sous forme
d'action à la disposition de l'individu dont la liberté est atteinte,
I, 12.
Le - ne doit pas être confondu avec
la morale, I, 13.
Il n'y a pas de droit en dehors de la
philosophie et des lois qui gouver-
nent toute l'activité humaine, I,
407.
Rapport des droits avec les personnes et les choses, I, 524 note 1.
L'individualité du - engendre directement la solidarité du -, I, 682.
Le - est une science sociale, II, 203
note 2.
Le - est une science qui doit se déduire de la nature humaine, III,
463 note 2.

On ne peut pas prescrire contre le droit, III, 844.

Développement du droit, III, 931-934.

Ses rapports avec l'Anthropologie, III, *Append.*, 3-8.

Ses rapports avec l'Histoire, *Append.*, 9-11.

Ses rapports avec l'Economie politique, III, *Append.*, 12-16.

Son rôle général dans la science, III, *Append.*, 17-21.

(Voir, au surplus, les mots : *Action, Conscience, Loi, Morale, Science.*)

Droit de la femme.

Idées rationnelles :

La femme, dans le mariage, doit avoir un droit égal à celui de l'homme, I, 117, 120.

La femme, égale à l'homme, ne lui doit pas obéissance, I, 222.

La femme a une personnalité autonome au même titre que l'homme, II, 994.

L'incapacité de la femme mariée est une institution contraire à la nature, I, 224-257. — Conséquences de cette incapacité, II, 773 note 2 ; — 923 note 3 ; — 925 note 4 ; — 964 note 1 ; — III, 21 note 4 ; — 623 note 1.

L'infériorité actuelle des aptitudes de la femme a pour cause la différence d'éducation ; mais la femme a le même droit que l'homme à gouverner sa personne et ses biens, III, 3-7.

La femme doit subvenir elle-même à ses besoins, II, 683 note 4 ; — 689 note 2.

La reconnaissance du droit de la femme à disposer de sa personne et de ses biens est la condition de la suppression de son hypothèque légale, III, 623 note 1 ; 628 ; 646 ; — 729 note 1.

La femme ayant une individualité propre, peut avoir une nationalité et un domicile distincts de ceux du mari, I, 31 ; — 98.

Droit de l'enfant.

Idées rationnelles :

L'enfant a le premier de tous les droits, étant le plus menacé et le plus méritant, I, 285.

Egalité du droit de l'enfant quel qu'il soit, I, 286.

La loi morale enseigne que le droit de l'enfant est absolu et la loi civile qu'il n'y a pas de droit de l'enfant naturel contre son père, I, 354.

Adhésions de professeurs, d'avocats, de publicistes et de philosophes au droit de l'enfant, I, 363 note 3.

Le droit de l'enfant commence à la conception. I, 336.

C'est le premier de tous les droits, car il est pour l'enfant le droit de se développer, ce qui comprend le droit à être reconnu, le droit à être élevé, un droit éventuel aux aliments, I, 202, — 203 texte et note 2, — 285, — 287 note 2, — 288, — 341 note 2 ; — II, 692 note 1.

Indications diverses :

Droit à l'éducation de l'enfant légitime, I, 204-209.

Droit à l'éducation de l'enfant naturel, I, 209-210.

L'enfant n'a pas le droit de réclamer de ses père et mère l'établissement par mariage ou autrement, I, 210-211.

Le - n'a aucun rapport avec la réserve, II, 411.

Le - n'est pas sauvegardé par la réserve, III, 502 note 1.

L'enfant n'a pas d'hypothèque sur les biens de son père, III, 635.

Droit ancien.

(Voir *Législation ancienne.*)

Droit canonique.

Son influence sur le droit actuel, I, XXIV texte et note 2.

Manière de compter les degrés de parenté dans le -, I, 133-134.

Le - considérait le concubinage comme créant une alliance naturelle, I, 136.
Le - consacra la légitimation, I, 328.
Le - prohibe le prêt à intérêt, I, 546 note 2.

Droit commercial.

Appréciation générale, I, XXI, — LXXXI-LXXXII.
Bibliographie, I, XLII, — LXXVIII.

(Voir, au surplus, aux mots : *Commerce, Actions des sociétés, Agréés, Bourse, Concordat, Crédit, Faillite, Lettres de change, Sociétés, Titres au porteur.*)

Droit des gens.

Notions philosophiques, I, VII-XII.
Bibliographie, I, LXXVI.
L'annexion ou le démembrement d'un territoire ne peuvent avoir lieu qu'en vertu de la volonté des habitants, I, 33; — 46.
La donation était considérée, en droit romain, comme dérivant du -, I, 36 note 3; — II, 374 texte et note 4.
On accorde aux étrangers les facultés qui dérivent du -, I, 37-38.
Le - ne peut pas être mis en antithèse avec le droit positif, II, 9.
Sur l'antithèse du - et du droit civil, III, 719 note 1.

Droit féodal.

(Voir *Féodalité.*)

Droit naturel.

Notions philosophiques, I, IV-V.
(Voir, au surplus, au mot : *Droit des gens.*)

Droit pénal.

Idées rationnelles :

Le - est une section du droit politique, I, XIX.
La peine n'est que l'exercice du droit de protection qui appartient à la société envers les incapables, I, 52 texte et note 1.
La peine n'est légitime que si elle a pour but l'amélioration du coupable, I, 68.
Le législateur ne peut pas décréter l'infamie d'une peine, I, 270.
Causes physiologiques et morales du crime, I, 495.
Le délit attestant une volonté pervertie ou malade, la prison doit se transformer en une école ou un hôpital, II, 977 note 2.
Le coupable est un ignorant ou un infirme, III, 582 note 1 ; — 882 note 1.
Le système pénal doit être un procédé d'amélioration physique ou morale du coupable, III, 941 texte et note 1.
Bibliographie, I, XLI-XLII; — LXXVIII.

Indications diverses :

Distinction des peines, I, 53.
Privations des droits civils par suite de condamnations judiciaires, I, 52-68.
Pénalité contre l'officier de l'état civil : pour irrégularité des actes, I, 80-81 ; — pour défaut de consentement ou d'actes respectueux en cas de mariage, I, 131 ; — pour célébration de mariage au mépris d'opposition, I, 163 ; — pour défaut de publications, I, 187.
Condamnation de l'un des époux à une peine infamante est une cause de séparation de corps, I, 270.
Peine de l'adultère, I, 221, — 279.
Déchéance de la puissance maritale, I, 241-242.
Déchéance de la puissance paternelle, I; 389.
Déchéance de la jouissance légale, I, 405-406.
Exclusion de la tutelle, I, 439-440.
Condamnations pénales qui entraînent indignité à la succession, II, 70-74.
Incapacité de disposer de l'individu condamné à une peine afflictive et infamante, II, 395.
Incapacité de recevoir de l'individu

condamné à une peine afflictive ou infamante, II, 397.

Solidarité des co-condamnés, II, 840.

Pénalité contre le notaire qui ne transcrit pas la contre-lettre à la suite du contrat de mariage, III, 27 texte et note 3.

La prescription peut être suppléée d'office, III, 855.

La loi pénale peut-elle être rétroactive? III, 940-941.

Les lois criminelles s'appliquent aux étrangers, III, 945.

Droit politique.

Généralités :

Notions philosophiques, I, XII-XIX.

Bibliographie, I, XXXIX-XL.

Le progrès politique consiste à organiser l'exercice de toutes fonctions par les citoyens eux-mêmes, I, LXIV.

Matières diverses :

Idée rationnelle sur la sanction, la promulgation et la publication de la loi, I, 5.

Idée rationnelle sur les lois interprétatives, I, 11.

L'abrogation d'une loi peut résulter de la désuétude, I, 14-15.

Idée rationnelle sur la détermination de la nationalité de l'enfant, I, 25 note 4.

La naturalisation est essentiellement un acte du pouvoir législatif, I, 33.

L'annexion ou le démembrement ne peuvent avoir lieu qu'en vertu de la volonté des habitants, I, 33, 46.

Arbitraire de la grâce, utilité de l'amnistie, I, 59, 60.

Appréciation de l'art. 75 de la Constitution de l'an VIII, I, 72 note 1.

La définition du domicile fait partie du -, I, 94.

Sur les privations d'électorat et d'éligibilité, I, 67 texte et note 1.

Le prêtre peut se marier, I, 140-141.

Le mandataire doit toujours rendre compte, I, 467.

Application du - à la tutelle des enfants naturels non reconnus, I, 488.

Etude des tutelles administratives en -, I, 493.

Application du - à la protection des aliénés, I, 515.

Restrictions apportées par le - au droit d'association, I, 542.

Le - renferme le droit de propriété, I, 554.

Autonomie nécessaire de l'Etat, des départements et des communes, avec l'autonomie de l'individu pour base, I, 555 note 2.

Conflit administratif, I, 673-674.

Conception de l'Etat moderne, I, 674 note 2.

L'autorité de la chose jugée dépend de l'organisation politique, II, 957.

Certaines prohibitions d'acheter se rattachent au -, III, 253 note 1.

Le - pose des principes que développe le droit administratif, III, 353 note 1.

Le - est fondé sur l'association, III, 435.

Sur le mandat révocable, III, 534-535.

Le mandat politique doit être limité quant à la durée, III, 550 note 1.

La majorité ne peut pas sacrifier le droit de la minorité, III, 646 note 3.

Distinction entre la science et l'art politique, III, 934.

Le - ne doit pas être distingué du droit privé, III, 938 note 3.

(Voir, au surplus, les mots: *Citoyen, Collectivité sociale, Commune, Conseil d'Etat, Constitutions, Corps législatif, Délégation, Département, Etat, Fédération, Fonctions publiques, Liberté, Monarchie, Ordre public, Souveraineté,* etc.)

Droit romain.

Idées rationnelles :

Le - n'est pas une science; absence de base philosophique; législation empirique, I, LVII, LVIII.

Le - ignore la notion du droit individuel; subordonne l'individu à la cité, I, 364, — 601 note 2.

Le - nous a légué un petit nombre de

vérités utiles et beaucoup plus de préjugés tyranniques, I, 572.

Le - ne se conçoit qu'appliqué à la société romaine, II, 187 note 1.

Le - considère le droit comme une délégation de la cité à l'individu, II, 413.

La cité règle la forme et arrête les types des contrats, II, 727-729.

La société romaine soumet le travail au joug, II, 730.

Le - maintient l'antagonisme des peuples, III, 223.

Le - devrait être étudié uniquement au point de vue historique, III, 843 note 1.

Le - est fondé sur la force, III, *Append.*, 18-19.

Généralités :

Le - est un élément important du droit actuel, I, XXIII-XXIV.

Sens du mot *Code,* I, XXXVI.

Ses Codifications successives, I, LXII.

Bibliographie, I, LXXV-LXXVI.

Sur le rôle des Prudents, I, 605 note 1.

Comment il est apprécié par Gans, II, 27 note 4.

Comment il est apprécié en Amérique, III, 437 note 2.

Matières diverses :

La propriété y est familiale, I, XIV.

Distinction du *jus civile* et du *jus gentium,* I, XIX.

Distinction entre la donation et le testament, I, 36 note 3.

Le - ne contient pas de théorie de l'absence, I, 103.

Sur l'âge du mariage, I, 125.

Sur le calcul des degrés de parenté, I, 133.

Le - n'a pas aperçu la base morale du mariage, I, 118.

Le - applique à la puissance maritale les règles barbares de la *patria potestas,* I, 118-119.

Le - fait de la femme mariée une mineure, I, 225 et s.

Le - donne à la fille une action dotale contre son père, I, 210.

Sur la dette alimentaire, I, 216.

Le - crée le despotisme dans la famille, I, 385, 399.

Effet de la *litis contestatio,* I, 276.

Sur la légitimation, I, 328 texte et note 1.

Sur l'adoption, I, 364,— 372 note 1.

Sur l'effet de la vente, I, 376 note 1.

Sur la minorité et la tutelle, I, 410, 411, 412 note 1.

Sur le curateur au ventre, I, 421.

Sur l'*auctoritas* du tuteur, I, 442.

Sur la cession de créance, en cas de tutelle, I, 462.

Sur l'émancipation, I, 472.

Sur l'interdiction, I, 495.

Le - fonde la propriété sur la conquête et l'esclavage, I, 553 note 1 ; — 560.

Théorie de la possession, I, 563 note 2.

La propriété en -, n'est qu'une propriété de fait, I, 573.

Théorie juridique de la propriété, I, 573.

Sur l'accession, I, 577.

Sur la possession, I, 580, 583, 584.

Sur le titre putatif, I, 582.

Sur les travaux faits avec les matériaux d'autrui, I, 589.

Sur les travaux faits sur le sol d'autrui, I, 591.

Sur l'alluvion, I, 595.

Sur la propriété des cours d'eau, I, 598.

Sur l'adjonction, I, 601.

Sur la spécification, I, 603.

Sur l'usufruit, I, 608, 609 note 1.

Sur le quasi-usufruit, I, 611, — 616 note 1.

Sur la cession d'usufruit, I, 624 note 1 ; — 636 note 4.

Sur la caution de l'usufruitier, I, 629.

Sur l'usufruit des animaux, I, 644.

Sur l'usage, I, 654.

Sur la prescription des servitudes, I, 715 texte et note 2 ; — 726.

Sur l'établissement des servitudes, I, 729 texte et note 2.

Sur l'occupation, II, 13.

Sur l'acquisition du gibier, II, 16.

Définition du trésor, II, 18 ; — 20 note 1.

Sur le fondement de la propriété, II, 27 note 3.

Sur les présomptions des *commorientes*, II, 36.

Sur les héritiers nécessaires, II, 43 note 3.

Le - fait de l'héritier le continuateur de la personne, II, 46.

Système successoral de Justinien, II, 85.

Le - n'a pas pratiqué la représentation, II, 98.

Origine du retour légal de l'ascendant donateur, II, 113.

Sur le droit de succession de la femme mariée, II, 173.

Sur les héritiers externes, II, 190 note 3.

Origine du bénéfice d'inventaire, II, 222.

Le - n'a pas pratiqué le retrait successoral, II, 266.

Caractère religieux, politique et civil de la dévolution héréditaire, II, 186-187.

Origine du rapport, II, 272 note 3, 276 note 2, 277 note 1.

Origine de la séparation des patrimoines, II, 341, — 346 note 1, 347, 348 note 2, 350-351.

Le - considère le partage comme translatif, II, 241, — 356 note 2.

Le - distinguait le testament et la donation, II, 374 texte et note 4.

Le - admettait la donation à cause de mort, et le codicille comme mode de disposition, II, 379.

Sur les conditions impossibles ou illicites, II, 385.

Le - laisse d'abord libre le droit de disposer, puis le restreint, II, 413-414.

Le - exigeait l'insinuation des donations, II, 461.

Sur la révocation des donations, II, 439 texte et note 2.

Sur l'*unus contextus* du testament, II, 530.

Le - admet l'hypothèque du légataire particulier, II, 563 note 1, — 564-565.

Sur le legs de la chose d'autrui, II, 567 texte et note 4.

Origine de la caducité, II, 583 note 1.

Sur la révocation du testament, II, 584.

Sur l'aliénation de la chose léguée, II, 589-590.

Le - distingue trois sortes de colégataires, II, 601-602.

Le - inventa les substitutions, I, 608-610.

Origine de la prohibition des donations entre époux, II, 682-683.

Comment le - décomposait l'obligation, II, 735-736.

Le - prohibait les promesses pour autrui, II, 764.

Sur la cause des obligations, II, 778.

Le - a permis, puis prohibé la capitalisation des intérêts, II, 803.

Sur l'interprétation des conventions, II, 806 note 1.

Sur l'action Paulienne, II, 811, 813 note 1.

Le - n'admettait pas la condition résolutoire, II, 818 note 1.

Sur la solidarité entre créanciers, II, 836 note 2.

Sur l'indivisibilité, II, 854 texte et note 2.

Le - imagine la théorie des obligations naturelles, II, 870.

Sur le *Jus oblationis*, II, 887 note 1.

Sur la novation, II, 896-899.

Sur la compensation, II, 906, 909.

Le - admet d'abord, puis limite la liberté de la preuve, II, 926 texte et note 1.

Sur l'autorité de la chose jugée, II, 957 note 1.

Sur le cas du payement effectué sans cause ou pour une cause immorale, II, 976-977.

Sur le délit civil, II, 978 note 2.

Sur la responsabilité du dommage causé par un animal, II, 981 note 1.

Origine du régime dotal, III, 14-16.

Sur la séparation de biens, III, 104 et 105 note 2.

Sur la dot, III, 186, 189 note 2, 191 note 1.

Sur la restitution de la dot, III, 243 note 1.

148   APPENDICE

Sur le rapport de la dot, III, 218.

Théorie confuse sur la vente, III, 228 texte et notes 1, 3, 4 ; 230, 231 notes 3 et 4.

Sur la translation de propriété pour la vente, III, 234 note 4.

Sur la vente parfaite, III, 236 note 3.

Sur la prohibition des pactes sur successions futures, III, 259-260.

Sur la vente de la chose d'autrui, III, 262 note 3.

Sur les dommages-intérêts en cas d'éviction, III, 294 note 2 et 295 note 2.

Sur la délivrance des meubles, III, 272-273.

Sur l'éviction, III, 282 note 1.

Sur les servitudes occultes, III, 288 note 2.

Sur le louage, III, 347 texte et notes 1, 2 et 4.

Sur les qualités de locateur et locataire, III, 352 note 3.

Sur le pacte de réméré, III, 312 note 1.

Sur la rescision pour lésion, III, 319 note 1.

Sur la cession des créances, III, 327 texte et notes 3 et 4.

Sur la cession des créances litigieuses, III, 337.

Différence entre l'échange et la vente, III, 341 note 2.

Sur le droit du locataire, III, 380.

Le - ne comprend pas le contrat de société, III, 436-437.

Sur le partage entre associés, III, 454 note 2.

Sur le précaire, III, 478.

Sur le prêt à intérêt, III, 485-487.

Sur la classification légale des contrats, III, 512 note 1.

Sur la représentation d'une personne par une autre, III, 544 note 1.

Différentes formes de cautionnement, III, 553.

Sur le cautionnement par voie de mandat, III, 554.

Sur le bénéfice de discussion, III, 563.

Sur le bénéfice de division, III, 566.

Sur le bénéfice de subrogation, III, 567.

Sur la transcription, III, 577 note 1.

Sur la mise en gage des créances, III, 596 note 1 ; — 616 note 3.

Sur le gage tacite, III, 599.

Son système hypothécaire est contraire à la notion économique du crédit, III, 614-616.

Sur la revendication indéterminée, III, 643 note 3.

Sur le privilége des frais funéraires, III, 657.

Sur l'hypothèque du locateur, III, 667 note 3.

Sur l'hypothèque des servitudes, III, 722 note 3.

Sur l'hypothèque de l'hypothèque, III, 723.

Sur l'hypothèque des meubles, III, 725 note 3.

Sur l'hypothèque légale de la femme, III, 728.

Sur le contrat d'hypothèque, III, 746 note 4.

Sur le rang des créanciers hypothécaires, III, 756 note 2.

Sur les voies d'exécution contre les débiteurs, III, 831 texte et notes 2 et 3.

Sur l'usucapion, III, 843.

Sur la possession, III, 860 texte et note 2.

Droit social.

Idées rationnelles :

Il n'y a pas de droit social, I, 107 texte et note 1, — 571 note 1.

Supposé par le Code en matière de mariage, I, 113, — 118, — 119 texte et note 1, — 120 texte et note 3, — 189 note 2.

La réserve dérive du droit social, I, 220 texte et note 1.

La propriété, d'après la définition du Code, dérive du droit social, I, 570.

Le - empêche que l'usufruit soit prolongé au-delà de la vie de l'usufruitier, I, 645.

Le - a été adopté et combattu par M. Demolombe, II, 44 note 2.

Affirmé par la Convention à propos du rapport, II, 273.

TABLE DES MATIÈRES   149

Le - usurpe partout sur le droit individuel, III, 100 note 2.

(Voir, au surplus, les mots : *Collectivité sociale, Etat, Individu,
Loi*, etc.)

Droit d'aubaine.

(Voir *Aubaine*.)

Droit de détraction.

(Voir *Détraction*.)

Droit de garde.

Elément de la puissance paternelle,
   I, 349 note 2.
Attribut de la puissance paternelle,
   I, 387.
Tenu d'acquitter sa dette d'éduca-
tion, le père doit pouvoir le faire
même malgré l'enfant, I, 390.
Sur le pupille, I, 442.

Droit de préférence.

Indications diverses :

Le - est impliqué dans le droit réel,
n'est pas impliqué dans le droit
personnel, I, 20.
Le - est un effet de la séparation des
patrimoines, II, 349.
Entre deux acquéreurs du même objet mobilier, II, 791-792.
La priorité des saisies ne crée pas de
droit de préférence, II, 875 et 876
note 1.
Droit de préférence du subrogeant en
cas de subrogation partielle, II,
889.
Accordé à la femme sur le mari
pour les reprises, III, 131.
Entre cessionnaires de la même
créance, III, 329.
Entre créanciers saisissants, II, 767;
III, 331 note 3.
Le locataire a-t-il un -? III, 382.
Entre deux locataires du même immeuble, III, 385 note 3.
Causes de préférence entre créanciers, III, 650.

Le - est un élément du privilége, III,
652.
Le - est un élément de l'hypothèque,
III, 714; dérive du caractère réel
de l'hypothèque, III, 714 note 4.
En principe, le - ne survit pas au droit
de suite, III, 696-698.
La séparation des patrimoines en-
traine un -, III, 709.
Le - survit-il au droit de suite quant
aux immeubles devenus meubles?
III, 724 note 4.
Hypothèses où le - survit au droit de
suite, III, 804; — 825, — 829 note 1.

Droit de suite.

Exposé général, III, 791-794.

Indications diverses :

Le - est, en général, impliqué dans
le droit réel; n'est pas impliqué
dans le droit personnel, I, 20-21.
La séparation des patrimoines pro-
duit-elle le -? II, 347, 348 texte et
note 1 ; — 349-350.
Le locataire a-t-il un -? III, 382.
Le - est un effet ordinaire, mais non
nécessaire du droit réel, III, 651
note 5.
Le - est un élément du privilége, III,
652.
Le privilége du bailleur d'immeuble
en est muni, III, 669.
Le privilége du vendeur de meubles
n'en est pas muni, III, 672.
En principe, le droit de préférence
ne survit pas au -, III, 696-698.
Les priviléges généraux sont soumis
à l'inscription au point de vue du
-, III, 698.
La séparation des patrimoines en-
traine le -, III, 709.
Le - est un élément de l'hypothèque,
III, 714; dérive du caractère réel
de l'hypothèque, III, 714 note 4.
Les meubles n'en sont pas suscepti-
bles, III, 724.

Droits acquis.

Définition juridique, I, 8; — III, 934.

Idées rationnelles :

Il n'y a pas de -, lll, 931-934.
Il n'y a de - que la liberté acquise, lll, 936 note 2.
La théorie des - rend impossible tout progrès, lll, 942.

Indications diverses :

Les - par les tiers doivent être respectés par le renonçant qui fait révoquer sa renonciation, ll, 213.
La substitution, dans le cas de l'art. 1052, crée un - pour les appelés, bien qu'ils ne figurent pas dans la convention, ll, 625.

Droits civils.

Droits de l'individu dans la famille et la propriété, I, 22.
Jouissance des -, I, 17 note 1.
Personnes qui en jouissent, I, 22.
Quels droits civils appartiennent aux étrangers? I, 37-39.
Privation des -, I, 52-68.

Droits éventuels.

Définition et attribution des - en cas d'absence, I, 111 ; — lll, 927-928.

Droits incorporels.

Définition, I, 525; — 522 et s.; — 537 et s.

Indications diverses :

Les - peuvent être aliénés par le tuteur, I, 447.
Délivrance des -, lll, 274.
Mise en gage des -, lll, 616.
Possession des -, lll, 861.

Droits litigieux.

L'achat de - est interdit à certaines personnes, lll, 255.
Cession de -, lll, 337-339.
Objet de la transaction, lll, 578, 584.
Les - peuvent-ils être vendus par les créanciers? lll, 723 note 2.

Droits personnels.

Définition : Le sujet passif y est toujours déterminé, tandis que l'objet peut n'y pas être déterminé, I, 18.

Indications diverses :

Le - existe *ad rem* et *in personam,* I, 19.
Différences avec le droit réel, I, 20, 21.
Le - peut-il être immobilier? I, 538-539.
Le - portant sur des choses indéterminées, est meuble par détermination de la loi, I, 540.
Droits personnels mobiliers, I, 541.
Du - acquis par un donataire, ll, 487.
Le légataire universel acquiert un droit personnel, ll, 545-546.
Le légataire à titre universel acquiert un droit personnel, ll, 554.
Du - acquis par le légataire particulier, ll, 558; son origine, 561.
Les ayant-cause particuliers ne profitent pas des stipulations qui produisent un droit personnel, ll, 768.
Comment il se prouve, ll, 925-970.
Le droit du locataire est personnel, lll, 355.
L'antichrèse est-elle un -? lll, 603.

(Voir, au surplus, le mot *Action personnelle.*)

Droits politiques.

Droits de l'individu souverain dans la cité, c'est-à-dire dans l'Etat, le département et la commune. — Enumération, I, 21.
Appartiennent-ils aux étrangers autorisés? I, 34.
Ils sont enlevés par la dégradation civique, I, 55.

Droits publics.

Notion confuse, subdivision des droits politiques, I, 22 note 1.
Les - appartiennent aux étrangers, I, 34, 39.

Droits réels.

Définition : L'objet y est toujours déterminé , tandis que le sujet passif n'y est pas déterminé, I, 18.

Indications diverses :

Le - existe *in rem* et *adversus omnes*, I, 19.

Différences avec le droit personnel, I, 20, 21.

Tout droit réel, démembré de la propriété d'un immeuble, est immeuble par son objet, I, 538.

Ceux qui ne sont pas immobiliers sont nécessairement mobiliers, I, 541.

La rente foncière était un droit réel, I, 540.

Nomenclature des droits réels dans le droit actuel, I, 559-565.

Nomenclature des droits réels dans l'ancien droit, I, 565-567.

Peut-on créer des droits réels ? I, 567-568.

Conséquences de la nature de droit réel qui appartient à l'usufruit, I, 628, 634.

La servitude est un droit réel, opposable à tout détenteur d'héritage, I, 660.

Les limitations de la propriété, appelées improprement servitudes, dérivant de la situation des lieux et servitudes légales, sont des droits réels , conséquences de cette idée : I, 662.

Le bornage est un -, I, 678.

La mitoyenneté est un -, I, 688, 692-693.

Manières d'acquérir les -, II, 4-8 et 8 note 2.

La donation donne naissance à un droit réel en faveur du donataire, II, 459-460.

Le légataire universel acquiert un droit réel, II, 545-546.

Le légataire à titre universel acquiert un droit réel, II, 554.

Du - acquis par le légataire particulier, II, 558.

Le contrat peut produire un - aussi bien qu'une obligation, II, 735-737.

Contrat translatif de - : son objet, II, 774 ; sa cause, II, 777. — Effet de la révocation, II, 781 : ses effets, II, 782-792.

Le droit réel peut être affecté d'une condition, II, 817.

Comment il se prouve, II, 925-970.

Acte récognitif de droit réel, I, 720 ; II, 947.

L'obligation de délivrer s'applique à tous les droits réels, III, 271.

Le locataire a-t-il un -? III, 382-384.

L'antichrèse est-elle un -? III, 602, 604.

Le droit de rétention est un -, III, 604.

La nature juridique du - implique la détermination de l'objet , III, 624 note 1, — 643.

Le - peut exister entre les parties du jour du contrat et à l'égard des tiers après la publicité , III, 632 texte et note 3.

Le - n'entraîne pas nécessairement le droit de suite, III, 651 note 5.

L'hypothèque est un -, III, 714 texte et note 2.

Le - doit être spécial, III, 749.

Le - est susceptible de prescription acquisitive, III, 849 ; et de prescription libératoire, III, 850.

La prescription est l'exercice d'un droit réel, III, 858-859.

La prescription libératoire du - est suspendue par le terme ou la condition, III, 885.

Les lois relatives à l'exercice des droits réels sont de statut réel, III, 946.

Eaux.

Régime légal des eaux, I, 663-677.

Servitude relative aux eaux de source, I, 666-668.

Servitude relative aux eaux pluviales, I, 670-671.

Servitude de passage pour les eaux, I, 675-676.

Servitude de barrage, I, 776.

Servitude pour le drainage, I, 677.

(Voir, au surplus, au mot : *Rivières*.)

Echange.

Exposé général: III, 340-343.

Idées rationnelles :

Importance économique de l'échange, II, 722; — III, 224.
L'- est l'objet de la science économique, III, 529 note 1.
Le louage est l'- d'un service contre un prix, III, 343.

Indications diverses :

Le droit de retour légal s'exerce-t-il sur la chose acquise en échange de la chose donnée? II, 125.
L'- peut être une forme de partage, II, 367.
Cas de l'- de la chose léguée, II, 590.
L'- est un contrat synallagmatique, II, 738; à titre onéreux, II, 740; commutatif, II, 742; consensuel, II, 744.
Cas de l'échange des meubles contre des immeubles dans l'intervalle des deux contrats de mariage, III, 43.
Cas de subrogation réelle, III, 45.
Effets de l'- sur la composition de la communauté, III, 47.
Cas où l'un des époux échange un droit perpétuel contre un droit temporaire et réciproquement, III, 87.
L'- est une cause d'aliénation du fonds dotal, III, 202-204.
L'- doit être rapproché de la vente, III, 233 note 1.
L'- ressemble à la dation en payement, III, 239.
Définition de la délivrance en cas d'-, III, 271 note 2.
Le bail est opposable au coéchangiste, III, 381.
L'action en résolution de l'- dure 30 ans, III, 676-677.
Le coéchangiste n'a pas de privilége, III, 684-685.
L'- est un juste titre pour la prescription, III, 889.

Economie politique.

Généralités :

Définition de cette science, III, 529 note 1.
Ses rapports avec le Droit, III, *Append.*, 12-16.
La connaissance de l'- est nécessaire pour résoudre certaines questions de droit civil, I, 249.
La règle des rapports sociaux doit être la loi du travail et la rémunération de chacun selon ses œuvres.
Enseignement de l'- dans les Facultés de droit, III, 590 note 1.
Bibliographie, I, LXXVIII-LXXIX.

Indications diverses :

Le talent est-il un capital? I, 249 note 1.
Recherche de la base de la réserve, I, 407.
La fortune du mineur est laissée à la discrétion du tuteur, I, 447.
Définition du capital, I, 482.
Définition des biens, I, 522, — 524 note 1; — 536 note 1.
Progrès de la propriété mobilière, I, 528 note 1.
Le démembrement de propriété doit être permis, sauf rachat, I, 567-568.
Théorie de la propriété, I, 569-571.
Distinction des aliénations à titre gratuit ou onéreux, I, 574.
Forces productives, I, 578.
Sur la propriété du lit des rivières, I, 596 texte et note 1.
Inconvénient des servitudes personnelles, I, 606.
Rachat des servitudes, I, 660.
Distinction des servitudes et des limitations de la propriété, I, 662.
Les démembrements de propriété doivent être permis, sauf rachat, I, 708.
Classification rationnelle des manières d'acquérir, II, 8 note 2.
Théorie scientifique des manières d'acquérir à titre gratuit, II, 11.
Sur l'occupation, II, 13-14.

La théorie de la succession *ab intestat* est une dépendance de la théorie du droit de propriété, ll, 27-32.

La saisine héréditaire n'est autre chose que l'investiture de l'héritier par le défunt lui-même, ll, 44 note 2.

Idées fondamentales d'une doctrine scientifique de la dévolution des biens par succession, ll, 59 note 1.

Développement de la propriété mobilière, ll, 128 note 1.

Appréciation du bénéfice d'inventaire, ll, 236 note 3.

Idées rationnelles sur le partage, ll, 241, — 355-356.

Sur le contrat d'indivision, ll, 245 note 2.

Moyens de remédier au morcellement exagéré du sol, ll, 263 note 2.

Appréciation du retrait successoral, ll, 267.

Idées rationnelles sur le rapport, ll, 274-275; — 306 note 1; — 308 note 3.

Sur la restitution des fruits, ll, 299 note 1.

Idées rationnelles sur le payement des dettes de succession, ll, 321 texte et note 2.

Sur les actions en rescision, ll, 364 note 4.

Idées rationnelles sur la disposition à titre gratuit, les devoirs de la propriété et la liberté de tester, ll, 371-376; — 387, 389 note 1; — 408-413; — 513; — 543 note 4.

Sur le droit de retour conventionnel, ll, 485, 486 note 3.

Sur les substitutions, ll, 609-611; — 622, 623 note 1.

Sur les donations par contrat de mariage, ll, 665, 669 note 1, 672 notes 4 et 5, 676 note 2, 681 note 2.

Sur les donations entre époux, ll, 689, 710 note 1.

Le contrat est le moteur du monde économique, ll, 721.

L'argent est une marchandise et les intérêts ne doivent pas être limités par la loi, II, 799 note 1.

Formule de la loi de répartition du capital, ll, 805 note 2.

Sur la compensation, ll, 906.

Le législateur n'a pas le droit de règlementer les intérêts pécuniaires des époux, lll, 2-9.

Appréciation de la communauté légale, lll, 11-14.

Sur le retrait d'indivision, lll, 53 note 1.

L'inaliénabilité du fonds dotal est la négation du droit individuel, lll, 195.

Importance du contrat de vente, lll, 221-223.

Appréciation de l'échange, lll, 224, — 340.

Appréciation du louage, lll, 343-347.

Difficulté de concilier le droit du locataire avec celui de l'acquéreur particulier, lll, 381, 385.

Appréciation du colonage, lll, 393 note 2.

Appréciation du louage de services ou d'ouvrage, lll, 400.

Importance de l'industrie voiturière, lll, 403.

Appréciation du cheptel, lll, 416-417 note 1.

Le prêt à intérêt est un louage de choses, lll, 465-466.

La rente est une vente, lll, 466.

La monnaie est une marchandise, lll, 481 note 2.

Appréciation du prêt à intérêt, lll, 485.

Appréciation de la rente viagère, lll, 501-504.

Importance du dépôt salarié, lll, 511.

Rôle de l'assurance, lll, 527-528.

Le cautionnement est un contrat de servitude, lll, 553.

Principes du crédit hypothécaire, lll, 610-613.

Appréciation du nantissement, lll, 588-590.

L'- repousse la distinction entre commerçants et non-commerçants, lll, 646 note 4.

Les meubles et immeubles peuvent être hypothéqués chacun à leur manière, lll, 716.

Le crédit suppose la publicité: c'est la raison de l'impossibilité de l'hypothèque des meubles, lll, 725 note 3.

Conditions d'une bonne loi sur les saisies, lll, 832.

17

Ecosse.

Ses institutions pénales, I, LXXVIII note 2.

L'- pratiquait le nantissement pour la transmission des droits réels, III, 618 note 2.

Ecrit (Preuve par).

Règle : La - est, en principe, nécessaire au-dessus de 150 francs, II, 950-955.

Applications: La - est nécessaire pour la société au-dessus de 150 francs, III, 445.

La - est nécessaire pour la prorogation de la société au-dessus de 150 francs, III, 459, 460.

La - est nécessaire pour le dépôt volontaire au-dessus de 150 francs, III, 514.

La - est nécessaire pour le mandat au-dessus de 150 francs, III, 536.

La - est nécessaire pour le gage au-dessus de 150 francs, III, 595.

Exceptions : La - n'est pas nécessaire pour le dépôt nécessaire, même au-dessus de 150 francs, III, 521.

La - est nécessaire pour l'existence du bail, même au-dessous de 150 francs, III, 357.

La - est nécessaire pour le prix du bail, même au-dessous de 150 francs, III, 360.

La - est nécessaire pour la convention de forfait, même au-dessous de 150 francs, III, 415.

La - est nécessaire pour la fixation des intérêts, même au-dessous de 150 francs, III, 491.

La - est nécessaire pour la transaction, même au-dessous de 150 francs, III, 579.

La - est nécessaire pour l'antichrèse, même au-dessous de 150 francs, III, 601.

(Voir, au surplus, les mots : *Acte authentique, Actes de l'état civil, Acte notarié, Acte sous-seing privé, Commencement de preuve par écrit, Preuve, Solennité.*)

Ecriture.

Du testament olographe, II, 516.

Du testament public, II, 523-526.

Du testament mystique, II, 527-528.

Education.

Règles pour l'- du pupille, I, 450.

Les frais d'- ne sont pas soumis au rapport, II, 297.

Les frais d'- sont charges du mariage, III, 71-72.

La femme séparée de biens contribue aux frais d'-, III, 114.

L'- des enfants est une cause d'aliénation du fonds dotal, III, 202.

(Voir, au surplus, au mot : *Dette d'éducation.*)

Effet déclaratif.

De la reconnaissance d'enfant, I, 347.

De l'aveu, II, 965.

Des jugements, III, 109.

De la transaction, III, 577 note 1, — 584.

Du partage de communauté, III, 128.

Du partage de communauté au point de vue de l'hypothèque de la femme sur les conquêts, III, 730.

Du partage de copropriété ordinaire, II, 325-326.

Du partage de société, I, 545; — III, 464.

Du partage de succession, II, 355-360. — Origine de cette règle, II, 241. — L'- du partage est en contradiction avec l'indivisibilité des servitudes, I, 728. — L'- du partage s'applique-t-il en matière de communauté? III, 41. — Application de l'- du partage aux immeubles acquis pendant la communauté, III, 45.

Effet rétroactif.

(Voir *Rétroactivité.*)

Effets de commerce.

(Voir *Lettres de change.*)

Effets mobiliers.

(Voir *Meubles.*)

Egout des toits.

Servitude, I, 706.

Election de domicile.

(Voir *Domicile.*)

Emancipation.

Exposé général, I, 472-487.
Idée rationnelle : I, 473.

Indications diverses :

Comment on constate l'-, I, 69.
L'- met fin à la puissance paternelle, I, 389.
L'- fait cesser la jouissance légale, I, 405.
Comment se fait l'- du pupille, I, 442; — 476.
L'- met fin à la tutelle, I, 468.
L'- donne au mineur le droit de se choisir un domicile, I, 600.
L'- ne fait pas cesser la présomption de responsabilité des père et mère, II, 979.
Les lois relatives à l'- sont de statut personnel, III, 946.

(Voir, au surplus, les mots : *Curateur* et *Mineur émancipé.*)

Empêchements au mariage.

Enumération, I, 123, — 138-139.
Sanction, I, 124.
La non-observation des dix mois de viduité n'est qu'un empêchement prohibitif, I, 258.
Résultant de la filiation naturelle, I, 351 note 1.
Résultant de la filiation adultérine ou incestueuse, I, 353.
Résultant de l'adoption, I, 371-372.

Emphytéose.

Définition, I, 564.

Indications diverses :

Existait dans l'ancien droit, I, 566.
L'emphytéote a droit à une indemnité pour les travaux faits sur le sol, I, 592-593.
L'emphytéote peut constituer une servitude temporaire, I, 714.
Comment l'emphytéote acquiert le trésor, II, 20.
L'- est susceptible d'hypothèque, II, 464.
L'- peut être hypothéquée, III, 723 note 1.
L'- peut être purgée, III, 813.
L'- peut être saisie, III, 833.
L'- est soumise à la prescription de 10 ou 20 ans, III, 893.

Emploi.

Des revenus par le tuteur, I, 450-451.
Du capital par le mineur émancipé, I, 482.
Du mobilier par les successeurs irréguliers, II, 178-179.
Des deniers par le grevé de substitution, II, 631.
Des deniers de la vente du bien d'un époux : cas de récompense, III, 87.
Distinction avec le remploi, III, 96 note 1.
A faire par le mari en cas de séparation de biens, III, 115 texte et note 2.
Clause de communauté conventionnelle, III, 153-155.
De l'excédant du prix de l'immeuble dotal, III, 205.
L'- ne change pas la nature de la dot, III, 193-194.
Sous le régime dotal, III, 206-207.
A faire par les envoyés en possession provisoire des biens de l'absent, III, 910.

Emprunt.

Par le tuteur, I, 459.
Par le mineur émancipé, I, 483.
Par le demi-interdit, I, 518.

Enclave.

Servitude de passage en cas d'-, I, 706-707.

Enfant.

(Voir *Droit de l'enfant.*)

Enfant adoptif.

Indications diverses.

Rapports de famille, droit de succession, I, 371-375.

La présence d'un - paralyse le retour légal, 1, 376.

L'- de l'adoptant a le droit de retour légal, I, 377.

L'- est compris dans l'ordre des descendants, ll, 107.

L'- n'est pas compris parmi les collatéraux privilégiés, ll, 110.

Les ascendants ne succèdent pas à leur -, ll, 112.

L'adoption ne donne aucun droit aux collatéraux ordinaires, ll, 112.

La présence d'un - fait obstacle au droit de retour légal, ll, 119.

L'- est réputé personne interposée, ll, 405.

L'- a droit a la réserve des enfants légitimes, ll, 420.

L'existence de l'- fait-elle obstacle au retour conventionnel ? ll, 486.

L'existence d'un - au moment de la donation empêche-t-elle la révocation pour survenance d'enfant ? ll, 505.

L'existence d'un - n'empêche pas la substitution en faveur des enfants d'un frère ou d'une sœur, ll, 624.

L'- doit être compris dans le partage d'ascendant, ll, 649.

L'existence d'un - ne limite pas la quotité disponible en cas de second mariage, ll, 710.

L'- fait nombre pour le calcul de la part d'enfant, ll, 713.

(Voir, au surplus, au mot : *Adoption.*)

Enfant adultérin ou incestueux.

Définition, 1, 286.

Indications diverses :

Dans les deux cas de bigamie ou d'inceste, l'- né du mariage jouit de la présomption de paternité du mari, I, 181, 196.

Les père et mère de l'- ont-ils droit à des aliments? 1, 214.

L'- n'a pas le droit à être reconnu et à être élevé : violation de son droit, I, 287.

La filiation d'un - est constatée par une réclamation d'état réussissant contre la mère seule, 1, 318-319.

Prohibition absolue de reconnaissance, I, 338-341.

Cas où la filiation est constatée, 1, 339-340.

Etat de l'-, I, 352-353.

L'- n'est pas soumis à la tutelle légale des père et mère, I, 353 note 1.

Prohibition de recherche de filiation, I, 359-360.

La possession d'état prouve-t-elle la filiation de l'-? I, 362-363.

La loi n'a pas organisé de tutelle pour l'-, I, 488.

Son droit successoral, ll, 157-162.

Cas où la filiation se trouve constatée, ll, 157-158.

Dévolution de sa succession, ll, 171.

Nullité des libéralités faites à l'-, ll, 405.

Enfant conçu.

(Voir *Conception.*)

Enfant légitime.

Indications diverses.

L'- prend la nationalité du père et non celle de la mère ; rationnellement, devrait avoir un droit d'option à sa majorité, I, 23-24.

L'acte de naissance fait foi de la naissance et de la filiation de l'-, I, 81.

L'- a son domicile d'origine chez son père, I, 95.

L'- a besoin pour se marier du consentement de ses ascendants, I, 127-129 ; — ou du consentement du conseil de famille, 1, 132.

L'- a une action sanctionnant son droit à l'éducation, I, 203-209.

L'- a seul la plénitude de son droit d'enfant, I, 285-287.

L'enfant conçu avant et né durant le mariage est-il légitime ? I, 298-300.

L'enfant né plus de trois cents jours après la dissolution du mariage

peut-il être déclaré légitime? I, 306-307.

La présence d'un - fait obstacle à l'adoption, I, 366.

La présence d'un - paralyse le retour légal, I, 376.

Droit de correction sur l'enfant légitime, I, 392-395.

Les biens de l'- sont soumis à l'administration légale, I, 413-416.

L'- né du même père ou de la même mère que l'enfant naturel, ne lui succède pas, II, 163.

L'- est présumé personne interposée, II, 405.

L'- a droit à une réserve, II, 420.

L'existence d'un - au moment de la donation empêche la révocation pour cause de survenance d'enfant, II, 503.

La survenance d'un - révoque la donation, II, 506.

L'existence d'un - limite la quotité disponible en cas de second mariage, II, 710.

L'- du premier lit a le droit de faire opérer la réduction des avantages résultant du contrat de mariage pour le second époux, III, 147-148.

Enfant légitimé.

Définition, I, 287.

Indications diverses :

L'enfant conçu avant et né durant le mariage est-il légitimé? I, 298-300.

L'- a les mêmes droits que l'enfant légitime, I, 332.

L'-, né du même père ou de la même mère que l'enfant naturel, ne lui succède pas, II, 163.

L'- a droit à la réserve des légitimes, II, 420.

Les ascendants de l'- ont droit à une réserve, II, 423.

L'existence d'un - au moment de la donation empêche la révocation pour survenance d'enfant, II, 503.

L'- doit être compris dans le partage d'ascendant, II, 649.

L'- déjà né, légitimé par le mariage, peut recevoir par institution contractuelle, II, 671.

L'existence d'un - limite la quotité disponible en cas de second mariage, II, 710.

(Voir, au surplus, au mot : *Légitimation.*)

Enfant naturel.

Exposé général : I, 327-363.

Idée rationnelle :

(Voir au mot : *Droit de l'enfant.*)

Indications diverses :

L'- prend la nationalité de l'auteur qui l'a reconnu ; rationnellement il devrait avoir un droit d'option, I, 24-25.

L'acte de naissance ne prouve que la naissance, I, 81.

Dans l'acte de naissance de l'-, faut-il indiquer le nom de la mère? I, 83-84.

Domicile de l'-, I, 95.

L'- doit demander le consentement de ses père et mère ou d'un tuteur *ad hoc* pour se marier, I, 132.

Cas où l'-, qui a besoin du consentement d'un tuteur *ad hoc*, n'a pas eu ce consentement, I, 174.

Son droit d'éducation est réduit à un droit alimentaire contre les père et mère seulement, I, 210.

Obligation alimentaire entre les père et mère et l'-, I, 211-214.

L'- n'a pas en principe le droit à être reconnu : violation de son droit, I, 287.

L'- peut être légitimé, I, 328-332.

L'- peut contester une reconnaissance, I, 344.

L'- peut être reconnu par un époux, quoique né avant le mariage, I, 346-349.

Droit de l'- reconnu, I, 349-352.

L'- non reconnu est un étranger, I, 353.

Recherche de la filiation naturelle, I, 354-360.

Règles de la réclamation d'état naturelle, I, 357-359.

Possession d'état comme preuve de la filiation naturelle, I, 360-363.

La présence d'un - ne fait pas obstacle à l'adoption, I, 367.
L'- peut-il être adopté par celui qui l'a reconnu ? I, 369-371.
Droit de correction sur l'-, I, 395-399.
La loi n'a pas organisé de tutelle pour l'- non reconnu, I, 409, — 488.
Les biens de l'- ne sont pas soumis à l'administration légale, I, 416, — 489.
L'- reconnu a-t-il une tutelle? I, 488-492.
L'- peut être émancipé par ses père et mère, 492.
Le droit de retour légal existe-t-il au profit des père et mère de l'- reconnu? II, 117-118.
La présence de l'- reconnu ne fait pas obstacle au droit de retour légal, II, 119-121.
Son droit successoral, II, 130-162.
Pourquoi les restrictions à la succession de l'- sont injustes, I, 287 note 2.
Les enfants naturels de l'- ne succèdent pas à ses père et mère, II, 145-146.
La réduction d'un - profite aux autres enfants naturels, II, 156.
Dévolution de la succession d'un -, II, 162-171. — Anomalies qu'elle présente, II, 165.
Incapacité de recevoir de ses père et mère, II, 403-404.
L'- est présumé personne interposée, II, 405.
L'- a droit à une réserve, II, 422-423.
Les père et mère n'ont pas de réserve dans la succession de l'-, II, 427.
Les père et mère ont le droit d'accepter une donation faite à l'-, II, 457 note 1.
L'existence de l'- fait-elle obstacle au retour conventionnel? II, 486.
L'existence d'un - au moment de la donation empêche-t-elle la révocation pour cause de survenance d'enfant? II, 504.
Ses père et mère ne peuvent pas lui faire une libéralité avec substitution, II, 624; son existence n'empêche pas la substitution en faveur des enfants d'un frère ou d'une sœur, II, 624.
L'- doit être compris dans le partage d'ascendant, II, 649.
L'existence d'un - ne limite pas la quotité disponible en cas de second mariage, II, 710.
Il fait nombre pour le calcul de la part d'enfant, II, 713.
La loi peut-elle rétroactivement modifier sa condition ? III, 938.

(Voir, au surplus, au mot : *Reconnaissance.*)

Enfant trouvé.

Indications diverses :

L'- a la nationalité française quand il est né en France, I, 23, 26.
Procès-verbal de la découverte d'un -, I, 84.
Où il a son domicile, I, 95.
Un tuteur *ad hoc* doit consentir au mariage de l'-, I, 132.
Cas où, le tuteur n'ayant pas consenti, le mariage a eu lieu, I, 172.
Emancipation et curatelle, I, 478 note 2.
Tutelle dans les hospices, I, 492.

Engagement volontaire.

Par l'enfant mineur, I, 390.
Par le pupille, I, 443.

Enlèvement.

L'- permet la recherche de la paternité, I, 355.
Cas où la femme ravie était mariée ou parente du ravisseur, I, 360.

Enregistrement.

Indications diverses :

Du testament fait par un Français en pays étranger, II, 542.
Des legs particuliers, II, 560.
L'- d'un acte lui donne date certaine, II, 941.
Nécessaire pour le contrat de gage, III, 593-596.

Enseignement.

Du droit romain, 1, LVIII note 1.
Nécessité de l'abolition du monopole universitaire, 1, LXVIII-LXX.
Nécessité de l'- du droit politique, III, 199 note 2.
Vices de l'- dans les Facultés de droit, III, 199 note 2.
Observations des Facultés sur la réforme hypothécaire, III, 626 note 1.
Abaissement de l'- du droit dans les Facultés, III, *Append.*, 20.

Entrepreneurs.

(Voir *Architectes*).

Envoi en possession.

Matières diverses :

ABSENCE : Provisoire ou définitif des biens de l'absent, I, 111.
L'- provisoire ne constitue pas en droit une ouverture de la succession, II, 36.
Les envoyés en possession provisoire ou définitive ont l'action en partage, II, 250.
Les envoyés en possession sont mandataires légaux pour recevoir un payement, II, 877.
Cas de caution légale, III, 561.
Provisoire en cas d'absence, III, 906-916.
Définitif en cas d'absence, III, 921-927.
Les envoyés en possession provisoire peuvent hypothéquer avec autorisation de justice, III, 746.
SUCCESSIONS IRRÉGULIÈRES : Pour les successeurs irréguliers ; ses effets, II, 52, — 176-186.
Influence de l'- au point de vue du droit de poursuite, II, 330.
LEGS : Le légataire universel doit demander l'-, II, 546 note 1.
Cas où l'- doit être demandé par le légataire universel, II, 550.
Influence de l'- au point de vue du droit de poursuite, II, 330.

Epave.

Etranger dont on ignore la patrie, I, 36.

Epaves.

Acquisition des - par occupation, II, 21-26.

Epoux.

Idées rationnelles

Les droits et devoirs respectifs des époux devraient être réglés par la morale, I, 221-224.
La sanction des obligations de fidélité, secours et assistance, devrait être la dissolubilité du mariage, I, 222.
Egalité rationnelle des époux entre eux, I, 222, — III, 4-7.
La quotité héréditaire entre époux devrait être réglée au moyen d'un usufruit, I, 607.
Chacun des époux doit conserver la pleine propriété et la libre administration des biens qui lui appartiennent, III, 2-9.

Indications diverses.

Contrats entre époux, I, 244-247.
Reconnaissance par un époux d'un enfant né avant le mariage, I, 346-349.
Le mari est curateur légitime de sa femme mineure, I, 498.
Le mari est tuteur légitime de sa femme interdite, I, 509.
Femme tutrice du mari, I, 509.
Caractère des donations entre époux, II, 380.
L'époux médecin est-il capable de recevoir ? II, 402-403.
Le mari est tenu de faire opérer la transcription des donations acceptées par sa femme, II, 467.
Donations par contrat de mariage : exposé général, II, 665-682.
Donations entre - : exposé général, II, 682-717.
Dettes des époux distinctes des dettes de communauté, III, 56-57.

Poursuite et contribution quant aux dettes de communauté, III, 138-142.

Les époux ne peuvent augmenter la dot pendant le mariage, III, 180-188.

La vente est interdite entre -, III, 249-253.

La prescription ne court pas entre époux, III, 884.

(Voir, au surplus, les mots : *Conjoint, Contrat de mariage, Femme mariée, Mari, Mariage,* etc.)

Erreur.

Matières diverses :

MARIAGE : L'- en matière de mariage ne peut pas être comparée à l'- dans les contrats ordinaires, I, 169.

Sens des mots : erreur dans la personne, I, 169-171.

Si on admet que l'erreur soit une cause de nullité, il faut admettre la dissolubilité du mariage, I, 202 note 1.

La bonne foi des époux (mariage putatif) peut-elle résulter d'une erreur de droit? I, 198-199.

Exemple d'erreur dans la personne quant au mariage, I, 271.

SUCCESSIONS : L'- n'est pas une cause spéciale de révocation de l'acceptation de succession, II, 207.

L'- n'est pas une cause spéciale de révocation de la renonciation à succession, II, 213.

L'- n'est pas une cause spéciale d'annulation du partage, II, 365.

TESTAMENT : Cause d'annulation de la répudiation d'un legs, II, 597.

CONTRATS EN GÉNÉRAL : L'erreur sur la personne est plus grave dans le contrat à titre gratuit que dans le contrat à titre onéreux, II, 741.

L'erreur est une cause de nullité ou d'annulation des contrats, II, 748-753.

Le dol suppose toujours une erreur, II, 758.

Sur la cause de l'obligation, II, 778.

De l'erreur sur l'existence du terme, II, 828.

De l'- comme cas de défense pour les co-débiteurs solidaires, II, 847-848.

L'action en annulation d'un contrat pour erreur dure 10 ans, II, 919.

AVEU : Influence de l'erreur sur l'aveu, II, 965.

QUASI-CONTRATS : Répétition du payement fait par erreur, II, 974-975.

CONTRATS DIVERS : Sur la contenance de l'immeuble vendu, III, 277-280.

Erreur en cas d'échange, III, 343.

De contenance dans le bail à ferme, III, 394.

Payement d'intérêts par -, III, 491.

Cause de rescision de la transaction, III, 578.

L'- peut être une cause d'annulation de la transaction , III, 579 note 1, 586, 588.

L'erreur de droit n'annule pas la transaction, III, 585.

Esclavage, Esclaves.

L'esclavage, aboli par la Convention, rétabli par le Consulat, est aboli en 1848, I, 46.

Possession ou trafic d'esclaves puni de la perte de la qualité de Français, I, 46.

Esprit de retour.

Etablissement fait en pays étranger sans -, I, 45.

Estimation.

Indications diverses :

Des animaux livrés au fermier, I, 533.

Des choses comprises dans le quasi-usufruit, I, 617-618.

Du fonds sujet à usufruit, I, 641.

Des immeubles et des meubles en cas de partage, II, 257-258.

De l'immeuble soumis au rapport, II, 311, 313, 317.

Des meubles soumis au rapport, II, 318.

Des rentes perpétuelles en cas de succession, II, 339.

De la chose dont le cohéritier est évincé, II, 362.

L'erreur dans l'estimation du partage est une lésion ou est indifférente, II, 365-366.

Des objets compris dans le partage en cas de lésion, II, 362, 368.

Des legs ou des donations d'usufruit ou de rente viagère, II, 428.

Des biens héréditaires et des biens donnés pour le calcul de la réduction, II, 437-438.

État estimatif des donations mobilières, II, 477-478.

L'institution contractuelle est dispensée de l'état estimatif des meubles, II, 676.

Des biens donnés et aliénés par le donataire en cas de révocation de la donation pour ingratitude, II, 499.

De la chose d'autrui léguée, II, 568.

Des bestiaux et instruments en cas de substitution, II, 630.

De la lésion dans le partage d'ascendant, II, 657.

Des meubles pour la donation cumulative de biens présents et à venir, II, 678.

Pour les donations mobilières entre époux, II, 693, 694 note 1.

L'- vaut vente : application de cette idée au contrat de mariage, III, 151, 179, 193.

Pour la fixation du prix de vente, III, 246.

De la chose dont l'acheteur est évincé. III, 291-300.

De la portion du prix à rendre en cas de vices rédhibitoires, III, 302.

De l'immeuble en cas de lésion, III, 320.

Du prix du bail, III, 360 texte et note 2.

De la chose prêtée à usage, III, 476.

Du fonds de bétail dans le cheptel, III, 429.

Du fonds de bétail dans le cheptel au colon, III, 431.

Du gage donné en payement, III, 592.

Des immeubles hypothéqués pour la réduction, III, 789.

Etablissement.

Indications diverses :

Fait à l'étranger sans esprit de retour, I, 45.

Le principal - détermine le domicile, I, 94.

Les père et mère ne doivent pas à l'enfant l'-, I, 210-211.

De l'enfant de l'interdit, I, 510-511.

Ce qui est employé pour l'établissement d'un cohéritier est rapportable, II, 293-294.

L'obligation d'établir les enfants est naturelle pour les père et mère, II, 870.

Cas où la femme s'oblige pour l'- des enfants, III, 69.

Le mari peut donner pour l'- des enfants, III, 74.

L'- des enfants du premier lit et l'- des enfants communs sont des causes d'aliénation de l'immeuble dotal, III, 201-202.

Etablissements publics.

Indications diverses :

Les - sont des personnes civiles, I, 554.

Les - possèdent des biens, I, 559.

Dispositions faites en leur faveur, II, 396.

Acceptation des donations qui leur sont faites, II, 458.

Transcription des donations qui leur sont faites, II, 467.

Les administrateurs des - ne peuvent pas acheter les biens des -, III, 253.

Les - ne peuvent pas transiger, III, 581 texte et note 2.

Appréciation de leur hypothèque légale, III, 646, — 726-737.

La saisie immobilière n'est pas possible contre les -, III, 840.

Etages.

Maison dont la propriété est divisée par -, I, 694.

Etat.

Idées rationnelles :

L'- est une abstraction, sans existence propre, I, XII-XIII.

Ses attributions rationnelles, I, XV-XVI.

L'- républicain fédératif réalise seul l'autonomie de l'individu, I, XVI.

L'- est une collectivité d'individus associés entre eux, n'ayant par elle-même aucun droit propre, I, 107 texte et note 1 ; — 386 note 2 ; — 556 ; — 598 ; — 674 note 2 ; — 683.

Autonomie nécessaire de l'Etat, basée sur l'autonomie de l'individu, I, 555 note 2.

Appréciation de l'hypothèque légale de l'Etat, III, 646.

Indications diverses :

Est une personne civile, I, 554.

Enumération des biens de l'Etat, I, 556-558.

A la garde du domaine public, I, 556 note 1.

Acquiert les îles des rivières navigables et flottables, I, 595.

Autorise les prises d'eau dans les cours d'eau, I, 673.

Devient propriétaire des biens sans maitre, II, 12.

Propriétaire du droit de pêche dans les rivières navigables, II, 17.

A droit aux épaves terrestres, II, 24-25.

A droit aux choses égarées, II, 26.

Est un successeur au même titre que les autres successeurs, II, 55 note 1.

Est exclu par l'enfant naturel, II, 144.

Cas où il concourt avec l'enfant naturel, II, 146.

La réduction d'un enfant naturel peut profiter à l'Etat, II, 156.

Son droit dans la succession de l'enfant naturel, II, 171.

Son droit successoral, II, 174.

Est exclu de la succession par la caisse des retraites et la caisse de

la dotation de l'armée, II, 176 note 1.

Est dispensé de donner caution comme successeur irrégulier, II, 178.

A-t-il le droit de racheter les rentes ? III, 497 texte et note 2.

L'- a un privilége sur les cautionnements des comptables, III, 682 note 1.

L'- a un privilége pour le desséchement des marais, III, 689.

L'- a un privilége sur les immeubles acquis à titre onéreux par les comptables, III, 727 note 1.

L'- a une hypothèque légale sur les biens des comptables, III, 737.

L'hypothèque légale de l'- est réductible judiciairement, III, 727.

La saisie immobilière n'est pas possible contre l'Etat, III, 840.

L'- est soumis aux mêmes prescriptions que les particuliers, III, 850.

L'- peut invoquer les mêmes prescriptions que les particuliers, II, 851.

Etat d'une personne.

L'individu ne peut pas se dépouiller de son état, I, 322.

L'état, en droit civil, est la personnalité même, I, 324.

On ne peut pas renoncer à un état, mais on peut renoncer à contester un état, I, 327.

L'enfant naturel a-t-il un véritable état ? I, 359.

L'- n'est pas susceptible de transaction, III, 581.

La loi peut-elle régler rétroactivement l'- ? III, 935-938.

(Voir, au surplus, les mots : *Action en contestation d'état, Action en réclamation d'état, Possession d'état, Suppression d'état,* etc.)

Etat civil.

L'- résulte essentiellement de la *naissance* et de la *filiation* ; il comprend aussi : le *mariage,* le *décès,* la *reconnaissance d'enfant natu-*

rel, *l'adoption*. — Il ne comprend pas : *l'émancipation*, *l'interdiction*, I, 69.

L'- ne peut pas être prouvé par témoins, I, 78; — II, 955.

(Voir, au surplus, les mots : *Actes de l'état civil, Officier d'état civil, Registres d'état civil*.)

Etats-Unis.

Imperfection du système représentatif, I, XVI.

Le jury en matière civile y est pratiquée, I, LXV note 1.

Appréciation de la constitution, I, LXXVII texte et notes 1 et 2.

Institutions pénales, I, LXXVIII note 2.

Le mariage s'y forme sans l'intervention d'aucune autorité, I, 120 note 3.

Sur la direction paternelle, I, 387 note 1.

Le législateur y a compris le rôle social de la disposition à titre gratuit, II, 373 note 1.

La législation y maintient les substitutions, II, 614 note 4.

La législation y admet la séparation de biens entre époux, III, 17 note 1.

Comment on y apprécie le droit romain, III, 437 note 2.

Système hypothécaire, III, 639-640.

La loi y a supprimé l'hypothèque sur les comptables, III, 646 note 1.

Etrangers.

Généralités :

Les règles qui concernent les - ne forment pas une division spéciale du droit, I, XX.

Le Tribunat proteste contre le système d'incapacités proposé pour les étrangers, I, XXXIV.

Indications diverses :

Condition des - d'après le code de la Convention, I, 17.

Ont-ils la jouissance des droits civils? I, 22.

Nationalité des enfants des -, I, 27-30.

Deviennent Français par la naturalisation, I, 31.

Autorisés à établir leur domicile en France, différent encore du Français, I, 34-35.

Peuvent-ils avoir un domicile? I, 35.

Historique de la condition des - en France, I, 36-37.

Ont-ils tous les droits civils? I, 37-39.

Différences avec les Français (système de la réciprocité diplomatique), I, 39.

Avantage que procure l'autorisation à domicile, I, 39.

Jouissent des droits publics, I, 39.

Sont actionnés devant les tribunaux français, I, 40.

Ne peuvent actionner comme demandeurs que moyennant une caution légale, I, 41-42.

Peuvent être témoins dans les actes d'état-civil, I, 73.

Peuvent-ils adopter? I, 39, — 369.

D'après le Code, étaient incapables de succéder, II, 60-61.

Condition actuelle des - au point de vue des successions, II, 65-69.

Les biens laissés en France par les - sont soumis au droit de deshérence, II, 174.

Abrogation de l'incapacité de recevoir des -, II, 397.

Les - peuvent être témoins testamentaires, II, 534.

Formes du testament fait par les -, II, 542-543.

Régime matrimonial pour le mariage entre Français et étrangers, III, 25.

Les femmes étrangères ont-elles hypothèque sur les biens du mari en France? III, 733.

Quelles lois sont applicables aux - en France? III, 943-951.

(Voir, au surplus, le mot : *Pays étranger*.)

Eviction.

Définition, II, 361.

Indications diverses :

Cas d'éviction sans dépossession, II, 337.

En matière de partage, II, 360-362.
Eviction de la chose donnée en payement au créancier, II, 878.
De la chose donnée en dot, III, 99.
En cas de dation en payement, III, 239.
En matière de vente, III, 262 texte et note 1, — 285-286.
Eviction de la chose vendue, ses effets, droits de l'acheteur évincé, III, 291-298.
Effets de l'éviction partielle, III, 298-300.
Eviction du preneur de la chose louée, III, 367.
L'éviction du bailleur met fin au bail, III, 378.
Le cautionnement ne renait pas en cas d'- de l'objet donné en payement, III, 575.
En matière de transaction, III, 585.
L'- donne lieu à l'exception de garantie au profit du tiers détenteur, III, 797.
Subie par le tiers détenteur, III, 806.
L'- en cas de dation en payement fait revivre les priviléges et hypothèques, III, 807 texte et note 1.

Exceptions.

En matière de solidarité, II, 845-848.
En matière de cautionnement, III, 556, — 564-565, — 573.

Exception de garantie.

Pour l'acheteur, III, 283-284.
Pour la caution, III, 570.

Exception dilatoire.

Les délais pour faire inventaire et délibérer constituent une - pour l'héritier, II, 224 texte et note 3.
Les délais pour faire inventaire et délibérer constituent une - pour la femme commune, III, 123.

Excès.

Cause de séparation de corps, I, 270.

Exclusion.

De la tutelle, I, 438-440.
De la curatelle, I, 479.

Exclusion de communauté.

Exposé général: III, 177-180.

Idée rationnelle:

Régime matrimonial contraire à l'autonomie de la femme et à la dignité du mari, III, 177.

Indications diverses:

Traits principaux de ce régime au point de vue de la capacité de la femme, I, 229.
Effets sous ce régime des obligations contractées par la femme commerçante, I, 249 texte et note 1.
L'art. 1573 n'y est pas applicable, III, 217-218.
Différences avec le régime dotal, III, 219-220.
Le régime d'- est susceptible du troisième cas de dation en payement entre époux, III, 251.

Excuses.

De la tutelle, I, 435-438.
De la curatelle, I, 479.
L'excuse du meurtre empêche-t-elle l'indignité de l'héritier, I, 72-74.
Du tuteur à la substitution, II, 629.

Exécuteurs testamentaires.

Exposé général, II, 570-582.
L'autorisation de justice ne suffit pas à la femme pour être exécutrice testamentaire, I, 251 ; — II, 574.
Solidarité des -, II, 810; — III, 543.

Exécution par effigie.

Dans les condamnations par contumace, I, 63.

Expectative (Simple).

Définition juridique, I, 8; — III, 934.

La prescription non accomplie est une -, lll, 905.

L'- peut être détruite par une loi nouvelle, lll, 931, — 934-935.

Exploit.

Définition, lieu où l'- peut être délivré, I, 93 note 2.

La notification de l'acceptation du donataire se fait par -, ll, 454.

Expromission.

Exposé, ll, 897-899.

L'- est plus lourde que le cautionnement, lll, 558.

Expropriation forcée.

Exposé général : lll, 830-841.

(Voir *Saisie immobilière.*)

Expropriation pour cause d'utilité publique.

Idées rationnelles :

L'- est une restriction au droit de propriété, I, 575.

L'- contredit le principe de la liberté individuelle, I, 575 note 1.

Indications diverses :

Des biens du pupille, I, 460.

Du propriétaire d'une source, I, 669-670.

Cause d'extinction des servitudes réelles, I, 730.

De l'immeuble soumis au rapport, ll, 308.

L'- est une vente nécessaire , lll, 238.

L'- de l'acheteur est assimilée à l'éviction, lll, 286.

De l'immeuble partagé : son effet quant au privilége du copartageant, lll, 701.

Les hypothèques sont transportées sur le prix de l'-, lll, 753.

Les notifications à fin d'- doivent être faites au domicile, lll, 777.

Effet légal des inscriptions hypothécaires, lll, 783.

Du tiers détenteur de l'immeuble hypothéqué, lll, 801-802.

L'- après délaissement par les tiers détenteur fait perdre le droit de suite, lll, 804.

Extraits des actes d'état civil.

Force probante des -, l, 74-76.

Facultés de Droit.

(Voir *Enseignement.*)

Faillite.

Idée rationnelle : Il est injuste d'aggraver la situation d'un débiteur, à cause de sa profession, lll, 646 note 4; — 773 note 3.

Indications diverses :

Incapacité du failli de faire une donation, ll, 395.

La - évite au créancier qui veut exercer l'action Paulienne la discussion des biens du débiteur, ll, 814.

La - est une cause de déchéance du terme, ll, 829.

La - du délégué donne lieu à garantie, ll, 900.

La - n'entraine pas compensation, ll, 908.

Conditions du remploi pour la femme du failli, lll, 93.

La - du mari dissout la communauté au profit des créanciers de la femme, lll, 110.

La - de l'acheteur donne lieu à l'exercice du droit de rétention du vendeur, lll, 275.

La - de l'acheteur est une cause de résolution de la vente, lll, 309.

La - est une cause de dissolution de la société, lll, 459, 462.

La - résout la constitution de rente, lll, 500.

La - du dépositaire nécessaire fait subir au déposant le concours des autres créanciers, lll, 523.

La - du débiteur donne à la caution le droit de le poursuivre avant d'avoir payé, III, 571.

Les frais de gestion de la - par le syndic sont garantis par le privilége des frais de justice, III, 655.

La maladie qui précède la - donne-t-elle lieu à privilége ? III, 658.

La - donne un privilége aux ouvriers et aux commis. III, 660.

Point de départ du privilége des fournisseurs de subsistance en cas de -, III, 661.

Loi du 12 février 1872 sur le privilége du bailleur en cas de -, III, 665 note 2.

La - empêche l'inscription du privilége du vendeur d'immeubles, III, 700, — 771-772 ; — du privilége des architectes, III, 705-706 ; — de la séparation des patrimoines. III, 708.

Les créanciers de la - ont une hypothèque légale, III, 726-728.

La - réduit l'hypothèque de la femme. III, 728 ; — 758 note 1.

La - empêche la saisie, III, 840.

La prescription court contre la -, III, 884.

(Voir, au surplus, au mot : *Concordat.*)

Falcidie (quarte).

La - n'existe plus au profit du légataire universel, II, 551.

Famille.

Idées rationnelles :

Le droit de famille fait partie du droit politique, I, XIII.

Comment elle a été organisée par le droit de la Révolution, I, XXVIII.

Le droit de la famille n'est que la collection des droits des individus qui la composent, I, 341 note 2.

La famille doit réaliser l'unité du foyer par l'unité du cœur, I, 341 note 2.

L'organisation de la - doit être changée puisque actuellement elle n'a pas une place pour tout enfant, I, 341 note 2.

La - doit devenir élective, III, 435 note 1.

Introduction nécessaire de la liberté dans la famille, III, 956.

Indications diverses :

La - n'a pas le droit d'intenter contre le père l'action sanctionnant le droit d'éducation de l'enfant, I, 209.

En principe, la - n'est pas tenue de la dette alimentaire envers l'adulte, I, 211.

Réalisation de la dette alimentaire et de la dette d'éducation, I, 220.

Obligation de la - à l'égard de l'enfant, I, 285.

Composition de la - de l'enfant naturel, I, 350-351.

La - n'est pas modifiée par l'adoption, I, 371.

Définition de la - pour l'exercice du droit d'usage, I, 656-657.

Définition de la - quant au privilége pour fourniture de subsistances, III, 661.

Fautes.

Généralités :

Distinction des risques et des fautes, I, 616 note 2 ; — II, 310 note 1.

Théorie des - dans les contrats, II, 785.

Théorie des - en cas d'obligation conditionnelle, II, 823-824.

La faute est appréciée différemment dans le contrat à titre onéreux et dans le contrat à titre gratuit, II, 741.

La faute produit l'obligation de payer des dommages-intérêts, II, 796 note 2.

La - rend le débiteur responsable en cas de perte, II, 917.

Indications diverses :

De l'usufruitier légal, I, 448.
De l'usufruitier, I, 618, 643-644.
De l'usager, I, 656.

Du donataire en cas de retour légal, II, 115.

Du donataire en cas de retour conventionnel, II, 116.

Du successeur irrégulier évincé, II, 180-181, — 184.

De l'héritier bénéficiaire administrateur, II, 231.

Du curateur à succession vacante, II, 239.

De l'héritier soumis au rapport, II, 310-314.

Du donataire soumis à réduction, II, 349.

Du donataire ayant amené la perte des biens donnés, II, 444.

Du donateur usufruitier d'effets mobiliers, II, 484-485.

Du donataire en cas de révocation pour inexécution des charges, II, 490.

Des héritiers quant à la chose léguée, II, 566.

Des exécuteurs testamentaires, II, 579-582.

Du débiteur au cas d'obligation alternative, II, 831.

Des codébiteurs solidaires, II, 843.

Du codébiteur d'une obligation indivisible, II, 866.

Du gérant d'affaires, II, 973.

Du mari usufruitier des biens dotaux, III, 211.

De l'acheteur en cas d'éviction totale ou partielle de la chose vendue, III, 289, — 293-300.

Du vendeur, III, 275, 281.

Du preneur à bail, III, 370.

Du voiturier, III, 405-406.

De l'ouvrier dans le louage d'ouvrage, III, 409.

De l'associé, III, 452.

Du commodataire, III, 474-475.

Du dépositaire, III, 516-517.

De l'aubergiste dépositaire, III, 522.

Du mandataire, III, 542 texte et note 2.

Du tiers détenteur de l'immeuble hypothéqué, III, 805.

Fédération.

Idées rationnelles :

La - est le moyen de réaliser la solidarité des peuples, I, VIII note 1,— IX.

L'Etat républicain fédératif réalise seul l'autonomie de l'individu, I, XVI.

La - réalise l'unité vraie des peuples, III, 438 note 2.

La - est le dernier terme de la solidarité des peuples, III, 648.

La - établira la liberté et l'égalité entre les nations, III, 944 note 1.

Femme mariée.

(Pour l'*idée rationnelle*, voir au mot : *Droit de la femme.*)

Discussion du Comité d'étude sur sa condition, I, XCI-XCIII.

Indications diverses :

La - prend, en général, la nationalité du mari, I, 31.

La -, qui a perdu la qualité de Française, peut la recouvrer, I, 47.

La - a son domicile chez le mari, I, 98-100.

Pénalité de l'adultère, I, 221, — 279.

La - est obligée d'habiter avec le mari, I, 223-224.

Incapacité de la -, I, 224-257.

La - ne peut se remarier qu'après dix mois de viduité, I, 258.

La - peut faire sans autorisation une reconnaissance, I, 335.

La - mineure a pour curateur légitime son mari, I, 478.

La - est tutrice du mari interdit, I, 509.

La - doit être autorisée pour accepter une succession ou y renoncer, II, 190.

Action en partage des successions échues à la -, II, 250-253.

Capacité de la - quant à la disposition à titre gratuit, II, 394.

Acceptation de donation faite à la -, II, 456.

Transcription de donation faite à la -, II, 466-467.

L'hypothèque légale de la - n'est pas résolue par le retour convention-

nel des biens donnés au donateur, II, 487.

L'hypothèque légale de la - est résolue par la révocation de la donation pour survenance d'enfant, II, 511.

Exécution testamentaire confiée à la -, II, 574.

L'hypothèque légale de la - n'est pas résolue par l'ouverture de la substitution, II, 638-639.

La - peut révoquer sans autorisation la donation qu'elle a faite au mari, II, 696 texte et note 4.

La - est incapable de contracter, II, 772.

Comparaison de l'incapacité de la - avec celle du mineur, II, 773, — 923 note 3.

L'obligation de la -, annulée pour incapacité, reste naturelle, II, 870.

L'action en annulation pour incapacité de la - dure dix ans, II, 919.

Dans quel cas la - peut faire un aveu, II, 964.

Le mari n'est pas responsable du dommage causé par la -, II, 980 texte et note 4.

La - peut exercer le retrait d'indivision, III, 53 note 1.

Les dettes de la -, antérieures au mariage, tombent-elles en communauté? III, 57-59.

Les dettes de la -, contractées pendant le mariage, tombent-elles en communauté? III, 65-71.

La - peut-elle disposer à titre gratuit des biens de la communauté? III, 76-77.

La - a le droit de demander le remploi, III, 90, 96.

La - a le droit de demander la séparation de biens, III, 103-117.

La - a le droit d'accepter ou de répudier la communauté, III, 118.

Avantages de la communauté pour la -, III, 119 note 3.

Comment la - exerce ses reprises, III, 131-133.

Droit de poursuite des créanciers de la communauté contre la -, II, 140-141.

La - commune jouit du bénéfice d'inventaire, III, 142-144.

Cas où la - est séparée de dettes, III, 163.

La - peut, en cas de renonciation à la communauté, stipuler la reprise d'apport franc et quitte, III, 166.

La -, sous le régime de la communauté, n'a ni l'administration ni la jouissance de ses biens, III, 177-178.

La -, sous le régime dotal, ne peut se réserver ni l'administration ni la jouissance de ses biens, III, 193 note 1.

La - a le droit de faire annuler l'aliénation de l'immeuble dotal, III, 207-210.

La prescription court, en principe, contre la -, III, 280; — 321 note 1.

La - séparée de biens a le droit de faire des baux de neuf ans, III, 363.

La - peut faire un commodat, III, 473 texte et note 2.

La - peut recevoir un mandat, III, 541.

La - peut être refusée comme caution, III, 560.

L'intervention de la - dans la vente de l'immeuble hypothéqué n'emporte pas renonciation à son hypothèque, III, 634.

Hypothèque légale de la - : Créances qu'elle garantit et biens qu'elle grève, III, 726-734; — Rang, III, 757-759; — Inscription, III, 760-763; 794; — Réduction, III, 763-767; 789; — Collocation des intérêts, III, 782; — Purge spéciale, III, 822-828.

Poursuite à fin de saisie contre la -, III, 838.

Cas où la prescription est suspendue en faveur de la -, III, 881-883.

Les lois relatives à la capacité de la - sont de statut personnel, III, 947.

(Voir, au surplus, les mots : *Autorisation, Communauté, Contrat de mariage, Hypothèque légale, Incapacité, Mariage, Régime dotal, Séparation de biens, Séparation de corps*, etc.)

Fente.

Indications diverses :

Dans l'ancien droit, ll, 86.
Nouvelle -, division des successions, ll, 93, 94, 95.
La refente est prohibée, ll, 96.
La - s'applique à la succession des collatéraux privilégiés, ll, 111 ; à la succession des ascendants, ll, 111 ; et à la succession des collatéraux ordinaires, ll, 11.
Elle ne s'applique qu'à la succession légitime, ll, 144.
S'applique-t-elle dans l'attribution de la succession de l'enfant naturel à ses frères et sœurs naturels ? ll, 166-167.
Application du retrait successoral en cas de fente, ll, 268.

Féodalité.

Matières diverses :

Famille : Subalternisation de la femme, I, 225 notes 1 et 2, 226. — Jouissance légale, I, 386, 399, 400. — Origine de la saisine, ll, 43, 44 note 1. — Régime successoral, ll, 85-87, 90 note 1. — Retour légal, ll, 113, 121. — Succession seigneuriale, ll, 129. — Renonciation des filles, ll, 219. — Privilége de l'aîné, ll, 265. — Actualité et irrévocabilité des donations, ll, 382, 383 note 1, 478, 484. — Origine de la réserve, I, 220, 407 ; ll, 414-415. — Révocation de donation pour survenance d'enfant, ll, 506 note 2. — Substitution fidéicommissaire, ll, 610 texte et note 2. — Institution contractuelle, ll, 669, 676 note 2. — Prohibition des donations entre époux, ll, 686. — Communauté entre époux, lll, 12.

Propriété et droits réels : Distinction des biens, I, 526 ; ll, 275 note 3. — Développement de la propriété immobilière, I, 540 note 1, 546 note 2. — Décomposition du domaine, I, 560 texte et note 2. —

Emphytéose, I, 564 texte et note 3. — Tenures diverses, I, 566-567. — Cours d'eau, I, 569 texte et note 5. Hiérarchie des terres, I, 661. — Droit d'aubaine, I, 36. — Droit de chasse, I, 679 ; ll, 15 texte et note 2. — Droit d'épaves, ll, 23-25. — Caractère de la propriété, ll, 27. — Caractère déclaratif du partage, ll, 241, 355, 359. — Origine des retraits, ll, 266-267. — Propres de communauté, lll, 37. — Origine du réméré, lll, 311. — Utilité restreinte du bail à ferme, lll, 348. — Origine du cheptel, lll, 416. — Rôle des sociétés taisibles, lll, 438 note 5. — Prohibition du prêt à intérêt, lll, 488. — Caractère déclaratif de la transaction, lll, 577 note 1. — Origine de la publicité de la transmission des droits réels, lll, 617. — Voies d'exécution contre les débiteurs, lll, 831 note 4.

(Voir, au surplus, les mots : *Copropriété familiale, Coutumes, Législation ancienne.*)

Fermier.

Animaux qui lui sont livrés, I, 533.
A droit à une indemnité pour les travaux faits par lui sur le sol, I, 592-593.
Le droit du fermier n'est pas un droit réel, I, 564-565.
Comment il acquiert le trésor, ll, 20.

(Voir, au surplus, le mot: *Bail à ferme.*)

Feuille volante.

L'acte de mariage inscrit sur une vaut-il comme commencement de preuve par écrit? I, 188-189.
On a soutenu que la possession d'état purgeait la nullité de l'acte inscrit sur -, I, 190.
La rédaction de l'acte sur - constitue un délit correctionnel : le jugement de condamnation tient lieu de l'acte de célébration pour la preuve, I, 192.

Fiction légale.

La saisine est une -, ll, 43.
La représentation est une -, ll, 99.
L'effet déclaratif du partage est une -, ll, 241, — 355 ; — lll, 41.
La subrogation est-elle une - ? ll, 882-883.
L'autorité de la chose jugée est une -, I, 92 ; — ll, 956.
La communauté légale est fondée sur une -, lll, 34.
La copropriété de la femme dans la communauté est une -, lll, 34, — 145, — 732 note 1.
L'idée du gage dans les priviléges spéciaux mobiliers est une -, lll, 662, — 678, — 680.

Fidéicommis.

L'origine du - est romaine, ll, 609-610.
Le - est actuellement valable, ll, 616.

Fidélité.

Devoir des époux l'un envers l'autre : sanction plus rigoureuse contre la femme que contre le mari, I, 221.
La - est dûe après la séparation de corps, I, 268, 280.

Filiation.

Exposé général, I, 285-363.

Idées rationnelles :

Formule du droit de l'enfant, I, 285-288.
Avis du Comité d'Etude sur ce sujet, I, xcvi-xcvii.

Indications diverses :

Distinction, I, 286-287.
Preuves de la filiation légitime, I, 78-79 ; preuve de la paternité, I, 290-311 ; désaveu, I, 289-327 ; preuve de la maternité, I, 312-320.
Légitimation, I, 328-332.
Actions relatives à la - légitime, I, 307-312 ; — 320-327.
Filiation civile résultant de l'adoption, I, 365.

Preuves de la filiation naturelle, I, 135, 332-363 ; effets de la - naturelle constatée, I, 350-352.
Actions relatives à la - naturelle, I, 357-359.
Adultérine ou incestueuse exceptionnellement constatée, I, 339-349.
Les lois relatives à la preuve de la - sont de statut personnel, lll, 947.

Foi.

(Voir *Bonne Foi, Mauvaise Foi.*)

Fonctionnaires publics.

Idées rationnelles :

Les fonctions publiques ont pour base la délégation ; elles doivent être temporaires, révocables et responsables, I, xv-xvi.
Les fonctions publiques doivent être électives, révocables, temporaires, I, lxvi.
Appréciation de l'art. 75 de la Constitution de l'an viii, I, 72 note 1.
Toute fonction n'étant qu'un mandat, devrait être temporaire et révocable, I, 98 note 1.
Les - ne sont et ne peuvent être que des mandataires, lll, 537 note 2.

Indications diverses :

Domicile légal des -, I, 98.
Les - sont excusés de la tutelle, I, 436.
Privilége sur leur cautionnement, lll, 681-682.

Fonds dotal.

Le - est, en principe, inaliénable et imprescriptible, lll, 194-211.
Le - est susceptible d'être loué et non d'être vendu, lll, 354.
Après la séparation de biens, le - est prescriptible et inaliénable, lll, 851.

Fongibilité.

(Voir *Choses fongibles.*)

Forçat.

Le mariage avec un forçat libéré est-il une cause de nullité pour erreur dans la personne? I, 171; — ou une injure grave? I, 271; — ou une cause directe de séparation? I, 271.

Force exécutoire.

Des jugements en général, II, 879-881.
De la transaction, III, 578.
Des jugements rendus à l'étranger, III, 739-742.
Des titres, contre l'héritier, II, 341.

Force majeure.

(Voir *Risques*.)

Force probante.

Des extraits des actes de l'état civil, I, 74-76.
Du testament olographe, II, 520-521.
De l'acte authentique, II, 933-934.
De l'acte sous seing-privé, II, 936-937.
Des livres de commerce, II, 941-942.
Des papiers domestiques, II, 942-943.
Des tailles, II, 944.
De l'acte récognitif, II, 947.
De l'aveu, II, 964.
Du serment, II, 967-968.

Forfait.

Pour la construction d'un bâtiment, III, 414 texte et note 2.

Forfait de communauté.

Clause modificative du partage de communauté, III, 173-174.

Fossé.

Mitoyenneté du -, I, 694-696.

Frais.

Indications diverses :

Les -, en cas d'opposition au mariage, peuvent être compensés, I, 164.

Des procès pendant l'usufruit, I, 637.
Les - faits pendant les délais pour faire inventaire et délibérer sont à la charge de la succession, II, 225.
Tous les frais d'administration de l'héritier bénéficiaire sont à la charge de la succession, II, 230.
Frais faits dans les demandes en délivrance de legs, II, 560.
De l'exécution testamentaire, II, 582.
De l'inventaire des biens substitués, II, 629.
De l'action en rescision du partage d'ascendants, II, 664-665.
Solidarité pour le payement des -, II, 840.
Les - du payement sont à la charge du débiteur, II, 881.
Des offres réelles et de la consignation, II, 894.
Du change en cas de compensation, II, 911.
Les - de scellés, d'inventaire et de partage sont à la charge de la communauté, III, 72.
Accessoires à la vente, III, 247.
Les frais du contrat doivent être restitués en cas d'éviction, III, 293.
Dûs à l'acheteur qui exerce l'action rédhibitoire, III, 302.
A rembourser par le vendeur en cas de réméré, III, 314.
Du contrat d'échange, III, 343.
Les - doivent être avancés par la caution qui oppose le bénéfice de discussion, III, 563.
Les - sont remboursés à la caution, III, 569.
De transport de la chose déposée, III, 520.
Des inscriptions hypothécaires, III, 780.
Les - doivent être restitués au tiers détenteur par l'adjudicataire sur surenchère, III, 819-820.

Frais de justice.

Privilége qui les garantit, III, 655-656.

Frais funéraires.

Les - sont à la charge de la jouissance légale, I, 404.
Privilége qui les garantit, III, 656-657.

Français.

Le statut personnel suit les Français en pays étranger, I, 9.
Tous les Français jouissent des droits civils, I, 22.
Quelles personnes sont françaises? I, 23-33.
Preuve de la qualité de Français, I, 33-34.
Perte de la qualité de Français, I, 43-46.
Manières de recouvrer la qualité de Français, I, 47-50.
Héritiers français en présence de cohéritiers étrangers, II, 67-69.
Les lois relatives à la qualité de Français sont de statut personnel, III, 946.

Fraude.

Doit-elle être prouvée par les créanciers qui attaquent la renonciation? II, 215.
Donne-t-elle lieu à l'ouverture de l'action Paulienne en cas de partage? II, 353-355.
L'action Paulienne suppose-t-elle nécessairement la fraude? II, 812 note 3.

(Voir, au surplus, le mot: *Action paulienne.*)

Fruits.

Définition, I, 579, — 612.

Indications diverses:

Nature mobilière ou immobilière des fruits, I, 529-531.
Acquisition par le propriétaire, I, 579-580.
Acquisition par le possesseur de bonne foi, I, 580-585.
Acquisition par le possesseur de mauvaise foi, I, 585-587.

Acquisition par l'usufruitier, I, 611-615.
La vente de fruits sur pied par l'usufruitier est-elle valable? I, 614.
L'usufruitier a droit aux fruits du moment de l'ouverture de l'usufruit, I, 631.
Mesure dans laquelle l'usager y a droit, I, 656.
De l'arbre avançant sur le fonds du voisin, I, 699.
Les successeurs irréguliers ont droit aux fruits des biens de la succession à compter du jour de son ouverture, II, 56.
L'enfant naturel soumis à l'imputation doit les -, II, 150-151.
Le successeur irrégulier évincé gagne-t-il les -? II, 180-184.
Acquisition des fruits en cas de rapport, II, 298 et 299 note 1.
La séparation des patrimoines s'applique aux - des biens héréditaires, II, 344.
Acquisition des fruits en cas de réduction. II, 446.
Restitution des - en cas de révocation de la donation : 1° pour inexécution des charges, II, 490 ; — 2° pour ingratitude, II, 499 ; — 3° par survenance d'enfant, II, 510.
A partir de quel moment le légataire universel les acquiert-il? II, 547-548.
A partir de quel moment le légataire à titre universel les acquiert-il? II, 555-556.
A partir de quel moment le légataire particulier les acquiert-il? II, 559, 560.
Jusqu'à quel moment le grevé de substitution a-t-il droit aux fruits des biens substitués, II, 639.
Comment l'institué contractuel les acquiert? II, 674.
Le débiteur conditionnel doit les - après l'événement de la condition, II, 821.
Dûs par celui qui de mauvaise foi a reçu le payement de l'indû, II, 976.
Les - des propres tombent en communauté, III, 48-51.

Sort des - en cas de dissolution de la communauté, III, 101.

Restitution des - par le mari en cas de séparation de biens, III, 115.

Des biens de la femme sous le régime sans communauté, III, 177-178.

Dûs en cas de restitution de dot, III, 215.

Les - des biens dotaux sont acquis au mari, III, 216.

Gagnés par l'acheteur dans la vente de la chose d'autrui, III, 264 note 1.

Les - doivent être restitués en cas d'éviction, III, 292.

De la chose vendue, III, 276.

Acquisition des fruits en cas de réméré, III, 313 note 3.

En cas de vente rescindée pour lésion, III, 323.

Perte des fruits dans le bail à ferme, III, 395-398.

De la chose déposée, III, 518.

L'antichrèse donne les - au créancier, III, 600-601.

Le créancier gagiste ne les perçoit pas, III, 593, 605.

Le privilége du locateur porte sur les - de l'année, III, 667-668.

Dûs par le tiers détenteur aux créanciers hypothécaires, III, 806.

Les - appartiennent aux créanciers de la saisie, III, 840-841.

Acquis par le possesseur, III, 859.

Comparaison du juste titre et de la bonne foi pour la prescription et l'acquisition des fruits, III, 890, 891 texte et note 2.

Restitution des - par les envoyés en possession provisoire des biens de l'absent, III, 915-916.

Comment les envoyés en possession provisoire les acquièrent, III, 916.

Droits sur les fruits, de l'époux qui opte pour la continuation de la communauté en cas d'absense de l'autre époux, III, 918-919.

Droits sur les - de l'époux qui opte pour la dissolution de la communauté, III, 921.

Les - sont acquis par les envoyés en possession définitive des biens de l'absent, III, 923.

Acquisition des - de la succession échue à l'absent, III, 924.

Fureur.

La - est une cause d'interdiction, I, 496.

Futaies.

Les - non coupées sont immeubles, I, 530.

Nature des produits des -, I, 579.

Usufruit sur les futaies, I, 620.

Gage.

Exposé général : III, 591-600.

Idées rationnelles :

La supériorité du - consiste dans la spécialité du nantissement, III, 609.

Le - est une hypothèque mobilière, III, 654 note 1.

L'idée de - domine les priviléges spéciaux mobiliers, III, 678-680.

L'action subrogatoire et l'action Paulienne dérivent de l'idée de -, II, 809.

Indications diverses :

Le gage constitue un droit réel, I, 562.

Quel est le gage des obligations de la femme séparée, III, 113.

Cas où une créance cédée est mise en gage, III, 330.

Le - peut remplacer la caution légale ou judiciaire, III, 561.

Différences avec l'antichrèse, III, 604-605.

Droit de - des créanciers sur les biens du débiteur, III, 649.

Le - donne un privilége, III, 671.

Une créance hypothéquée peut être mise en -, III, 724 note 2.

Gains de survie.

Exposé général, III, 167-171.

Appréciation rationnelle, III, 117 note 2.

Indications diverses :

Les présomptions de survie ne sont pas applicables pour l'attribution des - entre époux, ll, 40.

Les - ne sont pas ouverts par la séparation de corps ou de biens, lll, 117.

Les - doivent être restitués en cas de retour de l'absent, lll, 920.

Garantie.

Matières diverses :

Lorsque l'usufruit est constitué à titre onéreux, l'usufruitier a droit à la garantie, I, 637.

L'obligation de garantie n'existe pas en cas de retour légal, ll, 116.

L'héritier qui paie une dette de la succession a droit à la garantie, ll, 335-336.

Entre co-partageants, ll, 360-364.

Le donateur n'est pas tenu à -, ll, 487.

L'obligation de - peut exister entre les donataires et légataires d'un disposant autre qu'un ascendant, ll, 649.

De la - entre débiteurs solidaires, ll, 852.

Effets de la - entre codébiteurs d'une obligation indivisible, ll, 863.

Le subrogeant n'est pas garant de l'existence de la créance, ll, 890.

Dans quels cas le déléguant est garant du délégué, ll, 900.

Le mari autorisant la femme à vendre un de ses immeubles n'est pas garant de la vente, lll, 68.

Dans la vente d'un propre d'un époux, cas de récompense, lll, 88.

La constitution de dot emporte -, lll, 99.

Au profit de la communauté dans le cas de clause d'ameublissement, lll, 158-160.

Dûe par le tiers qui a fait la déclaration de franc et quitte, lll, 165.

Dûe par le constituant de la dot, lll, 185-190.

Dûe par le mari aliénateur du fonds dotal, lll, 209-210.

La - pour vices rédhibitoires n'a pas lieu dans la vente publique, lll, 238.

La dation en payement donne lieu à -, lll, 239.

En matière de vente, lll, 281-304.

Dûe par le bailleur, lll, 367-368.

Dûe par le propriétaire apparent qui fait un contrat de louage, lll, 363.

En matière de cession de créance, lll, 333-334.

En matière de vente d'hérédité, lll, 335.

Recours en - de la caution contre le débiteur principal, lll, 570-571.

Obligation de l'architecte et de l'entrepreneur, lll, 411-414.

Dûe par l'associé pour son apport, lll, 450-451.

La transaction ne donne pas lieu à -, lll, 585.

La - des copartageants emporte privilége, lll, 686-687.

Par qui est-elle dûe à l'adjudicataire sur surenchère ? lll, 820.

L'action en - ne subit pas la prescription, lll, 885.

Garde (Droit de).

(Voir *Droit de garde.*)

Garde noble et bourgeoise.

Origine de la jouissance légale, I, 400, 402-403.

Gestation.

Présomption légale sur la durée de la gestation, I, 291-293.

La - de la veuve enceinte est surveillée par le curateur au ventre, I, 421-423.

Gestion d'affaires.

Exposé général, ll, 972-974.

Indications diverses :

La - pourrait suffire en matière d'absence, I, 103.

La femme peut-elle s'obliger par - ? I, 235-236.

Des héritiers du tuteur décédé, I, 431.

Différences de la - avec l'action *de
in rem verso*, 1, 635-636.

Le légataire particulier qui paie une
dette fait une gestion d'affaires, II,
332.

L'héritier qui paie une dette fait l'affaire de ses cohéritiers, II, 335.

Différence de la - avec la promesse
pour autrui, II, 764.

Différences de la - avec la stipulation
pour autrui, II, 766.

Une stipulation faite en son propre
nom par un tiers est-elle une gestion d'affaires ? II, 766 note 2.

Le tiers non intéressé qui paie la
dette d'autrui a l'action de gestion
d'affaires, II, 871.

Le subrogé peut avoir l'action de -, II,
883-884.

La - peut se procurer soit par écrit,
soit par témoins, II, 955.

Le remploi en est-il une application ?
III, 89, 95.

L'intervention dans les affaires sociales de l'associé non mandataire
constitue une gestion d'affaires, III,
458.

Dans le cas d'incapacité du déposant,
III, 515.

Comparée avec le mandat tacite, III,
536-537.

Entre le débiteur et la caution, III,
555-569.

Gibier.

Acquisition du - par occupation, II,
16.

(Voir, au surplus, au mot : *Chasse*.)

Gouvernement.

Idées rationnelles :

L'individu, étant gouverné le moins
possible, doit se gouverner le plus
possible par lui-même, 1, XVI.

Le progrès de la science politique
consiste à remplacer la représentation par le gouvernement direct,
III, 535 texte et note 2.

(Voir, au surplus, les mots : *Droit
politique* et *État*.)

Grâce.

Définition, 1, 59-60. — Institution arbitraire, I, 59.

La grâce n'enlève pas au conjoint du
condamné le droit de demander la
séparation de corps, I, 271.

Du mari envers la femme adultère,
I, 279-280.

La grâce n'efface pas l'indignité successorale, II, 71.

Gratuité.

Gratuité du contrat de bienfaisance,
II, 740-741.

De l'abandon du créancier qui fait remise de la dette, II, 902.

Les contrats de constitution de dot
sont-ils à titre gratuit ou à titre
onéreux ? III, 184-185.

La - est essentielle au commodat, III,
472.

Est-elle essentielle au prêt de consommation ? III, 479 texte et note 2.

La - est essentielle au dépôt, III, 512.

La - n'est pas essentielle au séquestre, III, 524-525.

La - n'est pas essentielle au mandat,
III, 537.

Grèce.

Appréciation de l'Amphictyonie, 1,
VII.

Athènes est la cité la plus libre de
l'antiquité, mais le droit social y
domine cependant le droit individuel, 1, XVII.

Rome a emprunté à la Grèce sa philosophie, sa littérature, ses arts, 1,
LVII note 1.

Génie législatif de la Grèce, 1, LXI-
LXII.

Sur le mariage, III, 15.

Sur le régime dotal, III, 186 note 2.

Origine du régime hypothécaire, III,
613-614.

Greffier.

Le - de justice de paix constate l'é-
mancipation, I, 69.

Le - des tribunaux constate l'interdiction, I, 69.
Le - des tribunaux constate le dépôt des registres d'état civil, I, 72.
Le - reçoit les renonciations à succession, II, 208.
Le - reçoit les acceptations sous bénéfice d'inventaire, II, 223.
Le - confère l'authenticité aux actes qu'il rédige, II, 932.
Le - reçoit la renonciation à communauté, III, 123.
Le - ne peut acquérir des droits litigieux, III, 255.
Le cautionnement du - est grevé d'un privilége, III, 681-682.
Le - reçoit le délaissement, III, 800.
Prescription de l'action d'un -, III, 897.

Grevé de substitution.

Définition, II, 617.

Indications diverses :

Le - doit demander la nomination d'un tuteur, II, 627.
Le - encourt la déchéance quand il ne requiert pas cette nomination, II, 628.
Le - peut demander la confection de l'inventaire, II, 629.
Le - doit vendre le mobilier, II, 630.
Le - doit faire emploi des deniers, II, 631.
Le - doit remplir les formalités de publicité, II, 633.
Exposé des droits du -, II, 635-640.
Cas où le - abandonne les biens substitués, II, 644.
La substitution peut-elle être caduque du chef du - ? II, 645-646.

Grosse aventure.

(Voir *Prêt à la grosse aventure.*)

Guerre.

Différences avec l'action juridique, I, VII.
Ses causes actuelles, I, VIII, XI.

Règlements internationaux sur la -, I, X.
La - est une conséquence de l'absurdité monarchique, III, 225.

Habitation.

Obligation pour la femme d'habiter avec le mari, I, 223-224.
Obligation pour l'enfant d'habiter la maison paternelle, I, 390.
Responsabilité des père et mère, II, 979.

(Voir, au surplus, aux mots : *Domicile* et *Résidence.*)

Habitation (Droit d').

Exposé général, I, 654-658.

Indications diverses :

La donation du - est-elle soumise à transcription ? II, 465.
Bénéfice de la femme sous le régime de la communauté, III, 125, 146.
Bénéfice de la femme sous le régime dotal, III, 216.
Le - ne peut être loué, III, 353.
Le - n'est pas susceptible d'hypothèque, III, 722.
Cas où le - est constitué par le débiteur hypothécaire, III, 802-803.
Le - est susceptible de prescription acquisitive, III, 849.
Le - est soumis à la prescription de 10 à 20 ans, III, 892.

Haie.

Mitoyenneté de la -, I, 696-697.
Distance requise pour la plantation, I, 698-699.

Hérédité.

L'- constitue un être unique avant le partage, I, 104.
Cession d'-, III, 326-334.

(Voir, au surplus, le mot : *Succession.*)

Héritiers.

Idées rationnelles :

L'héritier ne peut pas être le représentant ou le continuateur de la personne du défunt, parce que l'individu puise en lui-même le principe de son droit, II, 46; — 59 note 1 ; — 188.

Tous les héritiers d'une personne acquièrent, dès l'instant de la mort, tous les droits actifs et passifs de son patrimoine, II, 34.

Indications diverses :

L'élection de domicile se transmet activement et passivement aux - des contractants, I, 102.

L'action en annulation du mariage pour défaut de liberté, erreur dans la personne ou défaut de consentement des ascendants, ne passe pas aux -, I, 172, 173.

La créance d'aliments ne se transmet pas aux -, I, 216.

La dette d'aliments est-elle transmissible aux - du débiteur? I, 218-220.

Les - de la femme et du mari peuvent faire annuler l'acte fait par la femme non autorisée, I, 253.

Les - peuvent-ils continuer l'instance en séparation de corps? I, 275-276.

Les - du mari ont, dans certains cas, l'action en désaveu, I, 308-310.

Les - de l'enfant ont, dans certains cas, l'action en réclamation d'état, I, 324-326.

Les - peuvent intenter l'action en contestation d'état naturel dans un intérêt moral, I, 345-346.

Les - de l'enfant ont-ils l'action en réclamation d'état naturel ? I, 358.

Les - du tuteur doivent continuer à gérer les affaires du mineur, I, 431.

Les - du pupille reçoivent les comptes de tutelle; les - du tuteur rendent les comptes de tutelle, I, 470.

A quelles conditions les - peuvent-ils demander la nullité des actes de leur auteur pour démence ? I, 506-507.

Les - du possesseur de mauvaise foi acquièrent-ils les fruits ? I, 586.

Distinction entre les - légitimes et les successeurs irréguliers, II, 41.

Les - sont exclus par les hospices quant aux effets mobiliers, II, 175.

Les - d'une personne à qui est échue une succession peuvent accepter ou renoncer, II, 198.

Quand les - sont-ils réputés avoir pris un parti définitif? II, 218, 219.

Le testateur peut-il imposer à ses - l'obligation de rester dans l'indivision? II, 245-246.

Les - ont le droit d'exercer le retrait successoral, II, 266-272.

Les - sont tenus du rapport quand ils sont légataires ou donataires, II, 276.

Contrat entre le *de cujus* et les -, II, 299-301.

Dettes des - envers le *de cujus,* II, 303-306.

Position des - détenteurs d'un immeuble hypothéqué, II, 333-338.

Position des - bénéficiaires qui paient une dette hypothécaire, II, 338.

La séparation des patrimoines n'est pas demandée contre les -, II, 343.

Les - restent-ils obligés personnellement envers les créanciers et légataires qui ont demandé la séparation des patrimoines? II, 350-352.

Pour être réservataire il faut être héritier, II, 417.

Aliénations à fonds perdu ou avec réserve d'usufruit consenties à des -, II, 429-432.

Les - des donataires ont le droit de faire opérer la transcription, II, 466.

Les - du donateur peuvent-ils opposer le défaut de transcription? II, 469.

Les - des personnes chargées de faire la transcription ne peuvent pas opposer le défaut de transcription, II, 474.

L'action en révocation des donations pour inexécution des charges peut être exercée contre les - du donataire, II, 494.

L'action en révocation des donations

pour ingratitude peut-elle être continuée contre les - du donataire ? ll, 495-496.

Les - du donateur peuvent-ils exercer l'action en révocation des donations pour ingratitude? ll, 495-497.

Le testament peut-il faire des -? ll, 58, 325, 327, 514-520, 544.

Les - ont-ils à faire la preuve de la sincérité du testament olographe? ll, 518-521.

Le légataire universel est-il héritier? ll, 549.

Les - sont-ils tenus d'exécuter les legs particuliers *ultra vires?* ll, 561-563.

Les - peuvent faire cesser la saisine de l'exécuteur testamentaire, ll, 573.

Les - de l'exécuteur testamentaire ne continuent pas ses pouvoirs, ll, 581.

Les - peuvent demander la révocation du legs pour inexécution des charges, ll, 593.

Les enfants copartagés par donation sont-ils des -? ll, 652.

Au décès de l'instituant, l'institué contractuel est un héritier, ll, 673.

Effet des promesses ou stipulations à l'égard des -, ll, 767.

Le droit suspendu par la condition est transmis aux - activement et passivement, ll, 821.

Effet de l'obligation divisible à l'égard des -, ll, 857-860.

Effet de l'obligation indivisible à l'égard des -, ll, 863.

Les - du donateur peuvent confirmer la donation, ll, 948-949.

Les - sont parties dans les jugements quant à la chose jugée, ll, 960.

Serment de crédibilité déféré aux -, ll, 967.

Force probante du serment pour et contre les -, ll, 968.

Les - de la femme ont intérêt à continuer l'instance en séparation de biens, lll, 110.

Les - de la femme ont le droit d'opter entre l'acceptation et la renonciation à la communauté, lll, 124.

Droits des - de la femme en cas de dissolution de la communauté par la mort de la femme, lll, 127-128.

Comparaison entre les - et la femme commune au point de vue du bénéfice d'inventaire, lll, 144.

Droits des - de la femme renonçante à la communauté, lll, 146.

Les - de la femme ont le droit de faire annuler l'aliénation de l'immeuble dotal, lll, 207-210.

Les - d'un époux peuvent attaquer la vente faite entre époux, lll, 253.

Les - du vendeur sont-ils tenus de la garantie pour le tout? lll, 283-284.

Comment les - peuvent exercer l'action en réméré? lll, 318.

Celui qui vend ses droits successifs reste héritier, lll, 335-336.

Les - de l'associé peuvent continuer la société, lll, 462.

Les - reçoivent les droits et obligations du commodat, lll, 474.

Comment les - exercent le rachat des rentes constituées, lll, 496-497.

Cas où les - vendent la chose déposée, lll, 518.

L'engagement des cautions est transmis aux -, lll, 559.

L'antichrèse est transmissible aux -, lll, 605.

L'hypothèque générale des légataires ne porte pas sur les biens des -, lll, 727 texte et note 2.

Les - pour partie n'ont pas le bénéfice de discussion, lll, 796.

Les - du débiteur n'ont pas le droit de purger, lll, 813.

Les - continuent la possession de leur auteur, lll, 866.

Les - des détenteurs précaires ne peuvent pas prescrire, lll, 867.

Héritiers apparents.

Idée rationnelle, ll, 183; — lll, 930.

Théorie générale de la validité des actes faits par les -, ll, 180-184; — lll, 930.

Les - sont possesseurs des créances héréditaires, ll, 877.

Hypothèques consenties par les -, lll, 744.

Héritiers légitimes.

Les - ont la saisine de plein droit, ll, 42-50.

Comparaison entre les héritiers légitimes et les successeurs irréguliers, ll, 57-58.

Les enfants naturels ne sont pas -, ll, 132.

L'existence connue des - empêche l'admission de la demande d'envoi en possession, ll, 178 texte et note 3.

Les - ne peuvent plus renoncer après trente ans, ll, 218.

Les - peuvent avoir besoin du bénéfice d'inventaire, ll, 222.

Le retrait successoral ne s'exerce pas contre les -, ll, 268.

Héritiers présomptifs.

Les - ont le droit d'agir pendant la présomption d'absence, I, 106.

Les - ont le droit de se faire envoyer en possession, I, 106 ; — lll, 907.

Les - ont le droit de demander la déclaration d'absence, I, 109.

Les - peuvent intenter l'action en pétition d'hérédité utile, lll, 926.

Histoire.

Généralités :

Histoire générale du Droit français, I, XXII-XXXI.

Histoire de la codification, I, LXI-LXIII.

Histoire du Code Napoléon, I, XXXII-XXXVI.

Importance de l'histoire du Droit, II, 27 note 4.

Observations sur l'étude historique du Droit, lll, 186 note 2.

Importance de l'histoire générale pour l'étude du Droit, ll, 543 note 4.

Rapports de l'Histoire avec le Droit, lll, *Append.*, 9-11.

Bibliographie, I, LXXV.

Matières diverses :

Condition des étrangers, I, 36-37.

Registres de l'état civil, I, 69-70.

Absence, I, 103.

Mariage, I, 118-119.

Divorce et séparation de corps, I, 259-260.

Légitimation, I, 328.

Adoption, I, 364.

Jouissance légale, I, 386, 399.

Théorie des rentes, I, 548-550.

Théorie de la propriété, I, 571-572.

Droit de succession, ll, 27, 32.

Saisine successorale, ll, 43.

Système successoral, ll, 84-88.

Représentation, ll, 98.

Droit de retour légal, ll, 113.

Droits héréditaires du conjoint survivant, ll, 173.

Partage de succession, ll, 241.

Rapports à succession, ll, 272-273.

Conditions illicites dans les contrats, ll, 385.

Liberté des dispositions à titre gratuit, ll, 413-415.

Publicité des donations, ll, 461-463.

Révocation des donations, ll, 489, 501.

Substitutions, ll, 608-614.

Donations entre époux, ll, 682-688.

Théorie des contrats, ll, 727-732.

Rescision pour lésion, ll, 761.

Anatocisme, ll, 803.

Communauté entre époux, lll, 10-12.

Régime dotal, lll, 15-16.

Vente, lll, 228-229.

Louage, lll, 347-349.

Droit du locataire, lll, 379-381.

Cheptel, lll, 416.

Contrat de société, lll, 436-439.

Prêt à intérêt, lll, 485-490.

Régime hypothécaire, lll, 613-624.

Moyens d'exécution contre les débiteurs, lll, 831.

Interprétation des lois, lll, 952.

Homologation.

Nécessaire pour autoriser la femme mariée mineure à certains actes, I, 243.

Nécessaire pour le contrat d'adoption, I, 378.

Nécessaire pour certaines délibérations du conseil de famille, I, 432, 440.

Néoessaire pour certains actes du tuteur, I, 458-461.

Nécessaire pour le partage, II, 204.

Hospices.

Tutelle des enfants admis dans les -,
I, 492.

Personnes morales, I, 554 note 1.

Droits de succession des -, II, 175-176.

Dispositions à titre gratuit au profit
des -, II, 376, 396, — 458.

Hypothèque légale des - sur les biens
de leurs comptables, III, 737.

Hôtelier.

(Voir *Aubergiste*.)

Huissiers.

Les - confèrent l'authenticité aux
actes qu'ils rédigent, II, 932.

L'aveu des - lie la partie qu'ils représentent, II, 964.

Les - ne peuvent acquérir des droits
litigieux, III, 255.

Les - sont mandataires *ad litem*, III,
551 note 3, 552 note 1.

Le cautionnement des - est grevé d'un
privilége, III, 682.

Prescription de l'action des -, III,
894-895.

Hypothèque.

Exposé général : III, 605-830.

Règles spéciales, III, 713-769.

Nature de ce droit, I, 233 note 1 ; —
562 ; — III, 696 texte et note 1 ; —
716-717.

Idées rationnelles :

Principes du crédit hypothécaire, III,
486, — 553, — 606-613.

Critique raisonnée du système actuel, III, 640-648.

Points divers : L'aliénation publique
peut seule empêcher les inscriptions hypothécaires, III, 773 note 3.
— Sur les formalités nécessaires
pour l'inscription, III, 779 note 1. —
La durée des inscriptions hypothé-

caires devrait être égale à celle de
la créance même, III, 784 note 2. —
Nécessité d'abolir le bénéfice de
discussion du tiers détenteur, III,
796 note 1. — Appréciation de la
purge, III, 811 note 1, 816 notes 1
et 2.

Indications diverses :

La femme non autorisée ne peut pas
constituer une -, I, 233.

La femme séparée peut-elle hypothéquer ses immeubles pour les besoins de son administration ? I, 238.

La femme commerçante peut hypothéquer, I, 249.

Des immeubles du pupille, I, 459.

Des immeubles du mineur émancipé,
I, 483-484.

Des immeubles du mineur émancipé
commerçant, I, 487.

Des immeubles du demi-interdit, I,
518-519.

L'- ne peut pas grever les récoltes
et fruits sans le sol ; elle peut grever la maison, I, 531.

L'- doit être immeuble par son objet,
I, 538.

Cas de l'- grevant le fonds en cas de
legs particulier d'usufruit, I, 642.

L'- consentie par l'usufruitier s'éva-
nouit-elle par suite d'abus de jouissance ? I, 649.

L'ascendant exerçant le droit de retour légal subit les -s consenties
par le donataire, II, 115.

Les -s consenties par le donataire
tombent en cas de retour conventionnel, III, 116.

Consenties par l'héritier donataire,
II, 315.

De l'action hypothécaire exercée contre le légataire particulier, II, 328.

Cas de l'- garantissant une dette héréditaire, II, 321-340.

De la constitution d'- pendant l'indivision, II, 356-357.

Les hypothèques consenties par le donataire ou de son chef sont résolues
par la réduction, II, 416-447.

Du sort des - consenties par le donataire avec retour légal, II, 486.

Les -s consenties par le donataire sont résolues par suite de la révocation des donations pour survenance d'enfant, II, 511.

Cas où la chose léguée a été hypothéquée, II, 567.

La constitution d'- est un contrat unilatéral, II, 739 ; accessoire et solennel, II, 744.

La stipulation d'- profite aux ayant-cause à titre particulier, II, 768.

L'- profite à tous les créanciers solidaires, II, 838.

La dette hypothécaire est-elle indivisible ? II, 858.

Cas de l'- garantissant une clause pénale, II, 866.

L'- peut garantir une obligation naturelle, II, 876.

Le bénéfice de l'- passe du subrogeant au subrogé, II, 882-884.

Subrogation légale au profit du créancier hypothécaire qui paie le créancier qui le prime, II, 887, et au profit du détenteur d'immeubles qui paie les créanciers hypothécaires, II, 888.

Les -s subsistent après la consignation des offres réelles, II, 894.

En cas de novation, l'- survit à la créance, II, 900-901.

L'- survit à la créance éteinte par compensation, II, 912.

Effet hypothécaire de l'acte sous-seing privé, II, 937.

On ne peut pas constituer une - sur l'usufruit de communauté, III, 50.

La faculté d'- existe pour la communauté au cas d'ameublissement indéterminé, III, 159.

On ne peut pas hypothéquer la jouissance de la dot, III, 192.

Le fonds dotal ne peut pas être hypothéqué, III, 195.

L'- peut être constituée sur le fonds dotal avec autorisation, III, 205.

La stipulation d'aliéner le fonds dotal n'emporte pas la faculté de l'hypothéquer, III, 205 texte et note 3.

Les -s grevant un fonds vendu et non déclarées sont une cause d'éviction, III, 288.

L'existence d'-s connues de l'acheteur exonère-t-elle le vendeur de la garantie? III, 290 note 1.

Les -s ne subsistent pas en cas de tacite reconduction, III, 378.

Les -s sont anéanties en cas de réméré, III, 314.

Bénéfice de discussion à l'égard des créanciers à hypothèque générale, III, 315.

L'- est transmise avec la créance cédée, III, 332.

L'- peut remplacer les sûretés du bailleur. III, 389.

Le mandat d'hypothéquer doit être exprès, III, 541.

La constitution d'hypothèque n'est pas un cautionnement, III, 555.

Les -s consenties par la caution ne sont pas éteintes par confusion, III, 573.

Le bénéfice de l'art. 2037 appartient à celui qui a constitué - pour autrui, III, 574.

Effet hypothécaire de la transaction, III, 578.

Le nantissement est l'- des meubles, III, 591 note 1.

L'antichrèse ne peut pas être hypothéquée et l'usufruit peut l'être, III, 605.

Différences de l'- et du privilége, III, 654.

Peut-on hypothéquer l'hypothèque ? III, 723-724.

L'- est susceptible de prescription acquisitive, III, 849.

L'- est soumise à la prescription de 10 à 20 ans, III, 893.

Hypothèques conventionnelles.

Exposé général : III, 743-754.

Définition, III, 719.

Idées rationnelles, III, 647-648.

Leur inscription, III, 775.

Les hypothèques conventionnelles ne sont pas susceptibles de réduction, III, 789.

(*Nota :* La plupart des indications inscrites sous le mot : *Hypothèque* se rapportent aux *Hypothèques conventionnelles.*)

Hypothèques judiciaires.

Exposé général : III, 737-743.
Définition, III, 719.
Idées rationnelles, III, 647.
La priorité de rang des - s'étend-elle
aux biens à venir ? III, 755-756.
Les - sont inscrites sans indication
de la dette ni des biens, III, 778.
Les - sont susceptibles de réduction,
III, 789.

Hypothèques légales.

Généralités :

Exposé : III, 725-737.
Appréciation rationnelle , III. 645,
647, 719, 769 note 1, — 789, 822.
La priorité de rang des - s'étend-elle
aux biens à venir? III, 755-756.
Leur réduction, III, 763-769.
Leur inscription, III, 779-780.
Mode de purger les - non inscrites,
III, 822-828.
La loi qui institue les - est-elle de
statut personnel ? III, 947.

Indications diverses :

L'- n'a pas lieu sur les biens de l'as-
cendant qui a la surveillance, I,
117.
L'- a lieu en cas de tutelle officieuse,
I, 384.
L'- n'a pas lieu pour l'administration
légale, I, 413.
L'- n'a pas lieu pour le curateur au
ventre, I, 422.
L'- a lieu pour le protuteur, I, 431.
Du tuteur, moment où elle com-
mence, I 431, texte et note 2.
L'- ne grève pas les héritiers du tu-
teur, I, 431.
L'- n'a pas lieu pour le subrogé tu-
teur, I, 435.
Du mineur, sa durée, I, 471.
L'- n'a pas lieu pour le curateur, I,
479.
Etablie par le tribunal sur les biens
de l'administrateur provisoire des
biens de l'aliéné, I, 517.
Hypothèque légale des légataires particuliers, II, 563-565.

Il n'y a pas d'- légale sur les biens
du tuteur à la substitution, II, 626.
Différences entre le privilége du
vendeur et une hypothèque légale,
III, 701 texte et note 2.
Le privilége du vendeur ne dégénère
jamais en-, III, 701, texte et note 1,
713.
Le privilége des copartageants dégénère en une -, III, 703, 713 ; ainsi
que le privilége des architectes et
ouvriers, III, 706, 713.
Les légataires ont-ils à la fois une -
et le privilége de séparation des
patrimoines ? III, 710-711.

*Indications spéciales à l'hypothèque
légale de la femme mariée :*

Créances qu'elle garantit et biens
qu'elle grève, III, 726-734 ; — Rang,
III, 757-759 ; —Inscription, III, 760-
763 ; — 794 ; — Réduction et Subrogation, III, 763-767 ; — 789 ; —
Collocation des intérêts, III, 782 ;
— Purge spéciale, III, 822-828.
La femme a-t-elle son - dans le cas
de non transcription de l'acte du
mariage célébré à l'étranger? I,
154-156.
L'- résulte du mariage putatif, I, 201.
La femme peut sans autorisation faire
inscrire son - sur les biens du
mari, I, 257.
L'- grève-t-elle les biens du second
mari de la mère tutrice ? I, 419-
420.
L'- grève les biens du demi-interdit
se mariant sans assistance, I, 520.
L'- n'est pas résolue par le retour
conventionnel des biens donnés au
donateur, II, 487.
L'- est résolue par la révocation de la
donation pour survenance d'enfant,
II, 511.
L'- n'est pas résolue par l'ouverture
de la substitution, II, 638-639.
La fille mineure ne peut restreindre
son - par contrat de mariage, III,
31 texte et note 1.
La femme dotale ne peut pas subroger à son -, III, 195-199.
L'- garantit la répétition de la dot,
III, 217.

Identité.

Preuve de l'- de l'enfant, I, 81.
Erreur sur l'- de la personne en matière de mariage, I, 169-171.
Preuve de l'- pour la maternité légitime, I, 312-313.
Preuve de l'- pour la maternité naturelle, I, 356 texte et note 2.

Iles.

Propriété des -, I, 595-597.
L'usufruitier n'a pas la jouissance des -, I, 622.
L'hypothèque ne s'étend pas aux -, III, 754.

Imbécillité.

Cause d'interdiction, I, 493.

Immeubles.

Exposé général, I, 528-539.
Définition, I, 526.

Idées rationnelles :

Il n'y a d'immeubles que le sol, tous autres sont des meubles immobilisés, I, 536.
Utilité rationnelle de la distinction des meubles et immeubles, I, 526-528.
Comparaison, au point de vue économique, de la fortune mobilière et de la propriété immobilière, I, 526-528.
La translation de propriété des- exige des conditions de publicité, II, 782.
Comparaison du crédit mobilier et du crédit immobilier, III, 606-611.

Indications diverses :

Aliénation des - du pupille, I, 459-460 ; du mineur émancipé, I, 483 ; du mineur émancipé commerçant, I, 487.
Les - ne peuvent être aliénés ni hypothéqués par le demi-interdit, I, 519.

Accession des choses immobilières, I, 587-599.
Les servitudes réelles sont -, I, 730.
Aliénation des - par le successeur irrégulier évincé, II, 182, 183.
Vente des- par l'héritier bénéficiaire, II, 232-233.
Cas où les - doivent être vendus avant partage, II, 259.
Rapport des -, II, 307-317.
Le droit de demander la séparation des patrimoines est imprescriptible pour les -, II, 347.
L'aliénation des - n'éteint pas le droit de demander la séparation des patrimoines, II, 347-348.
Translation de propriété des - en matière de donation, II, 460.
Donation d'- révoquée pour ingratitude, II. 498.
Les - peuvent-ils être vendus par l'exécuteur testamentaire ? II, 577, 580.
Publicité de la substitution quant aux -, II, 632.
Translation de la propriété des - à l'égard des tiers, II, 790.
Nature des obligations conjonctives, alternatives, facultatives, quand elles ont pour objet des -, II, 834-835.
La vente d'- est rescindable pour lésion, II, 925.
Quels sont les - qui tombent en communauté ou restent propres, III, 42-48.
Exemples d'obligations immobilières, III, 57.
Que deviennent, au point de vue de la communauté, les donations et successions immobilières échues au mari ? III, 61-62.
Donations et successions immobilières échues à la femme pendant la communauté, III, 69-71.
Le mari peut-il donner les - de la communauté ? III, 74.
Exemples de successions purement immobilières, III, 70 note 1.
Aliénation des - de la femme sous la communauté, III, 80-81.
Les - ne peuvent pas être aliénés par la femme séparée de biens, III, 113.

Acquisition d'- à titre d'emploi, lll, 155.

Ameublissement des -, lll, 156-161.

Inaliénabilité de l'- dotal, lll, 204-212.

La transcription est nécessaire pour la translation de propriété des -, lll, 235.

Vente publique des -, lll, 238 note 4.

La garantie des vices rédhibitoires s'applique aux ventes d'-, lll, 301.

Règles sur la délivrance des -, lll, 271-272.

Erreur sur la contenance dans la vente d'-, lll, 277-280.

Effet de la cause de réméré dans les ventes d'-, lll, 314-315.

La revendication du droit de rétention ne s'applique pas aux ventes d'-, lll, 307.

La résolution de la vente d'- a lieu après sommation, lll, 308.

Rescision de la vente pour lésion, lll, 319-325.

La dette de l'acheteur, en cas de vente rescindée pour lésion, est immobilière, lll, 322.

Le cheptel de fer est un -, lll, 429.

Les sociétés de spéculation sur les - sont civiles, lll, 445 note 1.

Rente foncière constituée en cas d'aliénation d'-, lll, 494, 496, 500-501.

Le dépôt ne s'applique pas aux -, lll, 512.

Le séquestre peut avoir les - pour objet, lll, 524.

Appréciation de la solvabilité de la caution, lll, 560.

Les - sont susceptibles de nantissement, lll, 591 ; ou d'antichrèse, lll, 601.

Les - peuvent être l'objet de privilége et de l'hypothèque, lll, 654.

Priviléges généraux sur les -, lll, 655-661 ; leur classement, lll, 692.

Priviléges spéciaux sur les -, lll, 683-690 ; leur classement, lll, 692.

Les priviléges généraux portent subsidiairement sur les -, lll, 690.

La séparation des patrimoines porte sur les -, lll, 711.

L'hypothèque ne porte que sur les -, lll, 716.

Quels - sont susceptibles d'hypothèque ? lll, 720-724.

L'hypothèque est-elle un droit immobilier ? lll, 716-717.

Les - peuvent être saisis, lll, 833.

Les - des mineurs et interdits ne peuvent être saisis qu'après les meubles, lll, 836.

Prescription acquisitive des -, lll, 889-893.

Les - sont soumis au statut réel, lll, 948.

Immobilisation.

Idée rationnelle : I, 536 texte et note 1.

Indications diverses :

Des récoltes et fruits après la saisie, I, 531.

Des meubles par le propriétaire, I, 533-537.

De certains droits par la déclaration des parties, I, 539.

De valeurs par le remploi sous le régime dotal, lll, 206.

Des fruits dus par le tiers détenteur, lll, 806.

Impenses.

Indications diverses :

Faites par le possesseur sur le sol d'autrui, I, 590-593.

Faites par l'usufruitier, I, 625-627.

Faites par le donataire sur la chose donnée, en cas de retour légal, ll, 128-129.

Faites par le donataire en cas de rapport, ll, 310, 312-314.

Faites par le donataire en cas de réduction, ll, 439.

Faites par le donataire en cas de révocation de la donation pour inexécution des charges, ll, 490.

Faites par les héritiers sur la chose léguée, ll, 566.

Faites par le grevé de substitution, ll, 639-640.

Faites par le gérant d'affaires, ll, 973.

Faites par celui qui a reçu le payement de l'indû, ll, 976.

Payées par la communauté pour les biens d'un époux, III, 86-87.
Faites par le mari dotal, III, 193.
Faites par le vendeur sur la chose vendue, III, 276 note 3.
Faites par l'acheteur, en cas d'éviction de la chose vendue, III, 297-300.
Faites par l'acheteur, en cas de réméré, III, 314.
Faites par l'acheteur en cas de vente rescindée pour lésion, III, 323.
Faites par le preneur quant à la chose louée, III, 372.
Faites par le fermier, III, 399 note 2.
Faites par l'ouvrier, locateur d'ouvrage, III, 410.
Faites par l'emprunteur à usage, III, 476-478.
Faites par le dépositaire, III, 521.
Faites par le séquestre, III, 524.
Faites par le mandataire, III, 546.
Faites par le créancier gagiste, III, 598.
Faites par le tiers détenteur sur l'immeuble hypothéqué, III, 806.
Faites par les envoyés en possession définitive, III, 923.
Il n'y a pas de privilége pour les -, III, 671-672.
Le privilége des architectes s'étend-il aux améliorations résultant des -? III, 689 texte et note 2.
L'hypothèque s'étend aux améliorations résultant des -, III, 753-754.

Impôts.

Idées rationnelles :

Appréciation du système actuel, III, 226.
Appréciation des impôts sur la production et la consommation, III, 225 note 1.
Appréciation de l'enregistrement, III, 324 note 2.
Exagération de la taxe de transcription, III, 634.
Comparaison de l'- sur le capital et de l'- sur le revenu, III, 640 note 2.

Indications diverses :

Droits fiscaux pour les meubles, I, 528.
La rente n'est pas sujette à l'impôt, I, 549.
Les - sont payés par l'usufruitier, I, 637.
Les - ne donnent pas lieu à compensation, II, 910.
Comment les - sont payés en cas de bail, III, 371 texte et note 1.
Les - sont payés par le créancier antichrésiste, III, 602.

Imprescriptibilité.

Indications diverses :

Des actions d'état et par conséquent de l'action en annulation du mariage pour défaut de liberté et erreur dans la personne, I, 172.
De l'action en contestation de légitimité, I, 311.
De l'action en réclamation d'état, au point de vue moral, pour l'enfant, I, 322.
De l'action en contestation d'état légitime, au point de vue moral, I, 327.
De l'action en contestation d'état naturel, I, 342.
De l'action en réclamation d'état naturel, I, 359.
Du domaine public, I, 557.
Du droit de bornage, I, 677.
Du droit de faire boucher les jours du mur mitoyen, I, 691.
Du droit d'abatage, I, 697.
Du droit de couper les racines, I, 699.
De la faculté de rachat des servitudes, I, 731.
De l'action en partage, II, 246.
Du droit de demander la séparation des patrimoines, quant aux immeubles, II, 347.
De l'immeuble dotal, III, 210-211.
De certaines choses, III, 850-851.
De certaines actions, III, 887.
De l'action en revendication des biens de l'absent, III, 925.

Impuberté.

Cause de nullité absolue du mariage,
I, 175, 178-179.

Impuissance.

L'- n'est pas un empêchement au
mariage, I, 139-140.
L'- peut être une cause de nullité de
mariage, I, 172.
L'- est une cause de désaveu, quand
elle est accidentelle, I, 294; non
quand elle est naturelle, I, 295.

Imputation.

Matières diverses :

Des donations et legs reçus par l'en-
fant naturel, II, 147-151.
Des avancements d'hoirie sur la ré-
serve, II, 289.
Le rapport en moins prenant est une
-, II, 307.
De l'excédant de la donation sur la
part héréditaire, II, 316.
A faire sur la quotité disponible et la
réserve pour calculer la réduction,
II, 440.
Des payements, II, 891.
En cas de compensation, II, 911.
Des intérêts touchés par le créan-
cier-gagiste, III, 594.
En cas de payements reçus par un
associé, III, 443, 452.
Impossible pour les intérêts payés
quoique non stipulés, III, 491.
Des intérêts usuraires sur le capital
de la créance, III, 493.
Des fruits en cas d'antichrèse, III,
600.

Inaliénabilité.

Idée rationnelle :

L'- est contraire à la liberté de la
propriété, I, 569; — II, 386 texte et
note 2; — III, 195.

Indications diverses :

Du domaine public, I, 557.
Résultat de l'institution contractuelle,
II, 670-673.

Origine de l'- du fonds dotal, III, 16.
L'- ne résulte pas de la clause de
remploi, III, 97.
L'- du fonds dotal est restreinte par
l'interdiction d'augmenter la dot
pendant le mariage, III, 187.
Règles sur l'- du fonds dotal, III, 194-
212.
L'- du fonds dotal subsiste après la
séparation de biens, III, 212.
Question de l'- de la dot mobilière,
III, 196-190; — 765 note 1.
Corrélation entre l'- et l'imprescrip-
tibilité, III, 851.
L'- de la dot est-elle de statut per-
sonnel ? III, 947.

Inamovibilité.

L'- de la magistrature est contraire
à la raison, I, LXVI; — 98 note 1.
Ses conséquences funestes, III, 134
note 1.

Incapables.

Idées rationnelles :

Les - ont droit à la protection sociale,
I, 409.
Les - sont censés donner mandat de
les défendre aux capables, I, 574
note 1.

Indications diverses :

A raison de l'âge, de l'infirmité d'es-
prit, du sexe, I, 410.
Acceptation des donations faites aux
- II, 456-459.
Les - ne peuvent être exécuteurs
testamentaires, II, 573-574.
Annulabilité des contrats faits par les
-, II, 769.
Cas où les - sont codébiteurs soli-
daires, II, 847-848.
Les - sont obligés naturellement, II,
870.
Payement fait ou reçu par des -, II,
874-875.
Novation faite par des -, II, 898.
Rescision des obligations contractées
par les -, II, 922-923.

Dans quel cas les - peuvent faire un aveu, II, 964.

Les - peuvent être obligés par la gestion d'affaires, II, 974.

Les - peuvent-ils figurer dans le dépôt? III, 515.

Les - peuvent recevoir un mandat, III, 541.

Les - peuvent-ils renoncer à la prescription? III, 854.

Incapacités spéciales.

Matières diverses :

Résultant de condamnation, I, 57-58.

A partir de quel moment sont-elles encourues dans les condamnations contradictoires? I, 58-59. — Dans les condamnations par contumace, I, 62-63.

Comment elles cessent dans les peines correctionnelles, I, 59-61, 66, 68.

Appréciation de leur légitimité, I, 52, 68.

Tutelle, I, 438-439.

Curatelle, I, 479.

De succéder, II, 60-69; différences avec l'indignité, 60; effets, II, 76.

L'incapacité des parents empêche leur concours avec l'enfant naturel, II, 134 texte et note 1.

Les restrictions au droit héréditaire de l'enfant naturel n'appartiennent pas à une théorie d'incapacité personnelle, II, 145.

La prohibition de succéder prononcée contre l'enfant adultérin ou incestueux est une incapacité personnelle, II, 162.

Cause de révocation de l'acceptation, II, 206.

Cause de révocation de la renonciation, II, 213.

De disposer et de recevoir à titre gratuit, II, 388-408.

Des témoins testamentaires, II, 532-535.

Cas de caducité du legs pour incapacité, II, 598.

De l'appelé à l'ouverture de la substitution, II, 645.

Du grevé à l'ouverture du legs, II, 646.

L'- de l'officier public annule l'acte authentique, II, 933.

De vendre et d'acheter, III, 248.

Incapacité de la femme mariée.

Exposé général, I, 224-257.

Idées rationnelles :

La théorie de l'- est arbitraire et injuste, I, 225.

Discussion, sur ce sujet, au *Comité d'Etude,* I, XCI-XCIII.

Indications diverses :

Le fondement de l'- est une idée de tutelle, la femme mariée est légalement mineure, I, 225, 255.

Traits généraux des régimes matrimoniaux au point de vue de l'-, I, 227-230.

Autorisation nécessaire à la femme mariée pour figurer dans les procès civils et criminels, I, 230-232.

Incapacité d'aliéner et d'acquérir, I, 232-234.

La femme peut-elle s'obliger, I, 235-237.

Conflit entre les régimes matrimoniaux et l'incapacité de la femme, I, 237-238.

Forme de l'autorisation du mari, I, 238-239.

Autorisation de justice, I, 239-247.

Obligations de la femme contractées dans l'intérêt du mari, I, 244.

Contrats entre époux, I, 244-247.

Prohibition de l'autorisation générale, I, 247-248.

Capacité de la femme commerçante, I, 249-251.

Effet de l'autorisation, I, 251-254.

Ratification du mari, I, 254-256.

Actes qui peuvent être faits sans autorisation, I, 256-257.

L'- subsiste après la séparation de corps, I, 281.

(Voir, au surplus, les mots : *Autorisation* et *Femme mariée.*)

Incendie.

D'un immeuble soumis au rapport,
ll, 310.
Solidarité des co-locataires en cas
d'incendie, ll, 840.
De la maison louée, lll, 372-374.
D'un immeuble hypothéqué, lll, 753.

Inceste.

Cause de nullité du mariage, I, 180-
182.
La présomption de paternité du mari
est applicable en cas d'-, I, 181, 196.
Y a-t-il inceste dans le commerce de
deux personnes qui plus tard se
marient avec dispense? I, 329.
La nullité du mariage prononcée
pour inceste permet de constater
la filiation incestueuse, ll, 157.

(Voir, au surplus, le mot : *Enfant
incestueux*.)

Incompétence.

(Voir *Compétence*.)

Inde.

Appréciation du *Manava Dharma
Sastra*, I, LXI texte et note 1.

Indignité.

Indications diverses :

En matière de succession *ab intestat*,
ll, 60 et 69-84.
L'héritier déclaré indigne est légalement considéré, à l'égard des héritiers véritables, comme un possesseur de mauvaise foi, ll, 79.
Les aliénations consenties par l'indigne jusqu'au jugement sont valables à l'égard des tiers, ll, 79.
La représentation n'est pas admise
pour les descendants de l'indigne,
ll, 105.
L'indignité des parents empêche leur
concours avec l'enfant naturel, ll,
134.
Les descendants de l'enfant naturel
indigne peuvent demander sa part,
ll, 145-146.

Le retrait successoral peut être exercé
contre l'héritier indigne, ll, 268.
Le rapport n'est pas dû à l'indigne,
ll, 288.
En matière de succession testamentaire, ll, 592-593.

Individu.

Idées rationnelles :

L'autonomie de l'- est le principe et
la fin de toute la science politique
ou sociale : c'est d'elle que procè-
dent les trois autonomies de la
Commune, du Département et de
l'Etat, et c'est son développement
complet qu'elles ont toutes trois
pour idéal et pour règle, I, XII-
XIX.
L'autonomie de l'- aboutit à l'Etat républicain fédératif, I, XVI texte et
note 1.
L'- ne peut vouloir son droit sans
vouloir en même temps le droit
d'autrui, I, V.
L'- est la base de la société, I, 12.
L'- doué de conscience constitue la
personne, I, 16.
L'- forme, par l'association, les personnes juridiques, I, 17.
L'- doit avoir la faculté de disposer
de lui-même et par conséquent de
divorcer, I, 257.
L'- ne peut pas se dépouiller des qualités constitutives de sa personnalité, I, 322.
L'- a une conscience propre ; il ne
répond par conséquent que de lui-
même, I, 327.
Le droit, ayant pour base l'-, est le
même pour tous, I, 385.
L'- doit être indépendant de la société, I, 409.
L'- majeur a droit à la plénitude de
son autonomie, I, 493-494.
L'- a la vocation de créer des collectivités de personnes, I, 554.
Conciliation du droit de l'- avec la
nature scientifique de la propriété,
I, 567-568.
L'autonomie de l'- est la base du
droit de propriété, I, 570-572.

L'individualité du droit engendre directement la solidarité, I, 682.

L'-, étant libre, a le droit d'engager sa liberté, mais non de l'aliéner, I, 708.

L'idée de l'autonomie de l'- n'a été dégagée qu'au dix-neuvième siècle. II, v.

L'effort de l'- est le fondement de la propriété, II, 1 ; — d'où, diminution progressive de l'importance de la succession, II, 28.

L'- puise en lui-même le principe de son droit ; par conséquent, l'héritier ne peut pas être le représentant ou le continuateur de la personne du défunt, II, 46 ; — 59 note 1 ; — 188.

L'autonomie de l'- a pour conséquence la liberté de tester, II, 371-372.

Le droit de l'- est violé par les restrictions apportées au droit de disposer, II, 408-410.

L'- ne tient pas ses droits des concessions du législateur, II, 571 texte et note 2.

Toute atteinte à la liberté de la propriété est en même temps une atteinte à la liberté de l'-, II, 617 note 1.

Conciliation de l'autonomie de l'- avec l'obligation résultant du contrat, II, 719, 723, 724.

Tout - doit avoir à sa disposition l'instrument de travail, II, 722 note 2.

Les droits de l'- sont violés par la monarchie, II, 880 note 2.

La liberté de la preuve dérive de l'autonomie de l'-, II, 926.

L'autonomie de l'- est la base de l'ordre nouveau, qui doit procéder de l'- à l'Etat, III, 7 note 2.

Le droit social usurpe partout aujourd'hui sur le droit de l'-, III, 100 note 2.

L'idée de l'autonomie de l'- domine toutes les variations des institutions, III, 186 note 2.

L'inaliénabilité de la propriété est la négation du droit de l'-, III, 195.

L'autonomie de l'- est atteinte par le caractère réel de la résolution ou de la rescision de la vente, III, 227.

L'autonomie de l'- est le fond de la question sociale, III, 346 note 3.

Le droit d'un - est corrélatif à l'obligation d'un autre -, III, 425 note 1.

L'autonomie de l'- est la base de l'idée de la société-contrat, III, 435 note 4.

L'- doit devenir une valeur négociable, III, 468.

Le développement du droit de l'- entraînera la disparition du prêt à intérêt, III, 469.

L'- n'a droit à la protection sociale qu'en cas de violation caractérisée de son droit, III, 527.

La liberté de l'- est restreinte par le cautionnement, III, 552.

Le droit de l'- est atteint par le privilége et par l'hypothèque légale, III, 645.

Le respect du droit de l'- veut que l'hypothèque soit conventionnelle, spéciale et publique, III, 647-648.

Le droit de l'- est atteint par l'organisation de la purge hypothécaire, III, 811 note 1, — 817 note 1.

Le développement complet de la liberté de l'- est la formule de l'ordre nouveau, III, 955-958.

L'avancement de l'- dans la liberté est le dernier mot du droit, III, *Append.,* 7.

Le droit de l'- est la base des théories de l'Economie politique actuelle, III, *Append.,* 12-15.

(Voir, au surplus, le mot : *Liberté.*)

Indivisibilité.

Matières diverses :

De la souveraineté, I, XVI note 1.

De la dégradation civique, I, 66.

De la qualité d'enfant naturel ou légitime, I, 93.

La dette alimentaire est-elle indivisible ? I, 217-218.

La possession d'état est-elle divisible ? I, 314, 315 texte et note 1.

Des servitudes réelles au point de vue actif, I, 722-723 ; — 727-728.

La saisine est-elle indivisible? ll, 47.

L'indivisibilité du titre d'héritier ne s'applique pas au retour légal, ll, 116.

Du titre d'héritier : conséquences de cette idée, ll, 198.

D'une dette héréditaire, ll, 331.

De l'hypothèque, ll, 331.

L'obligation réelle corrélative au droit hypothécaire est indivisible, ll, 334.

L'- est un effet de la séparation des patrimoines, ll, 349-350.

De l'hypothèque : fausse application qui en est faite à l'hypothèque du légataire particulier, ll, 564-565.

De l'option en cas d'obligation alternative, ll, 831, 859.

Différences entre l'- et la solidarité, ll, 839 note 1.

Exposé général de l'- des obligations, ll, 853-864.

Cas où la clause pénale est la sanction d'une obligation indivisible, ll, 866.

Le juge peut diviser l'exécution de l'obligation, ll, 879 texte et note 3.

De la subrogation légale au profit du débiteur d'une dette indivisible, ll, 888.

La consignation des offres réelles ne libère pas les co-débiteurs d'une obligation indivisible, ll, 894.

L'- de l'aveu existe-t-elle toujours? ll, 965.

Application de l'- à la poursuite contre les époux, lll, 141.

De l'action et de l'exception de garantie, lll, 283-284 texte et note 1.

L'action en réméré est divisible, lll, 318-319.

Cas de l'- de la chose déposée, lll, 519.

De la transaction comparée à la divisibilité du jugement, lll, 578, 587.

De la transaction faite en cas d'obligation cautionnée, lll, 584.

Du gage, lll, 594.

L'- du privilége n'empêche pas que le privilége ne naisse multiple, lll, 687 note 2.

De la séparation des patrimoines, lll, 709 texte et note 1.

De l'hypothèque légale du légataire, lll, 711.

De l'hypothèque en général, lll, 718.

Interruption de la prescription en cas d'-, lll, 874, 878.

Indivision.

(Voir *Copropriété*.)

Indû (Payement de l').

Exposé général : ll, 974-977.

La femme est-elle capable de s'obliger en recevant l'indù? I, 236-237.

Le - n'est pas un quasi-contrat, ll, 726 note 1; — 971 note 2.

Dans la vente de la chose d'autrui, l'acheteur paye l'indù, lll, 262.

Ingratitude.

Matières diverses :

Cause de révocation des donations, ll, 493-501; — 513.

Cause de révocation des legs, ll, 593.

Cause d'ouverture de la substitution, ll, 644 texte et note 3.

L'- n'est pas une cause de révocation des donations par contrat de mariage, ll, 668.

Cause de révocation des donations entre époux, ll, 700.

Inhumation.

L'- doit être autorisée par l'officier d'état civil, I, 86.

Injure.

Cause de séparation de corps, I, 270.

Cause de révocation des donations, ll, 493.

Cause de révocation des legs, ll, 593.

Insaisissabilité.

Généralités :

L'- empêche la compensation, ll, 909.

L'- rend propre de communauté les pensions auxquelles elle s'applique, lll, 38.

Indication de textes législatifs, lll, 649 note 2.

Indications diverses :

Usufruit légal des père et mère, I, 406.
Droit d'usage, I, 657.
Usufruit de communauté, lll, 41.
Jouissance des biens dotaux, lll, 192.
Immeubles dotaux, lll, 195, 203, 206.
Rentes viagères, lll, 509.

Inscription hypothécaire.

Exposé général, lll, 769-784.

Indications diverses :

La séparation des patrimoines est soumise à l'-, ll, 347-348.
Sur les biens affectés au privilége de l'appelé à la substitution, ll, 632.
Priviléges sur les immeubles, lll, 697.
L'- est inutile pour les hypothèques légales de la femme, du mineur, de l'interdit, lll, 728 ; — 759-763.
De l'hypothèque au profit de l'aliéné, lll, 737.
De l'hypothèque résultant de la reconnaissance d'un acte sous-seing privé, lll, 743.
De l'hypothèque sur biens à venir, lll, 750.
Nécessaire pour l'acquisition du droit de préférence, lll, 754-755.
Réduction de l'-, lll, 787-791.
Nécessaire pour l'exercice du droit de suite, lll, 791-794.

Inscription de faux.

Inconvénients, ll, 930 note 1.

Matières diverses :

Actes de l'état civil, I, 75.
Testament olographe ? ll, 521.
Acte authentique, ll, 934.
Acte sous-seing privé, ll, 937.

Insinuation.

Des donations en droit romain et dans l'ancien droit, ll, 461-462 et 462 note 4.

Institution contractuelle.

Appréciation rationnelle, ll, 669 note 1, 672 notes 4 et 5, 676 note 2.
Exposé général, ll, 669-676.

Indications diverses :

Les présomptions de survie ne sont pas applicables à l'-, ll, 30.
Comment s'opère la réduction de l'-, ll, 412.
Différences avec la donation cumulative de biens présents et de biens à venir, ll, 677.
La donation cumulative de biens présents et de biens à venir peut être une pure -, ll, 678.
L'- est autorisée entre futurs époux, ll, 690.
Différences entre l'- faite par des tiers et l'- faite entre futurs époux, ll, 690.
L'- est un contrat qui profite aux tiers, ll, 808.
L'- est permise par exception dans le contrat de mariage, lll, 19.
L'- faite par le mari sur les biens de la communauté est valable, lll, 77.

Institution d'héritier.

Exposé général : ll, 543-544.
De l'- dans l'ancien droit, ll, 514.
L'institution contractuelle tient de l'-, ll, 669-670.

Instituteur.

Prescription des actions, lll, 894-895.

Interdiction des droits civiques, civils et de famille.

Différences avec la dégradation civique, I, 66-67.
Est-elle une cause d'exclusion de la tutelle ? I, 439.
Cause d'incapacité des témoins testamentaires , ll, 534.

Interdiction judiciaire.

Exposé général : I, 495-514.

Idées rationnelles :

L'- est légitime, appliquée à l'individu non apte à user de sa liberté, I, 495.

Appréciation de l'hypothèque légale de l'interdit, III, 645.

Appréciation de la suspension de certaines prescriptions au profit de l'interdit, III, 881 note 1.

Indications diverses :

Comment l'- se constate, I, 69.

L'interdit a son domicile légal chez son tuteur, I, 100.

Mariage de l'interdit dans un intervalle lucide, I, 126.

En cas d'- du mari, la femme est autorisée par justice, I, 242.

La femme est tutrice du mari interdit, I, 242.

Cas d'- de la femme mariée, I, 243.

L'interdit peut faire une reconnaissance, I, 336.

L'- enlève l'exercice de la puissance paternelle, I, 389.

Administration légale en cas d'- du mari, I, 414.

L'- est une cause d'incapacité de la tutelle, I, 438-439.

Différences entre l'interdit et le mineur, I, 512-513.

Différences entre l'interdit légal et l'interdit judiciaire, I, 513-514.

Différences entre l'interdit et le demi-interdit, I, 524.

L'interdit peut être déclaré héritier pur et simple, II, 191.

L'interdit peut faire révoquer son acceptation, II, 207.

Divertissement ou recel des effets de la succession par l'interdit, II, 220-221.

L'interdit peut accepter sous bénéfice d'inventaire sans déclaration, II, 223.

Action en partage intentée au nom de l'interdit, II, 248-249.

Le partage a lieu en justice quand il y a un interdit parmi les cohéritiers, II, 253.

Cas où l'interdit est intéressé dans un partage, II, 265-266.

L'interdit peut, dans un intervalle lucide, disposer par donation ou testament, II, 390-391.

Le tuteur de l'interdit peut recevoir de son pupille, II, 399.

Acceptation de donation fait à l'interdit, II, 456.

Transcription de donation faite à l'interdit, II, 466-467.

L'interdit est incapable d'être exécuteur testamentaire, II, 575.

Les interdits appelés à la substitution ne sont pas restituables contre les conséquences de la négligence du tuteur, II, 635-636.

Cas où les appelés à la substitution étant interdits, la prescription court contre le grevé, II, 636-637.

L'interdit est incapable de contracter, II, 772.

Comparaison de l'incapacité de l'interdit avec celle du mineur, II, 773.

L'action en annulation pour incapacité de l'interdit dure 10 ans, II, 922.

Capacité de l'interdit pour le contrat de mariage, III, 31 texte et note 3.

L'- du mari est-elle une cause de séparation de biens ? III, 105-107.

La prescription court, en principe, contre l'interdit, III, 220 ; — 321 note 1.

L'- est une cause de dissolution de la société, III, 459, 462.

L'- met fin au mandat, III, 551.

L'interdit peut être refusé comme caution, III, 560.

L'interdit ne peut pas transiger, III, 581 texte et note 1.

Comment les biens de l'interdit peuvent être hypothéqués, III, 746.

Hypothèque légale de l'interdit : Créances qu'elle garantit et biens qu'elle grève, III, 734-736 ; — Rang, III, 757 ; — Inscription, III, 759-763 ; — Réduction, III, 767-769 ; — Collocation des intérêts, III, 782 ; — Purge spéciale, III, 822-828.

La vente des biens de l'interdit ne détruit pas le droit de suite, III, 805.

Bénéfice de discussion de l'interdit, III, 836.

Poursuite à fin de saisie contre l'interdit, III, 838.

L'- suspend les longues prescriptions et non les petites, III, 848-849.

Le tuteur de l'interdit peut-il renoncer à la prescription acquise ? III, 854.

Suspension de certaines prescriptions au profit de l'interdit, III, 881.

Certaines prescriptions courent contre l'interdit, III, 899.

Les lois relatives à l'- sont de statut personnel, III, 946.

Interdiction légale.

Appréciation rationnelle, I, 52; — III, 882 note 1.

Définition, I, 55.

Indications diverses :

Résultant des peines afflictives perpétuelles, I, 55 ; — temporaires, I, 58.

Effets de l'-, I, 56-57.

L'- cesse avec la peine principale, I, 59; — par la prescription de la peine, I, 59; — par la grâce, I, 60; — par l'amnistie, I, 60; — par la révision, I, 61.

L'- n'a pas lieu dans les condamnations par contumace, I, 62.

L'interdit peut faire une reconnaissance, I, 336.

L'- enlève l'exercice de la puissance paternelle, I, 389.

Causes de l'- comparées à celles de l'interdiction judiciaire, I, 495.

Différences entre l'interdit légal et l'interdit judiciaire, I, 513-514.

Acceptation de succession par l'interdit, II, 190.

Le tuteur de l'interdit peut recevoir de son pupille, II, 399.

L'- est-elle une cause d'annulation des contrats ? II, 770 note 2.

L'- du mari est-elle une cause de séparation de biens, III, 105-107.

L'- est une cause de dissolution de la société, III, 459, 462.

L'- ne produit pas de suspension de prescription, III, 882.

Intérêts.

Indications diverses :

L'usufruitier légal est-il tenu d'acquitter les - échus au commencement de sa jouissance ? I, 402-403.

Du compte de tutelle, dûs au mineur ou au tuteur, I, 471.

Erreur du droit canonique sur la nature des intérêts, I, 546 note 2.

Les - sont des fruits civils, I, 579.

Des charges extraordinaires, payés par l'usufruitier, I, 637.

Des dettes du constituant, acquittés par le légataire d'usufruit, I, 638-642.

L'héritier indigne doit-il les - des sommes de l'actif héréditaire qu'il a touchées ? II, 79.

L'enfant naturel soumis à l'imputation doit les -, II, 150-151.

Les - courent à partir des demandes formées contre l'héritier bénéficiaire, II, 225.

Les - des sommes données sont dispensés du rapport, II, 298 et 299 note 1.

Quid des intérêts des dettes soumises au rapport, II, 306.

Quid des intérêts produits par les sommes données en cas de réduction, II, 446.

A partir de quel moment sont-ils acquis au légataire universel, II, 547-548; — Au légataire à titre universel, II, 555-556; — Au légataire particulier ? II, 559.

Les - peuvent être attribués au légataire particulier dès le jour du décès, II, 560.

Cas où les intérêts courent de plein droit, II, 802.

Les - courent au profit de tous les créanciers solidaires, II, 838, 843.

Les - sont arrêtés en cas de consignation, II, 894.

Dûs par celui qui a reçu le payement de l'indû de mauvaise foi, II, 976.

Des récompenses de communauté, III, 51, — 88, — 136.

Les - sont à la charge de la communauté, III, 71.

Dûs en cas de constitution de dot, III, 100.

Des créances des époux l'un contre l'autre, III, 137.

Des créances de la femme renonçante contre la communauté, III, 146.

Dûs par le constituant de dot, III, 186.

De la dot, III, 190.

Dûs en cas de restitution de dot, III, 215.

Dûs à l'acheteur qui exerce l'action rédhibitoire, III, 302.

Dans quels cas l'acheteur doit les - du prix, III, 305-306.

Limitation du taux des -, III, 311.

Du supplément de prix en cas de vente rescindée pour lésion, III, 323.

Dûs par le vendeur en cas de vente rescindée pour lésion, III, 323-324.

Dûs pour l'apport de société, III, 451.

Dûs en cas de prêt d'une somme d'argent, III, 482-483.

En matière de prêt, III, 491-494.

De la chose déposée, III, 518.

Dûs par le mandataire, III, 543.

Dûs par le mandant, III, 547.

Le bénéfice de subrogation ne garantit pas les - des dépenses de la caution, III, 568.

Les - sont garantis par l'action propre de la caution contre le débiteur, III, 569.

Touchés par le créancier-gagiste, III, 594.

Effets de l'inscription hypothécaire quant aux -, III, 780-782.

A partir de quel moment les - sont-ils dûs en cas de purge, III, 815.

Les - se prescrivent par 5 ans, III, 898 texte et note 3.

(Voir, au surplus, les mots : *Anatocisme, Dommages-intérêts, Prêt à intérêt, Usure.*)

Interposition de personnes.

(Voir *Personnes interposées.*)

Interprétation des lois.

Doctrinale, judiciaire, législative, I, 10, 11 ; — III, 951-954.

Interruption.

De la possession, III, 862-863.

De la prescription, III, 853, 870-880.

Intervalle lucide.

Exposé général : I, 501-505.

Indications diverses :

Mariage de l'interdit dans un -, I, 126.

L'- ne fait pas obstacle à l'interdiction, I, 496.

Le dément peut provoquer son interdiction pendant un -, I, 497.

L'interdit, pendant un -, peut disposer par donation ou testament, II, 390-391.

Interversion.

De la possession, III, 868, 869.

Inventaire.

Définition : I, 444 note 1.

Indications diverses :

Le défaut d'- fait perdre la jouissance légale, I, 406.

Le tuteur doit faire -, I, 444-445. — Sanction du défaut d'-, I, 445.

L'usufruitier doit faire -, I, 628.

L'usager doit faire -, I, 655.

Nécessaire en cas d'envoi en possession, II, 177.

L'héritier qui accepte sous bénéfice d'inventaire doit faire -, II, 223.

Nécessaire en cas de partage, II, 255.

Nécessaire en cas de substitution, II, 629.

L'- n'a pas lieu pour l'usufruit de la communauté, III, 51.

Nécessaire pour les successions échues au mari pendant la communauté, III, 62.

Nécessaire pour les successions échues à la femme pendant la communauté, III, 69-71.

Nécessaire en cas de dissolution de la communauté par la mort de l'un des époux, III, 102.

Nécessaire à la dissolution de la communauté par la mort du mari, III, 122-123.

L'- n'est pas nécessaire en cas de séparation de biens, III, 126.
Nécessaire en cas de séparation de
dettes, III, 163.
Nécessaire sous le régime sans communauté, III, 178.
Les frais d'- sont garantis pour le
privilége des frais de justice, III,
656.
Nécessaire en cas d'absence pour les
héritiers présomptifs, III, 910.
Nécessaire en cas d'option pour la
continuation de la communauté de
la part de l'époux présent, III, 920.

Invention.

Exposé général, II, 18-26.

(Voir, au surplus, les mots : *Epaves,
Trésor.*)

Investiture héréditaire.

Idées rationnelles :

Comme le droit à la succession repose sur la volonté présumée du
défunt, cette volonté est suffisante
pour en opérer la transmission,
sauf à l'héritier à refuser de l'accepter, II, 33.
L'investiture de l'exercice des droits
actifs et passifs du défunt procède
du défunt lui-même à l'héritier,
qui acquiert par son seul silence,
II, 44 note 2.
La volonté du défunt suffit pour investir le successeur à la fois du
droit héréditaire et de l'exercice
de ce droit, II, 59 note 1.
L'- définitive résulte de l'acceptation
de l'héritier, II, 183.
L'idée de l'- par la volonté du défunt
s'accorde avec la révocabilité de la
renonciation, II, 213 note 1.

(Voir, au surplus, les mots : *Héritiers, Saisine, Succession*).

Irlande.

L'- a pratiqué le nantissement pour
la transmission des droits réels,
III, 618 note 2.

Irrévocabilité.

Matières diverses :

De l'adoption, I, 379.
De l'acceptation de la succession, II,
186.
De la donation, II, 382-383.
Application de l'- de la donation, II,
478-484.
Du partage d'ascendant, II, 650.
Du contrat de mariage, III, 26-27.
La prohibition de la séparation de
biens volontaire est une consé-
quence de l'-du contrat de mariage,
III, 105.
De l'acceptation et de la renonciation
de communauté, III, 120.
De la séparation de biens conven-
tionnelle, III, 181-182.

(Voir, au surplus, au mot : *Révocation*).

Irrigation.

Droits relatifs à l'-, I, 672, 673, 674.
Servitude relative à l'-, I, 676.

Italie.

Appréciation du nouveau Code de
l'Italie, III, 85 note 2 ; — 610 note 1.

Ivresse.

Cause d'annulation des contrats, II,
770, 771 texte et note 2.

Jeu.

Exposé général, III, 530-532.
Le - est un contrat aléatoire, II, 742.
Le - ne constitue pas une obligation
naturelle, II, 870.

Jonction.

Des possessions, III, 866.

Jouissance.

Distinction entre la jouissance et
l'exercice du droit, I, 17, 22.
Jouissance des droits civils, I, 22. —
supprimée par la dégradation civique, I, 55 ; — respectée par l'interdiction légale, I, 55 ; — supprimée par la double incapacité, I, 57.

Distinction entre la jouissance et l'exercice des droits héréditaires, II, 34.

De pure faculté et de simple tolérance, III, 865.

Jouissance légale.

Exposé général : I, 399-400.

Idées rationnelles :

La - est un humiliant salaire du devoir paternel, I, 386.

La - est une théorie incompréhensible et inavouable, I, 400-401.

Indications diverses :

La - n'appartient pas à la mère, administrant les biens des enfants pendant l'absence du père, I, 116.

L'époux contre qui la séparation de corps est prononcée conserve la -, I, 281.

Attribut de la puissance paternelle, I, 387.

Différences entre la - et l'usufruit ordinaire, I, 406.

Responsabilité de l'usufruitier légal, I, 448-449.

Cause fréquente de l'usufruit, I, 606, 610.

Les cas de - sont des cas de dispense de caution, I, 629.

L'indigne ne peut pas réclamer sur les biens de la succession la -, II, 80-81.

Le défaut d'inventaire à la dissolution de la communauté fait perdre la -, III. 103.

La loi qui accorde la - est-elle de statut personnel ? III, 947.

Jour (et Heure).

Le - de la naissance doit être indiqué, I, 83.

Le - du décès doit-il être mentionné ? I, 86 ; — II, 36.

Calcul du délai de gestation de - à -, I, 292.

La majorité se calcule d'heure à heure, I, 495.

Le possesseur de bonne foi acquiert les fruits civils - par -, I, 584.

L'usufruitier acquiert les fruits civils - par -, I, 613.

Comment se prouve l'heure du décès pour la succession, II, 36.

Le - de l'échéance est compris dans le terme ; le - du point de départ n'est pas compté, II, 828 note 2.

Calcul de la péremption des inscriptions hypothécaires, III, 783.

Calcul de la prescription, III, 886.

Jours.

Définition, I, 701-702.

Le voisin qui acquiert la mitoyenneté du mur, acquiert le droit de faire boucher les -, I, 691.

Juge.

Idées rationnelles :

(Voir le mot : *Magistrature.*)

Indications diverses :

Le - doit appliquer et interpréter la loi, I, 10.

Le - peut-il suppléer au silence de la loi ? I, 11.

Le - ne peut pas faire d'arrêts de règlement, I, 12.

Prohibition faite au - d'acquérir certains droits litigieux, III, 254-256.

Juge de paix.

Indications diverses :

Le - dresse l'acte de notoriété constatant l'absence de l'ascendant pour le mariage, I, 130.

Le - reçoit les reconnaissances, I, 334.

Le - dresse le contrat d'adoption, I, 378.

Le - dresse le contrat de tutelle officieuse, I, 381-382.

Le - préside le conseil de famille, I, 427-429.

Le - appose les scellés, I, 444 note 1.

Le - dresse l'acte d'émancipation, I, 475-477.

Le - est compétent en matière de drainage, 1, 677.

Le - est compétent pour l'action en bornage quant la propriété n'est pas contestée, 1, 678.

Le - peut recevoir un testament en temps de peste, II, 537.

Le - est compétent en matière de bail, III, 372.

Le jugement du - entraine hypothèque judiciaire, III, 739.

Jugement.

Généralités :

Le - est déclaratif, I, 102.

Le - est quelquefois un contrat judiciaire, I, 284.

Le - a la force exécutoire, II, 934.

A quelles conditions le - a force de chose jugée, II, 958-961.

Comparaison du jugement avec le compromis et la transaction, III, 577 note 1, 578.

Le - est déclaratif de propriété, III, 584.

Le - ne devrait pas produire l'hypothèque, III, 647.

Différences du - avec l'acte judiciaire, III, 719.

Effet du - rendu à l'étranger, III, 739-742.

Matières diverses :

Rectification des actes d'état civil, I, 92, 93.

Domicile d'élection, I, 102.

Déclaration d'absence, I, 110.

Preuve du mariage, I, 191-195.

Autorisation à la femme mariée, I, 240.

Le - de séparation de corps doit être rendu public, I, 279.

Effet du - sur l'instance en réclamation d'état, I, 318-320.

Interdiction, I, 499-500.

Main-levée d'interdiction, I, 512.

Effet du - qui condamne l'héritier bénéficiaire en qualité d'héritier pur et simple, II, 226-228.

Le - prononçant la nullité ou la révocation d'une donation doit être transcrit, II, 465.

Révocation des donations, II, 494.

Le - rendu contre le débiteur en fraude de ses créanciers peut être attaqué, II, 816.

Résolution tacite des contrats, II, 825-826.

Le - profite à tous les créanciers solidaires, II, 838.

Effets du - rendu contre l'un des créanciers indivisibles, II, 863 ; — III, 960 note 1.

Le débiteur tenu en vertu d'un - ne peut pas obtenir de délai, II, 880.

Déclaration de validité de la consignation, II, 894.

Annulation du mariage putatif, III, 101.

Séparation de biens, III, 108-109.

Adjudication, III, 326.

Envoi en possession provisoire des biens de l'absent, III, 909.

Dissolution d'une société, III, 463.

Désignation du séquestre, III, 525.

Cautionnement, III, 561.

Établissement d'une hypothèque au profit de l'aliéné, III, 736.

Hypothèque résultant du -, III, 738-742.

Autorisation d'hypothèque sur les biens de l'absent, III, 746.

Déclaration de faillite, III, 771-772.

Radiation des inscriptions hypothécaires, III, 786-787.

Saisie immobilière, III, 839.

Jurisprudence.

Idées rationnelles :

Définition de son rôle, I, XXII, LXXI.

Vices actuels de la -, I, LXVIII.

Définition de son rôle, III, 510 note 2, — 517 note 2.

Son rôle en Angleterre, III, 635 note 1.

Bibliographie, I, XLIII.

Jury civil.

Seul mode rationnel d'organisation de la justice, I, LXV.

Nécessaire pour appliquer la notion vraie de l'ordre public, I, 13.

Nécessaire pour juger les actions en désaveu, I, 297 note 3.

Nécessaire pour décider des privations de liberté pour cause de démence, I, 515 note 1.

Nécessaire dans tous les cas où il y a lieu à appréciation discrétionnaire, II, 231 note 3.

Nécessaire pour rechercher la volonté du disposant, II, 392 note 2.

Juste titre.

(Voir *Titre*.)

Justice.

Idées rationnelles : (Voir les mots : *Cour de cassation, Jurisprudence, Jury civil, Magistrature, Organisation judiciaire.*)

Indications diverses : (Voir les mots : *Autorisation, Juge, Jugement.*)

Légataires.

Indications diverses :

Les - ont le droit de demander la déclaration d'absence, I, 109.

Les - particuliers de l'enfant peuvent exercer l'action en réclamation d'état, à titre de créanciers de ses héritiers, I, 326.

Les présomptions de survie ne sont pas applicables entre -, II, 40.

Comparaison des - avec les successeurs *ab intestat,* II, 58.

Les - peuvent avoir besoin du bénéfice d'inventaire, II, 222.

Comment les - sont payés en cas d'acceptation bénéficiaire, II, 234-236.

Le testateur peut-il imposer à ses - l'obligation de rester dans l'indivision ? II, 245-246.

L'héritier - est soumis au rapport, II, 277.

Le rapport n'est pas dû aux -, II, 288-289.

Les - créanciers de la succession ont droit d'exercer l'action en rapport, II, 291.

Comment les - contribuent au payement des dettes de la succession, II, 323-328.

Comment les - sont tenus du droit de poursuite, II, 329-331.

Les - peuvent-ils être poursuivis en vertu de titres exécutoires ? II, 340-341.

Les - particuliers ont le droit de demander la séparation des patrimoines, II, 342.

Les - qui ont demandé la séparation des patrimoines restent-ils les créanciers personnels de l'héritier ? II, 350-352.

Le - n'a pas besoin d'intervenir dans le testament, II, 384.

A quel moment la capacité du - est-elle exigée, II, 408.

L'héritier renonçant, légataire sans préciput, peut-il cumuler la quotité disponible et la réserve ? II, 418-419.

Concours d'un ascendant, d'un frère et d'un - universel, II, 425-426.

Les - des héritiers ont l'action en réduction, II, 433.

Les - du *de cujus* n'ont pas l'action en réduction, II, 434.

Les - particuliers du donateur peuvent-ils opposer le défaut de transcription ? II, 472-473.

Les - particuliers des personnes chargées de faire transcrire la donation peuvent-ils opposer le défaut de transcription ? II, 474-476.

Est-ce au - qu'incombe la preuve de la sincérité du testament olographe ? II, 518-521.

Les - ne peuvent être témoins dans les testaments publics, II, 535.

Les - universels sont-ils tenus d'acquitter les dettes *ultra vires ?* II, 550-551.

Le - universel peut faire cesser la saisine de l'exécuteur testamentaire, II, 573.

Caducité du legs par prédécès du -, II, 596-597.

A l'égard des -, le vendeur d'hérédité reste héritier, III, 336.

Le bail est opposable aux -, III, 381.

Appréciation de l'hypothèque légale du légataire, III, 647, — 726 texte et note 1.

Les - particuliers ont le privilége de séparation des patrimoines, III, 707, 710-711.

Les - doivent-ils demander la séparation des patrimoines contre l'héritier bénéficiaire? III, 711.

Le - des meubles obtient avec la créance l'hypothèque, III, 717.

Inscription du privilége des -, III, 774.

Le légataire particulier a droit de purger, III, 812 note 1.

Le légataire particulier à charge n'a pas droit de purger, III, 813.

Les - profitent de la possession de leur auteur, III, 800.

Les - peuvent demander l'envoi en possession provisoire des biens de l'absent, III, 908 texte et note 2.

(Voir, au surplus, les mots : *Hypothèques légales, Legs* et *Legs d'usufruit*).

Législateur.

Idées rationnelles :

Notion philosophique, I, v.

Le droit non écrit émane directement du -, I, vi.

Le -, c'est-à-dire le peuple légiférant, soit par lui-même , soit par ses mandataires, a le droit de faire des lois interprétatives, I, 11.

Le -, c'est-à-dire la société, a le droit d'abroger une loi ancienne, I, 14-15.

Le - n'a pas de faveurs à distribuer; il n'a pas d'autre fonction que de déclarer la justice, I, 197.

Le - ne peut pas décréter l'infamie d'une peine, I, 270.

Le - ne peut pas déterminer les causes du divorce et de la séparation, I, 272.

Le - ne doit rien créer, sinon il fait de l'arbitraire, I, 384 note 3.

Le - n'est pas infaillible, I, 403.

Le - n'est pas souverain; la souveraineté n'appartient qu'à la raison et réside dans l'individu, I, 683.

Le devoir du - est de ne pas entraver la liberté de disposer et d'aider spécialement la disposition à titre gratuit, II, 373.

Délégué de l'individu, le - est chargé de trouver la formule du juste, II, 375 note 1.

Rôle du - au point de vue de la règlementation de la disposition à titre gratuit, II, 373-388.

Le - n'a pas à établir de présomptions d'interprétation de volonté, II, 565 note 3, 568 note 1, 569 note 1.

Le - doit trouver et formuler la loi et non la créer, II, 907 note 1.

(Voir, au surplus, les mots : *Loi* et *Pouvoir législatif.*)

Législation ancienne.

Exposé général : I, XXIII-XXVII.

Appréciation générale, I, LIX ; — III, *Append.*, 14-15.

Abrogation totale, I, XXXVI.

Matières diverses :

DROIT INTERNATIONAL: Caractère des traités, 1, XI, XII note 1.

APPLICATION DES LOIS: Théorie des Statuts, I, 8; III, 943. — Arrêts de règlement, I, 12 ; III, 953.

JOUISSANCE ET PRIVATION DES DROITS CIVILS : Condition des étrangers, I, 36. — Mort civile, I, 54-55.

ACTES DE L'ETAT CIVIL : Registres tenus par le clergé, I, 69-70.

ABSENCE : Curateur des biens, I, 103.

MARIAGE : Caractère de sacrement et de contrat, I, 119 texte et note 1. — Age, I, 125. — Empêchements, I, 139-140. — Oppositions, I, 156. — Vices du consentement , I, 168, 175. — Droit des enfants à l'éducation, I, 204. — Dette alimentaire des enfants naturels, I, 213. — Incapacité de la femme, I, 225 texte et notes 1 et 2. — Contrats entre époux, I, 244-245. — Nullité des actes de la femme, I, 252.

DIVORCE : Prohibition, I, 259. — Séparation d'habitation admise, I, 275.

PATERNITÉ ET FILIATION : Légitimation admise, I, 328, 330, 332 note 1. — Reconnaissance des enfants in-

cestueux ou adultérins permise, 1, 338.

ADOPTION : Institution non pratiquée, 1, 364.

PUISSANCE PATERNELLE : Non admise partout, 1, 386 note 1. — Garde noble et bourgeoise, 1, 400.

TUTELLE : Limite de la minorité, 1, 410. — Ouverture, 1, 413. — Election du tuteur, 1, 425. — Responsabilité des experts, 1, 448. — Cession de créance, 1, 462.

EMANCIPATION : Institution admise, 1, 472-473.

INTERDICTION : Curatelle des interdits, 1, 495.

DISTINCTION DES BIENS : Meubles et immeubles, 1, 540 note 1. — Rentes foncières, 1, 546 texte et note 2, 548, 549 texte et note 2. — Offices, 1, 547. — Décomposition du domaine, 1, 560. — Sens du mot *bail*, 1, 561 texte et note 1. — Emphytéose, 1, 564 texte et notes 2 et 3. — Nomenclature des tenures, 1, 565-567.

PROPRIÉTÉ : Cours d'eau, 1, 596 texte et note 1.

USUFRUIT : Distinction, 1, 608. — Rente viagère, 1, 619.

SERVITUDES : Hiérarchie des terres, 1, 661. — Clôture et droit de chasse, 1, 679.

MANIÈRES D'ACQUÉRIR : Prescription avec mauvaise foi, 11, 7 note 2. — Chasse, 11, 15. — Epaves, 11, 21-23.

SUCCESSIONS : Saisine, 11, 42-44. — Distinction des successeurs, 11, 51 note 1. — Système successoral, 11, 84-87. — Représentation, 11, 98-99, 104. — Retour légal, 11, 113. — Successions irrégulières, 11, 129. — Droit des enfants naturels, 11, 130. — Droit du conjoint, 11, 173. — Acceptation, 11, 189. — Renonciation, 11, 208. — Renonciation aux successions futures, 11, 219 — Bénéfice d'inventaire, 11, 236 note 3. — Effet déclaratif du partage, 11, 241, 355. — Partage par attribution, 11, 264. — Retrait successoral, 11, 266, 269 note 5. — Rapport des dons et legs, 11, 272-273, 277 note 1. — Présomp-

tion d'interposition, 11, 283. — Rapport des dettes, 11, 303. — Payement des dettes, 11, 321, 328 note 2. — Séparation des patrimoines, 11, 341. — Rentes, 11, 363 texte et note 2.

DONATIONS ET TESTAMENTS : Codicille, 11, 379. — Actualité et irrévocabilité des donations, 11, 381-383, 449, 478. — Conditions impossibles, 11, 385. — Action *ab irato*, 11, 391. — Dispositions des mineurs, 11, 398. — Réserve et légitime, 11, 414. — Action en réduction, 11, 435. — Translation de propriété, 11, 459. — Insinuation des donations, 11, 462. — Etat estimatif des meubles, 11, 477 note 3. — Donations de nue-propriété ou d'usufruit, 11, 484. — Causes de révocation des donations, 11, 489-491, 501. — Institution d'héritier, 11, 514. — Testament olographe, 11, 516 texte et note 1. — Testament mystique, 11, 527. — Capacité des témoins testamentaires, 11, 533. — Délivrance des legs, 11, 546 note 1. — Legs à titre universel inconnus, 11, 323, 552. — Hypothèque des légataires, 11, 563-564. — Saisine de l'exécuteur testamentaire, 11, 572, 577. — Révocation des testaments, 11, 584-585. — Accroissement entre colégataires, 11, 606-607. — Substitutions, 11, 610-611, 634 note 3. — Hypothèque de la femme sur les biens substitués, 11, 638. — Partage d'ascendant, 11, 647 note 1. — Donations par contrat de mariage, 11, 665. — Institution contractuelle, 11, 669, 676 note 2. — Clause d'association, 11, 671 note 3. — Donation cumulative de biens présents et à venir, 11, 677 note 1. — Douaire et donations entre époux, 11, 683-687, 690, 710 note 1.

CONTRATS : Translation de propriété, 11, 786, 787. — Rescision pour lésion, 11, 761. — Dommages-intérêts, 11, 798 note 1. — Prohibition de capitalisation des intérêts, 11, 803. — Condition résolutoire, 11, 825-826. — Subrogation convention-

nelle, II, 885. — Action en nullité et en rescision, II, 917-918, 921. — Preuve par témoins, II, 950.

CONTRAT DE MARIAGE : Communauté légale, III, 11-12. — Régime dotal, III, 16. — Prohibition des modifications postérieures, III, 26-27. — Ouverture de la communauté, III, 32. — Composition de l'actif, III, 36-37, 44, 46. — Rentes constituées, III, 49 note 2. — Dettes immobilières, III, 57 note 3. — Administration de la communauté, III, 72, 73 note 1, 74 note 1, 79. — Récompenses entre époux, III, 84. — Dissolution et continuation de la communauté, III, 102. — Répudiation de la communauté, III, 118. — Bénéfice d'inventaire, III, 142 note 2. — Droit de la femme renonçante, III, 145. — Régime sans communauté, III, 179 note 1. — Constitution de dot, III, 186. — Inaliénabilité de la dot, III, 196-197.

VENTE : Définition, III, 231. — Promesse de vente, III, 243 note 1. — Contrats entre époux, III, 249 note 6. — Délivrance, III, 272. — Distinction des choses frugifères et non frugifères, III, 306 note 2. — Pacte de réméré, III, 311. — Rescision pour lésion, III, 319. — Cession de créances, III, 328 note 3. — Cession de droits litigieux, III, 337.

LOUAGE : Bail à ferme et corporations ouvrières, III, 348. — Cession de bail, III, 362 note 1. — Tacite reconduction, III, 377 note 2. — Droit du locataire, III, 380. — Cheptel, III, 416, 428 note 1.

SOCIÉTÉS : Communes, corporations et sociétés taisibles, III, 438 texte et note 5.

PRÊT : Constitution de rente, III, 468-470. — Prohibition des intérêts, I, 546 note 2 ; III, 488-489. — Rentes foncières, III, 494, 496.

CAUTIONNEMENT : Abrogation du S. C. Velléien, III, 560. — Bénéfice de subrogation, III, 567-568.

TRANSACTION : caractère déclaratif, III, 577 note 1 ; 584 note 2.

NANTISSEMENT : Prohibition de l'antichrèse, III, 591.

PRIVILÉGES ET HYPOTHÈQUES : Ensaisinement et régime hypothécaire, III, 617-619. — Privilége du locateur, III, 667 note 3. — Privilége de l'aubergiste, III, 678 texte et note 3. — Sous-hypothèque, III, 723, 724 note 1. — Hypothèque générale, III, 727. — Hypothèque légale de la femme, III, 728. — Hypothèque légale du mineur, III, 734. — Hypothèque judiciaire, III, 737, 615 note 1. — Constitution d'hypothèque, III, 746 note 4, 747. — Contrats passés à l'étranger, III, 748. — Obligation du détenteur hypothécaire, III, 794, 795 note 1. — Bénéfice de discussion, III, 796.

EXPROPRIATION FORCÉE : Moyens d'exécution contre les débiteurs, III, 831 note 4.

PRESCRIPTION : Acquisition avec mauvaise foi, II, 7 note 2. — Prescription quinquennale, III, 898 note 1. — Prescription instantanée, III, 902.

(Voir, au surplus, les mots : *Coutumes*, *Droit romain*, *Féodalité* et *Histoire*.)

Législations étrangères.

(Voir *Allemagne*, *Angleterre*, *Argentine* [*République*], *Autriche*, *Ecosse*, *Etats-Unis*, *Grèce*, *Inde*, *Irlande*, *Italie*, *Louisiane*, *Pologne*, *Prusse*, *Russie*, *Scandinavie*, *Suisse*, *Vaud* [*Canton de*].)

Légistes.

Appréciations rationnelles :

Les - érigent en dogme que la loi n'a jamais tort, I, XXI.
Définition de l'esprit légiste, I, LXXII.
Partisans du droit social, I, 220 note 1.
Partisans de la tutelle romaine, I, 225 note 1.
Partisans de la dépendance de la femme, I, 234 note 1.
Idées fausses des - sur la loi, considé-

rée par eux comme source du pouvoir, I, 239 note 4.

Les - ignorent le droit de la Révolution, I, 238 note 2.

Systèmes contradictoires des -, I, 300 note 2.

Les - admettent un ordre public tout contingent, I, 322 note 1.

Les - n'ont pas défini les droits attachés à la personne, I, 323 note 4.

Les - ont restauré l'idée romaine en fait de puissance paternelle, I, 386.

Les - repoussent les définitions, I, 553 note 1.

Les - acceptèrent la féodalité, I, 661.

Les - mêlent toutes les traditions, II, VI.

Les - mettent en antithèse le droit naturel et le droit positif, II, 9, 771 note 2; III, 78 note 1.

Les - conservent les confusions de la saisine, II, 44, 50 note 3.

Influence des - sur la rédaction du Code de la Convention, II, 88 note 1.

Cristallisation de leurs idées, II, 187 note 1.

Les - sont soumis aux traditions, II, 273 note 1.

Les - admettent une prémisse sans admettre les conséquences, II, 365 note 2.

Pétitions de principes habituelles aux -, II, 315 note 1.

Les - réduisent la science à l'examen de cas particuliers, II, 417 note 2.

Esprit byzantinien des -, II, 444 note 1.

Les - invoquent la tutelle sociale, II, 502 note 3.

Les - appuient inconsciemment le socialisme, II, 543 note 4.

Les - se complaisent dans l'équivoque, II, 548 note 1.

Les - soumettent de pures questions de fait à des règles métaphysiques, II, 565 note 3.

Comment les - entendent l'ordre public, II, 580 note 4.

Les - justifient tous les textes, II, 643 note 1.

Les - présentent des explications auxquelles ils ne croient pas, II, 658 note 1.

Les - invectivent le droit de la Révolution sans le connaître, II, 687 note 3.

Prétendue philosophie des -, II, 705 note 2.

Comment les - définissent l'obligation, II, 723 texte et note 1.

Enseignement du Droit romain, II, 730 note 3.

Les - reproduisent les enfantillages du Droit romain, II, 748 note 1.

Les - discutent pour la forme, II, 856 note 2.

Les - sont forts en textes et négligent les principes, II, 900 note 3.

L'influence des - est celle de l'esprit du Bas-empire, II, 950.

Les - professent que l'homme est le chef de la femme, I. 20.

Les - enseignent le pour et le contre, III, 92 note 1.

Les - ne s'inquiètent pas de la raison, III, 143 note 1.

Les - sont savants dans l'art de distinguer, III, 140 note 1.

Les - ne comprennent pas que la faveur c'est l'injustice, III, 165 note 3.

Les - argumentent sans but, III, 169 note 1.

Grands mots invoqués par les -, III, 188 note 1.

Les - mettent en opposition deux intérêts d'ordre public, III, 195 note 2.

Les - démoralisent la jeunesse et la nation, III, 199 note 2.

Les - s'amusent dans l'examen des casus, III, 241 notes 1 et 3.

Les - n'approfondissent rien, III, 265 note 2.

Les - sont inférieurs aux économistes, III, 344 notes 3 et 4.

Les - ignorent que le droit a des principes, III, 353 note 1.

Les - sont une race moutonnière, III, 357 note 3.

Les - ignorent le droit de la Révolution, III, 381 note 2.

Comparaison des anciens et des nouveaux -, III, 421 note 1.

Les - sont des sycophantes, III, 431 note 1.

Les - équivoquent toujours sur les mots, III, 441 note 4.

Les - sont responsables de l'esprit général de fraude, III, 494 note 1.
Les - repoussent la logique, III, 496 note 1.
Les - sont incapables de définir l'ordre public, III, 581 note 3.
Les - attaquent la loi de Messidor sans la connaître, III, 620 note 2.
Les - sont bons à entasser les subtilités, III, 807 note 1.
Les - sont une race servile et lâche, III, 844.
Les - n'ont pas le droit de parler de conscience, III, 853 note 1, 857 note 2.
Les - sont de misérables sophistes, III, 950 note 3.
Les - n'ont pas su faire l'histoire du Droit, III, *Append.*, 11.
Comparaison des - avec les économistes, III, *Append.*, 14-15.

Légitimation.

Exposé général, I, 328-332.

Indications diverses :

Le mariage putatif légitime les enfants nés et reconnus avant la célébration, I, 201.
La - de l'enfant conçu avant et né durant le mariage est-elle possible ? I, 298-300.
La - donne à l'enfant le même droit de succession que la légitimité, II, 107.
La présence d'enfants légitimés met obstacle au retour légal, II, 119.
La - d'un enfant né après la donation la révoque, II, 506.

(Voir, au surplus, le mot : *Enfant légitimé.*)

Légitime.

Origine de la - dans le Droit romain, II, 413-414.

Légitimité.

La - appartient-elle à l'enfant conçu avant et né pendant le mariage ? I, 298-300.

La - ne date pour cet enfant que de la célébration du mariage, I, 301.
La - est prouvée par la possession d'état, I, 195, 314.

(Voir, au surplus, le mot : *Enfant légitime.*)

Legs.

Exposé général, II, 543-570.

Indications diverses :

Fait au pupille, I, 455-456.
Fait par la pupille à son ex-tuteur, I, 470.
Fait au mineur émancipé, I, 482.
Fait par le mineur émancipé, I, 485.
Le - est une manière d'acquérir, II, 5.
L'enfant naturel doit tenir compte à ses cohéritiers du - qu'il a reçu, II, 147.
Fait aux descendants de l'enfant naturel, II, 148-149.
Faits à l'enfant incestueux ou adultérin par ses père et mère, II, 162.
Tous les - sont-ils susceptibles de produire la lésion nécessaire pour la révocation de l'acceptation de succession, II, 205-206.
Le - de droits successifs n'est pas susceptible de retrait successoral, II, 270.
Rapport des legs : *Exposé,* II, 272-320.
Le - n'est payé qu'après l'acquittement des dettes, II, 436.
Les - sont réduits proportionnellement sans distinction, II, 441.
Répudiation des -, II, 597.
Théorie d'accroissement, II, 599-608.
Les meubles peuvent être légués à un époux sous condition qu'ils seront propres, III, 38.
Le - d'immeubles à un époux fait des propres, III, 44.
Le mari peut-il léguer des biens de la communauté ? III, 76-77.
Fait à la femme mariée sous condition de dotalité, III, 187.
Effet du - de l'immeuble vendu quant au privilège du vendeur, III, 703.
Le - est un droit éventuel, III, 927.

(Voir, au surplus, les mots : *Disposition à titre gratuit, Légataires et Testament.*)

Legs de la chose d'autrui.

Exposé général, II, 567-568.

Legs de libération.

Effet du - quant aux intérêts, II, 560.

Legs d'usufruit.

Indications diverses :

Le - peut contenir dispense de faire inventaire, I, 628, et de donner caution, 630.

Le - ne donne droit aux fruits qu'à partir de la demande en délivrance, I, 631.

Règlement des dettes dans le -, I, 638-642.

Le retrait successoral peut être exercé contre le légataire d'usufruit, II, 268.

Le - n'est ni universel, ni à titre universel, c'est un legs particulier, II, 545, 553, 558.

Dans les - faits conjointement, y a-t-il lieu à accroissement? II, 605-607.

Legs particulier.

Exposé général, II, 558-570.

Différences entre le - et le legs universel, II, 569.

Différences entre le - et le legs à titre universel, II, 570.

Legs à titre universel.

Exposé général, II, 552-558.

Différences entre le - et le legs universel, II, 557.

Différences entre le - et le legs particulier, II, 570.

Legs universel.

Exposé général, II, 544-552.

Différences entre le - et le legs à titre universel, II, 557.

Différences entre le - et le legs particulier, II, 569.

Lésion.

Exposé général, II, 760-763.

Indications diverses :

Cause de révocation de l'acceptation de succession, II, 201-206.

La - n'est pas une cause de révocation de la renonciation à la renonciation, II, 213.

Cause d'annulation du partage de succession, II, 365-367.

Le partage entaché de lésion ne peut pas être ratifié, II, 369.

Cause de rescision du partage d'ascendant, II, 657-664.

La - n'est jamais une cause de rescision des contrats aléatoires, II, 743.

Cause de rescision des actes du mineur, II, 922-924 ; — I, 482.

Cause de rescision de la vente d'immeubles, III, 319-325.

La - dans le cas de vente d'immeubles est un cas de défense pour les codébiteurs solidaires, II, 845-847 texte et note 1.

La - n'est pas une cause de rescision de la cession d'hérédité, III, 337.

La - n'est pas une cause de rescision de l'échange, III, 343.

Cause de rescision du règlement des parts entre associés, III, 454.

La - n'est pas une cause de rescision de la transaction, III, 585.

Lettre de change.

Idées rationnelles :

Mérites de la - au point de vue du crédit, III, 614.

La - est une application du crédit personnel, III, 467 note 2.

Indications diverses :

La cause de la - doit être mentionnée, II, 779 note 3.

Les dommages-intérêts sont libres en matière de -, II, 799.

Solidarité des signataires de la -, II, 841.

Le juge ne peut pas accorder de délai au débiteur tenu en vertu d'une -, II, 880.

Subrogation légale au profit du payeur de la - par intervention, II, 889.

La consignation dans les trois jours libère le débiteur de la -, II, 894.

La - se transmet par endossement, III, 332.

Mise en gage de la -, III, 597.

Lettres de relief.

Restituant immédiatement la qualité de Français, I, 48, 50.

Nécessaires au Français naturalisé à l'étranger sans autorisation, I, 50.

Liberté.

Idées rationnelles :

La - est la loi commune de la Morale et du Droit, I, IV.

L'ordre public est l'harmonie de la -, I, 12.

L'individu a droit à la plénitude de sa -, I, 493.

La -, appliquée aux choses, devient le droit de propriété, I, 522.

La - du travail est la première condition d'un système rationnel de propriété, I, 573.

L'homme a le droit d'engager sa -, mais non de l'aliéner, I, 708.

Discussion pour la - des dispositions à titre gratuit, II, 11, — 27-29, — 371, — 408.

La - est nécessaire sous toutes ses faces, II, 411 note 2.

Toute atteinte à la propriété est en même temps une atteinte à la -, II, 617 note 1.

Comment l'idée de contrat et d'obligation se concilie avec la -, II, 719, 722-723.

Le consentement a pour base la - ; c'est pourquoi le consentement ne peut jamais emporter aliénation de la -, car il détruirait par là son propre principe, II, 747.

La - de la preuve dérive de l'autonomie de l'individu, II, 926.

Toute atteinte à la - d'autrui est un dommage qui doit être réparé, II, 978.

La - des échanges est une conséquence nécessaire de la solidarité des intérêts, III, 223-227.

Abolition nécessaire du salariat pour maintenir la -, III, 344-345.

L'engagement des services à perpétuité serait une atteinte à la -, III, 401 note 2.

La - restreint de plus en plus le domaine de la fatalité, III, 435 note 1.

Il n'y a de droit acquis que la - acquise, III, 936 note 2.

La - a été le but du travail de l'auteur, III, 955-956.

Formule de l'ordre nouveau fondé sur la -, III, 958.

L'avancement de l'homme dans la - est le dernier mot du Droit, III, *Append.*, 7.

(Voir, au surplus, les mots : *Droit, Individu, Morale* et *Propriété*.)

Licitation.

Exposé général : III, 325-326.

Indications diverses :

Biens du mineur, I, 460.

En matière de partage, II, 259.

Immeuble soumis au rapport, II, 308.

Donation d'immeuble excédant la quotité disponible, II, 317.

La - d'un immeuble héréditaire est un partage déclaratif, II, 357.

Effet de la - quant à la composition de la communauté, III, 41.

Cas où la - fait un propre de communauté, III, 45.

Immeuble dotal, III, 202, 204.

La - est une vente nécessaire, III, 238.

Immeuble vendu à réméré, III, 316-318.

À quel privilège la - donne-t-elle lieu ? III, 686-687.

Lieu.

Règle : La loi du - régit la forme des actes, I, 9 texte et note 2 ; — III, 950.

Applications : Actes de l'état civil, I, 79, 81 note 1.

Testament de l'étranger, II, 542-543.

Force hypothécaire des contrats passés à l'étranger, III, 718.

(Voir, au surplus, les mots : *Acte, Pays étranger* et *Statuts.*)

Lignes de parenté.

Définition, I, 133 ; — II, 97.

Limitations de propriété.

Exposé général : I, 653-707.

Les servitudes dérivant de la situation des lieux et les servitudes légales sont des -, I, 575, 682.

Les - sont des droits réels comme les servitudes, I, 662.

Liquidité.

La - de la créance est nécessaire pour la compensation, II, 907-908.

La - de la créance est nécessaire pour la saisie, III, 840.

Litigieux.

(Voir *Droits litigieux* et *Cession de droits litigieux.*)

Livres de commerce.

Force probante des -, II, 941-942.

Livres domestiques.

(Voir *Papiers domestiques.*)

Locataire.

Indications diverses :

Le droit du - n'est pas un droit réel, I, 564-565.

Le - a droit à une indemnité pour les travaux faits par lui, I, 592-593.

Le - de baux à longue durée peut opposer le défaut de transcription de la substitution, II, 634.

Le droit du - est opposable à l'acheteur de la chose louée, III, 379-388.

(Voir, au surplus, les mots : *Bail* et *Louage.*)

Loi.

Idées rationnelles :

La - est un rapport nécessaire dérivant de la nature des choses, I, III-IV.

La - n'accorde pas de bienfaits, elle déclare la justice, I, 330, 331 note 4.

La - ne peut rien créer, sans faire de l'arbitraire, I, 384 note 3.

La - doit se borner à enregistrer les collectivités créées par les individus, I, 555.

La - doit avoir pour base ou le droit de l'individu ou le droit de la société, I, 570.

La - ne peut être que l'organe de deux délégations : l'une des incapables aux capables, l'autre des capables entre eux, I, 571 note 1.

La - constate les rapports dérivant de la nature de la propiété, I, 663.

La - ne devrait pas être une conception arbitraire ; le législateur n'est pas souverain ; la souveraineté n'appartient qu'à la raison et réside dans l'individu, I, 683.

Conception des légistes sur la loi, considérée comme pouvoir créateur, I, 239 note 4, 331 note 4, — II, 99 note 2, 105 note 4 ; 435 ; 940 note 1.

La - ne doit pas être mise en antithèse avec la nature, II, 533 note 2.

Le progrès consiste à éliminer la - en y substituant la conscience, II, 665 note 2, 695 note 2, 754 note 1, 778 note 2.

La - est une idée de justice, non une chose de fantaisie, II, 907 note 1.

La - qui a pour base la nature ne peut être déterminée que par la méthode d'observation, III, 78 note 1.

La science consiste à trouver la - de l'ordre des choses, III, 111 note 1.

Les faveurs accordées à certaines catégories de personnes sont contrai-

re à la nature scientifique de la -,
III, 642.

La - ne doit être qu'une constatation
de rapports, III, 846 note 2.

La -, conception progressive, doit
réparer le plus possible les iniqui-
tés du passé; la rétroactivité de la
- est donc nécessaire, III, 942.

(Voir, au surplus, les mots: *Collectivité sociale, Conscience, Droit social, Etat, Individu, Législateur,
Morale, Pouvoir législatif.*)

Indications juridiques :

Confection, sanction, promulgation,
publication de la -, I, 1-7.

Interprétation de la -, I, 10; — III,
951-953.

Abrogation de la -, I, 14-15.

Bienfait de la-pour la naturalisation,
I, 26-29, 47.

Détermination de certains meubles
par la -, I, 540-548.

Établissement de l'usufruit par la -,
I, 609-610. — La - n'est pas une
cause d'établissement de l'usage,
I, 655.

Établissement des servitudes réelles
par la -, I, 661-663, 682-707.

Acquisition des biens en vertu de la
-, II, 7-8, 18 et suiv. — La - est
considérée comme titre d'acquisition dans le partage d'ascendant,
II, 651.

Règlement de l'ordre de succession
par la -, II, 41.

Obligations dérivées de la -, II, 970. — La
femme mariée est obligée en vertu
de la -, I, 235. — Les dettes provenant de la - sont sujettes à rapport,
II, 304. — Cas où la - transforme
un contrat à titre onéreux en un
contrat à titre gratuit, II, 905-906.
— Les dettes obligeant l'un des
époux en vertu de la -, tombent-
elles en communauté? III, 59-60,
66. — Différence entre la - et le
contrat, III, 355 note 1.

Principe de la non-rétroactivité de
la -, I, 7-8. — III, 931-943.

Administration légale, I, 413-416.

Cautions légales, III, 561.

Communauté légale, III, 32-182.

Compensation légale, II, 907-913.

Domicile légal, I, 97-101.

Hypothèques légales, III, 725-737.

Interdiction légale, I, 55-57.

Jouissance légale, I, 399-409.

Présomptions légales, II, 956-963.

Retour légal, II, 92, 113-129.

Saisine légale, II, 42-50.

Subrogation légale, II, 886-889.

Tutelle légale, I, 412-425.

Lots.

Composition des - en cas de partage,
II, 262-264.

Louage de choses.

Exposé général, III, 353-399.

Idées rationnelles :

Le - doit être restreint à la portion
de la richesse non destinée à la
production; quant au capital, il
faut qu'il soit à la disposition directe du producteur, III, 343-347.

Le prêt est un -, III, 465.

Indications diverses :

Différences entre l'usufruit et le -, I,
628.

L'usage ne peut être l'objet d'un -,
I, 657.

Le - est un contrat synallagmatique,
II, 738; à titre onéreux, II, 740;
commutatif, II, 742; consensuel, II,
744.

Cause des obligations résultant du -,
II, 777.

Le - produit l'obligation de délivrer,
II, 784.

Solidarité des co-locataires en cas
d'incendie, II, 840.

Le - n'est pas susceptible de la preuve
testimoniale, II, 955.

Apport de société consistant en un
droit de -, III, 451.

Le - est un titre précaire pour la possession, III, 864.

Le - n'est pas un juste titre pour la
prescription, III, 889 note 1.

(Voir, au surplus, les mots : *Bail,
Bail à ferme, Bail à loyer, Fermier, Locataire, Loyers.*)

Louage de services.

Exposé général. III, 401-402.

Idées rationnelles :

Le - a pour but de favoriser l'autonomie de l'individu, II, 719 note 2.
Le - ne doit pas faire de l'ouvrier un
salarié, III, 343-347.

Indications diverses :

Le séquestre salarié se rapproche du
-, III, 524.
Les professions libérales sont des cas
de -, III, 538-539.
Différences du - avec le mandat sa-
larié, III, 539-540.

Louage d'ouvrage.

Exposé général, III, 399-415.
Idées rationnelles, III, 343-347, 400.
Le dépôt salarié est un louage d'ou-
vrage, III, 512.
Consenti par le pupille, I, 443.
Consenti par le mineur émancipé, I,
480.

Louisiane.

Institution du curateur au présumé
absent, I, 107.

Loyers.

Définition, III, 351.

Indications diverses :

Les - sont des fruits civils, I, 613-614.
La cession gratuite de - est soumise
à la transcription, II, 465-466.
Les - sont la cause de l'obligation dans
le contrat de louage, II, 777.
Les - peuvent être productifs d'inté-
rêts, II, 804.
Le payement de - non-échus est-il
opposable aux tiers ? III, 332.
Règles sur le payement des -, III, 370.
La quittance de - non-échus est sou-
mise à la transcription, III, 386.
Règles sur les baux à -, III, 388-392.
Privilége du bailleur pour-, III, 663-670.

Le payement de - non-échus est-il
opposable aux créanciers hypothécaires ? III, 803.
Les - se prescrivent par cinq ans, III,
898.

Magistrature.

Idées rationnelles :

Bases de la réorganisation nécessaire
de la -, I, LXVI-LXVIII.
La - doit être élective, temporaire,
révocable, I, 12.
Les fonctions de juge et de magistrat
doivent être distinctes, II, 718
note 1.
Par son origine, le système des preuves légales est contemporain du
système de la magistrature permanente, II, 926 note 1.
Incapacité juridique de la - actuelle,
III, 95 note 3, 97 note 3 ; — III, 316
note 1.
La - reste étrangère à l'économie
politique et au droit rationnel, III,
198 note 1.
A quelles conditions l'organisation
de la - sera conforme à l'ordre
vrai, III, 257 note 1.
L'intervention de la justice est avan-
tageusement remplacée par la
transaction, III, 576.
Observations de la - sur la réforme
hypothécaire, III, 626 note 1.
Rôle idéal de la -, III, 954.
Les magistrats ne peuvent acquérir
des droits litigieux, III, 255.

(Voir, au surplus, les mots indiqués
sous le mot : *Justice.*)

Main-levée.

Des oppositions à mariage, I, 163, 164.
De l'interdiction, I, 512.
De la demi-interdiction, I, 521.
Des inscriptions hypothécaires, III,
785-786.

Majeur.

(Voir *Majorité.*)

Majorats.

Les - ont été rétablis par Bonaparte ;

définition, II, 613, texte et note 2, 614 texte et notes 2 et 3.

Législation actuelle sur les majorats, II, 614.

La liste civile n'est plus un –, mais un traitement, I, 558.

Majorité.

Exposé général, I, 493-495.

Idées rationnelles :

L'enfant majeur, hors d'état de se suffire, a le droit de demander des aliments à ses ascendants, dans une quotité variable avec ses besoins physiques, intellectuels et moraux, I, 206.

Etre majeur, en principe, c'est avoir tous les avantages de la liberté et les risques de la responsabilité : par exception, certaines causes passagères ou permanentes rendent nécessaires pour lui une protection, I, 215.

Le majeur n'a pas besoin de protection : il a droit à la plénitude de son autonomie, I, 493.

Le majeur n'a droit à la protection sociale qu'en cas de violation caractérisée de son droit, III, 527.

Indications diverses :

L'adopté doit être majeur, I, 367, 368.

Le pupille devenu majeur, non adopté, a droit à une indemnité, I, 382.

Acceptation du donataire majeur, II, 454-455.

La lésion n'est une cause de rescision pour le majeur que relativement à certains contrats, II, 761.

Dans quels cas le majeur est restituable pour lésion, II, 925.

Cas où un mineur acquiert la créance d'un majeur ou réciproquement, III, 328 note 1.

Dans l'année qui suit la –, l'enfant né en France d'un étranger qui y est né peut réclamer la qualité d'étranger, I, 26.

Dans l'année qui suit la majorité, l'enfant né en France d'étrangers qui n'y sont pas nés, peut réclamer la qualité de Français, I, 27.

L'enfant majeur de l'étranger naturalisé peut invoquer le bénéfice de l'art. 9, I, 29.

Nécessaire pour les témoins des actes de l'état civil, I, 73.

Majorité matrimoniale, I, 127.

La - met fin à la puissance paternelle, I, 389.

La - met fin à la tutelle, I, 389.

Nécessaire pour les témoins testamentaires, II, 533.

De la femme consentant la réduction de son hypothèque légale, III, 764-765.

La loi qui règle la - peut-elle avoir un effet rétroactif? III, 938.

Les lois relatives à la - sont de statut personnel, III, 946.

Maladie.

Les frais de la dernière - sont à la charge de la jouissance légale, I, 404.

Cause d'excuse de la tutelle, I, 436.

Dispositions à titre gratuit faites pendant la dernière -, II, 401.

Testament fait en temps de - contagieuse, II, 537-538.

Les frais de la dernière - sont à la charge de la communauté, III, 72.

Cause de résolution du louage de service, III, 402 note 2.

Rente viagère constituée au profit d'une personne atteinte de -, III, 506.

Privilége des frais de dernière -, III, 657-658.

Mandat.

Exposé général : III, 533-552.

DROIT POLITIQUE : *Idées rationnelles :*

Identité de la théorie du mandat politique et du mandat civil, III, 534 ; — I, 467.

Toute fonction publique est un mandat, temporaire et révocable, I, 15, — 98 note 1.

Tout mandat est de sa nature impératif, c'est-à-dire révocable, III, 533, 534 note 2.

Tout mandat entraine l'obligation de rendre compte, I, 467.

Faux sens donné au mot « mandat impératif » dans la terminologie politique actuelle, III, 534 note 2.

Le système dit représentatif ne pourrait être une vérité qu'autant que le mandat politique serait révocable, III, 535 texte et note 1.

L'état social comporte deux mandats : l'un, supposé, des incapables aux capables ; l'autre, exprès, des capables entre eux, tous deux tendant à la défense mutuelle, I, 571 note 1.

(Voir, au surplus, les mots : *Collectivité sociale, Délégation, Droit politique, Etat, Fonctionnaires publics, Gouvernement, Législateur, Pouvoirs,* etc.)

DROIT CIVIL : *Indications diverses :*

L'élection de domicile est un -, I, 101-102.

Cas où l'absent a laissé un -, I, 104-105, 107-109.

L'absent peut donner - à l'effet d'attaquer le nouveau mariage de son conjoint, I, 115.

Le - d'administrer est différent de l'autorisation, I, 248.

A l'effet de représenter dans un conseil de famille, I, 429.

La dispense de rendre compte accordée au mandataire est une monstruosité, I, 467.

A l'effet de représenter l'aliéné en justice, I, 517-518.

Différences entre le - et l'exécution testamentaire, II, 571.

Le - est un contrat à titre gratuit, II, 741.

Différences entre le - et la promesse pour autrui, II, 764 ; entre le - et la stipulation pour autrui, II, 766.

Le - peut être révoqué par la volont d'une des parties, II, 781.

Le mandataire, pour les sommes employées à son usage, doit les intérêts de plein droit, II, 802.

Le mandant doit au mandataire les intérêts de plein droit pour les sommes avancées par ce dernier, II, 802.

Le créancier qui agit subrogatoirement est-il le mandataire de son débiteur, II? 811 texte et note 1.

Le - est présumé entre créanciers solidaires, II, 837.

Solidarité des co-mandants, II, 840.

Le - est présumé entre débiteurs solidaires, II, 840, 843.

L'action de - appartient au co-débiteur solidaire, II, 851-852.

Payement fait au mandataire, II, 876.

Le subrogé peut avoir l'action de mandat, II, 883-884.

Les mandants sont partie dans les jugements, II, 960.

Le mandataire peut faire un aveu, II, 964.

Il y a - tacite dans la gestion d'affaires connue du propriétaire, II, 973.

Que deviennent dans la communauté les dettes contractées par la femme avec - du mari, III, 68.

Les mandataires ne peuvent pas acheter les biens de leurs mandants, III, 253.

Le - salarié doit être rapproché du louage d'ouvrage, III, 344.

Ressemblance entre le louage d'ouvrage et le mandat salarié, III, 400.

Du - d'administration entre associés, III, 455-456.

Le - doit être interprété restrictivement, III, 545 note 1.

On peut faire un cautionnement par voie de mandat, III, 554.

Du - entre le débiteur et la caution, III, 535, 569.

Le mandataire possède à titre précaire, III, 864.

Le vendeur qui ne livre pas est mandataire de l'acquéreur, III, 867.

La possession provisoire des biens de l'absent est-elle un - salarié, III, 911.

Les envoyés en possession définitive des biens de l'absent sont-ils mandataires ? III, 922.

(Voir, au surplus, au mot : *Procuration.*)

Mandat *ad litem*.

Règles, III, 551-552. Appréciation, III, 552 note 1.

Manou (Lois de).

Caractère religieux et politique de ce recueil, I, LXI texte et note 1.
La subordination de la femme à l'homme y est consacrée, II, 683 note 4.

Manus.

Dans le mariage romain, I, 118 texte et notes 2 et 3 ; — III, 15-16.

Manus militaris.

L'emploi de la - pour contraindre la femme à habiter avec le mari est-il admissible ? I, 223-224.
La - ou exécution par la force publique est la sanction de l'inexécution de l'obligation de délivrer, II, 784.

Marchands.

(Voir *Commerce.*)

Marché.

Dans le louage d'ouvrage, III, 407.

Mari.

Indications diverses :

Pouvoir du - dans l'administration de la communauté, III, 72-77.
Sort des dettes faites par le - pendant le mariage, III, 60-65 ; et avant le mariage, III, 57-58.
Administration par le - des biens de la femme, III, 78-83.
Remploi pour le -, III, 90.
Constitution de dot par le -, III, 98-99.

Droit de poursuite des créanciers contre le -, III, 139.
Cas où le - est séparé de dettes, III, 162.
Sous le régime sans communauté, le - n'a ni l'administration, ni la jouissance des biens de la femme, III, 178-180.
Cas où le - peut autoriser la femme à aliéner le fonds dotal, III, 201-202.
Le -, sous le régime dotal, a l'administration et la jouissance des biens dotaux, III, 190-193.
Le - a le droit de faire annuler l'aliénation de l'immeuble dotal, III, 207-210.
Cas où le - peut faire une dation en payement, III, 250.
Le - peut faire des baux de neuf ans, III, 363.
Le - est obligé d'inscrire l'hypothèque légale de la femme, III, 760.
Le - est détenteur précaire pour les biens de la femme, III, 867.

(Voir, au surplus, les mots : *Conjoint, Contrat de mariage, Dot, Époux, Femme mariée, Mariage, Puissance maritale, Régimes matrimoniaux,* etc.)

Mariage.

Exposé général, I, 117-259.
Discussion du Comité d'étude sur les conditions du -, I, XCIII-XCVI.

Définition rationnelle :

Le - est l'association de l'homme et de la femme fondée sur le sentiment moral de l'amour et soumise à la double loi de la liberté et de l'égalité, I, 117.

Idées rationnelles :

Le mariage n'est pas un contrat, c'est une relation morale dans laquelle le législateur ne doit intervenir que pour donner et prendre acte, I, 117, 120 texte et note 3 ; — II, 718 ; — III, 1.
La société n'a pas d'intérêt propre et

212 APPENDICE

par conséquent pas de droit propre dans le mariage ; elle n'a qu'à prendre acte, I, 120.

La société a, d'après la loi actuelle, un droit propre dans le mariage : la preuve en est que la possession d'état, témoignage et aveu par excellence, ne suffit pas à prouver le mariage, I, 189 note 2.

Le - doit devenir une relation exclusivement et essentiellement privée, III, 936 note 1.

L'aptitude des époux devrait être libre, dégagée de tout consentement de famille, I, 125.

Les actes respectueux gênent la liberté sans assurer la volonté des parents, I, 130.

Les oppositions n'ont pas de raison d'être ; elles portent atteinte à la liberté, I, 164 note 2.

Rationnellement, la compétence de l'officier n'est qu'un élément de publicité, car l'officier devrait n'être qu'un témoin, I, 186.

La sanction rationnelle des obligations des époux serait la dissolubilité du mariage, I, 222.

L'abolition du divorce est une atteinte au droit de l'individu, I, 257.

Rationnellement, les époux doivent être égaux ; chacun doit protection à l'autre ; aucun ne doit obéissance, I, 222 ; — III, 720 note 1.

Organisation défectueuse du - au point de vue économique, III, 623, 628.

Divisions :

Historique du mariage : Droit romain, I, 118 texte et notes 1, 2 et 3 ; Christianisme, I, 118 ; ancien Droit français, I, 119 texte et notes 2, 3 et 4 ; 120 texte et note 1.

Conditions pour l'existence du mariage (impossibilités légales, action en nullité) ; pour la validité du mariage (empêchements dirimants, action en annulation) ; pour la célébration du mariage (empêchements prohibitifs, sanction pénale), I, 122, 124.

Mariage de l'interdit dans un intervalle lucide, I, 126.

Consentement des ascendants, I, 127-129.

Actes respectueux, I, 129-130.

Prohibitions au mariage fondées sur la parenté, I, 134-138 ; autres, 140.

Formalités qui précèdent le mariage, publication et remise des pièces, I, 143-145.

Formalités qui accompagnent la célébration (publicité, formes, acte), I, 146-152.

Oppositions, I, 156-164.

Nullités : confusion de la nullité et de l'annulation, I, 165-166, 181.

Preuve du mariage, I, 187-196.

Obligations : Education de l'enfant, I, 203-209. — Dette alimentaire entre époux, I, 211. — Droits et obligations des époux l'un envers l'autre, I, 221-224.

Incapacité de la femme mariée, I, 224-257.

Traits généraux des régimes matrimoniaux au point de vue de la capacité de la femme, I, 227-230.

Dissolution, I, 257.

Indications diverses :

Conséquences du - sur la nationalité, I, 31, 45, 46.

Le - est dissous par la mort civile, I, 55.

Mariage de l'interdit légal, I, 56.

Mariage du militaire hors de France, I, 91.

Mariage du conjoint de l'absent, I, 113-114.

Une loi sur le - peut-elle avoir un effet rétroactif? III, 936-937.

Les lois relatives au mariage sont de statut personnel, III, 947.

(Voir, au surplus, les mots : *Autorisation, Communauté légale, Conjoint, Contrat de mariage, Divorce, Droit de la femme, Empêchements au mariage, Epoux, Femme mariée, Hypothèque légale, Incapacité de la femme mariée, Mari, Puissance maritale, Régimes matrimoniaux, Second mariage, Séparation de biens, Séparation de corps.)*

Mariage putatif.

Exposé général, I, 196-202.

Indications diverses :

Le - légitime les enfants nés avant la célébration, I, 330.
L'annulation du - laisse-t-elle subsister le droit successoral du conjoint ? II, 172.
L'existence d'un enfant né d'un - empèche-t-elle la révocation de donation pour survenance d'enfant ? II, 505.
L'annulation du - dissout la communauté conjugale, III, 101.

Marie-Aurore.

Sa filiation, I, 316 note 1.

Matériaux.

Indications diverses :

Les · momentanément détachés de la maison restent immeubles, I, 529.
Les - d'une maison démolie deviennent meubles, I, 530.
Travaux faits avec les - d'autrui, I, 589.
Travaux faits avec ses propres - sur le sol d'autrui, I, 590-593.

Maternité.

(Voir *Droit de l'enfant, Enfant, Filiation, Mère, Paternité*.)

Médecins.

Indications diverses :

Les - ont l'obligation de déclarer les naissances, I, 82.
Les - sont incapables de recevoir à titre gratuit de leurs malades, II, 400-403.
Les - ont un privilége, III, 657-658 note 2.
Prescription de leur action, III, 896.

Mélange.

Sorte d'accession mobilière, I, 601, 605.

Mer.

Indications diverses :

Naissances pendant un voyage sur -, I, 84-85.
Décès pendant un voyage sur -, I, 89.
Rivages de la -, domaine public national, I, 556.
Lais et relais de la -, domaine privé de l'Etat, I, 557 texte et note 1.
Alluvion des lais et relais de la -, I, 594.
Pêche en -, II, 17.
Choses du cru de la - et plantes cueillies sur ses rivages, II, 20-21.
Epaves de -, II, 21-22.
Testament fait pendant un voyage sur -, II, 539.

Mère.

Indications diverses :

Disparition de la -, I, 116-117.
Dans le cas de disparition du père, la - exerce la puissance paternelle, I, 116.
La - n'a qu'une influence morale sur le mariage de ses enfants, I, 127.
La - a l'obligation d'élever son enfant concurremment avec le père, I, 205.
Dans quelles conditions la - a l'action sanctionnant le droit d'éducation de l'enfant, I, 207-209, 210.
La - doit figurer dans l'instance en désaveu, I, 311.
La - ne peut pas reconnaître un enfant pour le compte du père, I, 338.
La - peut empêcher l'adoption en refusant, I, 363.
La - a exceptionnellement l'autorité paternelle pendant le mariage, I, 389.
La - légitime peut exercer le droit de correction, I, 394-395.
La mère - naturelle peut exercer le droit de correction, I, 395-399.
La - n'a pas la jouissance légale pendant le mariage, I, 400.
La - n'a l'administration légale qu'exceptionnellement, I, 414.

La - survivante a la tutelle des enfants mineurs, I, 416-423.

La - enceinte reçoit un curateur au ventre, I, 420-423.

Dans quelles conditions la - a le droit d'émanciper son enfant, I, 474-475.

Concours de la - avec les collatéraux privilégiés, II, 109-110; avec les collatéraux ordinaires, II, 111.

La - naturelle a-t-elle le droit de retour légal? II, 117-118.

La - peut réduire la part de son enfant naturel, II, 152; — 157.

Droit de la - sur la succession de l'enfant naturel, II, 164-165.

La - naturelle est soumise aux formalités de l'envoi en possession, II, 185, 186.

Incapacité de la - de disposer au profit de son enfant naturel, II, 403-404.

La - est réputée personne interposée au point de vue des donations, II, 405.

La réserve de la - est égale à sa part héréditaire, II, 424.

La - n'a pas de réserve dans la succession de son enfant naturel, II, 427.

La - a le droit d'accepter, malgré le père, une donation faite au mineur, II, 457.

La - a le droit de faire des substitutions, II, 622.

L'obligation d'établir les enfants est naturelle pour la -, II, 870.

La - est présumée responsable du dommage causé par ses enfants, II, 979.

Comment la - contribue à la dot, III, 98.

Règles sur la constitution de dot par la -, III, 188-189.

Le survivant des père et mère ne peut pas restreindre l'hypothèque légale du mineur, III, 769.

Mesures conservatoires.

(Voir *Conservatoires* [*Actes*].)

Métayer.

Définition, I, 613 note 2.

(Voir *Colonage, Fermier.*)

Méthode.

Idées rationnelles :

Importance de la -, II, 242 note 2.

Influence des vices de -, II, 2.

Formule de la - à suivre pour constituer la doctrine du droit, II, 372 note 1.

La méthode du législateur doit être la - d'observation, III, 78 note 1.

La - naturelle est la seule vraie, III, 871 note 1.

Nécessité des définitions dans une bonne -, I, 553 note 1.

Formule de la - à suivre pour faire la théorie d'un droit, I, 576 note 2.

Formule de la - à suivre pour faire la nomenclature des manières d'acquérir, II, 8 note 2.

La - d'observation de la nature a fondé la science du Progrès, III, 932 note 1.

La - inductive régénérera le Droit, III, 954 note 1.

La - d'observation est la base de la science, III, *Append.*, 4, 6, 8.

Meubles.

Exposé général, I, 540-553.

Définition, I, 526.

(Pour les Notions économiques, voir *Propriété mobilière*.)

Indications diverses :

Vente des - par le tuteur, I, 446-449; — 452.

Responsabilité de l'usufruitier légal quant aux -, I, 448-449.

Vente des - par le mineur émancipé, I, 479.

Les - peuvent être aliénés par le demi-interdit, I, 519 texte et note 1.

Comparaison de la propriété mobilière et immobilière, I, 526-528.

Accession des choses mobilières, I, 599-605.

Possession des -, I, 599.

Aliénation des - par le successeur irrégulier évincé, II, 181-182.

Vente de meubles par l'héritier bénéficiaire, II, 232-233.

Successions mobilières échues à la femme, II, 251.

Cas où les - doivent être vendus avant partage, II, 259.

Rapport des meubles, II, 318-321.

Le droit de demander la séparation des patrimoines se prescrit par 3 ans pour les meubles, II, 347.

L'aliénation et la confusion des meubles éteignent le droit de demander la séparation des patrimoines, II, 347.

L'effet résolutoire de la réduction ne s'applique pas aux meubles, II, 447.

Translation de propriété des meubles, II, 460.

État estimatif des donations mobilières, II, 460.

Les donations de - ne sont pas soumises à transcription, II, 463.

Donation d'effets mobiliers avec réserve d'usufruit, II, 484-485.

Donation mobilière révoquée pour ingratitude, II, 498.

La saisine de l'exécuteur testamentaire ne s'applique qu'aux meubles, II, 572.

Vente des meubles par l'exécuteur testamentaire, II, 577-580.

Vente des meubles compris dans la substitution, II, 630.

Défaut de publicité des substitutions quant aux -, II, 632-633 note 1.

Translation de la propriété des - à l'égard des tiers, II, 791-792.

Nature de l'obligation conjonctive, alternative, facultative, ayant pour objet un -, II, 834-835.

Les - tombent dans l'actif de la communauté légale, III, 37-42.

Les fruits se distinguent-ils des meubles au point de vue de la communauté? III, 48.

Exemples de dettes mobilières, III, 57.

Que deviennent, au point de vue de la communauté, les donations et successions mobilières échues au mari, III, 61-62; échues à la femme, III, 69-71.

Le mari peut-il donner les - de la communauté? III, 74-75.

Les - peuvent être aliénés par la femme séparée de biens, III, 112 texte et note 3.

La créance des reprises de la femme est toujours mobilière, III, 134 texte et note 2.

Les - font partie de la communauté réduite aux acquêts, III, 150-151.

Comment se prouve la propriété des meubles au point de vue de la communauté, III, 151.

La réalisation des meubles est une clause de communauté conventionnelle, III, 152-153.

La dot mobilière est-elle inaliénable? III, 196-199.

Vente publique des -, III, 238 note 4.

La garantie des vices rédhibitoires s'applique aux ventes de meubles, III, 301.

Règles sur la délivrance des -, III, 272-273.

Effet de la clause de réméré dans la vente de -, III, 314.

La revendication du droit de rétention s'applique aux ventes de -, III, 307.

La résolution de la vente de - a lieu sans sommation, III, 308.

Le droit du preneur est toujours mobilier, III, 385.

Les - du locataire garantissent le droit du bailleur, III, 389.

Bail des meubles, III, 391.

Le cheptel simple est un meuble, III, 429.

Les - peuvent être prêtés à intérêt, III, 490.

Rente constituée en cas d'aliénation des meubles, III, 494, 496, 500-501.

Le dépôt s'applique aux -, III, 512.

Le séquestre peut avoir les - pour objet, III, 524.

Appréciation de la solvabilité de la caution, III, 560.

Le gage est l'hypothèque des meubles, III, 591 note 1.

Les - sont susceptibles de nantissement, III, 591.

Comparaison du crédit mobilier et immobilier, III, 606-611.

Les - peuvent être l'objet du privilége et non de l'hypothèque, III, 654, 724-725.

Priviléges généraux sur les -, III, 655-661 ; leur classement, III, 692.

Priviléges spéciaux sur les -, III, 661-682 ; leur classement, III, 693-695.

La séparation des patrimoines porte sur les -, III, 711.

Le gage et le privilége sont des sortes d'hypothèques sur les meubles, III. 716 texte et note 1.

L'hypothèque est-elle un droit mobilier ou immobilier? III, 716-717.

Question de l'inaliénabilité de la dot mobilière, III, 765 note 1.

Les - des mineurs et interdits doivent être saisis avant les immeubles, III, 836.

Prescription des - ; appréciation rationnelle, III, 901-905, 904 note 4.

Les - sont-ils soumis au statut réel ou au statut personnel? III, 948-949.

Meurtre.

Tentative de -, cause de révocation de la donation, II, 493 ; et du testament, II, 593.

Militaires.

Indications diverses :

Actes de l'état civil des -, I, 90-91.

Les - ne peuvent se marier qu'avec autorisation, I, 139.

Les - sont excusés de la tutelle, I, 436.

Incapacité de recevoir de certains -, II, 404-539.

Formes du testament des -, II, 536-537.

Mines.

Indications diverses :

Concession de mines, restriction du droit de propriété, I, 575.

La propriété des - n'appartient pas toujours au propriétaire du sol, I, 588.

Usufruit des mines, I, 621-622.

Sort des - exploitées pendant la communauté, III, 50-51.

Les sociétés de spéculation sur les mines sont civiles, III, 445 note 1.

Privilége des bailleurs de fonds, III, 689.

Les - sont des immeubles susceptibles d'hypothèques, III, 721 note 1.

Les - peuvent être saisies, III, 833 note 1 ; la redevance ne peut pas l'être, III, 834 note 1.

Mineur.

Indications diverses :

Le - a son domicile légal chez les parents, puis chez le tuteur, I, 99.

Surveillance de l'enfant - en cas de disparition des père et mère, I, 116-117.

Consentement nécessaire au mariage du -, I, 127-129.

Cas où le - a un domicile propre, I, 144-145.

Le - a une action en éducation contre tous ceux qui sont tenus envers lui de la dette alimentaire, I, 206, 207 note 2.

La femme mariée est légalement -, I, 225.

Autorisation de la femme dans le cas où le mari est -, I, 242-243.

Le - peut faire sans assistance une reconnaissance, I, 336.

Le - ne peut pas être adopté, I, 367.

Le - peut avoir un tuteur officieux, I, 382.

Condition générale du -, I, 411.

Le - peut se pourvoir contre les délibérations du conseil de famille, I, 432.

Le - est incapable d'être tuteur, I, 438-439.

Actes que le - peut faire avec ou sans assistance, I, 443.

Règles sur l'administration des biens du -, I, 446-467.

Le - peut provoquer son émancipation, I, 477.

Comment le peut - donner et tester, I, 485.

Sort du - enfant naturel ou enfant trouvé, I, 487-492.

Le - peut être interdit I, 496-497.

Différences entre le - et l'interdit, I, 507, 512-513.

Le - copropriétaire d'un immeuble dominant empêche la prescription pour tous ses copropriétaires, I, 727-728.

Cas où le - décède dans un hospice, II, 175.

Le - peut être déclaré héritier pur et simple, II, 190.

Le - peut faire révoquer son acceptation de succession, II, 207.

Le - devenu majeur qui reprend la succession après y avoir renoncé est-il tenu de respecter les prescriptions acquises aux tiers ? II, 213-214.

Cas où le - a diverti ou recelé les effets de la succession, II, 220-221.

Le - peut accepter sous bénéfice d'inventaire sans déclaration, II, 223.

Action en partage intentée au nom du -, II, 248-249.

Le partage a lieu en justice quand il y a un - parmi les cohéritiers, II, 253.

Cas où le - est intéressé dans un partage, II, 265-266.

Incapacité du - de disposer et de recevoir, II, 389.

Capacité du - de disposer, II, 392-393.

Incapacité du - de disposer en faveur de son tuteur, II, 398-399.

Acceptation de donation faite au -, II, 456.

Transcription de donation faite au -, II, 466-467.

Le - est incapable d'être exécuteur testamentaire, II, 574.

Le -, appelé à une substitution, n'est pas restituable contre les conséquences de la négligence du tuteur à la substitution, II, 635-636.

Capacité du - dans les donations entre futurs époux, II, 692.

L'épouse - peut-il faire une donation à son époux ? II, 702.

La lésion est, en principe, une cause de rescision pour le -, II, 761.

Le - est incapable de contracter, II, 772.

Comparaison de l'incapacité du - avec celle de l'interdit et de la femme mariée, II, 773 ; — 923 note 3.

Le - reliquataire envers son tuteur est mis en demeure par une simple sommation, II, 801.

L'obligation du - annulée pour incapacité reste naturelle, II, 870.

L'action en annulation pour incapacité du - dure 10 ans, II, 922.

Restitution pour lésion en faveur du -, II, 922-924.

Dans quel cas le - peut faire un aveu, II, 964.

Les père et mère sont responsables du dommage causé par leur enfant -, II, 979.

Capacité du - pour le contrat de mariage, III, 29-30.

Existence d'un enfant - à la dissolution de la communauté, III, 103.

Le mineur peut faire révoquer son acceptation de la communauté, III, 120.

La prescription de l'art. 1622 court contre le -, III, 280.

Le délai du réméré court contre le -, III, 314 texte et note 1.

Les petites prescriptions courent contre le -, III, 321 note 1 ; — III, 899.

Licitation entre -, III, 325.

Cas où un - acquiert la créance d'un majeur ou réciproquement, III, 328 note 1.

Le - ne peut pas faire un commodat, III, 473.

Le - peut être refusé comme caution, III, 560.

Le - ne peut pas transiger, III, 581 texte et note 1.

L'hypothèque légale du - doit être supprimée, III, 628, 645, 726, 728-734, 729 note 1.

Comment les biens du - peuvent être hypothéqués, III, 746.

Hypothèque légale du - : Rang, III, 757. — Inscription, III, 759-763. — Réduction, III, 767-769, 789.— Purge spéciale, III, 822-828.

La vente des biens du - ne détruit pas le droit de suite, III, 805.

Bénéfice de discussion du -, lll, 836.

Poursuite à fin de saisie contre le -, lll, 838.

Le tuteur peut-il renoncer à la prescription acquise au -, lll, 854.

Suspension de la prescription au profit du -, lll, 848-849, 881 texte et note 1.

Les lois relatives à la capacité du - sont de statut personnel, lll, 946.

(Voir, au surplus, les mots : *Administration légale*, *Hpyothèques légales*, *Incapables*, *Jouissance légale*, *Mère*, *Père*, *Puissance paternelle*, *Tutelle*, *Tuteur*.)

Mineur émancipé.

Indications diverses :

Ccondition générale du -, I, 477-487.

Comparaison de sa capacité avec celle du tuteur, I, 484.

Le - peut être interdit, I, 496-497.

Comparaison du - et du demi-interdit, I, 520-521.

Comment le - peut intenter l'action en partage, ll, 249.

Le partage a lieu en justice quand il y a un - parmi les cohéritiers, ll, 253.

Acceptation de donation faite au -, ll, 456.

Le - est incapable d'être exécuteur testamentaire, ll, 575.

Le - est incapable de contracter, ll, 772.

Restitution pour lésion en faveur du -, ll, 922-924.

Les père et mère sont responsables du dommage causé par leur enfant -, ll, 979.

Le - peut faire des baux de neuf ans, lll, 363.

Le - peut recevoir mandat, lll, 541.

Dans quelles limites le - peut transiger, lll, 580.

Le - n'a pas d'hypothèque légale sur les biens du curateur, lll, 736.

Le - ne peut pas hypothéquer avec la seule assistance de son curateur, lll, 744-745.

Le - n'a pas besoin d'inscrire son hypothèque légale, lll, 759.

Poursuite à fin de saisie contre le -, lll, 838.

Suspension de la prescription au profit du -, lll, 848-849, 881 texte et note 1.

(Voir, au surplus, les mots : *Curateur, Emancipation, Mineur.*)

Ministère public.

Indications diverses :

Le - poursuit les délits commis par les officiers de l'état civil, I, 81.

Le - n'a pas en général le droit de requérir la rectification des actes de l'état civil, I, 91.

Les affaires d'état doivent toujours être communiquées au -, I, 92.

Le - a droit d'agir d'office pendant la présomption d'absence, I, 106-107.

Le - n'a pas le droit de demander la déclaration d'absence, I, 109.

Le - est contradicteur à la demande en déclaration d'absence, I, 110.

Le - a-t-il le droit de demander la nullité du nouveau mariage contracté par le conjoint de l'absent lorsque l'absent est reparu ? I, 114-115.

Le - a le droit d'intenter l'action en nullité de mariage, I, 124.

Le - a le droit d'intenter l'action en annulation du mariage fondée sur un motif d'ordre public, I, 124.

Le - a-t-il le droit de faire opposition au mariage ? I, 160-161.

Le - a le droit d'intenter les actions en nullité absolue du mariage, I, 177-178, 182, 185 ; il n'est pas tenu d'agir, I, 182-183.

Le - peut-il agir en validité du mariage ? I, 183-184.

Le - a le droit d'intenter l'action civile tendant au rétablissement de l'acte de mariage, I, 192-195.

Le - a-t-il le droit d'intenter l'action sanctionnant le droit d'éducation de l'enfant ? I, 209.

Le - reçoit communication des demandes en autorisation de la femme mariée, I, 240.

Le - intervient dans l'instance en séparation de corps, I, 278-279, 282.

Le - est consulté dans l'exercice du droit de correction, I, 392-393.

Le - a le droit de provoquer l'interdiction, I, 497; il reçoit communication des demandes d'interdictions, I, 498.

Le - contradicteur est nécessaire à la demande en main-levée d'interdiction, I, 512.

Le - est chargé de visiter les établissements d'aliénés, I, 515.

Le - peut demander la demi-interdiction, I, 521.

Le - intervient nécessairement dans les instances en interdiction et nomination de conseil, I, 521.

Le - est contradicteur à la demande d'envoi en possession des successeurs irréguliers, II, 177.

Le - requiert la nomination du curateur à succession vacante, II, 239.

Le - a le droit de faire opérer la transcription d'une donation faite à un incapable, II, 466.

Le - peut demander l'hypothèque au profit de l'aliéné, III, 736.

Le - est chargé d'inscrire l'hypothèque au profit de l'aliéné, III, 737.

Le - est obligé d'inscrire les hypothèques légales, III, 762.

Le - combat la demande en réduction de l'hypothèque légale de la femme, III, 765.

Le - donne son avis sur la réduction de l'hypothèque légale du mineur, III, 769.

Le - a-t-il le droit de suppléer le moyen de la prescription? III, 855.

Le - peut faire ouvrir le testament de l'absent, III, 908.

Ministres du culte.

(Voir *Prêtrise*.)

Minorité.

Exposé général, I, 410-411.

(Voir *Incapables, Mineur, Tutelle*.)

Minute (Acte en).

Définition, I, 335 note 1.

La remise de l'- fait-elle présumer la libération du débiteur? II, 903.

Un - est nécessaire pour le contrat de mariage, III, 26.

Un - est nécessaire pour le rétablissement de la communauté, III, 116.

(Voir *Actes notariés*.)

Mise en demeure.

(Voir *Demeure*.)

Mitoyenneté.

Exposé général, I, 684-697.

Divisions : Mur, I, 684-693; Fossé, I, 694-696; Haie, I, 696-697; Arbres, I, 697.

Distance à observer pour certaines constructions, I, 700.

Prohibition des jours et vues, I, 701.

Mobilisation de la propriété.

(Voir *Propriété mobilière*.)

Modalités.

Indications diverses :

L'usufruit est susceptible de -, I, 610-611.

Acceptation de succession, II, 187.

La renonciation à succession n'est pas susceptible de -, II, 208.

Obligations, II, 816-867.

Les - peuvent être différentes pour les codébiteurs solidaires, II, 839.

Les - qui affectent la propriété affectent aussi l'hypothèque, III, 745.

Quelles - produisent suspension de la prescription, III, 885.

Mœurs.

(Voir *Morale*.)

Monarchie.

Idées rationnelles :

Cause des guerres dans le monde actuel, I, VIII.

Fiction de la - de droit divin, I, XVII.

Pourquoi elle dure encore? III, 37 note 1.

Ses effets, II, 957 note 2.

La - est considérée comme une transaction politique, III, 576 note 1.

La - abuse de la rente perpétuelle, III, 470-471.
La - engendre l'agiotage, III, 471.
La - maintient les offices et les abus, III, 552 note 1.

(Voir *Droit politique, Etat, Fédération, Gouvernement.*)

Monopole.

Idées rationnelles :

Nécessité de l'abolition du - de l'Université, I, LXVIII-LXX.
Appréciation du -, III, 257 note 1 et 259 note 3.
Appréciation du - des notaires, II, 932 note 2.
Le - entrave la liberté du louage d'ouvrage, III, 346 texte et note 4.
L'industrie voiturière est devenue un -, III, 403.
Appréciation du - de la société du Crédit foncier, III, 630.

Monts-de-piété.

Insuffisance du crédit procuré par les -, III, 600 note 1.
Indication de la législation sur les -, III, 600.
Les - ont une hypothèque légale sur les biens des comptables, III, 737.

Morale.

Idées rationnelles :

Définition philosophique, I, III-IV.
La - doit supprimer le droit, I, V.
Il n'y a pas de - sociale ou publique en dehors des morales individuelles : la société ne peut donc, au nom d'une morale propre, s'opposer à certaines conventions, I, 13.
La société ne peut pas non plus interdire les conventions qui blessent la - la plus générale, car une seule conscience a autant de droit que les autres réunies, I, 13.
Le mariage ne relève que de la loi morale, I, 120.
L'adulte n'a droit que par exception à la protection de la famille ou de la société, I, 211, 215.

Gradation des devoirs dans la famille, I, 212-213.
Les droits et devoirs respectifs des époux sont du domaine exclusif de la -, I, 221.
Le second mariage est affaire de conscience individuelle, I, 258.
La séparation de corps est contraire à la -, I, 268.
La reconnaissance d'enfant est ordonnée par la -, I, 335.
La - formule pour tout homme l'obligation de respect et d'assistance envers tout homme, I, 388.
Au point de vue moral, le propriétaire a l'obligation de tirer de sa chose toute l'utilité possible, et d'accroire indéfiniment cette utilité, I, 570.
La loi de fraternité oblige le propriétaire, I, 575 note 1.
L'abus de la propriété est du ressort de la -, I, 666 texte et note 1.
La disposition à titre gratuit doit servir à mettre la propriété entre les mains du plus digne, II, 11.
Le propriétaire doit disposer de sa fortune conformément à l'enseignement de la -, II, 29.
La - comprend le travail et le sacrifice, II, 371 note 1.
La disposition à titre gratuit doit répartir la propriété de manière à rétablir le libre concours entre toutes les activités, II, 372.
Le propriétaire doit mettre l'instrument du travail au service de l'activité qui en a le plus besoin et qui est la plus apte à en user, II, 387.
L'obligation morale du propriétaire s'accroît lorsque la propriété procède d'un titre gratuit, II, 380 note 1.
C'est par le règlement que fait le propriétaire des fruits de son travail pour le temps où il n'existera plus, que l'idée morale pénètre dans la théorie de la propriété, II, 513.
Juridiquement, le droit de propriété doit être libre; moralement, il n'est légitime qu'autant qu'il a pour but le bien général, II, 665 texte et note 2.

Démarcation entre l'ordre moral et l'ordre juridique, II, 718.

La - est à la fois individuelle et générale, II, 721 note 1.

Au point de vue de la -, le contrat est irrévocable, II, 720-724, 754 note 1.

Le mariage est d'ordre moral, III, 1.

Comment la rente viagère est immorale, III, 502-503.

Théorie morale des fautes, III, 516.

Appréciation des contrats aléatoires, III, 526-528.

Le cautionnement porte atteinte à l'indépendance du débiteur, III, 552.

Nécessité d'une - scientifique, III, 956-957.

Indications juridiques :

Les conventions particulières ne peuvent déroger aux bonnes mœurs, I, 12.

Effet des conditions contraires aux bonnes mœurs, dans les dispositions à titre gratuit, II, 384.

La cause d'une obligation contraire aux bonnes mœurs est illicite, II, 779.

Effet des conditions contraires aux bonnes mœurs dans les contrats, II, 817.

L'association conjugale peut être réglée par des conventions particulières, non-contraires aux bonnes mœurs, III, 20.

Mort civile.

Indications diverses :

Protestation du Tribunat contre l'institution de la -, I, XXXIV.

La -, qui entraînait la dissolution du mariage, ouvrait la succession, établissait la confiscation des biens du condamné, a été abolie, sauf les cas exceptionnels, par la Révolution ; rétablie par le Code Napoléon, elle a disparu depuis 1854, I, 54 texte et note 1.

La - produisait l'incapacité de se marier, I, 139.

La - dissolvait le mariage, I, 257.

La - mettait fin à l'usufruit, I, 646.

La - ouvrait la succession, II, 35.

La - était une cause d'incapacité de succéder, II, 60.

Que deviennent, au point de vue de la communauté, les dettes du mari résultant de peines emportant -, III, 60, 62.

La - était une cause de dissolution de la communauté, III, 101, 125.

La - donnait ouverture aux gains de survie, III, 117.

La - donnait ouverture au préciput, III, 169.

La - n'éteignait pas la rente viagère, III, 509.

La - donnait lieu à la restitution du dépôt, III, 519.

Mort-gage.

Hypothèque conventionnelle en Angleterre, III, 635 ; aux États-Unis, III, 639.

Moulins.

Les - sont immeubles par nature, I, 529.

Muet.

(Voir *Sourd-Muet.*)

Mundium.

Origine du -, II, 683 note 4.

Le - aboutit à l'incapacité de la femme mariée, I, 225, 226 note 1.

La saisine était la conséquence du -, II, 43.

Mur.

Mitoyenneté du -, I, 685-693.

Distance à observer pour la construction du -, I, 700.

Ouverture des jours et vues dans un -, I, 701-705.

Naissance.

Indications diverses :

Acquisition de la qualité de Français par droit de -, I, 23-26.

La - est constitutive de l'état civil, I, 69.

La - est constatée, soit par les registres, soit par la preuve testimoniale,
I, 69, — 78.

Actes de -, I, 81-85.

La - détermine la légitimité, I, 298-
301.

Nantissement.

Exposé général, III, 588-605.

Indications diverses :

Le - est un contrat réel, accessoire,
II, 744.

La remise du - ne fait pas présumer
la remise de la dette, II, 904.

Le - était un mode de publicité dans
l'ancien droit, III, 617.

Le droit de rétention est un élément
du -, III, 651.

Le - est la forme de l'hypothèque des
meubles, III, 725 note 3.

(Voir, au surplus, les mots : *Antichrèse, Gage.*)

Nationalité.

Idée rationnelle : La - devrait être
laissée à l'option de l'individu ou
de ses représentants, sauf présomption de la nationalité française, I,
25 note 4.

(Voir, au surplus, les mots : *Français, Etrangers.*)

Naturalisation.

Exposé général, I, 31-33.

Idées rationnelles :

La - devrait être un acte du pouvoir
législatif, I, 33.

Protestation du Tribunat contre les
règles de la -, I, xxxiv.

Définition, I, 23, 26, 31.

Indications diverses :

La - à l'étranger fait perdre la qualité
de Français, I, 44.

La - privilégiée fait recouvrer la qualité de Français, I, 47.

Une loi sur la - peut-elle avoir un
effet rétroactif? III, 936.

Noblesse.

La - était prohibée par la constitution de l'an VIII, I, 47.

La - a été rétablie par les deux em-
pires, I, 47 note 1.

Noces (Secondes).

(Voir *Second mariage.*)

Nom.

Pour l'enfant naturel reconnu, I, 350.

Pour l'enfant adultérin ou incestueux, I, 352.

Pour l'enfant adoptif, I, 372.

Non-présent.

Définition, I, 103.

Indications diverses :

Le - est représenté par un notaire, I,
107.

Cas du mari - à l'époque de la naissance d'un enfant de sa femme, I,
309-310.

Cas du cohéritier - au moment du
partage II, 253, 265-266.

Non-usage.

Mode d'extinction de l'usufruit, I,
647.

Mode d'extinction des servitudes
réelles, I, 726.

Le - est susceptible d'interruption
naturelle, III, 872.

Notaire.

Idées rationnelles :

Appréciation du monopole des notaires, II, 932 note 2.

Inconvénients du monopole des notaires, III, 226.

Indications diverses :

Représentation du présumé absent, I.
107.

Signification des actes respectueux,
I, 129.

Compétence territoriale, I, 148.

Actes de reconnaissance, I, 334.

Inventaire de tutelle, I, 445.
Vénalité de l'office, I, 547.
Représentation de l'aliéné dans les partages, II, 249.
Délégation aux opérations du partage, II, 256.
Opération de licitation, II, 259.
Opération de liquidation, II, 260.
Actes de donations et procurations, II, 450, 455.
Dépôt du testament olographe, II, 518.
Acte du testament public, II, 521-526.
Acte du testament mystique, II, 549.
Offres réelles, II, 893.
Authenticité des actes notariés, II, 932.
Contrat de mariage et contre-lettres, III, 25-27.
Interdiction d'acquérir des droits litigieux, III, 255.
Certificats de vie, III, 509.
Privilége sur le cautionnement, III, 682.
Contrat de constitution d'hypothèque, III, 747.
Prescription des actions, III, 897.

Notification.

Matières diverses :

Acceptation du donataire, II, 454. — Capacité nécessaire à ce moment, II, 407. — Cas d'une donation révoquée pour ingratitude, II, 498.
Cheptel au fermier, III, 425.
Renonciation à la société, III, 463.
Révocation du mandat, III, 549. — Renonciation du mandataire, III, 550.
Purge d'hypothèque, III, 814. — Domicile élu dans ce but, III, 777. — Purge d'hypothèque occulte, III, 824.
(Voir, au surplus, le mot : *Signification*).

Notoriété.

(Voir *Acte de notoriété.*)

Novation.

Exposé général : II, 896-902.

Indications diverses :

La - éteint le droit de demander la séparation des patrimoines, II, 346.
La - profite à tous les créanciers solidaires, II, 838.
La - est un cas de défense pour les codébiteurs solidaires, II, 846.
La - peut être consentie par l'un des créanciers indivisibles, II, 863.
La - peut résulter d'une clause pénale, II, 865.
La - peut s'appliquer à une obligation naturelle, II, 870.
Cas de - par changement d'objet, II, 878.
La - peut résulter de l'abandon de son droit par le créancier, II, 903.
La - ressemble à la dation en payement, III, 239.
Comparaison de la - avec la cession de créance, III, 334.
La - ne fait pas perdre l'hypothèque légale du légataire, III, 711.
La - n'entraine pas, par elle-même, transmission des priviléges, III, 713.
La - éteint les priviléges et hypothèques, III, 807.
La - fait survivre les hypothèques à la créance, lorsqu'elles sont réservées, III, 808.
La - peut résulter d'un acte interruptif de prescription, III, 900.

Nue-propriété.

Indications diverses :

Droit de demander la déclaration d'absence, I, 109.
Risques, I, 618.
Situation du nu-propriétaire en face de l'usufruitier, I, 624-627.
Droit de contraindre l'usufruitier aux réparations d'entretien, I, 633.
Non-obligation aux grosses réparations, I, 634-635.
Payement des dettes du constituant d'usufruit, I, 640-642.
Actions possessoires et pétitoires y relatives, I, 643.
Disposition gratuite de - excédant le disponible, II, 428.

Disposition gratuite de - distincte d'une substitution, II, 621.

Aliénation par la femme mariée non-autorisée, III, 59 note 2.

Nullité.

Idée rationnelle :

La *nullité* proprement dite est la sanction des conditions requises pour l'*existence* d'un acte ; l'*annulabilité* ou nullité relative est la sanction des conditions requises pour la *validité* d'un acte. La terminologie actuelle confondant perpétuellement ces deux termes, c'est affaire à la doctrine de distinguer, en chaque matière, l'acte absolument *nul* de l'acte simplement *annulable*. — I, 124, 380 ; — II, 745-746 ; — III, 266.

Matières diverses :

Actes de l'interdit légal, I, 57.

MARIAGE. — Idée rationnelle, I, 202 note 1. — Exposé général, I, 122-125 ; — 165-202. — Indications diverses, I, 114 ; — 152-154.

Actes de la femme mariée non autorisée, I, 252-254.

Reconnaissance d'enfant, I, 342.

Adoption, I, 379-380.

Cession de créance du pupille au tuteur, I, 464-465.

Traité entre le tuteur et le pupille, I, 470.

Actes de l'interdit judiciaire, I, 500-507.

Actes de l'aliéné, I, 516.

Actes du demi-interdit, I, 519.

Vente de fruits sur pied par l'usufruitier, I, 614.

Donations faites à l'enfant incestueux ou adultérin par ses père et mère, II, 162 ; — 404 note 1.

Actes de l'héritier apparent, II, 180-184.

Acceptation de succession, II, 190-208.

Renonciation à succession, II, 212-213.

Partage de succession, II, 364-371.

Dispositions gratuites faites à ou par des incapables, II, 405.

Donations déguisées, II, 451-452.

Donations entachées de vices de forme, II, 455 ; — 478 ; — 948-949.

Acception de donation, II, 458-459.

TESTAMENTS. — Testament mystique, II, 531-532. — Testament militaire, II, 537. — Testament fait en temps de peste, II, 537. — Vices de forme, II, 543. — Causes de nullité, II, 583-584. — Effets de la nullité d'un legs, II, 599-608.

Substitution, II, 620.

Partage d'ascendant, II, 656, 660-664.

Donations entre futurs époux faites par un mineur, II, 693.

Donations déguisées entre époux, II, 713-715.

CONTRATS. — Exposé général, II, 745-746. — Incapacités, II, 769 ; — 870. — Défaut d'objet, II, 775. — Défense pour les codébiteurs solidaires, II, 845, 847. — Causes et effets de l'annulation, II, 917-927. — Ratification, II, 758. — Défense pour la caution, III, 556, 565. — Prescription, III, 893.

CONTRAT DE MARIAGE. — Contre-lettre modificative, III, 27-28. — Contrat fait par le mineur, III, 30. — Séparation de biens non-exécutée, III, 109. — Constitution de dot, III, 184 note 3. — Aliénation de l'immeuble dotal, III, 207-210.

VENTE. — Ventes entre époux, II, 252-253. — Cession de droits litigieux, III, 255-257. — Cession de droits successifs, III, 260. — Vente de la chose d'autrui, III, 261, 264-266, 310.

Echange de la chose d'autrui, III, 342 texte et note 3.

Clauses prohibées du cheptel, III, 420-422.

Transaction, III, 586.

Hypothèque sur l'immeuble d'autrui, III, 743-744.

Inscription hypothécaire, III, 778-779.

Renonciation anticipée à la prescription, III, 851-852.

Numéraire.

Idée rationnelle :

Nécessité du - comme mesure des valeurs, II, 467.

Indications diverses :

Emploi par le tuteur, I, 450-451.

Emploi par le mineur émancipé, I, 482.

Emploi par les successeurs irréguliers, II, 178-170.

Emploi par le grevé de substitution, II, 631.

Paiement d'une obligation de -, II, 878.

Dommages-intérêts pour inexécution d'une obligation de -, II, 798-799.

Mise en demeure dans l'obligation de -, II, 801-802.

Offres réelles quant à l'obligation de -, II, 892-894.

Compensation légale entre deux dettes de -, II, 907.

Reprises de la femme, III, 134.

Prix de vente, III, 246.

Apport de société, III, 451.

Prêt de consommation, III, 481 texte et note 2.

Dépôt, III, 518.

Objet.

Matières diverses :

DROIT RÉEL. — Détermination nécessaire de l'objet, I, 18 ; — III, 624 note 1 ; — 643.

DISTINCTION DES BIENS. — Enumération des immeubles par leur objet, I, 537-539. — Les immeubles par leur objet sont-ils susceptibles d'hypothèque ? III, 721-723.

CONTRATS. — Condition essentielle, II, 745. — Erreur, II, 750. — Obligations contractuelles, II, 773-776. — Novation par changement d'objet, II, 896. — Prohibitions relatives à l'objet de la vente, III, 258-268. — Définition pour la société, III, 445 texte et note 5.

JUGEMENT. — Identité nécessaire de l'objet pour l'autorité de la chose jugée, II, 959.

HYPOTHÈQUE. — Détermination nécessaire de l'objet, III, 749-751. — Réduction, III, 788-790.

Obligations.

Exposé général, II, 717-981.

Définition, II, 723. — Généralités, II, 723-732, 785-737. — Effet, II, 780-816. — Divisions, II, 816-867. — Extinction, II, 867-925. — Preuve, II, 925-970. — Causes autres que le contrat, II, 970-981.

Idées rationnelles :

L'obligation est corrélative du droit, I, 16, et de la créance, I, 541.

L'obligation ne peut exister qu'entre des personnes, I, 18. — Il ne peut pas y avoir d'obligations impersonnelles, III, 649 texte et note 1.

Le mariage n'étant pas un contrat, ne produit pas d'obligations juridiques, I, 120 note 3.

La notion de toute obligation se ramène à l'idée d'une activité mise plus ou moins complétement à la disposition d'une autre, II, 736.

L'effet des obligations n'est jamais directement un moyen juridique d'acquisition, II, 4.

Par suite du droit de gage conféré au créancier, toute obligation contient le principe d'une aliénation, I, 234.

Pour rester compatible avec la liberté de l'individu, l'obligation doit toujours être convertible en un payement de somme d'argent, II, 721, 723-725, 736 ; — 856 note 1 ; — 878 note 1 ; — III, 410 note 5.

Indications diverses :

Incapacité de la femme mariée au point de vue de l'-, I, 235-237, 244, 249.

Réduction de l'- du mineur émancipé, I, 481-482.

Différences entre l'- et la servitude réelle, I, 660, — 709.

Les limitations de propriété, improprement appelées servitudes léga-

les et résultant de la situation des lieux, ne sont pas des obligations, I, 662.

Mitoyenneté du mur et du fossé, I, 688, 692-693, 696.

La servitude imposée à la personne constitue une -, I, 709.

Le legs de la chose d'autrui consiste en une -, II, 568.

Différences entre le contrat et l'-, II, 774.

Communauté entre époux, III, 67.

Séparation de biens, III, 113.

Le cautionnement s'éteint avec l'-, III, 572-573.

L'- porte sur la personne et les biens, III, 648.

L'hypothèque est affectée à l'acquittement d'une -, III, 716.

Libération de l'- par prescription, III, 845, 848-850, 870, 885, 887.

(Voir, au surplus, les mots : *Contrats, Créanciers, Débiteur, Dettes,* etc....)

Obligations alternatives.

Exposé général, II, 830-834.

Indications diverses :

Successions irrégulières, II, 179.
Indivisibilité, II, 859.
Droit de reprise, III, 39.
Composition de l'actif de la communauté, III, 58.
Cautionnement, III, 558.

Obligations conjonctives.

Définition, II, 834.

Obligations facultatives.

Définition, II, 835.

Indications diverses :

Composition de l'actif de la communauté, III, 58.
Rescision de la vente, III, 322.

Obligations indivisibles.

(Voir *Indivisibilité*.)

Obligations naturelles.

Exposé général, II, 868-870.

Indications diverses.

Dette civile imparfaite, I, 20.
Compensation, II, 908.
Obligation de doter, III, 98.
Payement d'une dette de communauté, III, 141.
Payement d'intérêts non stipulés, III, 491.
Jeu, III, 532.
Cautionnement, III, 556.
Prescription, III, 847 texte et note 2.

Obligations solidaires.

(Voir *Solidarité*.)

Occupation.

Exposé général, II, 13-26.

Idée rationnelle :

L'- est légitime à la condition qu'il y ait eu travail, effort personnel, II, 14.

Indications diverses :

Mode d'acquisition pour la femme mariée, I, 234.
Acquisition des eaux fluviales, I, 670 texte et note 2.
Acquisition sans aliénation, II, 4.
Mode d'acquérir spécial au droit réel, II, 7.
Mode d'acquérir originaire, II, 10.
L'attribution à l'Etat des biens sans maître n'exclut pas l'-, II, 12.
(Voir, au surplus, les mots : *Chasse, Epaves, Pêche, Trésor*.)

Offices.

Idées rationnelles : La vénalité des offices est contraire à la liberté du travail, I, 547 ; — II, 932 note 2 ; — III, 257 note 1 ; — 641 note 2.

Indications diverses :

La vénalité des -, abolie par la Révolution, a été rétablie par la Restauration, I, 547 ; — II, 932 note 2.

Les - sont meubles incorporels, I, 547.

Les - tombent en communauté, III, 39.

Les titulaires d'- sont mandataires *ad litem*, III, 552 note 1.

La cession d'- donne lieu au privilége du vendeur, III, 673.

Officier d'état civil.

Indications diverses :

Fonction de l'- dans la confection des actes, I, 72-73.

Pénalités qu'il encourt, I, 80-81 ; — 131 ; — 163 ; — 187.

Rédaction de l'acte de décès, I, 86.

L'- ne peut pas rectifier un acte défectueux, I, 92.

Pièces exigibles pour le mariage, I, 145.

Sa compétence quant au mariage, I, 148-149.

Dans le mariage, l'- est partie au nom de l'Etat, I, 186.

Opposition à mariage, I, 162-163.

Effets de son incompétence, I, 185-186 ; — 190-191.

Condamnation de l'-, preuve du mariage, I, 191-192.

Hypothèse d'un faux -, I, 198.

Actes de reconnaissance, I, 334.

Officier public.

Idées rationnelles :

Le témoignage de l'- ne doit pas valoir plus que celui de ceux qui l'ont élu pour les servir, II, 928.

L'- doit être un serviteur public électif et révocable, II, 932 note 2.

Indications diverses :

Authenticité des actes, II, 932.

Force probante des actes, II, 934.

Vente publique des meubles, III, 238 note 4.

Prohibition d'acheter les biens nationaux, III, 253.

(Voir, au surplus, le mot : *Fonctionnaires publics*.)

Offre.

Donation, II, 381 ; — 453-454.

Remploi, III, 93.

Vente, III, 245.

Purge d'hypothèque, III, 814-815.

(Voir, au surplus, le mot : *Promesse*.)

Offres réelles.

Exposé général, II, 892-895.

Indications diverses :

Les - peuvent être faites au créancier qui refuse une quittance subrogatoire, II, 886.

Les - font éviter la déchéance de la faculté de rachat, III, 321 texte et note 3.

(Voir, au surplus, le mot : *Consignation*.)

Opposition.

Matières diverses :

Mariage, I, 156-164.

Bénéfice d'inventaire, II, 234-236.

Partage, II, 353-354.

Ordre (Procédure d').

Définition, III, 841.

Indications diverses :

Succession bénéficiaire, II, 234.

Purge des hypothèques occultes, III, 825.

Interruption de prescription, III, 873.

Ordre public.

Idées rationnelles :

L'- est l'harmonie des droits et des libertés individuelles. Il n'y a pas plus d'ordre social en dehors des libertés individuelles qu'il n'y a de morale sociale en dehors des morales individuelles, I, 12 ; — I, 568 ; — II, 775 note 1 ; — III, 7 note 2.

L'- dérive du respect et de la consécration légale du droit de l'individu, III, 945.

L'- vrai sera celui où chaque homme

pourra développer librement toutes ses facultés, III, 958.

Indications juridiques :

Sens de ce mot pour les légistes, I, 12 ; — II, 580 note 4.

Rectification des actes d'état civil, I, 91.

Action en annulation du mariage, I, 124.

Nullité du mariage, I, 177 texte et note 1.

Puissance maritale, I, 123 ; — 247.

Imprescriptibilité de la réclamation d'état, I, 322 note 1.

Irrévocabilité de la reconnaissance, I, 343.

Contestation d'état, I, 346.

Caractère viager de l'usufruit, I, 645.

Bornage, I, 677.

Distance à observer pour certaines constructions, I, 700.

Clauses prohibées dans les servitudes réelles, I, 711.

Saisine, II, 192.

Droit de sortir d'indivision, II, 243.

Conditions illicites dans les dispositions à titre gratuit, II, 384-386.

Actualité et irrévocabilité des donations, II, 483-484.

Obligation pour les légataires universels de demander la délivrance aux héritiers réservataires, II, 547 texte et note 1.

Cause illicite des obligations, II, 779.

Prohibitions de la preuve testimoniale, II, 951.

Clauses prohibées dans le contrat de mariage, III, 20.

Droit de renoncer à la communauté, III, 119 ; — 174 note 1.

Inaliénabilité du fonds dotal, III, 195 note 2 ; — 205 note 2.

Prohibition de la cession de droits litigieux, III, 255.

Droit de sortir d'indivision, III, 316 note 2.

Rescision de la vente pour lésion, III, 319-320.

Responsabilité des architectes et entrepreneurs, III, 413 texte et note 4.

Prohibitions concernant le cheptel simple, III, 420.

Prohibition de renonciation à la faculté de dissolution des sociétés, III, 463.

Empêchement à la transaction, III, 581.

Prohibition du contrat pignoratif, III, 602-603.

Hypothèque légale de la femme mariée, III, 764 texte et note 3.

Prescription, III, 845.

Prohibition des renonciations anticipées à la prescription, III, 851-852.

Ordres de succession.

Exposé général, II, 84-129.

Organisation judiciaire.

Idées rationnelles :

Nécessité de l'établissement du jury en matière civile et de la reconstitution de la magistrature, I, LXIV-LXVIII.

Distinction du juge et du magistrat, I, 10 note 1.

Appréciation de la loi par le magistrat au point de vue constitutionnel, I, 10.

Nécessité de l'élection des magistrats, I, 12 ; — 154 note 1.

Dangers du pouvoir discrétionnaire des tribunaux actuels, I, 154.

Extension nécessaire des attributions des juges de paix, I, 677 note 2.

La fonction de juge ne doit pas être déléguée, II, 718 note 1.

Base fausse de l'- actuelle, II, 926 note 3.

Importance et urgence d'une réorganisation, II, 929 note 1.

Mode de recrutement de la magistrature actuelle, II, 963 note 1.

Concours nécessaire de tous les citoyens dans l'exercice du pouvoir judiciaire, II, 958.

Incapacité de la magistrature actuelle, III, 95 note 3 ; — 97 note 3 ; — 316 note 1.

Appréciation de la Cour de cassation actuelle, III, 198 note 1 ; — 322 note 4 ; — 324 note 2.

Conditions de la réorganisation nécessaire. III, 257 note 1.

Rôle idéal de la magistrature, III, 954.

Bibliographie, I, XII.

Ouverture.

Matières diverses :

Tutelle, I, 428.
Succession, II, 33-41.
Droit de retour légal, II, 115.
Substitution, II, 641-645.

Ouvriers.

Idées rationnelles :

Le contrat de louage de services a pour but de développer l'autonomie de l'ouvrier, II, 719 note 2.
Dédain des Romains pour les ouvriers, II, 729 texte et notes 3 et 6.
Les ouvriers doivent avoir le capital à leur disposition, II, 722 note 2; 805 note 2.
Le capital agricole ou industriel, instrument du travail, doit être à la disposition de ceux qui l'emploient directement, c'est-à-dire des ouvriers qui cesseront ainsi d'être salariés, III, 345-346.
Les ouvriers ont aujourd'hui le droit du travail, sans avoir l'instrument du travail, III, 348.
Les corporations n'ont été qu'un instrument de tyrannie contre les ouvriers, III, 348, 438 note 5.
Le développement du crédit doit procurer aux ouvriers l'instrument du travail, III, 486, 590.
Sont ouvriers tous ceux qui travaillent, de leurs bras ou de leur esprit, à l'avancement du genre humain, III, 895 note 2.
(Voir, au surplus, les mots : *Capital, Contrat de prestation de travail, Crédit, Propriété, Salaire, Socialisme, Travail.*)

Indications diverses :

Présomption de responsabilité pour les - relativement à leurs apprentis, II, 980.
Responsabilité du locateire, quant aux actes de ses -, III, 370.
Louage de services, III, 401-402.
Louage d'ouvrage, III, 408.
Responsabilité de l'entrepreneur, quant aux actes de ses -, III, 414.
Action directe contre le propriétaire, III, 415.
PRIVILÉGE : Faillite, III, 660. — Récolte, III, 670. — Travaux de construction, III, 687-689. — Conservation du -, III, 704-707. — Inscription du -, III, 771.
Prescription des actions, III, 805.

Pacte sur succession future.

(Voir *Succession future.*)

Pacte commissoire.

Exposé général, II, 826.

Matières diverses :

Vente, III, 308-309.
Louage, III, 378.
Interdiction du - dans le gage, III, 593.

(Voir, au surplus, les mots : *Condition résolutoire* et *Résolution.*)

Papiers domestiques.

Force probante des -, en général, II, 942-943.
Force probante des -, en matière d'actes d'état civil, I, 78.
Force probante des -, en matière de mariage, I, 188.
Force probante des -, en matière de filiation, I, 316.

Paraphernaux (Biens).

Distinction des biens de la femme dotale en - et dotaux, III, 183-184.
Règles applicables aux -, III, 218-219.
Hypothèque légale pour les droits relatifs aux -, III, 730.

Parcours.

Exposé général, I, 679-682.

Parenté.

Définition et distinctions, I, 133, — II, 97-98.

Matières diverses :

Fonction de témoin dans les actes notariés, I, 73.
Empêchement de mariage, I, 134-137; — I, 351 note 1; — III, 3 note 1.

Opposition à mariage, I, 156.
Dette alimentaire, I, 211.
Enfant naturel, I, 350.
Adoption, I, 371-377.
Tutelle, I, 416, 425.
Conseil de famille, I, 427.
Interdiction, I, 497.
Succession, II, 91 ; — 106-112.
Exception à l'incapacité de disposer du malade, II, 402.
Présomption d'interposition de personnes dans les donations faites à un incapable, II, 405.
Transcription de donation, II, 466.
Fonction de témoin dans l'acte de suscription du testament mystique, II, 529.
Fonction de témoin dans le testament public, II, 535.
Présomption d'interposition de personnes dans les donations entre époux, II, 715.
Inscription des hypothèques légales, III, 762-763.

Pari.

Exposé général, III, 530-532.
Le - est un contrat aléatoire, II, 742.
Le - ne constitue pas une obligation naturelle, II, 870 note 1.

Partage.

Matières diverses :

COMMUNAUTÉ ENTRE ÉPOUX : — *Exposé général,* III, 128-145. — Clauses modificatives, III, 171-175. — Effet du - au point de vue de l'hypothèque de la femme sur les conquêts, III, 730-732.

COPROPRIÉTÉ ORDINAIRE : — *Exposé général,* II, 243-245. — Mitoyenneté, I, 685, 694. — Licitation, III, 325-326. — Effet du - quant aux immeubles acquis pendant la communauté, III, 45.

SOCIÉTÉ : — *Exposé général,* III, 464. — Bénéfices et pertes de la société, 453-454. — Cheptel simple, III, 418-426. — Influence du - sur la nature du droit des associés, I, 545.

SUCCESSION : — *Exposé général,* II, 240-272 ; — 355-371. — Cas du - où un présumé absent est intéressé, I, 107-108. — Cas du - où un mineur est intéressé, I, 457-458. — Cas du - d'un immeuble ayant droit à une servitude et faisant partie d'une succession indivise, I, 727-728. — Rescision pour cause de lésion, II, 761 ; 925. — Le - n'est pas susceptible d'être attaqué par l'action paulienne, II, 816. — Le - n'est pas sujet à transcription, III, 300. — Privilége des copartageants : Causes, III, 686-687 ; Conservation, III, 702-704 ; Inscription, III, 793. — Le - peut être provoqué par les envoyés en possession définitive des biens de l'absent, III, 922.

Partage d'ascendant.

Exposé général, II, 646-665.
Le - est une combinaison de la succession avec la donation ou le testament, II, 379-380.

Parties intéressées.

Sens relatif de ce mot, I, 105.

Indications diverses :

Les - peuvent agir pendant la présomption d'absence, I, 105-106.
Les - peuvent demander la déclaration d'absence, I, 109.
Les - peuvent intenter l'action en nullité du mariage, I, 114-115 ; — 124 ; — 175.
Les - peuvent-elles contester une reconnaissance ? I, 343-346.
Les - peuvent demander la nomination du curateur à succession vacante, II, 239.
Les - peuvent demander la révocation du testament pour inexécution des charges, II, 593.
Définition des - dans les contrats, II, 807.
Les - peuvent invoquer la résolution d'un contrat, II, 825-826.
Les - peuvent faire un payement, II, 871.
Autorité de l'acte authentique vis-à-vis des -, II, 935.

Autorité de la chose jugée à l'égard des -, 11, 960-961.
Définition des - dans le contrat de mariage, 111, 28.
Les - peuvent invoquer la prescription au nom du debiteur, 111, 856-858.
Les - peuvent-elles demander l'envoi en possession provisoire des biens de l'absent ? 111, 907-908.

(Voir, au surplus, le mot : *Tiers.*)

Passage.

Servitude de - pour les eaux, I, 675-677.
Servitude de - pour le propriétaire enclavé, I. 706-707. — La servitude de - est discontinue, I, 712. — La servitude de - peut être apparente ou non apparente, I, 713.

Passif.

Matières diverses :

Successions, 11, 320-355.
Communauté entre époux, 111, 53-72; 138-145.
Sociétés, 111, 487-459.

Paternité.

Exposé général, I, 285-363.

(Voir, au surplus, les mots : *Droit de l'enfant, Enfant adoptif, Enfant adultérin ou incestueux, Enfant légitime, Enfant légitimé, Enfant naturel, Filiation, Père, Puissance paternelle.*)

Patrie.

Idées rationnelles :

La - doit devenir élective, 111, 435 note 1.
Le patriotisme ne doit pas être exclusif, 111, 742 note 1.

Paupérisme.

Idées rationnelles :

Le - est le résultat d'une mauvaise distribution des produits, I, XIV.
Le - ne peut cesser que par une juste répartition du capital, mis à la disposition de toute activité, 11, 805 note 2.
Le - a été une des causes de l'insurrection du 18 mars 1871, 111, 345 note 2.

(Voir, au surplus, le mot : *Socialisme* et les renvois indiqués sous ce mot.)

Payement.

Exposé général : 11, 868-896.

Indications diverses :

Le - fait avant terme peut être répété, 11, 828.
Le - peut être fait à l'un des créanciers solidaires, 11, 837.
Le - libère vis-à-vis de tous les créanciers solidaires, 11, 838.
Le - est un cas de défense pour les débiteurs solidaires, 11, 846.
La subrogation est-elle un - ? 11, 882-883.
Le - n'est pas nécessaire pour qu'il y ait translation de propriété, 111, 234 note 2.
Le - doit être opéré par l'acheteur, 111, 305.
Le - peut être fait après la cession de créance, 111, 329.
Le - de la dette de jeu ou de pari empêche la répétition, 111, 531-532.
Le - fait par la caution doit être dénoncé au débiteur, 111, 567, 570.
Le - donne lieu à main-levée de l'inscription hypothécaire, 111, 786.
Le - peut-être fait par le tiers détenteur, 111, 801.
Le - éteint les priviléges et hypothèques, 111, 807.

Payement de l'indû.

(Voir *Indû.*)

Pays étranger.

Indications diverses :

Naissance, 1, 23, 29.
Obligations contractées par un étranger, 1, 40-41.
Naturalisation, I, 44. — 48-50.

Acceptation de fonctions publiques, 1, 44.
Etablissement sans esprit de retour, 1, 45.
Acceptation de service militaire, I, 46, 48-50.
Actes de l'état civil en général, 1, 79-80.
Actes de l'état civil pour les militaires, 1, 90-91.
Principal établissement, 1, 97.
Mariage, 1, 152-156.
Testament, ll, 542-543.
Effet hypothécaire des jugements , lll, 739-742.
Effet hypothécaire des contrats, lll, 748.
Lois de police et de sûreté, lll, 946.
Statut personnel, lll, 950.
Forme des actes, lll, 950-951.

(Voir, au surplus, les mots : *Etrangers* et *Législations étrangères*.)

Pêche.

Exposé général, ll, 17.
L'usufruitier jouit de la -, 1, 623.
Le droit de - est-il compris dans le louage ? lll, 365 note 2.

Peines.

(Voir *Droit pénal*.)

Père.

Indications diverses :

Cas de la disparition du -, 1, 116.
Le - a seul le droit de consentir au mariage, 1, 127.
Le - a l'obligation d'élever son enfant, 1, 205.
Le - a l'action sanctionnant le droit d'éducation de l'enfant, 1, 207-210.
Le - ne peut pas reconnaître un enfant pour le compte de la mère, I, 338.
Le - exerce seul l'autorité paternelle pendant le mariage, 1, 389.
Le - exerce le droit de correction, I, 392-399.
Le - a la jouissance légale durant le mariage, 1, 40.
Le - a l'administration légale, 1, 413-416.
Le - exerce la tutelle, 1, 416-423.
La - a le droit d'émanciper son enfant, 1, 474.
Droit successoral du -, ll, 109-111.
Le - donateur a le droit de retour légal, ll, 117-118.
Le - peut réduire la part héréditaire de l'enfant naturel, ll, 152, 157.
Droit successoral du - naturel, ll, 164-185.
Le - naturel est soumis aux formalités de l'envoi en possession, ll, 185-186.
Le - ne peut pas librement disposer au profit de l'enfant naturel , ll, 403-404.
Le - est réputé personne interposée dans les donations, II, 405.
Le - a le droit de faire des substitutions, ll, 622.
Le - a l'obligation naturelle d'établir les enfants, ll, 870.
Le - est présumé responsable du délit causé par l'enfant, ll, 979.
Règles sur la constitution de dot par le -, lll, 98 ; — 188-189.
Les biens du - ne sont pas grevés de l'hypothèque légale, lll, 735.
Le - ne peut pas restreindre l'hypothèque légale du mineur, lll, 769.

Père de famille.

(Voir *Bon père de famille* et *Destination du père de famille*.)

Péremption.

Matières diverses :

Inscription hypothécaire , lll , 782-784.
Sommation de délaisser, lll, 806.
Interruption de prescription, lll, 873.
Commandement, lll, 875.

Personne.

Idées rationnelles : (Voir le mot : *Individu*.)
Définitions et distinctions, 1, 16.

Indications diverses :

Le domicile est le siége juridique de la -, 1, 93.
Erreur dans la - quant au mariage, I, 169-171.
La - ne peut pas se dépouiller de ses qualités constitutives, I, 322.
Rapports de la - avec les droits et avec les choses, 1, 524 note 1.
La servitude réelle ne doit être imposée ni à la -, ni en faveur de la -, I, 709-711.
Continuation de la - par l'héritier, II, 45-46; 59 note 1; 188; 857 note 2.
Erreur sur la - dans les contrats, 11, 752.
Le mandat est la représentation de la -, 111, 533, 537-539, 545 note 1.

(Voir, au surplus, les mots : *Actions personnelles* et *Droits personnels*.)

Personnes interposées.

Indications diverses :

Dispense de rapport, 11, 295-296.
Nullité des dispositions gratuites faites par - au profit d'incapables, 11, 405.
Nullité des dispositions gratuites faites par - entre époux, 11, 713-714.
Présomption de - quant aux dons et legs faits au successible, 11, 282-283.
Présomption de - quant aux donations au profit d'incapables, 11, 405.
Présomption de - quant aux donations entre époux, 11, 715.

Personnes morales.

Idées rationnelles :

Le droit de l'individu comportant la faculté de se réunir et de s'associer, il devrait toujours être loisible aux individus de former des -, à la seule condition d'avertir les tiers, 1, 16 ; — 544 note 3.

Indications diverses :

Les sociétés commerciales sont des -, 1, 514, 545 note 1.
L'Etat, les départements, les communes, les établissements publics, sont des -, 1, 554.
Usufruit établi au profit des -, 1, 650.
Donations faites aux -, II, 396.
Acceptation de donations faites aux -, 11, 457-458.
Incapacité des -, 11, 770.
Les communautés conjugales ne sont pas des -, 111, 33.
Location des biens appartenant aux -, 111, 352.
Les sociétés civiles sont-elles des - ? 111, 442-444.
Transaction faite par les -, 111, 580.

Perte de la chose.

Indications diverses :

Extinction de l'usufruit, I, 647-648.
Caducité du legs, 11, 598-599.
Défense pour les codébiteurs solidaires, 11, 847.
Extinction des obligations, 11, 915-917.
Nullité de la vente, 111, 268.
Résolution du louage, 111, 378.
Dissolution de la société, 111, 460-461.
Extinction des priviléges et hypothèques, 111, 808.
Obstacle à la prescription instantanée, 111, 904-905.

(Voir, au surplus, les mots : *Fautes* et *Risques*.)

Pétition d'hérédité.

Indications diverses :

La - peut être exercée contre un incapable, 11, 76.
Preuve de la parenté pour la -, 11, 98.
Prescription de la -, 11, 216.
La - peut être intentée par les enfants omis dans le partage d'ascendant, 11, 656.
La - a lieu en cas de décès prouvé de l'absent, 111, 924-925.
La - est réservée au profit de l'absent, 111, 929.

27

Philosophie.

Généralités :

Notions de la Loi, de la Morale, du Droit, I, III-XXII.

Nécessité de la création de la philosophie du Droit, I, LIV-LV.

Bibliographie, I, LXXIV.

Matières diverses :

(Voir dans l'ouvrage les sommaires placés au commencement de chaque matière, et, à la Table, les *Idées rationnelles* indiquées en tête de tous les mots importants. Ces indications réunies donnent le résumé des idées philosophiques exprimées par l'auteur.)

Physiologie.

Recherches sur la dimension et la qualité du cerveau chez la femme, III, 5 note 1.

Pignoratif (Contrat).

(Voir *Contrat pignoratif*).

Plus-pétition.

La n'entraîne plus de déchéance, III, 840.

Politique.

Idées rationnelles :

Le problème de la - consiste tout entier à empêcher l'homme d'aliéner sa liberté, sans l'empêcher de l'engager, I, 708.

Le problème de la - consiste à mettre le droit de l'un en harmonie avec le droit de l'autre, III, 684 note 1.

De la transaction en -, III, 576 note 1.

La - est la science des rapports sociaux ; elle est comprise dans l'anthropologie, III, *Append.,* 3-4.

L'économie politique est un des éléments de la -, III, *Append.,* 12.

(Voir, au surplus, le mot : *Droit politique* et les renvois indiqués sous ce mot.)

Pollicitation.

Dans les contrats en général, II, 737-738.

Dans la vente, III, 245.

(Voir, au surplus, les mots : *Offre* et *Promesse*.)

Pologne.

La - a pratiqué le nantissement pour la transmission des droits réels, III, 618 note 2.

Porte-fort.

Indications diverses :

L'obligation du - est un cas de promesse pour autrui, II, 765.

Différences entre le - et la caution, III, 554.

L'hypothèque ne peut pas être constituée par le -, III, 744.

(Voir, au surplus, le mot : *Confirmation.*)

Positivisme.

Le - admet l'omnipotence de la loi, III, 846 note 2.

Le - veut supprimer les criminels, au lieu de les améliorer, III, 882 note 1.

Possession.

Exposé général, I, 563 ; — III, 858, 866.

Indications diverses :

Sur la - des créances, II, 6 ; — II, 877 ; — III, 596 note 1 ; — III, 609 ; — III, 849.

Acquisition des fruits par - de bonne foi, I, 580-585 ; — II, 8.

Acquisition des fruits par - de mauvaise foi, I, 585-587.

Impenses sur le sol d'autrui, I, 590-593.

Accession mobilière, I, 599.

La - donne l'action au bornage, I, 678.

La - est un élément de la tradition et de la prescription, II, 6-7.

Occupation, II, 7, 13.

Acquisition du trésor par - de bonne foi, II, 20.

L'héritier indigne a une - de mauvaise foi, II, 79.

Succession irrégulière. II, 180-184.

Cas où le légataire se trouve, au décès du testateur, en - de l'objet légué, II, 599 texte et note 1.

Restitution de fruits à la suite de - de mauvaise foi, II, 804.

La - de la créance donne droit au payement, II, 877.

La - antérieure au mariage fait un propre de communauté, III, 44, 50.

Le vendeur doit garantir la - de la chose vendue, III, 281.

Acquisition d'un droit litigieux jointe à la - de l'immeuble, III, 339.

La - ne valide pas les baux, III, 378.

Bénéfice de la - en cas de dépôt, III, 520.

Bénéfice de la - en cas de séquestre, III, 524.

Le gage donne la - au créancier, III, 595.

Privilége du vendeur de meubles, III, 672.

Revendication du vendeur de meubles, III, 674.

Le délaissement est un abandon de la -, III, 799.

La - est un élément de la prescription acquisitive, III, 847.

Prescription instantanée des meubles, III, 901-905.

(Voir, au surplus, au mot : *Actions possessoires.*)

Possession d'état.

Idée rationnelle : La - est le témoignage et l'aveu par excellence, I, 189 note 1. — La - est la première des preuves pour la filiation, I, 313, 361.

Indications diverses :

Preuve de la nationalité, I, 34.

Preuve du mariage, I, 189; — 195.

Fin de non-recevoir opposée à la demande en annulation du mariage, pour défaut de publicité ou incompétence de l'officier d'état-civil, I, 190-191.

Preuve de la filiation légitime, I, 312-317.

Preuve de la filiation naturelle, I, 360-362.

Preuve de la filiation adultérine ou incestueuse, I, 362-363.

Posthume.

Indications diverses :

Preuve de la filiation de l'enfant -, I, 302-307.

La survenance d'un enfant - révoque la donation, II, 506.

L'omission d'un enfant - entraine la nullité du partage d'ascendant, II, 656.

Poursuite des créanciers.

Matières diverses :

Successions, II, 322, 328-331.

Communauté entre époux, III, 138-141.

Sociétés, III, 457-459.

Pourvoi en cassation.

(Voir *Cassation.*)

Pourvoi en révision.

(Voir *Révision.*)

Pouvoir législatif.

Idées rationnelles :

Le jour où chaque individu, connaissant et voulant son droit, connaitra et voudra le droit d'autrui, il n'y aura pas besoin de -, I, v.

Le - réside essentiellement dans chacun des citoyens ; ce qu'on appelle d'ordinaire de ce nom, n'est que la délégation du -, I, XIII-XVI ; — I, 1.

Le - appartient à la collectivité des citoyens, I, 15.

Le - devrait être seul apte à accorder la naturalisation, I, 33.

Le - devrait être seul compétent pour proclamer l'amnistie, I, 60.

Notions historiques :

Organisation du - d'après la constitution de l'an VIII, I, XXXIII-XXXIV.

Organisation du - d'après la constitution de 1791. I, xcix-ci ; — d'après la constitution de 1793, I, civ ; — d'après la constitution de l'an III, I, cix ; — d'après les constitutions de 1848 et de 1852, I, 1-3.

(Voir, au surplus, les mots : *Droit politique, Législateur, Loi*, etc.)

Pouvoirs politiques.

Idées rationnelles :

Les - résident essentiellement dans chacun des citoyens ; ce qu'on appelle d'ordinaire de ce nom, n'est que la délégation des -, I, xiii-xvi.

Les - ne résident que dans l'individu, d'où la nécessité de restreindre de plus en plus la délégation des -, I, lxiv.

Les - ne sont que des délégations ; la collectivité sociale, qui a délégué des mandataires, reste libre d'exercer elle-même son droit, I, 15.

(Voir, au surplus, au mot : *Droit politique.*)

Précaire (Contrat de).

Différences entre le - et le commodat, III, 478.

(Voir, au surplus, au mot : *Droit politique.*)

Précaire (Titre).

(Voir *Titre précaire.*)

Préciput.

Définition, Dispense du rapport, II, 276, 278.

Indications diverses :

Le - ne peut pas porter atteinte à la réserve, II, 279-281.

Présomption de - dans certaines dispositions, II, 282-283, 287.

Le - est-il présumé dans les donations déguisées ou par interposition ? II, 295-296.

Effets de la donation faite sans - à un héritier, II, 301.

Effets du legs fait sans - à un héritier, II, 302.

Les dons et legs avec - au profit d'un successible sont permis, II, 432.

La déclaration de - doit être expresse, II, 432.

L'ascendant peut faire, par un même acte, un partage et un -, II, 651.

La donation faite sans - à l'un des enfants peut être comprise dans le partage d'ascendant, II, 654-655.

Le partage d'ascendant peut être attaqué lorsque la disposition faite par - porte atteinte à la réserve, II, 658.

Préciput (Clause de).

Exposé général, III, 167-171.

La - est un cas de caution légale, III, 561.

Préférence (Droit de).

(Voir *Droit de préférence.*)

Prélèvement.

Exercé par les cohéritiers français en présence de cohéritiers étrangers, II, 66-69 ; — III, 949.

Exercé par les cohéritiers auxquels est dû le rapport, II, 261.

Exercé par les époux sur la masse de la communauté, III, 130-136. — Exercé dans le cas d'emploi stipulé et non effectué, III, 156. — Exercé dans le cas de clause de préciput, III, 167.

Preneur.

(Voir les mots : *Bail, Locataire, Louage.*)

Prescription.

Exposé général, III, 842-905.

Idées rationnelles :

La - ne doit pas être une manière d'acquérir ou de se libérer, car la durée ne peut pas transformer l'injustice en justice : on ne peut pas prescrire contre le droit. La - ne peut créer qu'une présomption de propriété ou de libération, III, 842-845.

Il est juste que la - soit suspendue en

faveur des incapables, qui ont droit à la protection sociale, III, 881 note 1.

Généralités :

Le mineur qui accepte une succession après l'avoir refusée doit-il respecter la - accomplie au profit des tiers ? I, 456 ; — II, 213-214.

La - appartient à la théorie générale du droit réel et du droit de créance, II, 3.

Le temps intermédiaire entre le jour du décès et celui de l'envoi en possession compte au profit des successeurs irréguliers pour l'accomplissement de la -, II, 52-53.

Interruption de la - par les demandes formées contre l'héritier bénéficiaire pendant les délais, II, 223.

Observation sur le fondement de la -, II, 248 note 1.

La - qui a couru contre le grevé est-elle opposable aux appelés ? II, 636-637.

Interruption de la - par l'acte récognitif, II, 917.

La - court-elle à l'égard de l'absent ? III, 913.

La loi qui règle la - peut-elle avoir un effet rétroactif ? III, 940.

(Voir, au surplus, le mot : *Imprescriptibilité.*)

Prescription acquisitive.

(Pour les *Notions générales,* voir le mot : *Prescription.*)

Indications diverses :

La femme peut aliéner et acquérir par -, I, 234.

La - est possible quant au domaine privé de l'État, I, 557.

Différences entre la - des meubles et des immeubles, I, 527.

Comparaison des conditions de la possession pour la - et pour l'acquisition des fruits, I, 584-585.

Mode d'acquisition du droit de superficie, I, 589.

Mode de libération de l'usufruit, I, 653.

Mode d'acquisition de la servitude relative aux eaux de source ou pluviales, I, 666, 671.

Mode d'acquisition de l'usage des eaux de source pour les communes, I, 669-670.

Mode d'acquisition de la mitoyenneté, I, 687, 695, 697.

Mode d'acquisition de la servitude relative à la plantation des arbres, I, 698-699.

Mode d'acquisition de la servitude de vue, I, 705.

Mode d'acquisition de la servitude d'égout, I, 706.

Mode d'acquisition des servitudes réelles, continues et apparentes, I, 715-717.

Mode de libération des servitudes réelles, I, 730.

Mode d'acquisition spéciale au droit réel, II, 7 texte et note 2.

Mode d'acquisition des épaves, II, 23-24.

La - fait cesser l'action en partage, II, 247.

La - est opposable à l'action en réduction pour atteinte à la réserve, II, 448.

Les immeubles acquis par - sont propres de communauté, III, 44.

Le mari doit-il interrompre la - des biens propres de la femme ? III, 82.

L'acheteur, dans la vente de la chose d'autrui, peut devenir propriétaire par -, III, 264 texte et note 1.

La - peut être une cause d'éviction, III, 286.

L'acheteur à réméré peut acquérir par -, III, 315.

Mode de libération des priviléges et hypothèques, III, 809-810.

Les personnes qui ont recueilli une succession échue à l'absent peuvent acquérir par -, III, 929.

Prescription extinctive.

(Pour les *Notions générales,* voir le mot : *Prescription.*)

Indications diverses :

Mode de libération des peines, I, 59.

Mode d'extinction de l'action en an-

nulation de mariage, I, 124, 172, 174, 175, 179, 181.

Mode d'extinction de l'action en annulation des actes faits par la femme non autorisée, I, 254.

Le délai de l'action en désaveu n'est pas une -, I, 310.

Mode d'extinction de l'action en réclamation d'état, I, 322, 326, 359.

Mode d'extinction de l'action en contestation d'état, I, 327.

Mode d'extinction de l'action en annulation de la reconnaissance, I, 342.

Mode d'extinction de l'action en annulation de l'adoption, I, 380.

Mode d'extinction de l'action en reddition de compte d'administration légale, I, 415.

Mode d'extinction des actions de tutelle, I, 471-472.

Mode d'extinction de l'action en revendication en cas d'avulsion, I, 595.

Mode d'extintion de l'usufruit, I, 647.

Mode de libération de l'indemnité dûe pour le passage en cas d'enclave, I, 707.

Le délai de non-usage des servitudes pour cause de changement des lieux est-il une - ? I, 724-725.

Mode d'extinction des servitudes, I, 726.

La - de la peine n'efface pas l'indignité successorale, II, 71.

Mode d'extinction de l'action en révocation de l'acceptation de succession, II, 207.

Mode d'extinction de l'action en révocation de la renonciation à succession, II, 213.

Mode d'extinction de la faculté d'accepter une succession ou d'y renoncer, II, 216, 219.

Mode d'extinction du recours des créanciers contre les légataires en cas d'acceptation bénéficiaire, II, 235.

Mode d'extinction du droit de demander la séparation des patrimoines à l'égard des meubles, II, 346-347.

Mode d'extinction de l'action en garantie du partage, II, 362.

Mode d'extinction des actions en annulation et en rescision du partage, II, 369-370.

Mode d'extinction de l'action en réduction, II, 448.

Mode d'extinction de l'action en révocation des donations pour inexécution des charges et pour ingratitude, II, 494, 495-497.

Mode d'extinction de l'action en restitution des biens donnés en cas de révocation pour survenance d'enfant, II, 512.

Mode d'extinction de l'action en révocation des testaments pour indignité, II, 594-595.

Mode d'extinction de l'action en réduction ou en rescision du partage d'ascendant, II, 659, 660, 662, 664.

Mode d'extinction des actions en annulation, non-applicable aux actions en nullité, II, 746.

Mode d'extinction de l'action paulienne, II, 816.

Effet de l'interruption et de la suspension de - en cas de créance solidaire, II, 838.

Effet de l'interruption de la - en cas d'obligation solidaire, II, 843.

La - est un cas de défense pour les codébiteurs solidaires, II, 847.

Effet de l'interruption et de la suspension de - en cas d'obligation indivisible, II, 861.

L'obligation éteinte par - reste naturelle, II, 870.

Mode d'extinction des actions en annulation et en rescision des contrats, II, 918-920.

Mode d'extinction de l'action en annulation des actes de l'aliéné, II, 922.

Mode d'extinction de l'action des héritiers en annulation de la donation, II, 949.

Mode d'extinction de l'action née du délit, II, 977.

Mode d'extinction de la faculté d'exercer le retrait d'indivision, III, 53 note 4.

Mode d'extinction de la faculté de renoncer à la communauté, III, 122.

Mode d'extinction de la faculté d'ac-

cepter la communanté après séparation, III, 126.
Mode d'extinction de l'action en annulation de l'aliénation du fonds
dotal, III, 208.
Mode d'extinction de l'action en restitution de dot, III, 213 note 1.
Mode d'extinction de l'action en supplément du prix de la vente, III,
280.
Mode d'extinction des actions résultant des vices rédhibitoires, III,
304.
Mode d'extinction de l'action en annulation et en résolution de la
vente, III, 310.
Mode d'extinction de la faculté de réméré, III, 313.
Mode d'extinction de l'action en rescision de la vente, III, 321.
La - varie avec la personne du
créancier, III, 328 note 1.
Mode d'extinction de l'action en dommages-intérêts contre l'architecte
ou l'entrepreneur, III, 412-413.
Mode d'extinction du cautionnement,
III, 571.
L'acte interruptif de la - à l'égard de
la caution seule est nul, III, 575.
Mode d'extinction de la créance des
domestiques pour salaire, III, 659
note 3, 660 note 2.
Mode d'extinction de la créance des
marchands pour fourniture de
subsistances, III, 660.
Mode d'extinction de la revendication
du vendeur de meubles, III, 674.
Mode d'extinction des priviléges et
hypothèques, III, 810.
Mode d'extinction de l'action en pétition d'hérédité sur les biens de
l'absent, III, 926.

Prescription instantanée.

Exposé général : III, 901-905.

Indications diverses :

Différence entre les meubles et les
immeubles, I, 527.
La - empêche généralement la revendication des meubles, I, 599.
La - modifie l'effet de translation de
propriété des meubles par le seul
consentement des parties, II, 460.
La - paralyse les effets de la révoca-
tion de donation pour ingratitude,
II, 498.
La - fait préférer le second des deux
acheteurs successifs du même meu-
ble, II, 791-792.
La - paralyse l'action en résolution
de la vente, III, 309.
La - protége l'acheteur d'animaux
loués à cheptel, vendus par le pre-
neur, III, 424.
La - n'était pas admise par l'ancien
Droit, III, 424 note 1.
La - fait acquérir le droit de gage,
III, 597.
La - consolide la propriété mobilière,
III, 610.

Président (de Tribunal).

Indications diverses :

Le - fait comparaître les parties plai-
dant en séparation de corps, I,
277.
Le - délivre l'ordre de détention de
l'enfant, I, 392-393.
Le - ouvre le testament olographe
ou mystique, II, 540.
Le - autorise la femme à la demande
en séparation de biens, III, 108.
Le - délivre les certificats de vie, III,
509.

Présomptions judiciaires.

Exposé général, II, 963.
Appréciation rationnelle, II, 929.

Indications diverses :

Les - sont applicables à l'instance en
séparation de corps, I, 278 texte et
note 1.
Les - sont applicables à la preuve de
l'identité de l'enfant, I, 313.
Les - sont applicables à la preuve de
la filiation dans certains cas, I,
320.
Les - sont suffisantes pour combattre
la date du testament olographe, II,
521.
Les - sont écartées dans les mêmes

cas que la preuve testimoniale, ll, 951.

Les - ne sont pas admissibles pour prouver l'existence ou le prix du bail, lll, 357, 360.

Présomptions légales.

Exposé général, ll, 956-962.
Appréciation rationnelle, ll, 929.

Généralités :

La célébration du mariage entraîne - du mariage, l, 187.

Différences entre la - et la preuve, l, 291 note 1 ; — ll, 927-930.

L'âge de la majorité est fixée en vertu d'une -, l, 494.

La possession n'est qu'une - de propriété, l, 563, 583.

La législation des successions doit être basée sur une - : le testament tacite de l'homme qui n'a pas testé doit être réglé conformément aux indications fournies par l'observation des faits et généralisées dans les cas particuliers de même sorte, ll, 31-32 ; — 89-91 ; — 132.

Tout héritier devrait être réputé, en vertu d'une -, accepter la succession qui lui est échue, ll, 59 note 1 ; — 192 note 3.

Toute donation devrait impliquer - de dispense de rapport, ll, 275 texte et note 2.

L'indivisibilité de l'hypothèque dérive d'une -, lll, 718 note 1.

La prescription ne devrait être qu'une -, lll, 846.

Indications diverses :

Sur la publication des lois, I, 4-5.

Sur l'esprit de retour, en cas d'établissement à l'étranger, l, 45.

Sur le domicile de certaines personnes, l, 97-101.

Sur l'absence, l, 104-108.

Sur le mariage, en cas de possession d'état au profit des enfants, l, 195-196.

Sur la bonne foi, dans le mariage putatif, l, 199.

Sur la commercialité des actes de la femme commerçante, l, 250-251.

Sur la paternité du mari de la mère : sa force variable, l, 290 ; — son effet, l, 291 ; — comment elle peut être combattue, l, 293-297 ; — applicable, même en cas d'adultère, l, 297 note 3 ; —applicable à l'enfant conçu avant et né durant le mariage, l, 298 ; — son application à l'enfant né dans les trois cents jours de la dissolution du mariage, l, 303-304 ; — non applicable à l'enfant né plus de trois cents jours après la dissolution du mariage, l, 305 ; — non applicable à l'enfant dont la naissance a été recelée, l, 310 ; — son application à l'enfant qui a établi la maternité par la preuve testimoniale, l, 318-320.

Sur la durée de la gestation : son effet, l, 291 ; — calcul du délai, l, 292 ; — si elle admet la preuve contraire, l, 293 ; — son application à l'enfant né dans les trois cents jours de la dissolution du mariage, l, 303-304 ; — ne rend pas toujours illégitime l'enfant né plus de trois cents jours après la dissolution du mariage, l, 305 ; — comment elle détermine la filiation adultérine ou incestueuse, l, 328 ; — non applicable au cas d'enlèvement, I, 355 note 1 ; — si elle est applicable pour régler la question de successibilité, ll, 62-64.

Sur la maternité de la femme non mariée, l, 354.

Sur la possession de bonne foi, I, 583.

Sur les constructions faites par le possesseur, I, 588.

Sur la mitoyenneté du mur, du fossé et de la haie, I, 685-687, 695, 696-697.

Sur la survie des comourants, ll, 36-41 ; — non-applicable en cas de préciput, lll, 169.

Sur l'acceptation de succession, ll, 197.

Sur les dons et legs faits au fils du successible, ll, 282-283.

Sur le contrat de société entre le *de cujus* et son successible, ll, 300-301.

Sur la ratification du partage annulable, ll, 369.

Sur l'interposition de personnes dans les donations, ll, 405.

Sur les aliénations à fonds perdu ou avec réserve d'usufruit faite à un héritier présomptif, ll, 429-432.

Sur la révocation de la donation pour survenance d'enfant, ll, 502 note 3, 504-512.

Sur l'étendue des legs, ll, 565-569.

Sur la révocation des legs par aliénation de la chose léguée, ll, 590.

Sur l'interposition de personnes dans les donations entre époux, ll, 715.

Sur la violence exercée sur les parents, ll, 755.

Sur la cause de l'obligation, ll, 779.

Sur le terme en faveur du débiteur, ll, 829.

Sur le mandat entre créanciers solidaires, ll, 837, 840, 843.

Sur la remise de la solidarité, ll, 851.

Sur la remise de la dette, ll, 903 texte et note 2.

Sur la sincérité des actes authentiques n'appartenant pas aux actes sous-seing privé, ll, 936.

Sur les quasi-délits, ll, 979-981.

Sur la communauté conventionnelle, lll, 34.

Sur les conquêts de communauté, lll, 50.

Sur le mari de la femme séparée qui a assisté à la vente, lll, 111 texte et note 1, 115 texte et note 3.

Sur l'acceptation de la communauté par la femme, lll, 122.

Sur la renonciation à la communauté en cas de séparation de biens, lll, 126.

Sur les biens de la communauté réduite aux acquêts, lll, 151.

Sur la constitution de dot, lll, 188-189.

Sur la réception de la dot par le mari, lll, 214-215.

Sur les erreurs de contenance de l'immeuble vendu, lll, 280.

La - sur l'erreur de contenance ne s'applique pas à l'échange, lll, 343.

Sur l'état de la chose louée, lll, 371.

Sur la réconduction, en matière de bail, lll, 377.

Sur les réparations locatives, lll, 390.

Sur le bail de meubles, lll, 391.

Sur la durée du bail à ferme, lll, 398-399.

Sur la durée du cheptel simple, lll, 426.

Sur la durée du cheptel de fer, lll, 429.

Sur la société universelle de gains, lll, 447.

Sur le point de départ et la durée des sociétés, lll, 449.

Sur l'apport d'industrie en société, lll, 454 texte et note 3.

Sur le mandat d'administration entre associés, lll, 456.

Sur le payement des intérêts, lll, 491.

Sur le mandat conçu en termes généraux, lll, 540-541.

Sur la révocation du mandat, lll, 549.

Il n'y a pas de - de cautionnement, lll, 558.

Sur la constitution de gage, lll, 598-599; — 662 et suiv.

Sur la possession pour soi et pour autrui, lll, 864.

Sur la bonne foi en matière de prescription d'immeubles, lll, 891.

Sur la bonne foi en matière de prescription de meubles, lll, 904.

Prêt à intérêt.

Exposé général, lll, 484-494.

Idées rationnelles : Le - est analogue au louage de choses, lll, 344, 350 note 1, 465, 466-468, 484-485.

Le taux de l'intérêt doit être libre, lll, 466-468, 484.

Indications diverses :

Le - était prohibé par l'ancien droit, I, 546 note 2; — lll, 468, 488.

Le - est un contrat unilatéral, ll, 739; à titre onéreux, ll, 740 ; commutatif, ll, 742.

La cause de l'obligation dans le - est la remise de la somme, lll, 777 texte et note 1.

Le subrogé peut avoir l'action de -, ll, 884.

La constitution de rente est un -, lll, 496.

Prêt à la grosse aventure.

Définition, ll, 742 note 1 ; — lll, 530.
Appréciation du -, lll, 528.
Le - est un contrat aléatoire, ll, 742.

Prêt à usage.

(Voir *Commodat*.)

Prêt de consommation.

Exposé général, lll, 478-484.

Indications diverses :

Différences entre le - et le quasi-usufruit, I, 616 texte et note 3.
Différences entre le - et le commodat, lll, 471.
Différences entre le - et le dépôt irrégulier, lll, 523.

Prêtrise.

Idée rationnelle : Le prêtre est prêtre
pour les fidèles, citoyen pour la
cité, I, 141, 369.

Indications diverses :

La - n'est pas un empêchement au
mariage, I, 140-141.
La - n'est pas un obstacle à l'adoption, I, 369.
La - crée, dans certains cas, une incapacité de recevoir à titre gratuit,
ll, 400-403.
La - donne droit à un privilége pour
les honoraires funéraires, lll, 657,
656 note 2.

Preuve.

Exposé général, ll, 925-970.

Idées rationnelles :

Prouver c'est rendre probable, I, 187,
196.
Tout individu est libre de prouver
son droit ; la preuve n'est qu'une
probabilité dans l'appréciation de
laquelle l'honnêteté et l'intelligence
du juge ont une très-grande part,

d'où nécessité d'avoir des juges
honnêtes et éclairés, ll, 925-930.
La prescription doit être une théorie
de preuve, lll, 844.

Généralités :

La loi peut-elle rétroactivement modifier les conditions de la -? lll,
439.

Matières diverses :

Nationalité française, I, 33-34.
Etat civil, I, 76-79.
Naissance, I, 81.
Domicile, I, 96.
Absence des ascendants en cas de
mariage, I, 187, 196.
Filiation légitime, I, 289-290.
Paternité légitime, I, 291-307.
Action en désaveu de paternité, I,
295-297.
Maternité légitime, I, 312-320.
Filiation naturelle, I, 332-363.
Filiation adultérine ou incestueuse,
I, 339-340.
Droit de superficie, I, 588-589.
Mitoyenneté, I, 685-686, 695.
Existence des servitudes réelles, I,
720-721.
Instant de la mort du *de cujus*, ll,
35.
Prédécès et survie, ll, 37.
Vie et viabilité de l'enfant appelé à
succéder, ll, 64-65.
Parenté pour la pétition d'hérédité,
ll, 98.
Demande d'envoi en possession par
un successeur irrégulier, ll, 177.
Sincérité du testament olographe, ll,
518-521.
Cause de l'obligation, ll, 779.
Remise de la dette, ll, 903-904.
Ecriture de l'acte sous-seing privé,
ll, 937.
Préjudice et fraude pour l'exercice
de l'action Paulienne, ll, 812-813.
Payement de l'indû, ll, 975.
Composition de l'actif de la commu-
nauté, lll, 50.
Réception de la dot par le mari, lll,
214-215.
Contrat de vente, lll, 233-234.

Existence et prix du bail, lll, 356-360.
Incendie accidentel de la maison louée, lll, 373 texte et note 1.
Louage de transport, lll, 404.
Convention de forfait, lll, 415 texte et note 1.
Existence des sociétés civiles et commerciales, lll, 442.
Existence du crédi-rentier de rente viagère, lll, 509-510.
Dépôt, lll, 514.
Dépôt nécessaire, lll, 521.
Mandat, lll, 536-537.
Mandat *ad litem*, lll, 552.
Transaction, lll, 579.
Gage, lll, 594-597.
Antichrèse, lll, 601.
Prescription invoquée par les créanciers, lll, 857.

Preuve par écrit.

(Voir *Ecrit*.)

Preuve testimoniale.

Exposé général, ll, 949-955.
Appréciation rationnelle, ll, 949-950.

Indications diverses :

La - établit l'existence ou la perte des registres de l'état civil, I, 78.
La - peut prouver la filiation, à défaut de registres, I, 78-79.
La possession d'état est une -, I, 189.
La - est admissible dans l'instance en séparation de corps, I, 278.
La - établit l'identité de l'enfant, I, 313.
Son rôle en matière de filiation légitime, I, 316-317, 320.
Son rôle en matière de filiation naturelle, I, 355, 356 texte et note 2.
La - est admissible pour prouver la destination du père de famille, I, 718.
La - est suffisante pour combattre la date du testament olographe, ll, 521.
La preuve proprement dite consiste toujours en une -, ll, 927.
Obligation de la communauté quant aux dettes de la femme antérieures au mariage établies par la -, lll, 58.

La - ne peut pas prouver l'existence ni le prix du bail, lll, 357-360.
La - ne peut pas prouver le congé de location, lll, 376.
Distinction à faire pour la - du louage de transport, lll, 404-405.
La - est admise pour l'existence des sociétés civiles, lll, 445.
La - est admissible pour le dépôt nécessaire, lll, 521 texte et note 3.
La - n'est pas admissible pour la transaction, lll, 579.
La - n'est pas admissible pour l'antichrèse, lll, 601.

(Voir, au surplus, les mots : *Commencement de preuve par écrit, Commune renommée, Ecrit, Témoins.*)

Primogéniture.

Indications diverses :

La question de - se posait autrefois pour les enfants légitimés, I, 332 note 1.
Le privilége de - en matière de succession n'existe plus, ll, 86, 87, 107.
Le privilége de - subsiste pour les majorats, ll, 613.

Prise à partie.

Sanction du déni de justice, I, 10.
Sanction du défaut de jugement sur les oppositions à mariage, I, 164.

Priviléges.

Exposé général, lll, 652-713.
Idées rationnelles : lll, 642-645.

Indications diverses :

Nature du -, I, 562 ; — lll, 696 texte et note 1.
La séparation des patrimoines est un -, ll, 349-352.
L'action en garantie du partage donne lieu à un -, ll, 362.
Le partage fait d'avance par toute autre personne qu'un ascendant ne donne pas lieu à un -, ll, 649.
Le - passe du subrogeant au subrogé, ll, 882-884.

Le créancier qui paye celui dont le - le prime a la subrogation légale, ll, 886-887.

Le - subsiste après la consignation des offres réelles, ll, 894.

La femme qui exerce ses reprises n'a pas de -, lll, 134 note 1.

La femme dotale n'a pas de -, lll, 217.

Le vendeur a un - pour le payement du prix, lll, 307, 309.

A quel - donne lieu l'adjudication sur licitation, lll, 326.

Le locateur d'immeubles a un - sur les meubles du locataire et du sous-locataire, et sur les récoltes, lll, 361-362, 389, 395.

Les gens de service ont un -, lll, 406.

Les voituriers ont un -, lll, 406.

Le - de conservation appartient au commodataire et au dépositaire, lll, 476, 521.

Le mandataire salarié n'a pas de -, lll, 540.

Le gagiste a un -, lll, 592-593.

Le créancier antichrésiste n'a pas de -, lll, 601.

Cas où le - dégénère en hypothèque légale, lll, 726.

Comment se fait la collocation des intérêts en cas de -, lll, 782.

(Voir, au surplus, le mot : *Hypothèques*.)

Prix.

Matières diverses :

Droit de retour légal, I, 376; — ll, 122.

Séparation des patrimoines, ll, 344.

Payement de l'indû, ll, 976.

Récompenses entre époux, lll, 86.

Vente, lll, 233, 246-247. — Restitution en cas d'éviction, lll, 291-292. — Augmentation ou diminution en cas d'erreur sur la contenance, lll, 278-280. — Diminution en cas de vices rédhibitoires, lll, 302. — Payement, lll, 305. — Remboursement en cas de réméré, lll, 314. — Privilége du vendeur, lll, 674, 684.

Louage, lll, 350, 354. — Bail à ferme, I, 613-614. — Preuve, lll, 360. — Payement, lll, 370. — Louage d'ouvrage, lll, 407.

Dépôt, lll, 518.

Procédure.

Appréciation rationnelle de la - actuelle, ll, 254 note 2; — ll, 257 note 1; — lll, 641 note 1.

Bibliographie, I, XLI; — LXXVIII.

La loi peut-elle régler la - rétroactivement? lll, 940.

Procès.

Indications diverses :

Femme mariée, I, 230-232, 249.

Interdit, I, 518-519, 521.

Usufruitier, I, 637.

Exécuteur testamentaire, ll, 578-579.

Transaction, lll, 576.

Procréation.

Idées rationnelles :

La - constitue juridiquement un quasi-contrat, d'où résulte une obligation et une action, I, 204; — ll, 971.

L'obligation qui dérive de la - a pour cause l'assistance prêtée à la personnalité de l'enfant, ll, 725-726.

(Voir, au surplus, le mot : *Droit de l'enfant.*)

Procuration.

Définition, lll, 536-537.

Indications diverses :

Pour les déclarations d'état civil, I, 74 texte et note 1.

Pour le mariage, I, 150-151.

Pour les oppositions à mariage, I, 161.

Pour la reconnaissance d'enfant, I, 335 texte et note 1.

Pour la renonciation à succession, ll, 209.

Pour la donation, ll, 450.

Pour l'acceptation de donation, II, 455.

Pour le contrat de mariage, III, 30.

Pour les dettes de communauté, III, 67.

Pour la constitution d'hypothèque, III, 748.

(Voir, au surplus, le mot : *Mandat.*)

Prodigue.

Idée rationnelle : Le - n'a pas besoin d'être protégé, puisqu'il est inhabile à la fonction de propriétaire, I, 518.

(Voir, au surplus, le mot : *Conseil judiciaire.*)

Production.

Notions économiques :

Rôle de la vente dans la -, III, 221-224.

Rôle de l'échange dans la -, III, 340.

Rôle du louage dans la -, III, 344.

Limites de la - possible du sol, III, 607 note 1.

Produits.

Définition, I, 578-579.

Indications diverses :

Le possesseur de bonne foi acquiert-il les -? I, 582-583.

L'usufruitier n'a pas droit aux -, I, 612.

Les - des biens des époux en communauté restent propres, III, 38, 50.

Les - de l'industrie de la femme appartiennent au mari sous le régime sans communauté, III, 178.

Professions libérales.

Les - sont-elles des mandats ou des louages de service ? III, 401 note 2; III, 538-539.

Progrès.

Idées rationnelles :

Le - transforme l'idée de la justice, I, IV.

Le - consiste à remplacer le droit par la morale, la loi par la conscience, I, V; — I, 14.

Le - politique consiste à laisser l'individu exercer son droit, I, XVI.

Observation sur la marche du -, I, LVI; — I, LX.

Le - modifie la théorie de la famille, I, 341 note 2.

Le - modifie la théorie de la propriété, I, 568 note 1; — III, 723 note 1.

Le - consiste à développer le droit individuel, III, 460.

Le - tend à éliminer la religion, à lui substituer la science, et la science tend à développer la solidarité, III, 466.

La science du - a été fondée par les naturalistes, III, 932 note 1.

Promesse.

Généralités : La - n'oblige pas juridiquement, mais peut obliger moralement, III, 738.

Matières diverses :

Effet de la - de mariage, I, 126.

Effet de la - de renonciation à succession, II, 209 note 1.

Effet de la - pour un tiers ou pour les ayant-cause, II, 764-769.

Effet de la - de vente, III, 242-245 ; — au point de vue des arrhes, III, 246 note 1.

Promulgation de la loi.

Définition : I, 3-4.

Comment la - s'opère, I, 2-5.

Propres.

DE SUCCESSION : Définition dans l'ancien droit, I, 86. — Abrogation de cette distinction, II, 92. — Réserve des quatre-quints, II, 414.

DE COMMUNAUTÉ : Énumération des - mobiliers, III, 38, et immobiliers, III, 43-45. — Possibles dans la communauté universelle, III, 175. — Hypothèque légale qui en garantit le prix, III, 758.

Propriété.

Notions morales :

FONDEMENT DE LA PROPRIÉTÉ : La propriété n'est légitime qu'à la condition d'être fondée sur l'effort propre de l'individu, I, 572-573.

La propriété n'ayant d'autre fondement que l'effort de l'homme, l'occupation fondée sur le travail a sa raison d'être, II, 13, 14 note 1, 20 texte et note 1, 22.

L'effort propre, unique fondement de la propriété, ne doit pas violer le droit d'autrui, II, 26.

La propriété actuelle est souvent le résultat de la rapine et de la conquête, III, 469.

Le jeu et le pari ne peuvent pas être le fondement d'une transmission de propriété, III, 531 note 2.

La propriété doit avoir pour assiette le droit du travail, III, 881 note 1.

DEVOIRS IMPOSÉS PAR LA PROPRIÉTÉ :

Le propriétaire a pour devoir d'accroître l'utilité de sa chose, I, 570 texte et note 1.

La loi de fraternité oblige le propriétaire, I, 575 note 1.

L'abus de la propriété est du ressort de la morale, I, 666 texte et note 1.

La disposition à titre gratuit doit servir à mettre la propriété entre les mains du plus digne, II, 11.

Le propriétaire doit disposer de sa fortune conformément à l'enseignement moral, II, 29.

La disposition à titre gratuit doit répartir la propriété de manière à rétablir le libre concours entre toutes les activités, II, 372.

Le propriétaire doit mettre l'instrument du travail au service de l'activité qui en a le plus besoin et qui est la plus apte à en user, II, 387.

L'obligation morale du propriétaire s'accroît lorsque la propriété procède d'un titre gratuit, II, 389 note 1.

La disposition testamentaire permet au détenteur de capitaux de mettre l'instrument de travail entre les mains de l'activité la plus méritante, II, 513.

La disposition à titre gratuit de la propriété doit être un acte de réparation, II, 665.

L'exercice du droit de propriété n'est légitime que tout autant qu'il a pour but l'intérêt général, II, 665 note 2.

Notions économiques :

La - s'est développée plus rapidement dans les matières commerciales, I, XXI, LXXXI.

La - a été mal comprise par le droit de la Révolution, I, XXVIII.

La - est la liberté appliquée aux choses, I, 522.

Nature scientifique de la -, I, 568.

La - doit pouvoir être démembrée librement sous la condition de rachat, I, 568, 660, 708.

L'inaliénabilité de la - est la négation du droit individuel, I, 569 ; — II, 396 ; — III, 195.

La faculté de rachat des démembrements de la - la ramène à ses véritables conditions économiques, I, 731.

Le droit de succession *ab intestat* est le corrollaire du droit de -, II, 27.

Idées rationnelles sur la transmission de la - par succession, II, 59 note 1, — 183.

La perpétuité imposée à l'indivision est contraire à la liberté de la -, II, 246.

Comment certains auteurs prétendent remédier au morcellement de la - foncière, II, 263 note 3.

La conception scientifique de la - exclut le rapport en nature, II, 274-275, 308 note 3.

Influence du rapport en nature sur la -, II, 275 note 3.

Le droit de - est atteint par la rescision pour lésion, II, 308 texte et note 3, 364.

Le droit de disposer à titre gratuit ou à titre onéreux entre vifs ou à cause de mort est la conséquence du droit de -, II, 371-372, 408.

Le point de vue de l'ancien droit

était l'immobilisation de la -, ll, 375 note 1, 382.

La réduction en nature est contraire à la liberté de la -, ll, 444.

Le rapport et la réduction sont la négation du principe qui assoit la - sur le travail, ll, 448.

Les substitutions sont contraires à la liberté de la -, ll, 615.

La - doit être libre entre les mains de celui qui la détient, ll, 617 note 2.

Les règles des donations par contrat de mariage choquent la théorie de la -, en la rendant incertaine, ll, 672 notes 4 et 5, résoluble, ll, 681 note 2, indisponible, ll, 666, 673.

Le droit de travailler est la - de tout homme, ll, 722 note 2.

La - est rendue incertaine par le retrait d'indivision, lll, 53 note 1.

La résolution de la vente est contraire à la nature de la -, lll, 227.

La - des immeubles avec toutes ses charges est un trompe-l'œil, lll, 310 note 1.

La - est actuellement le lot du petit nombre, lll, 345.

La - doit s'étendre à tous pour mettre le capital à la disposition de celui qui l'emploie directement, lll, 346.

La mobilisation de toutes les valeurs susceptibles de - est l'idéal du crédit réel, lll, 589 note 1.

Le but du crédit hypothécaire est de mobiliser la - des immeubles, lll, 605.

Progrès de l'idée de la mobilisation de la - du sol, lll, 621 note 1.

La - mobilière est la forme de la - démocratique, lll, 648.

Le progrès sera de décomposer de moins en moins la -, lll, 724 note 1.

Introduction nécessaire de la liberté dans la -, lll, 956.

Notions juridiques :

Exposé général, I, 569-605.

Le droit de - fait partie du droit politique, I, XIII-XIV.

Nature de la -, droit réel par excellence, susceptible de démembrement, I, 20, 560.

Effet des contrats translatifs de -, I, 376 note 1 ; 538-539.

Le Code a confondu le droit de - avec son objet, I, 523, 537.

La - portant sur des immeubles est immeuble ou par nature ou par destination, I, 529, 538.

La - portant sur des meubles est meuble par nature, I, 540-541.

Caractères de la - dans l'ancien droit, I, 560-561.

La - a été affranchie par la Révolution, I, 567.

Analyse du droit de -, I, 573-574.

Etendue du droit de - sur les immeubles, I, 588.

Exposé des limitations de la - dites servitudes, I, 602-707.

Droit de bornage et de clôture, I, 678-679.

Effet des contrats translatifs de -, ll, 5.

La - est un titre d'acquisition du trésor, ll, 19-20.

La - indivise recèle virtuellement le partage à titre de condition, ll, 241.

Le droit de - individuelle implique la règle de l'effet déclaratif du partage, ll, 355-356.

La - est transférée par le seul consentement du donateur et du donataire, ll, 459-460.

Le droit de faire un partage de ses biens est rationnellement un attribut inhérent du droit de -, ll, 648.

Effet des contrats ayant pour but de transférer la -, ll, 782-792.

La - n'est pas transférée par la consignation, ll, 894.

La femme exerçant ses reprises en nature n'exerce pas un droit de -, lll, 131-133.

La - des meubles réalisés sous le régime de la communauté réduite aux acquêts reste à l'époux, lll, 151.

La communauté acquiert la - de la dot, lll, 193-194.

La vente a aujourd'hui pour but la translation de la -, lll, 232.

Le pacte de réméré est un abus du droit de -, lll, 311, 312 note 2.

La - est transférée par l'échange, III, 340.

La - n'est pas transférée par le commodat, III, 473.

La - est transférée par le prêt de consommation, III, 479-480.

La nature juridique de la - implique détermination de l'objet, III, 643.

L'hypothèque est un démembrement de la -, III, 715-716.

Le délaissement ne fait pas perdre la -, III, 799.

La - est susceptible de prescription acquisitive, III, 849, 892.

La - n'est pas susceptible de prescription libératoire, III, 850.

Comparaison de la - et de la possession, III, 858.

A l'égard des tiers, les envoyés en possession définitive ont la - des biens de l'absent, III, 922.

Les lois relatives à la - sont de statut réel, III, 946.

(Voir, au surplus, les mots : *Démembrement de propriété* et *Limitations de propriété*.)

Propriété littéraire, artistique et industrielle.

La - est meuble, I, 548.

L'usufruitier acquiert-il les revenus de l'industrie ? I, 614-615.

La - tombe-t-elle en communauté ? III, 39.

Les produits du talent de la femme appartiennent-ils au mari sous le régime sans communauté ? III, 158.

Propriété mobilière.

Idées rationnelles (Voir au mot *Propriété* [Notions économiques]).

Généralités :

Comparaison de la - et de la propriété immobilière, I, 526-528, 536 note 1.

Une des idées fondamentales du Code était d'établir la prééminence de la fortune immobilière ; mais le développement de la richesse mobilière vient aujourd'hui faire échec aux règles restrictives du Code. C'est ce qui s'aperçoit notamment :

En matière de tutelle, I, 446, 457 ; III, 836 note 1 ;

En matière de retour légal, II, 128 ;

En matière de libéralités aux enfants naturels, II, 147 ;

En matière de bénéfice d'inventaire, II, 232, 236 note 3 ;

En matière de réserve, II, 410 ; — III, 502 note 1 ;

En matière de donations, II, 480 note 1 ;

En matière de substitutions, II, 633 note 1 ;

En matière de donations entre époux, II, 700 ;

En matière de communauté légale, III, 37 ;

En matière de régime dotal, III, 197 ;

En matière de prescription, III, 610.

(Voir, au surplus, le mot : *Meubles*.)

Protestants.

Les descendants des - émigrés peuvent facilement recouvrer la qualité de Français, I, 30.

Les - n'avaient pas d'état civil sous l'ancien régime, I, 70 ; — 149 note 1.

Protuteur.

Définition, I, 431.

Ses biens sont grevés de l'hypothèque légale, III, 735.

Prusse.

Dispositions sur l'absence, I, 110 note 2.

La - a emprunté à la loi de Messidor la cédule hypothécaire, III, 620 note 3.

La - est en voie de réaliser la mobilisation du sol, III, 621 note 1.

Son système hypothécaire, III, 636-639.

La - a supprimé l'hypothèque légale sur les comptables, III, 646 note 1.

La - a supprimé la prescription acquisitive des immeubles, III, 845 note 1.

Publication de la loi.

Définition, I, 4.
Comment la - s'opère, I, 4-6.

Publications de mariage.

Exposé général, I, 143-145.
Mariage des Français à l'étranger, I, 152-154.
Effet du défaut de -, I, 185, 187.

Publicité.

Idées rationnelles :

La - devrait être la seule condition imposée à la constitution des personnes juridiques, I, 16 ; — II, 726 ; — III, 440.
La - devrait être, avec la faculté de rachat, la condition imposée à la création des démembrements de propriété, I, 20 ; — 568.
La - devrait être imposée à toute transmission de droit réel sur les immeubles, I, 527 note 1 ; 536 note 1 ; — II, 44 note 1 ; 460-463 ; 513 ; 548 note 1 ; 556 ; 726 ; 783 ; 790 ; — III, 227 ; 617 ; 624 ; 632.
La - devrait être une condition imposée à la constitution de l'hypothèque, III, 612.

Indications juridiques :

MATIÈRES DIVERSES :

Actes de l'état civil, I, 74.
Jugements d'enquête et de déclaration d'absence, I, 110.
Célébration du mariage, I, 146-149. — La - du mariage est un fait variable et complexe, I, 153-154. — La transcription du mariage célébré à l'étranger est un élément de -, I, 154-156. — Le défaut de - est une cause d'annulation, I, 184-185. — Le défaut de - est couvert par la possession d'état, I, 190-191.
Jugement de séparation de corps, I, 279.

Vente des immeubles du mineur, I, 460.
Jugement d'interdiction, I, 499-500.
Aliénation de propriété, I, 527 note 1.
Servitudes réelles, I, 713, 717.
Demande d'envoi en possession des successeurs irréguliers, II, 178.
Donations immobilières, II, 460-476.
Donations mobilières, II, 477 texte et note 2.
La - du testament n'est pas prescrite, II, 513, 548 note 1, 556.
Substitutions, II, 632-635.
Transmission de droits réels sur les immeubles, II, 783, 790.
Contrat de mariage, III, 24.
Demande et jugement de séparation de biens, III, 108.
Rétablissement de la communauté, III, 116.
Aliénation du fonds dotal, III, 204.
Mutations de propriété, III, 227.
Cession de créances, III, 329 texte et note 2.
Sociétés commerciales, III, 442.
Gage mobilier, III, 595 texte et note 3.
Transmission des droits réels dans l'ancien droit, II, 44 note 1 ; — III, 617.
Translation des droits réels, III, 621, 632.
Renonciation ou subrogation à l'hypothèque légale de la femme, III, 767.
Registres hypothécaires, III, 828.
Possession, III, 854.

(Voir, au surplus, le mot : *Transcription.*)

Puissance maritale.

Idées rationnelles :

La - est irrationnelle : chacun des époux doit protection à l'autre, aucun ne doit obéissance à l'autre, I, 222.
Les époux doivent être égaux en droits, I, 224-226.

(Voir, au surplus, le mot : *Droit de la femme.*)

Indications diverses :

Enumération des droits compris dans la -, III, 21.

Effets de la - quant à l'incapacité de la femme, I, 224-257.

La - subsiste après la séparation de corps, I, 281.

La - est atteinte par le droit conféré à la mère d'accepter seule une donation faite à son enfant mineur, II, 457 note 1.

Le contrat de mariage ne peut pas limiter la -, III, 21.

La - comprend l'administration des biens de la communauté, III, 74.

La - comprend l'administration des biens propres de la femme, III, 78 texte et note 2.

Une loi sur la - peut-elle avoir un effet rétroactif? III, 937.

La - appartient-elle à l'étranger? III, 945.

(Voir, au surplus, les mots : *Autorisation, Femme mariée, Mari.*)

Puissance paternelle.

Exposé général, I, 384-400.

Idées rationnelles :

Loin d'être un droit du père sur l'enfant, la - est le moyen qui sert à acquitter la dette d'éducation : les parents ont le droit de diriger l'enfant, parce qu'ils ont l'obligation de l'élever, I, 205-206.

Les père et mère sont les débiteurs de l'enfant : obligés à l'élever, ils doivent avoir sa surveillance, I, 385-386.

Le père n'est pas un maître, mais un directeur, II, 692 note 2.

(Voir, au surplus, le mot : *Droit de l'enfant.*)

Indications diverses :

Enumération des droits compris dans la -, I, 387.

La - est exercée par la mère en cas de disparition du père, I, 116.

La - existe au profit de l'époux de bonne foi, au cas de mariage putatif, I, 200.

La - n'appartient pas aux ascendants autres que les père et mère, I, 206, 207 note 2.

La - reste au mari pendant l'instance en séparation de corps, I, 278.

La - appartient, en principe, à l'époux qui a demandé la séparation de corps, I, 281-282.

La - appartient aux père et mère naturels, I, 353.

La - n'appartient pas aux père et mère adultérins ou incestueux, I, 353.

Comment la - se concilie avec la tutelle officieuse, I, 382.

La - peut coexister avec la tutelle, I, 416.

La - sur le pupille se partage entre le tuteur et le conseil de famille, I, 442.

Le droit d'émancipation est un attribut de la -, I, 474.

Le contrat de mariage ne peut pas limiter la -, III, 21.

Une loi sur la - peut-elle avoir un effet rétroactif? III, 938.

(Voir, au surplus, les mots : *Administration légale, Consentement, Correction, Droit de garde, Jouissance légale, Mère, Père.*)

Pupille.

(Voir les mots : *Mineur* et *Tuteur.*)

Purge hypothécaire.

Exposé général, III, 810-828.
Idées rationnelles, III, 623 note 2, 634, 804, 811 note 1, 822.
Notions historiques, III, 616, 619-621.

Indications diverses :

Le légataire particulier peut opérer la -, II, 332 texte et note 1.

Le successeur universel qui a payé sa part de dettes peut-il opérer la - ? II, 333-335.

Les notifications à fin de - doivent être faites au domicile élu, III, 777.

Avantages que procure la - au tiers détenteur, III, 801.
La - laisse le droit de préférence survivre au droit de suite, III, 829 note 1.

Putatif.

(Voir *Mariage putatif* et *Titre putatif*.)

Quarte Falcidie.

(Voir *Falcidie*.)

Quasi-contrat.

Exposé général, II, 971-977.

Idées rationnelles :

L'obligation qui dérive du - a pour cause l'assistance prêtée à la liberté d'autrui, II, 725-726.
La procréation d'un enfant est un -, I, 204.

Indications diverses :

La femme mariée est-elle capable de s'obliger par - ? I, 235-237.
La copropriété est un -, I, 685 note 1.
La mitoyenneté est-elle un - ? I, 685 note 1, 692, 696.
L'acceptation de succession est un -, II, 189.
Le - est la source habituelle de l'indivision, II, 243.
La dette provenant de - est sujette à rapport. II, 304.
L'acceptation d'un legs grevé d'un autre legs est un -, II, 561.
Les obligations dérivant de - sont susceptibles de la preuve testimoniale, II, 955.
Les obligations dérivant de - tombent-elles en communauté ? III, 59-60, 66.

Quasi-délit.

Exposé général, II, 977-981.
Idée rationnelle: L'obligation dérivant du - a pour cause le préjudice causé à la liberté d'autrui, II, 726.

Indications diverses :

La femme mariée est capable de s'obliger par -, I, 235 texte et note 1.
La possession de mauvaise foi peut être un -, I, 585.
La dette provenant de - est sujette à rapport, II, 304.
Solidarité des auteurs d'un -, II, 841 note 1.
Les obligations dérivant de - sont susceptibles de la preuve testimoniale, II, 955.
Les obligations dérivant de - tombent-elles en communauté ? III, 59-60, 65-66.
Le - d'un époux envers l'autre est un cas de récompense, III, 88.
Le - de la femme rend-il le fonds dotal aliénable ? III, 195 note 2.

Quasi-possession.

La notion romaine de la - s'applique à la possession, I, 563 note 2 ; — I, 580-581 ; — III, 860-861.

Quasi-usufruit.

Exposé général, I, 615-618.

Indications diverses :

Son origine, I, 611.
Comparaison du - avec l'usufruit et avec le prêt de consommation, I, 616.
Causes d'extinction, I, 654.
Application de la théorie du - à la communauté conjugale, III, 50.

Quittance.

Indications diverses :

Présomption de remise de solidarité, II, 851.
Subrogation par la volonté du créancier, II, 884-885.
Force probante de la - quant à la date, II, 941.
Écritures non-signées valant -, II, 942-944.
Transcription de la - constatant le payement de loyers ou fermages non-échus, III, 332, — 386.

Présomption de payement des intérêts résultant de la - du capital, III, 491.

Dans quelle mesure la - constatant le payement de loyers et fermages non-échus est opposable aux créanciers hypothécaires, III, 803.

Quotité disponible.

DISPONIBLE ORDINAIRE : *Exposé général,* II, 408-448.

(Pour les *Idées rationnelles,* voir les mots : *Disposition à titre gratuit, Donation entre-vifs, Réserve, Testament.*)

Indications diverses :

La dispense de rapport ne peut s'appliquer qu'à la -, II, 279.

Rapport d'un immeuble excédant la -, II, 316.

Hypothèse où la - est égale à la totalité des biens, II, 427.

Mode de calcul de la -, II, 436-440.

Le legs de la - est un legs universel, II, 545.

L'époux donateur a-t-il le choix entre la - ordinaire et la - entre époux ? II, 704-708.

DISPONIBLE POUR LE MINEUR : *Exposé,* I, 485 ; — II, 393.

DISPONIBLE ENTRE ÉPOUX : *Exposé général,* II, 700-713.

Les règles sur la - complètent le système successoral entre époux, II, 172.

L'époux donateur a-t-il le choix entre la - ordinaire et la - entre époux ? II, 704-708.

(Voir, au surplus, les mots : *Action en réduction, Réduction, Réserve.*)

Rachat.

Idées rationnelles :

DÉMEMBREMENTS DE PROPRIÉTÉ ET SERVITUDES. — La faculté permanente de se libérer par le rachat est le moyen de concilier la liberté de l'individu avec la nature scientifique de la propriété, I, 20, 568, 660, 708, 730. — Le Code autorise seu-lement le rachat des droits de parcours et de vaine pâture, I, 681.

OBLIGATIONS ET RENTES. — La faculté permanente de se libérer par le rachat est le moyen de concilier l'autonomie de l'individu avec l'obligation contractuelle, II, 721, 723, 736, 856 note 1, 878 note 1 ; — III, 369 note 1, 410 note 5. — Le Code autorise seulement le rachat de la constitution de rente perpétuelle, I, 549-551 ; III, 496, 508, — et la résolution, sauf indemnité, du louage d'ouvrage à la volonté du maître, III, 410.

(Voir, au surplus, les mots: *Contrat, Démembrement de propriété, Obligations, Rentes, Servitudes.*)

Rappel.

Procédure de - pour faire revenir les Français se trouvant au service de l'étranger, I, 49.

Rapport à communauté.

Exposé général, III, 120-130.

Rapport à succession.

Exposé général, II, 272-320.

Appréciation rationnelle, II, 275, 306 note 1, 308 note 3, 319.

Indications diverses :

Le mineur, héritier bénéficiaire, est tenu au -, I, 455-456.

L'obligation de - n'existe pas en cas de retour légal, II, 116.

Comparaison du - avec l'imputation imposée à l'enfant naturel, II, 147-148.

Le - est dû par le successible qui a fait cession de ses droits successifs, II, 197.

Le - est dû par l'héritier qui a fait abandon, II, 231.

Le - se fait antérieurement au partage, II, 261.

La séparation des patrimoines ne s'applique pas aux biens rentrés par suite de -, II, 345.

Les donations faites à un successible, excédant la quotité disponible, sont sujettes à -, II, 431.
Différences entre le - et la réduction, II, 448.
Le - est applicable à la donation soustraite par la prescription à la révocation pour survenance d'enfant, II, 512.
Le - de la dot constituée par le mari se fait, dans certains cas, à la succession de la femme, III, 99 texte et note 2.
Le - s'applique à la constitution de dot, III, 184 note 3.
Comment s'opère le - de la dot à la succession du constituant sous le régime dotal, III, 217.

(Voir, au surplus, les mots : *Dispense* et *Préciput.*)

Rapt.

(Voir *Enlèvement.*)

Ratification.

Définition, II, 947 note 3.

Indications diverses :

La - du propriétaire ne valide pas la vente consentie par autrui, III, 267 texte et note 1.
La - du propriétaire ne valide pas l'hypothèque consentie par autrui, III, 744.
La - du mandant valide les actes faits par le mandataire en dehors de son mandat, III, 547.

(Voir, au surplus, le mot : *Confirmation.*)

Réalisation de propres.

Clause de communauté conventionnelle, III, 152-155.

Recel.

Indications diverses :

Cause de désaveu résultant du - de la naissance de l'enfant, I, 295.

Déchéance résultant du - d'objets appartenant à une succession, II, 190, 219-221.
Déchéance résultant du - d'objets appartenant à une communauté conjugale, III, 120-121, 136.

Recherche de filiation.

Exposé général, I, 354-360.
Avis du Comité d'étude sur ce sujet, I, XCVII.

(Voir, au surplus, les mots : *Droit de l'enfant, Enfant adultérin ou incestueux, Enfant naturel, Filiation.*)

Récidive.

Effet de la - quant à l'exercice du droit de correction, I, 595.

Réciprocité.

Des traités diplomatiques quant à la condition des étrangers, I, 36-39.
Des torts entre époux, I, 274-275.
Des incapacités relatives de disposer et de recevoir, II, 389 texte et note 2.

Réclamation d'état.

(Voir *Action en réclamation d'état.*)

Récoltes.

Nature mobilière ou immobilière des -, I, 529-531.
Priviléges sur les -, III, 667-668, 670.
(Voir, au surplus, au mot : *Fruits.*)

Récompenses.

Exposé général, III, 84-88.

Indications diverses :

Différences entre les - dûes à la communauté et les - dûes à l'un des époux, III, 51.
Exemples de - dûes à la communauté, III, 44-45, 59, 60-65, 70-71.
Le montant des - doit être rapporté à la communauté, III, 129.

Réconciliation.

Fin de non-recevoir contre la demande en séparation de corps, I, 273.

Réconduction (Tacite).

Exposé général, III, 376-378.
Application au cas de bail à loyer, III, 391.
Application au cas de bail à ferme, III, 399.
Application au cas de cheptel simple, III, 426.

Reconnaissance de droits.

Exposé général, II, 946-947.

Indications diverses :

Effet de la - quant aux servitudes réelles, I, 720-721.
La renonciation à la prescription libératoire est une -, III, 847.
Interruption de prescription, III, 877.
La - peut être exigée quant aux rentes, III, 887-888.

(Voir, au surplus, les mots : *Acte récognitif, Titre nouvel, Titre récognitif.*)

Reconnaissance d'écriture.

Indications diverses :

Condition de la force probante des actes sous-seing privé, II, 937.
Condition de la force probante des testaments olographes ou mystiques, II, 518, 528.
Le jugement de - emporte hypothèque judiciaire, III, 742.

Reconnaissance d'enfant naturel.

Exposé général, I, 332-363.

Indications diverses :

L'interdit légalement peut-il faire une - ? I, 56.
La - est mentionnée sur les registres d'état civil, I, 69, 79, 85.

La femme mariée peut, sans autorisation, faire une -, I, 257.
Hypothèse où la présomption de paternité du mari est combattue par une -, I, 304.
La - doit précéder la légitimation, I, 330-332.
Le mineur peut, sans assistance, faire une -, I, 442-443.
L'interdit judiciaire peut-il faire une - ? I, 501-505.
L'aveu est interdit dans les mêmes cas que la -, II, 964-965.
La loi relative à la - peut-elle avoir un effet rétroactif? III, 938.

(Voir, au surplus, les mots : *Droit de l'enfant, Enfant adultérin ou incestueux, Enfant naturel, Recherche de filiation.*)

Reconvention.

Définition, II, 907 note 2.

Indications diverses :

Demande en séparation de corps, I, 277.
Compensation judiciaire, II, 913.

Recréance.

Jouissance provisoire du séquestre, III, 525 note 3.

Rectification.

Actes de l'état civil, I, 91.

Réduction.

Actes du mineur émancipé, I, 480-481 ; 185-186.
Portion héréditaire de l'enfant naturel, II, 152-157.
Cautionnement, III, 557.
Hypothèques légales, III, 727 ; 763-769.
Hypothèques conventionnelles, III, 787-791.
Donations et legs : *Exposé général,* II, 402-448.

Indications diverses :

La - s'applique aux libéralités faites à l'enfant naturel, II, 115.

La cession de droits successifs est sujette à -, II, 197.

Les libéralités faites à un successible, excédant la quotité disponible, sont sujettes à -, II, 279 texte et note 1, 316.

La séparation des patrimoines ne s'applique pas aux biens provenant de -, II, 315.

Les libéralités excessives faites aux enfants naturels sont soumises à -, II, 404.

La - est applicable à la donation soustraite par la prescription à la révocation pour survenance d'enfant, II, 512.

La - s'applique aux legs mis à la charge du légataire universel, II, 551-552.

Le partage d'ascendant est-il soumis à la -? II, 659-660.

Les donations par contrat de mariage sont soumises à la -, II, 667.

Comment se fait la - des donations entre époux, II, 697-698, 709, 713.

Les avantages indirects résultant du contrat de mariage sont-ils soumis à la -? III, 147-148.

L'ameublissement est soumis à la - au profit des enfants d'un premier lit, III, 158.

Le préciput conventionnel est soumis à la - au profit des enfants d'un premier lit, III, 169.

La clause de totalité est soumise à la - au profit des enfants d'un premier lit, III, 175.

La - s'applique à la constitution de dot, III, 184 note 3.

Les avantages indirects résultant de ventes entre époux sont-ils soumis à la -? III, 252.

Comment se fait la - des libéralités en rente viagère, III, 505.

Le droit de demander la - n'est pas sujet à prescription avant l'ouverture de la succession, III, 885.

Les envoyés en possession provisoire, héritiers réservataires, ont-ils le droit de demander la - des libéralités de l'absent? III, 913-915.

(Voir, au surplus, les mots : *Disposition à titre gratuit*, *Propriété* [notions économiques], *Quotité disponible*, *Réserve.*)

Refente.

Admise dans l'ancien Droit, II, 86.

Admise dans le Droit de la Révolution, II, 88.

Prohibée par le Code Napoléon, II, 96.

(Voir, au surplus, le mot : *Fente.*)

Régime dotal.

Exposé général, III, 182-220.

Appréciation rationnelle : Régime oppressif pour la propriété, attentatoire à la liberté de la femme, III, 16-17, 182, 186 note 2.

Indications diverses :

Traits principaux du - au point de vue de la capacité de la femme, I, 229-230.

Hypothèse où l'autorisation du mari est nécessairement remplacée par celle de justice sous le -, I, 247.

Effet des obligations contractées sous le - par la femme commerçante, I, 249 texte et note 1.

Cas où la justice ne peut pas autoriser la femme mariée sous le - à aliéner ses immeubles, I, 251.

Le mari, sous le -, n'a pas le droit de procéder seul au partage des successions échues à la femme, II, 252-253.

Acceptation d'une exécution testamentaire par la femme, sous le -, II, 574.

La femme mariée sous le - peut avoir une hypothèque subsidiaire sur les biens substitués, II, 639.

Origines du -, III, 14-16.

Le retrait d'indivision est applicable au -, III, 53.

Le troisième cas de dation en payement entre époux s'applique au -, III, 251.

La femme mariée sous le - ne peut pas transiger sur ses immeubles, III, 580.

Créances garanties par l'hypothèque légale de la femme sous le -, III, 730.

L'immeuble dotal peut-il être hypothéqué ? III, 745.

Date de l'hypothèque légale de la femme sous le -, III, 757-759.

La femme, sous le -, ne peut ni renoncer ni subroger à son hypothèque légale, III, 765.

La vente des biens d'une femme mariée sous le - ne détruit pas le droit de suite, III, 805.

Suspension de la prescription au profit de la femme sous le -, III, 882.

Droit d'option de l'époux présent marié sous le - avec stipulation d'acquêts, en cas d'absence de l'autre époux, III, 917.

(Voir, au surplus, les mots : *Constitution de dot, Dot, Femme mariée, Fonds dotal, Inaliénabilité.*)

Régimes matrimoniaux.

Idées rationnelles : Chacun des époux doit conserver la pleine propriété et la libre administration des biens qui lui appartiennent ; — en conséquence, la séparation de biens est le seul régime matrimonial rationnel, et il doit être le régime matrimonial supposé de toutes les personnes qui n'en n'ont point adopté un autre d'une manière expresse, III, 2-9.

Enumération, III, 23 texte et note 3.

Généralités :

Traits principaux des divers - au point de vue de la capacité de la femme mariée. I, 227-230.

Conflit entre les divers - et la règle d'incapacité de la femme mariée, I, 237-238.

Les contrats entre époux sont-ils permis ? I, 244-247.

Effet des obligations contractées par la femme commerçante sous les divers -, I, 249.

Effet de l'autorisation donnée à la femme par rapport au mari sous les divers -, I, 252.

Indication des droits de jouissance se rattachant aux divers -, I, 606, 610.

Droit successoral de l'époux survivant, indépendant des divers -, II, 171-173.

Influence des divers - sur l'exercice de l'action en partage des successions échues à la femme, II, 250-253.

Réglementation des donations entre époux, indépendante des divers -, II, 682-717.

Interdiction des ventes entre époux sous les divers -, III, 248-253.

Hypothèque légale de la femme, indépendante des divers -, III, 726-734.

Suspension de prescription entre époux sous les divers -, III, 884.

Droit de l'époux présent, en cas d'absence de l'autre époux, sous les divers -, III, 916-921.

(Voir, au surplus, les mots : *Communauté conventionnelle, Communauté légale, Conjoint, Contrat de mariage, Droit de la femme, Epoux, Exclusion de communauté, Femme mariée, Hypothèque légale, Incapacité de la femme mariée, Mari, Mariage, Régime dotal, Séparation de biens.*)

Registres.

Indications diverses :

Inscription civique, I, 21, 95.

Actes de l'état civil, I, 69, 72.

Publications de mariage, I, 143-144.

Papiers domestiques (Voir *Papiers domestiques*).

Inscriptions hypothécaires, III, 769-784 ; — 828-830.

Réhabilitation.

Effets de la - quant aux privations de droits civils résultant de condamnations judiciaires, I, 60-61.

La - empêche la demande en séparation de corps, I, 271.

Réintégrande.

Définition, I, 453 note 1.
Exercice de l'exercice de la - par le
tuteur, I, 453.
Conditions générales de l'exercice de
la -, III, 859 note 1.
(Voir, au surplus, au mot : *Actions
possessoires.*)

Relief.

(Voir *Lettres de relief.*)

Relocation.

Faculté appartenant aux créanciers
du locataire, III, 669.

Réméré (Pacte de).

Exposé général, III, 310-319.

Indications diverses :

L'acheteur sous - ne peut pas s'opposer à l'exécution du bail, III, 386
texte et note 2.
L'acheteur sous - n'a pas de privilége
pour le remboursement du prix, III,
685.
Sort des hypothèques consenties par
le vendeur ou l'acheteur sous -, III,
745-746.
(Voir, au surplus, le mot : *Action en
réméré.*)

Remise.

DES SERVITUDES RÉELLES, I, 729.
DE SOLIDARITÉ, II, 849-852.
DE DETTE : *Exposé général*, II, 902-
906.

Indications diverses :

La libéralité résultant d'une - n'est
pas soumise aux formes des donations, II, 450.
La - est un cas de défense pour les
codébiteurs solidaires, II, 847.
Différences entre la - et la remise de
solidarité, II, 850.
Effets de la - par l'un des créanciers
d'une obligation indivisible, II, 861-
862.

Différences entre la - faite à la caution et le serment prêté par la caution, II, 968.
La - éteint les priviléges et hypothèques, III, 807.

Remplacement militaire.

Le prix du - est-il sujet à rapport ? II,
294.

Remploi.

Sous le régime de communauté, III,
89-97.
Sous le régime de séparation de
biens, III, 115-116.
Sous le régime dotal, III, 206.
Le - est un cas de subrogation réelle,
III, 45.
(Voir, au surplus, au mot : *Emploi.*)

Renonciation *(en général).*

Matières diverses :

Cause d'extinction de l'usufruit, I,
633-634, 650-652.
Cause d'extinction des servitudes
réelles, I, 729.
Cause de caducité des legs, II, 597.
Cause de caducité de la substitution,
II, 645.
Mode d'extinction des obligations, II,
902-903. — La novation implique
-, II, 898. — Les actes de - faits
sans fraude peuvent-ils être attaqués par l'action Paulienne ? II,
812 note 3, 816.
Mode de dissolution de la société, III,
462-463.
Mode d'extinction du mandat, III,
549-550.
Mode d'extinction de l'hypothèque légale de la femme mariée, III, 765-
767.
Mode d'extinction des priviléges et
hypothèques, III, 808-809.
Empêchement à l'application de la
prescription, III, 847, 851-854.

Renonciation à communauté.

Exposé général, III, 117-128 ; 145-
146.

Appréciation rationnelle, III, 118-119.

Indications diverses :

La - empêche la femme de profiter des récompenses dùes à la communauté, III, 51.

Effet de la - en cas d'aliénation par le mari des immeubles de la femme, III, 81.

En cas de -, la femme peut stipuler la reprise d'apport, III, 166.

En cas de -, la femme peut stipuler un préciput, III, 168, 170.

La - n'est pas empêchée par la clause de forfait, III, 174.

Effet de la - au point de vue de l'hypothèque légale de la femme sur les conquêts, III, 730-732.

Renonciation à succession.

Exposé général, II, 208-221.

Indications diverses :

Succession échue au mineur, I, 454-456.

Succession échue au mineur émancipé, I, 483.

La - est-elle une condition résolutoire de la saisine? II, 47 ; 192.

La - des héritiers les plus proches fait-elle attribuer la saisine successivement aux héritiers plus éloignés? II, 49-50.

La représentation n'est pas admise pour les descendants du renonçant, II, 105.

La - des parents empêche leur concours avec les enfants naturels, II, 134 texte et note 1.

La - de l'enfant naturel n'empêche pas ses descendants de demander sa part, II, 145-146.

La - de l'enfant naturel ne lui permet pas de conserver des libéralités qui dépassent sa part héréditaire, II, 147.

La - de l'enfant naturel ne le libère pas de l'imputation, II, 148.

La - des héritiers légitimes ne rend pas l'enfant adultérin ou incestueux habile à succéder, II, 162.

La - à titre onéreux constitue une acceptation tacite, II, 196-197.

Différences entre la - et l'abandon de l'héritier bénéficiaire, II, 230-231.

La - n'empêche pas l'exercice du retrait successoral, II, 268.

La - libère de l'obligation du rapport, II, 277-280.

La - enlève le droit de demander le rapport, II, 288.

L'enfant renonçant compte-il pour le calcul de la réserve? II, 421-422.

Cas où la - du frère donne une réserve à l'ascendant, II, 425-426.

La - à titre onéreux est une cession d'hérédité, III, 337.

La - empêche l'inscription des priviléges, III, 700, 703, 706, 708.

La - empêche l'inscription des hypothèques, III, 772-773.

Les envoyés en possession peuvent-ils renoncer à une succession échue à l'absent? III, 913.

Renouvellement.

Nécessaire pour l'inscription hypothécaire, III, 783-784.

Rentes.

Exposé général, III, 494-521.

Indications diverses :

Les arrérages des - sont-ils à la charge de l'usufruitier légal? I, 402-403.

Les arrérages des - sont des fruits civils, I, 579.

Aliénation des - sur l'Etat par le tuteur, I, 446-447, 454, 458.

Aliénation des - sur l'Etat par le mineur émancipé, I, 482.

Les - sur l'Etat peuvent être immobilisées, I, 539.

Toutes les - sont meubles, I, 546-547.

Règles sur le rachat des - foncières perpétuelles, I, 548-552.

Les redevances des mines sont, par exception, des - immobilières, I, 588, 622.

Règles sur l'usufruit des -, I, 618-619.

Aliénation des - sur particuliers par l'héritier bénéficiaire, II, 232.

Le rapport des - se fait-il en moins prenant? II, 318-319.

Règles sur l'affranchissement des - dont les immeubles héréditaires sont grevés, II, 338-340.

Règles sur la prescription de l'action en garantie fondée sur l'insolvabilité des débiteurs de -, II, 363-364.

Règles sur la réduction des libéralités consistant en - viagères, II, 427-428.

Règles sur les aliénations faites à charge de - viagères au profit d'un successible, II, 430-432.

Règles sur les - viagères léguées à titre d'aliments, II, 560.

Le grevé de substitution doit faire emploi des remboursements de -, II, 631.

Publicité des substitutions consistant en -, II, 632.

Réduction des libéralités entre époux consistant en - viagères, II, 709.

La constitution de - viagères est un contrat aléatoire, II, 742.

Règle sur la capitalisation des arrérages de -, II, 804.

Les - insaisissables sont propres de communauté, III, 38.

Les arrérages des - appartenant aux époux tombent dans la communauté, III, 49 texte et note 2.

Les arrérages des - personnelles aux époux sont à la charge de la communauté, III, 71.

Hypothèse de l'échange, par l'un des époux sous le régime de communauté, de droits perpétuels contre des - viagères, III, 87.

Les - sur l'Etat peuvent être immobilisées dans le régime dotal, III, 206.

Règle sur la restitution de la dot consistant en -, III, 214.

Le prix d'une vente peut consister en -, III, 246.

La vente dont le prix consiste en - n'est pas résoluble pour défaut de payement, III, 309 note 1.

Transfert des - sur l'Etat, III, 332.

Le dépôt d'inscriptions de - sur l'Etat peut remplacer le cautionnement légal ou judiciaire, III, 561.

Le privilége du vendeur de meubles s'applique-t-il à la cession de-? III, 673.

Les - sur l'Etat ne sont susceptibles ni de saisie, ni d'hypothèque, III, 722 note 2.

Règle sur l'évaluation des - pour l'inscription hypothécaire, III, 775, 778.

Règle sur l'effet de l'inscription hypothécaire quant à la garantie des arrérages des -, III, 780-782, 782 note 3.

Règles sur la prescription des - et l'interruption de la prescription par le titre nouvel, III, 887-888.

Règle sur la prescription des arrérages des -, III, 898.

Les - viagères constituent des droits éventuels, III, 928.

Réparations.

Matières diverses :

USUFRUIT : Le nu-propriétaire a le droit de faire les grosses -, mais ne peut pas y être contraint, I, 625, 634-635. — L'usufruitier est tenu des - d'entretien, I, 632-634.

USAGE : L'usager est tenu des - d'entretien, I, 655, 658.

MITOYENNETÉ : Les - du mur mitoyen sont à la charge des copropriétaires, I, 688.

RAPPORT : L'héritier donataire est tenu des grosses -, II, 314.

SUBSTITUTIONS : Le grevé de substitution est tenu des grosses -, II, 639.

RÉGIMES MATRIMONIAUX : La communauté est tenue des - d'entretien sur les biens des époux, III, 71. — Le mari est tenu de toutes les - sur les biens propres de la femme, III, 82. — La veuve qui use du bénéfice d'habitation n'est tenue d'aucune sorte de -, III, 125. — Les grosses - sont une cause d'aliénation de l'immeuble dotal, III, 202.

BAIL : Le bailleur est tenu des grosses -, III, 366. — Le locataire est tenu des - d'entretien, III, 390.

Antichrèse : Le créancier est tenu de toutes les -, III, 602.

Absence : Les envoyés en possession provisoire sont tenus de toutes les -, III, 911.

(Voir, au surplus, le mot : *Fautes*.)

Répétition.

Indications diverses :

La - est admise pour le payement de l'indû, II, 974-977.

La - est admise pour le payement du prix d'achat dans la vente de la chose d'autrui, III, 262.

La - n'est pas admise pour le payement des intérêts non-stipulés, III, 491.

La - n'est pas admise pour le payement de la dette de jeu ou de pari, III, 531-532.

La - appartient dans certains cas à la caution, III, 570.

(Voir, au surplus, au mot : *Payement de l'indû.*)

Représentation successorale.

Exposé général, II, 98-106.

Indications diverses :

La - d'une personne condamnée pour un fait de nature à entraîner l'indignité est-elle admise ? II, 81-84.

La - de l'héritier du renonçant n'est pas possible, II, 209, 212.

Obligation qu'entraîne la - quant au rapport, II, 283-286.

La - est admise en matière de substitutions permises, II, 624.

La - est admise pour les descendants de l'absent, III, 929 note 2.

Reprise d'apport.

Clause de communauté conventionnelle, III, 165-166.

Reprises.

Par les époux communs en biens, III, 130-137.

Par la femme renonçante, III, 145.

Réquisition.

Mode d'exercice du droit de correction : par les père et mère légitimes, I, 392-393 ; — par les père et mère naturels, I, 397-399 ; — par le tuteur, I, 467.

Garantie donnée aux créanciers hypothécaires, III, 816-818.

Rescision.

Exposé général, II, 917-922.

Appréciation rationnelle et économique, II, 364 texte et note 4 ; — III, 227 ; — III, 612.

Matières diverses :

Acceptation de succession, II, 201-206.

La - ne s'applique pas à la renonciation à succession, II, 213.

Partage de succession, II, 365-367, 369.

Partage d'ascendant, II, 657-664.

La - ne s'applique pas aux contrats aléatoires, II, 743.

La - ne s'applique pas aux contrats en général, II, 760-763.

Actes du mineur, I, 482 ; — II, 917-924.

Vente d'immeubles, III, 322-325. — La - n'a pas lieu dans la vente publique, III, 238.

La - ne s'applique pas à la cession d'hérédité, III, 337.

La - ne s'applique pas à l'échange, III, 343.

Règlement de parts dans la société, III, 454.

La - ne s'applique pas à la transaction, III, 585.

La - n'est pas empêchée par la prescription acquisitive de dix ou vingt ans, III, 892.

(Voir, au surplus, les mots : *Action en rescision* et *Lésion*.)

Réserve.

Exposé général, II, 416-427.

Idées rationnelles :

La -, dérivée d'une tradition féodale,

est une spoliation du droit du propriétaire et un empêchement à l'égalisation des conditions, II, 408-413.

La - ne doit pas être confondue avec la réalisation de la dette d'éducation et de la dette alimentaire, I, 220.

La - dérive en partie de l'idée aristocratique de conservation des biens dans les familles, I, 407.

Indications diverses :

Les enfants nés d'un mariage putatif ont droit à la -, I, 200.

La - est restreinte pour l'enfant naturel, I, 350.

L'adoption donne un droit de - à l'adopté, I, 373-374.

La prohibition de la jouissance légale peut-elle s'étendre à la -? I, 407-409.

L'usufruitier des biens compris dans la - peut-il être dispensé de donner caution? I, 630.

Il n'y a pas corrélation entre la - et la saisine, II, 59.

La part héréditaire attribuée au père et à la mère est une -, II, 110.

Les ascendants ont tous droit à la -, II, 112.

Les biens soumis au droit de retour légal n'entrent pas dans le calcul de la -, II, 116.

Les restrictions au droit héréditaire de l'enfant naturel sont basées sur une idée de -, II, 145, 148.

L'enfant naturel peut-il être réduit à la moitié de sa -? II, 154-155.

La prohibition de succéder prononcée contre l'enfant adultérin ou incestueux n'est pas basée sur une idée de -, II, 162.

Relation historique entre la - et le rapport, II, 274.

L'action en réduction est la sanction de la -, II, 433.

Mode de calcul de la -, II, 436-440.

Comment se fait la réduction des libéralités faites aux héritiers ayant droit à la -, II, 444-445.

Concours des héritiers ayant droit à la - avec des légataires universels ou à titre universel, II, 547-550, 557.

Il n'y a pas corrélation entre la - et la rescision du partage d'ascendant, II, 657.

Le partage d'ascendant peut être attaqué quand il attribue à l'un des enfants une part excédant le disponible et sa part de -, II, 658.

L'institution contractuelle crée une sorte de - par contrat, II, 672.

La - des ascendants peut consister en une nue-propriété, II, 703.

La - mobilière peut-elle être donnée ou léguée à l'un des époux sous condition de rester propre? III, 41-42.

L'absent ne compte pas pour le calcul de la -, III, 928.

(Voir, au surplus, les mots : *Disposition à titre gratuit, Quotité disponible, Réduction.*)

Résidence.

Définition, I, 94.

Indications diverses :

Le délai de publication des lois se calcule-t-il d'après la -? I, 6.

La - du mineur peut être distincte du domicile, I, 99.

La - fait acquérir le domicile spécial au mariage, I, 144, 146-147.

La prescription de dix ou vingt ans se calcule par rapport à la -, III, 891-892.

(Voir, au surplus, les mots : *Domicile* et *Habitation.*)

Res nullius.

Définition, II, 15.

Indications diverses :

Les eaux pluviales sont -, I, 670.

Les épaves ne sont pas -, II, 21.

La succession ouverte et non-recueillie n'est pas -, II, 34.

Résolution.

Idée rationnelle : La - porte atteinte à la liberté de la propriété, II, 308

note 3; — ll, 364 note 4 ; — ll, 485-486; — ll, 818 note 1; — lll. 227; — lll, 318 note 2 ; — lll, 628-629.

CAUSES DE RÉSOLUTION DE LA PROPRIÉTÉ :

Retour conventionnel, ll, 116 ; — 485-486.

Rapport à succession, ll, 315.

Rescision du partage, ll, 364.

Réduction de donations , ll, 446-447.

Révocation de donations, en général : pour inexécution des charges, ll, 490; — pour ingratitude, ll, 498-499 ; — pour survenance d'enfant, ll, 511.

Ouverture de substitutions, ll, 626-627, 633, 638.

Révocation de donations entre époux, ll, 696.

Rescision de la vente : pour erreur sur la contenance de l'immeuble vendu, lll, 278-280; — pour vices rédhibitoires, lll, 282, — 302; — pour non-payement du prix, lll, 307-309 ; — à la suite du pacte de réméré, lll, 312; — pour lésion dans la vente d'immeubles, lll, 319-325.

Adjudication sur surenchère, lll. 819.

CONSÉQUENCES DE LA RÉSOLUTION DE LA PROPRIÉTÉ :

Quant à l'usufruit, I, 653.

Quant aux servitudes réelles, I, 729.

Quant au bail, lll, 379.

Quant aux priviléges et hypothèques, lll, 745-746, 808.

(Voir, au surplus : *Action en résolution* et *Condition résolutoire;* et aussi le mot : *Propriété* [Notions économiques].)

Rétention (Droit de).

Définition, I, 562.
Exposé général, lll, 650-652.

Généralités :

Importance de la distinction des contrats synallagmatiques imparfaits au point de vue du -, ll, 740.

Indications diverses :

Possesseur qui a fait des travaux sur le sol d'autrui, I, 592.

Spécificateur, I, 603-604.

Cohéritier soumis au rapport, ll, 317.

Epoux ayant ameubli un immeuble, lll, 160-161.

Vendeur actionné en délivrance, lll, 275, 307. — La revendication du vendeur de meubles n'est autre que celle du -, lll, 675-678.

Acquéreur sous condition de réméré, lll, 313 texte et note 3.

Acquéreur actionné en restitution de la chose après rescision de la vente, lll, 324.

Preneur à bail actionné en délaissement par l'acquéreur de la chose louée, lll, 387.

Commodataire, lll, 476.

Dépositaire, lll, 521.

Créancier gagiste, lll, 592-594. — Le gage tacite n'est-il qu'un -? lll, 599.

Créancier antichrésiste, lll, 602.

Possesseur d'un meuble perdu ou volé, lll, 904.

Retour conventionnel.

Exposé général, ll, 485-487.
Appréciation rationnelle, ll, 486 note 3.

Indications diverses :

L'adoption faite par le donataire n'empêche pas le -, I, 374.

Différences entre le - et le retour légal, ll, 116.

Stipulation de - au profit des héritiers du donateur, ll, 618.

Le donataire sous condition de - peut demander l'envoi en possession provisoire des biens de l'absent, lll, 908.

Le - est un droit éventuel, lll, 927.

Retour légal.

Généralités :

ADOPTANT OU SES DESCENDANTS : I, 375-377.

ASCENDANT, ll, 113-129.

FRÈRES ET SŒURS DE L'ENFANT NA-
TUREL, ll, 167-171.
Appréciation rationnelle, ll, 128
texte et note 1.

Indications diverses :

L'adoption faite par le donataire empêche le -, I, 374.
Le - offre un cas exceptionnel où l'origine des biens est recherchée pour
l'attribution héréditaire, ll, 92.
Les successeurs qui exercent le -
peuvent user du bénéfice d'inventaire, ll, 222.
Les successeurs qui exercent le -
sont soumis au payement des dettes, ll, 322.
Comment les successeurs qui exercent le - sont tenus vis-à-vis des
créanciers de la succession, ll, 329-
331.
L'ascendant qui fait un partage par
donation peut exercer le -, ll, 653.
Le - est un exemple de succession
purement immobilière, lll, 70
note 1.

Retrait conventionnel.

(Voir *Réméré [Pacte de]*.)

Retrait d'indivision.

Exposé général, lll, 52-53.
Le - est applicable sous le régime
dotal, lll, 204.

Retrait lignager.

Dans l'ancien Droit, ll, 269 note 5.

Retrait litigieux.

Exposé général, lll, 338.
Le - peut être exercé contre les magistrats et officiers publics, lll, 257.

Retrait successoral.

Exposé général, ll, 266-272.
Appréciation rationnelle, ll, 267,
269 note 5 ; — lll, 338 note 4.

Indications diverses :

Le - n'a pas lieu en cas de retour légal, ll, 116.

Le - a lieu en cas de cession de droits
successifs à un non-successible, lll,
337.
Le - ne s'applique pas au partage de
société, lll, 464.

Rétroactivité.

Matières diverses :

Acquisition de la nationalité fran-
çaise, I, 28-30, 48.
Amnistie, I, 60.
Jugement de séparation de biens, I,
281 ; — lll, 109-110.
Légitimation, I, 330-332.
Reconnaissance forcée, I, 352.
Envoi en possession des successeurs
irréguliers, ll, 52-56.
Acceptation et répudiation de suc-
cession, ll, 192, 209.
Révocation de donation, ll, 499.
Condition dans les contrats, ll, 821.
Vente alternative, ll, 836 ; — lll, 237.
Acceptation de remploi, lll, 94-95.
Renonciation à la communauté, lll,
732.
Hypothèque constituée pour sûreté
d'une ouverture de crédit, lll, 751-
752.
Hypothèque constituée sur les biens
à venir, lll, 756.
Inscription hypothécaire prise après
radiation, lll, 787.
Adjudication après surenchère, lll,
819.
Prescription, lll, 846.

RÈGLE DE LA NON-RÉTROACTIVITÉ DES
LOIS :

Idées rationnelles : La loi étant une
déclaration de la raison, doit tendre
à remonter aussi loin que possible
en arrière, de façon à soumettre
les faits à la notion plus exacte du
juste qu'elle exprime, lll, 942.
Exposé général, I, 7-8 ; — lll, 931-
943.
(Voir, au surplus, les mots : *Effet déclaratif, Résolution*.)

Revendication.

Indications diverses :

La - peut-elle être exercée contre le

propriétaire du sol qui a fait des travaux avec les matériaux d'autrui ? I, 589-590.

Comment la - doit être exercée en cas d'avulsion, I, 595.

La - des meubles ne peut avoir lieu qu'exceptionnellement, I, 599; — III, 901-905.

La - peut être exercée par le légataire universel, II, 546 ; — et par le légataire à titre universel, II, 554.

La femme peut-elle réclamer, au moyen de la -, son immeuble aliéné par le mari en communauté ? III, 81.

L'acheteur de la chose d'autrui est défendeur dans l'instance en -, III, 264 note 1.

La - de la chose vendue, exercée contre l'acheteur, est un cas d'éviction, III, 286.

Droit de - du vendeur de meubles, III, 307 ; — 674.

Droit de - du bailleur d'immeubles, III, 389 ; — 669.

Droit de - du créancier gagiste, III, 392.

Droit de - de l'aubergiste, III, 679.

L'action en - est anéantie par la prescription de dix ou vingt ans, III, 892.

L'absent de retour a l'action en - pour réclamer la restitution de ses biens, III, 924-925.

Revenus.

(Voir *Fruits*.)

Révision.

Effets de la - quant aux privations de droits civils résultant de peines criminelles, I, 61.

Effets de la - quant aux privations des droits civils résultant de peines correctionnelles, I, 68.

Révocation.

Matières diverses :

Reconnaissance d'enfant, I, 343-344.
Emancipation, I, 485-486, 405.

Renonciation à l'usufruit, I, 651.
Cession de droits successifs, II, 197.
Acceptation de succession, II, 199-208.
Renonciation à succession, II, 212.
Donations en général, II, 488-513.
Testaments, II, 384, 583-595.
Donation ou testament, cause d'ouverture de la subtitution, II, 644.
Donations par contrat de mariage, II, 668.
Donations entre époux, II, 695-696.
Stipulation pour autrui, II, 766.
Contrats en général, II, 781.
Actes du débiteur faits en fraude des créanciers, II, 811-816.
Confusion, II, 915.
Aveu, II, 965 texte et note 3.
Serment, II, 967, 976.
Acceptation de communauté, III, 120.
Séparation de biens, III, 182.
Constitution de dot, III, 184 note 3.
Mandat d'administration entre associés, III, 455-456.
Contrat de société, III, 462-463.
Mandat, III, 548-549.
(Voir, au surplus, au mot : *Irrévocabilité*.)

Révolution (Droit de la).

[Le Droit de la Révolution comprend le résumé des dispositions législatives édictées depuis 1789 jusqu'au Directoire, et déjà classées, par ordre de date, à la TABLE DES DOCUMENTS LÉGISLATIFS, sous les rubriques : *Assemblée constituante, Assemblée législative* et *Convention nationale*. — Le projet de Code civil, présenté à la Convention nationale le 9 août 1793, n'ayant pas pris place dans le Droit positif, figure à la TABLE ALPHABÉTIQUE DES MATIÈRES, au mot: *Convention nationale*.]

Exposé général, I, XXVIII-XXXI.
Appréciation générale, III, 619 texte et note 1.
La formule du - est le fondement du Droit nouveau, I, LIX.
Nécessité de réaliser la formule du -, III, 958.

DROIT POLITIQUE :

Le - applique aux traités sa formule générale du Droit, I, XI.
Formule politique du - : Liberté, Egalité, Mandat, I, XVII-XVIII.
Analyse des constitutions de la Révolution, I, XCVII-CXIV.

Indications diverses :

Crée le Bulletin officiel des lois, I, 4 note 2.
Ordonne la publication effective des lois, I, 5.
Déclare les étrangers capables de toutes les transactions sociales, I, 17, — 37.
N'inflige aucune déchéance civile au coupable, I, 17.
Déclare les enfants trouvés enfants naturels de la patrie, I, 26.
Favorise les descendants des protestants, I, 30.
Accorde le droit de citoyen français à l'étranger, I, 33.
Abolit l'esclavage, I, 46.
Abolit la mort civile, I, 54 note 1.
Crée la réhabilitation, I, 60.
Sécularise l'état civil, I, 70.
Règlemente la matière de l'absence et fait gérer les biens de l'absent par les municipalités, I, 103, 107 note 2.
Donne au conjoint survivant dans le besoin la jouissance des biens du décédé, I, 115 note 3.
Sécularise le mariage, le déclare dissoluble, met les deux époux sur le pied d'égalité, I, 119 texte et notes 2, 3, 4 ; — 120 texte et note 1.
Fixe à 13 et à 15 ans l'âge de la capacité matrimoniale, I, 125.
Supprime les actes respectueux, I, 130, et les dispenses, I, 138.
Consacre le droit d'éducation de l'enfant naturel, I, 210 note 1.
Laisse à la morale la détermination des droits et des devoirs respectifs des époux, I, 221.
Introduit le divorce en France, I, 259 texte et note 1 ; — 260.
Ne punit pas l'adultère, I, 279.

Proclame le droit de l'enfant, I, 288 texte et note 2.
Crée l'adoption, I, 364.
Fixe la majorité à 21 ans, 1, 411, 494.
Abolit la vénalité des offices, I, 547.
Abolit l'emphytéose perpétuelle, I, 564.
Mobilise la rente foncière, I, 549.
Affranchit la propriété, I, 567.
Règlemente l'expropriation pour cause d'utilité publique, I, 576.
Abolit la prérogative du droit de chasse, I, 679 : — II, 16.
Restreint les droits de parcours et de vaine pâture, I, 679.
Abolit le droit d'épaves, II, 23, 25.
Fausse la notion du droit de succession, II, 32.
En matière de succession *ab intestat,* est dominé par une idée d'égalité exclusive, II, 87-88, 92, 93, 94, 96.
Repousse le droit de retour légal, II, 114.
Donne le même droit successoral à l'enfant naturel et à l'enfant légitime, II, 131 texte et note 2.
Accorde à l'époux survivant la jouissance des biens de l'époux décédé, II, 173.
Défend de renoncer à la succession d'un homme vivant, II, 219.
Abroge tous les retraits, II, 267.
Règlemente les conditions impossibles ou illégales dans les contrats, II, 385.
Abroge la réserve, mais restreint la liberté de disposer à titre gratuit, II, 415.
Interdit les aliénations à fonds perdu au profit d'un héritier présomptif, II, 429.
Interdit les substitutions, II, 611, 612, 614.
Permet les donations entre époux, II, 687 texte et note 3.
Abolit la rescision de vente pour lésion, II, 761 note 2.
Institue la publicité de la transmission des droits réels, II, 790.
N'interdit pas l'anatocisme, II, 803.
Abolit totalement la contrainte par corps, II, 895, 896 note 1.
Abolit les lettres de rescision, II, 918.

Abolit la vénalité des offices, ll, 932 note 2.

Supprime les douanes, lll, 229.

Facilite l'appropriation de la terre aux paysans, lll, 348.

Abolit la rescision de vente pour lésion, lll, 319 note 1.

Rend le bail opposable à l'acquéreur, lll, 380.

Proclame le principe d'association, lll, 439.

Permet le prêt à intérêt, lll, 489-490.

Crée un Grand-Livre de la dette publique, lll, 497 note 2.

Crée un régime hypothécaire basé sur la publicité et la spécialité, lll, 619-622.

Abroge les hypothèques tacites et légales, lll, 728 ; 734, 749 texte et note 1.

Abroge l'hypothèque judiciaire, lll, 737.

Fait application de la prescription quinquennale, lll, 898 note 1.

Applique rétroactivement la loi de Nivôse, lll, 938.

Supprime les lois locales, lll, 943.

Risques.

Généralités :

Distinction des - et des fautes, l, 616 note 2 ; — ll, 310 note 1 ; — ll, 785.

Théorie des - dans les contrats, ll, 789-790 ; 916-917.

Les - ne donnent pas lieu à des dommages-intérêts, ll, 795.

Matières diverses :

Jouissance légale, I, 448-449.

Quasi-usufruit, I, 616.

Usufruit, I, 618, 644.

Retour légal, ll, 115.

Retour conventionnel, ll, 116.

Rapport à succession, ll, 309-311, 318.

Réduction, ll, 439.

Donations mobilières avec réserve d'usufruit, ll, 485.

Legs, ll, 566, 598-599.

Obligation conditionnelle, ll, 823-824.

Obligation à terme, ll, 829.

Obligation alternative, ll, 832-834.

Obligation conjonctive, ll, 834.

Obligation facultative, ll, 835.

Obligation solidaire, ll, 843.

Consignation, ll, 894.

Payement de l'indû, ll, 976.

Clause d'apport, lll, 155.

Clause d'ameublissement, lll, 158-160.

Vente, en général, lll, 235-236, 276, 281.

Vente conditionnelle, lll, 237.

Vente au poids, au nombre ou à la mesure, lll, 240.

Promesse de vente, lll, 242.

Eviction totale ou partielle dans la vente, lll, 293-298, 298-300.

Vices rédhibitoires dans la vente, lll, 303.

Rescision de la vente, lll, 322-323.

Bail, en général, lll, 366-370.

Bail à ferme, lll, 395-398.

Louage d'ouvrage, lll, 409.

Cheptel simple, lll, 418-419.

Cheptel à moitié, lll, 427.

Cheptel de fer, lll, 429.

Cheptel au colon, lll, 431.

Apport de société, lll, 450-453.

Commodat, lll, 475.

Prêt de consommation, lll, 480.

Dépôt, lll, 517.

Dépôt irrégulier, lll, 522.

Privilége des architectes et ouvriers, lll, 689 texte et note 2.

Immeuble hypothéqué, lll, 752-753.

Délaissement pour hypothèque, lll, 799.

Réquisition de mise aux enchères pour hypothèque, lll, 818.

Rivières.

Indications diverses :

Les - navigables ou flottables font partie du domaine public national, I, 556 et 557 note 1.

Alluvion des -, I, 593-594.

Propriété des - et de leur lit, I, 596-597.

Attribution du lit des - abandonné, I, 598. — L'usufruitier y a droit, I, 622. — Sort de l'hypothèque qui grevait le lit abandonné, lll, 754.

Régime des - non navigables ni flottables, I, 672-675.

Servitudes relatives aux -, I, 683.

Droit de pêche dans les -, ll, 17.

Epaves des -, ll, 22-25.

Russie.

Le mariage du conjoint de l'absent y est permis, I, 113 note 1.
La séparation de biens entre époux y est le régime de droit commun, III, 17 note 1.

Saisie.

Exposé général, III, 830-841.
Idées rationnelles : III, 830-832.
Généralités : Conditions imposées aux créanciers pour l'exercice de la -, III, 649 note 3.

Indications diverses :

La - des biens du mineur a lieu sans autorisation, I, 460.
Les récoltes et fruits sont considérés comme meubles au point de vue de la -, I, 531.
Conditions de l'exercice de la - contre les héritiers du débiteur, II, 340.
Les créanciers du donateur peuvent opérer la - des biens donnés jusqu'à la transcription, II, 470-471.
Les créanciers du grevé peuvent opérer la - des biens substitués jusqu'à l'ouverture de la substitution, II, 636.
Par l'effet de l'action Paulienne, la - des biens aliénés par le débiteur devient possible pour les créanciers, II, 815.
Payement fait au mépris d'une - arrêt, II, 875, 876 note 1.
Le créancier qui a opéré la - est mandataire judiciaire pour recevoir un payement, II, 877.
La - arrêt empêche la compensation, II, 912.
La femme a le droit d'opérer la - des biens de la communauté pour se payer de ses reprises, III, 135.
La stipulation d'aliéner l'immeuble dotal n'autorise pas les créanciers à en opérer la -, III, 206.
La prohibition d'achat par le tuteur des biens du pupille s'applique-t-elle à la vente sur - immobilière ? III, 253-254.
La garantie pour cause d'éviction a-t-elle lieu en cas de -? III, 286-287.
L'action en résolution est-elle opposable à l'adjudicataire sur -? III, 309.

Effet de la - arrêt sur une créance cédée, III, 329-331.
Les créanciers qui ont opéré la - sont obligés de respecter le bail, III, 382-384.
Le bailleur à loyer a le droit d'opérer la - des meubles soumis à son privilége, III, 389.
Les créanciers du bailleur à cheptel ont-ils le droit d'opérer la - du cheptel ? III, 425.
La - immobilière est applicable au cheptel de fer, III, 429 note 3.
Dans quel cas le crédi-rentier viager a droit d'opérer la - des biens du débi-rentier, III, 508.
La - arrêt met obstacle à la restitution du dépôt, III, 520.
La - des meubles peut donner lieu à séquestre, III, 524-525.
La - immobilière est obligatoire pour le créancier antichrésiste, en cas de non-payement, III, 603.
Le droit de rétention n'empêche pas la -, III, 651.
Les frais de - sont garantis par le privilége des frais de justice, III, 656.
Effet de la - quant aux priviléges, III, 700, 703, 707, 708.
Effet de la - au point de vue du renouvellement des inscriptions hypothécaires, III, 783.
Le délaissement pour hypothèque peut-il avoir lieu après la -? III, 800.
La revente après surenchère pour hypothèque est une -, III, 818.
La - est une cause d'interruption de la prescription, III, 876-877.
La - immobilière peut interrompre la prescription pour tous les créanciers, III, 880.

(Voir au surplus, les mots : *Créanciers, Insaisissabilité, Titre exécutoire*.)

Saisine héréditaire.

Exposé général, II, 42-50.
Définition, II, 34.
Idée rationnelle : La -, c'est-à-dire l'investiture des droits actifs et passifs du défunt, procède directement de la volonté du défunt, II,

44 note 2; — 59 note 1 ; — 213 note 1.

Indications diverses :

Effets, quant à la -, de l'incapacité et de l'indignité, ll, 60.

La - appartient au successeur exerçant un droit de retour légal, ll, 115.

La - est-elle attribuée sous condition suspensive ou résolutoire ? ll, 191-192.

Le légataire ayant la - est-il tenu des dettes *ultra vires?* ll, 324-327.

La - appartient, dans certains cas, au légataire universel, ll, 548-549.

Le - n'appartient jamais au légataire à titre universel ni au légataire particulier, ll, 554.

La - appartient à l'exécuteur testamentaire, ll, 572-573, 575, 580.

La - appartient-elle à l'institué contractuellement ? ll, 674.

(Voir, au surplus, les mots : *Héritiers, Investiture héréditaire, succession ab intestat.*)

Saisine possessoire.

Mode de publicité de la transmission des droits réels dans l'ancien Droit, ll, 44 note 1 ; — lll, 617.

Salaire.

Idée rationnelle : Le - fait de l'homme un prolétaire, un sujet d'un autre homme ; c'est pourquoi il faut supprimer le -, et mettre à la disposition du travailleur le capital, instrument du travail, lll, 344-346.

Indications diverses :

L'affirmation du maître faisait preuve pour le payement du -, lll, 402.

Le - ne change pas la nature du mandat, lll, 537-540.

Le payement du - est garanti par un privilége, lll, 658-660. -

Prescription de l'action en payement du -, lll, 659 note 3; — 660 note 2 ; — 895-896.

(Voir, au surplus, les mots : *Contrat de prestation de travail, Ouvriers, Socialisme, Travail.*)

Sanction des lois.

Définition, I, 3.

Idée rationnelle : La - doit être réservée au peuple, I, 5.

Scandinavie.

Le mariage du conjoint de l'absent y est permis, I, 113 note 1.

Scellés.

Définition, I, 444 note 1.

Indications diverses :

Obligation pour le tuteur de procéder à la levée des -, I, 444.

Apposition des -, obligatoire pour les successeurs irréguliers, ll, 177.

L'apposition des - est-elle obligatoire pour les successeurs de l'enfant naturel? ll, 185-186.

Apposition des - non-obligatoire pour l'héritier bénéficiaire, ll, 223.

Les frais de - sont à la charge de la succession, ll, 236.

Opposition aux - vaut opposition à partage, ll, 255.

L'apposition de – est-elle obligatoire pour l'exécuteur testamentaire ? ll, 575-580.

Les frais de - sont à la charge de la communauté, lll, 72.

Les frais de - sont privilégiés comme frais de justice, lll, 655.

Science.

Idées rationnelles :

La - du Droit est à créer, I, LIII-LXX.

Il n'y a pas de - sans classification et définition, I, 553 note 1.

La - consiste à trouver la loi de l'ordre des choses, lll, 111 note 1.

La - ne peut être basée que sur l'observation rationnelle et inductive de la nature, III, 78 note 1; — III, 463 note 2; — III, 871 note 1; — III, 932 note 1.

La - n'atteint jamais qu'un degré plus élevé du relatif sans arriver à l'absolu, lll, *Append.,* 9.

La - du Droit est une branche de la - de l'homme, c'est-à-dire de l'Anthropologie, I, III-IV; — III, 463 note 2; — III, 843 note 1; — III,

882 note 1 ; — III, 932 note 1 ; — III, 954 note 1 ; III, *Append.*, 3-8.
Rôle du Droit dans l'ordre général de la -, III, *Append.*, 17-21.
(Voir, au surplus, les mots : *Anthropologie, Méthode* et *Progrès*.)

Second mariage.

Exposé général, I, 258.

Indications diverses :

Surveillance des enfants, en cas de disparition des parents après un -, I, 117.
Empêchement prohibitif résultant de la non-expiration du délai imposé à la femme pour contracter un -, I, 123, 139.
Filiation de l'enfant issu de la femme qui a contracté un - avant l'expiration du délai légal, I, 303-304.
Effets du - sur la puissance paternelle, I, 392-394.
La jouissance légale de la mère s'éteint par un -, I, 405.
Tutelle légale de la mère ayant contracté un -, I, 418-420.
Tutelle testamentaire déférée par la mère après un -, I, 424.
L'enfant né d'un - ne révoque pas la donation faite entre conjoints lors du premier mariage, II, 509.
Prohibition du - par le Christianisme, II, 685-686.
Limites dans lesquelles un époux ayant des enfants d'un premier lit peut disposer lors du -, II, 709-713.
Solidarité d'obligation quant à la tutelle après un -, II, 840.
Disposition relative aux avantages résultant de la communauté légale ou conventionnelle en cas de -, III, 147-148, 158, 176.
Effet de l'hypothèque légale du mineur comme garantie de la tutelle de la mère ayant contracté un -, III, 736.

Secours.

Obligation de - entre époux, I, 221-222 ; - subsistante après la séparation de corps, I, 268, 280.
Obligation de - imposée à la personne qui veut adopter, I, 367.

Sécularisation.

La Révolution décrète la - des actes de l'état civil, I, 70.
La Révolution décrète la - du mariage, I, 119.

Séduction.

La - n'est pas un vice du consentement pour le mariage, I, 168-169.

Sélection naturelle.

Importance de la loi de -, dans la science du Progrès, III, 932 note 1.
Fausse interprétation donnée à la loi de - par certains positivistes, III, 882 note 1.
(Voir, au surplus, les mots *Progrès* et *Science*.

Sénat.

Rôle du - dans la confection des lois, I, 2-3.

Séparation de biens.

CONVENTIONNELLE : *Exposé général,* III, 181-182.
JUDICIAIRE : *Exposé général,* III, 103-117.
Idée rationnelle : Le régime de -, qui laisse à chacun des époux la pleine propriété et la libre administration de ses biens, devrait être le régime supposé de toutes les personnes qui n'en ont pas adopté un autre expressément, III, 2-9 ; — 181.

Indications diverses :

Traits principaux du régime de - au point de vue de la capacité de la femme, I, 229.
Conflit entre le régime de - et la théorie d'incapacité de la femme, I, 237-238.
La demande en - est autorisée par justice, I, 243.
Effet des obligations contractées par la femme commerçante, mariée sous le régime de -, I, 249.
La - est la conséquence de la séparation de corps, I, 281.
La - peut survivre à la séparation de corps, I, 284.

La - ne donne pas à la femme le droit de faire des donations, II, 394.

Acceptation d'une exécution testamentaire par la femme mariée sous le régime de -, II, 574.

La - est une cause de dissolution de la communauté, III, 126.

Effet de la - sur le préciput, III, 170.

La - met fin au régime sans communauté, III, 180.

La - met fin au régime dotal : l'immeuble dotal devient alors prescriptible, et la dot doit être restituée, III, 211-212.

La paraphernalité de tous les biens de la femme équivaut à la -, III, 219.

La - fournit un cas de dation en payement entre époux, III, 250-251.

La femme mariée sous le régime de - ne peut pas transiger, III, 580.

La femme mariée sous le régime de - peut-elle aliéner son hypothèque ? III, 717.

La femme mariée sous le régime de - ne peut pas consentir sans autorisation une hypothèque sur ses biens, III, 745.

La - ne fait pas cesser la suspension de prescription entre époux, III, 884.

(Voir, au surplus, les mots : *Conjoint, Epoux, Femme mariée, Hypothèques légales, Incapacité de la femme mariée, Mariage, Régimes matrimoniaux*, etc.)

Séparation de corps.

Exposé général, I, 268-284.
Appréciation rationnelle, I, 259-260, 268-269.

Indications diverses :

La - permet-elle à la femme d'avoir un domicile distinct ? I, 99.

La - n'empêche pas l'époux défendeur de se marier avec son complice, I, 139.

L'incapacité de la femme survit à la -, I, 224 texte et note 2.

La demande en - est autorisée par justice, I, 243.

Cause de désaveu, I, 297.

La - ne détruit pas le droit successoral du conjoint, II, 172 texte et note 1.

Hypothèse où, après la -, l'un des époux se rend coupable d'ingratitude envers l'autre, II, 501.

La - n'est pas une cause propre de dissolution d'un régime matrimonial, III, 101, 126, 180, 212.

Effet de la - quant au préciput, III, 170.

La - ne fait pas cesser la suspension de prescription entre époux, III, 884.

(Voir, au surplus, au mot : *Divorce.*)

Séparation de dettes.

Clause de communauté conventionnelle, III, 161-163.

La - résulte de la communauté réduite aux acquêts, III, 150.

La - résulte de la clause de réalisation, III, 153.

La - résulte de la clause d'apport, III, 153-154.

La - résulte de la clause de franc et quitte, III, 164-165.

Séparation des patrimoines.

Exposé général, II, 341-352 ; — III, 707-712.

Indications diverses :

Les créanciers qui demandent la - ont le droit d'exercer l'action en rapport au nom des héritiers, II, 290.

La - peut être invoquée par un héritier qui a payé un créancier, II, 337.

La demande de - est un acte conservatoire pour le légataire particulier, II, 559.

Le privilége de - porte à la fois sur les meubles et sur les immeubles, III, 690-691.

(Voir, au surplus, au mot : *Priviléges*).

Séparation des pouvoirs.

La - exclut les arrêts de règlement, I, 12.

(Voir, au surplus, les mots : *Pouvoirs* et *Souveraineté.*)

Séquestre.

Exposé général, III, 523-525.

Indications diverses :

Des biens du contumace, I, 63-65.

Des immeubles soumis à l'usufruit, à défaut de caution ou en cas d'abus de jouissance, I, 630, 649.

Distinction entre le - et le dépôt, III, 511.

Serment.

Exposé général, II, 965-970.

Appréciation rationnelle :

Le - est une cause de corruption, II, 928.

Le - n'est pas une présomption légale, II, 956.

Indications diverses :

Le - n'est pas admis dans la procédure de séparation de corps, I, 277 texte et notes 4 et 5.

L'obligation éteinte par - reste naturelle, II, 870.

Force probante du - quant à l'existence du bail, III, 357-359.

Le - du propriétaire prouve le prix du bail, III, 360.

Le - du maître prouve certaines clauses du louage de services, III, 402.

Le - peut être déféré pour apprécier la valeur des objets perdus par le voiturier, III, 406.

Le - peut être déféré au dépositaire, III, 515.

Le - prouve la transaction, III, 579.

Le - est déféré pour certaines prescriptions, III, 901.

Servitudes.

Exposé général, I, 606-731.

Idées rationnelles : Le moyen de concilier le droit du propriétaire avec la nature scientifique de la propriété, est de rendre tous les droits réels qui démembrent la propriété *rachetables,* c'est-à-dire susceptibles de se résoudre en obligations de somme d'argent : cette solution est particulièrement applicable aux servitudes, I, 568 texte et note 1, 660, 708 et 731.

Généralités :

Servitudes personnelles, I, 606-658.

Servitudes réelles, I, 659-731.

Distinction entre les - réelles et les limitations de la propriété, I, 575, 662.

Différences entre les - personnelles et les - réelles, I, 658, 711.

Les - sont immeubles par leur objet, I, 538.

Les - sont des droits réels, I, 561.

Indications diverses :

Les - consenties par le donataire ne sont pas résolues par le retour légal, II, 115.

Les - consenties par le donataire sont résolues par le retour conventionnel, II, 116, 486.

Les - consenties par l'héritier donataire sont résolues par le rapport, II, 315.

Le sort des - consenties pendant l'indivision dépend de l'événement du partage, II, 357 texte et note 1.

Les - consenties par le donataire sont résolues par la réduction, II, 447.

Les - consenties par le donataire sont résolues par la révocation pour inexécution des charges, II, 490.

Les - consenties par le donataire sont résolues par la révocation pour survenance d'enfant, II, 511.

La donation de - est-elle soumise à la transcription ? II, 464.

Effet, à l'égard des ayant-cause particuliers, des promesses ou stipulations de -, II, 768.

Le rachat de - pendant la communauté donne lieu à récompense, III, 86.

L'immeuble dotal ne peut pas être grevé de -, III, 195.

L'existence de - est une cause d'éviction dans la vente, III, 288.

Les - consenties par l'acheteur sont résolues par le réméré, III, 314.

Les - ne peuvent être l'objet d'un louage, III, 353 texte et note 2.

Indivisibilité des - comparée à celle de l'hypothèque, lll, 718.

Les - ne sont pas susceptibles d'hypothèque, lll, 722 texte et note 3.

Le délaissement fait renaître les - au profit du tiers détenteur, lll, 799.

Les - consenties par le débiteur sont non avenues pour les créanciers hypothécaires, lll, 802-803.

Les - ne peuvent être purgées, lll, 813.

Les - ne peuvent être saisies, lll, 834 note 1.

Les - sont susceptibles de prescription acquisitive et libératoire, lll, 849-850.

Certaines - sont aliénables et imprescriptibles, lll, 851.

Les - sont susceptibles de quasi-possession et de possession continue, lll, 861-862.

La prescription libératoire des - est susceptible d'interruption naturelle, lll, 872.

Les - sont susceptibles d'être acquises par la prescription de dix ou vingt ans, lll, 893.

(Voir, au surplus, les mots : *Démembrement de propriété, Habitation, Limitations de propriété, Rachat, Usage, Usufruit*).

Sévices.

Cause de séparation de corps, I, 270.

Cause de révocation des donations, ll, 493.

Cause de révocation des testaments, ll, 593.

Sexe.

Cause d'incapacité pour la fonction de témoin dans les actes d'état civil et les actes notariés, I, 73.

Cause d'incapacité ou d'excuse pour la tutelle et le conseil de famille, I, 425, 439.

Cause d'incapacité ou d'excuse pour la curatelle, I, 479.

Cause d'incapacité pour la fonction de témoin dans les testaments, ll, 533.

Signification.

Indications diverses :

La - des exploits d'huissier se fait au domicile, I, 93, 101.

Actes respectueux, I, 129.

Oppositions à mariage, I, 162.

La - des titres exécutoires à l'héritier doit précéder la saisie, ll, 340 ; — lll, 840.

Donation de créance, ll, 462.

Cession de créance contenue dans un partage, ll, 359.

Cession de créance, ll, 792 ; — lll, 328-332 ; — lll, 840.

La - n'est pas nécessaire pour la cession d'hérédité, lll, 336 texte et note 1.

La - n'est pas nécessaire pour la sous-location, lll, 361.

Mise en gage de créance, lll, 596.

Délaissement sur hypothèque, lll, 800.

(Voir, au surplus, le mot : *Notification.*)

Socialisme.

Idées rationnelles :

Réclamer le *droit au travail,* au lieu du *droit du travail,* c'est confondre l'ordre moral avec l'ordre juridique ; il est vrai néanmoins que le milieu social ne sera constitué d'après la justice que lorsque toute activité y possédera par elle-même l'instrument du travail ou sera à même de l'obtenir facilement, ll, 722 note 2.

Les incapables ont droit à la protection sociale, I, 409.

L'individu majeur n'a droit, en principe, à la protection sociale qu'en cas de violation de son droit : par exception, certaines causes passagères ou permanentes rendent la protection sociale nécessaire pour lui, I, 215 ; — I, 493-494 ; — lll, 527.

La question sociale est, au point de de vue économique, une question de crédit, d'assurance et d'association, lll, 346 note 3.

Le droit du travail est une déception pour l'ouvrier, tant qu'il n'a pas l'instrument du travail, lll, 348.

Le paupérisme est le résultat d'une mauvaise distribution des produits; il cessera par une juste répartition du capital, mis à la disposition de toute activité, I, xiv; — II, 805 note 2.

L'agiotage est aujourd'hui, pour les classes riches, un moyen de perpétuer leur domination sur les classes inférieures, III, 533 note 1.

Les systèmes de justice distributive par l'Etat dérivent de l'esprit légiste, II, 543 note 4.

Le développement du crédit amènera l'émancipation des travailleurs, III, 590.

Importance sociale des théories scientifiques de l'école des naturalistes, III, 932 note 1.

(Voir, au surplus, les mots : *Association, Assurance, Capital, Collectivité sociale, Contrat de prestation de travail, Crédit, Disposition à titre gratuit, Droit social, Etat, Individu, Ouvriers, Paupérisme, Progrès, Propriété, Salaire, Succession ab intestat, Travail.*)

Société civile.

Exposé général, III, 433-465.

Idées rationnelles :

La - peut avoir pour objet un intérêt moral aussi bien qu'un intérêt pécuniaire, II, 244 note 1.

La - doit être une personne civile, à condition d'avertir les tiers, III, 439-440.

Indications diverses :

Distinction entre la - et la société commerciale, I, 542-545.

Différences entre la - et l'indivision, II, 243-244.

La - entre le *de cujus* et son successible doit être constituée par acte authentique, II, 300.

La - est annulable pour cause de lésion, II, 761.

Les intérêts dûs à la - par l'un des associés courent de plein droit, II, 799.

Rapport entre la - et le contrat de mariage, III, 20.

Différences entre la - et la communauté, III, 33.

La - n'est pas une personne juridique, III, 33; — III, 442-444.

La clause de reprise d'apport franc et quitte n'est pas admise dans la -, III, 166.

La clause de communauté universelle n'est pas admise dans la -, III, 175.

Différences entre la - et le colonage, III, 395.

Le cheptel à moitié est une -, III, 427.

(Voir, au surplus, le mot : *Association.*)

Société commerciale.

Indications diverses :

Différentes sortes de -, I, 542-545.

Solidarité établie par la - en nom collectif, II, 840.

Cas où l'un des époux a une part dans une - dissoute, III, 40-41.

Comparaison entre la - et la société civile, III, 441-444.

Société d'acquêts.

(Voir *Communauté d'acquêts.*)

Sociétés taisibles.

Rôle des - au moyen-âge, III, 438 note 5.

Abrogation des -, III, 445.

Solennité.

Généralités :

Distinction entre l'acte solennel et l'acte authentique, I, 334 note 3.

Définition et énumération des contrats solennels, II, 744 texte et note 1.

Indications diverses :

Mariage, I, 149-152.

Adoption, I, 378.

Donation, II, 379; — 450.

Testament olographe, II, 515 texte et note 3.

Testament public, ll, 521.\
Contrat de mariage, lll, 18 ; — 25-26.
Constitution d'hypothèque, lll, 746-748 ; — 378 note 1.

Solidarité.

Idées rationnelles :

Le principe de la - entre les individus et les peuples sera le fondement de l'harmonie universelle, I, VIII.
Le principe de la - a pour conséquence la liberté des échanges, lll, 224.
Le progrès consiste à dégager l'idée de -, lll, 466.
Le contrat de transaction tend à réaliser l'idée de -, lll, 576.
Le principe de la - mène à la fédération des peuples, lll, 648.
La - est la formule de l'ordre nouveau, lll, 958.

INDICATIONS JURIDIQUES :

Exposé général, ll, 836-853.
Différences entre la - et l'indivisibilité, ll, 857-864.

Cas divers :

La - existe de plein droit : entre la mère tutrice et le second mari, I, 418 ; — entre les exécuteurs testamentaires, ll, 582, — entre le conjoint survivant et le subrogé-tuteur, lll, 103 ; — entre les colocataires en cas d'incendie, lll, 374 ; — entre les commodataires conjoints, lll, 476 et 477 note 1 ; — entre les comandants, lll, 540, 547.
La - n'existe pas de plein droit : entre les débiteurs de la dette alimentaire, I, 217-218 ; — entre cohéritiers, ll, 329 ; — entre commandataires, lll, 543.

Effets divers :

Payement, ll, 871.
Subrogation légale, ll, 888.
Offres réelles, ll, 894.
Novation, ll, 901-902.
Remise du titre, ll, 904.
Remise de la dette, ll, 905.

Compensation, ll, 910.
Confusion, ll, 915.
Autorité de la chose jugée, ll, 961.
Refus ou prestation de serment, ll, 968.
Communauté conjugale, lll, 67.
Cautionnement, lll, 564-568, 574.
Transaction, lll, 583.
Interruption de prescription, lll, 874, 878.

Sommation.

Indications diverses :

La - se fait au domicile, I, 93 texte et note 2.
La - constitue le débiteur en demeure, ll, 800 ; — lll, 308, 518, 543.
La - fait, par exception, courir les intérêts, I, 471 ; — ll, 801 ; — lll, 306.
La - remplace dans certains cas les offres réelles, ll, 894.
La - précède l'expropriation du détenteur de l'immeuble hypothéqué, lll, 802.
La - n'a pas, en général, l'effet interruptif de la prescription, lll, 876.

(Voir, au surplus, au mot : *Commandement*.)

Sommation respectueuse.

(Voir *Acte respectueux*.)

Sommes d'argent.

(Voir *Numéraire*.)

Soulte.

Matières diverses :

ECHANGE : La - donne lieu à récompense, lll, 45, 47. — La - du fonds dotal doit être employée, lll, 205. — La - change-t-elle la nature de l'échange? lll, 47, 341. — La - est-elle garantie par un privilége? lll, 685.
PARTAGE : Définition, ll, 263. — La - ne change pas le caractère déclaratif du partage, ll, 357. — Effet de la - quant à la composition de la communauté conjugale, lll, 41. —

La - est garantie par le privilége des copartageants, lll, 686-687.

Soumission.

Indications diverses :

Nécessaire pour l'acquisition de la nationalité française, I, 27.
Nécessaire pour l'exercice du droit de correction par le père ou la mère, I, 394.

Source.

(Voir *Eaux*.)

Sourd-muet.

Indications diverses :

Le - est capable d'accepter une donation, ll, 455.
Le - est capable de tester, ll, 532.
Le - est incapable d'être témoin testamentaire, ll, 535.

Sous-location.

Exposé général, lll, 361-362.

Indications diverses :

La - oblige le sous-locataire directement envers le bailleur, lll, 389.
La - est interdite au colon, lll, 393-394.
Privilége du bailleur en cas de -, lll, 668.

(Voir, au surplus, au mot · *Cession de bail*.)

Souveraineté.

Idées rationnelles :

La - ne réside pas dans la volonté nationale, mais dans le droit de l'individu, I, xvi note 1.
La - n'appartient qu'à la raison et à la vérité, ll, 880 note 2.
La - du peuple est contredite par l'autonomie de l'individu en qui réside la raison, lll, 435 note 4.

(Voir, au surplus, les mots : *Etat, Individu, Législateur, Liberté, Loi, Pouvoirs*, etc...)

Spécialité.

Hypothèque conventionnelle , lll , 719.

Spécification.

Sorte d'accession mobilière, I, 603.

Stage de naturalisation.

Délai du -, I, 32-33.
Le - n'est pas nécessaire pour recouvrer la nationalité française, I, 47, 50.

Statuts.

Exposé général, I, 8-9 ; — lll, 943-951.

Indications diverses.

Le statut personnel régit l'étranger même autorisé, I, 34.
Importance de la théorie des - dans l'ancien droit, I, 93.
Le statut personnel est applicable au Français qui se marie à l'étranger, I, 152.
La communauté légale appartient au statut personnel, lll, 35.
La loi hypothécaire appartient-elle au statut réel ou au statut personnel ? lll, 733-734.

Stellionat.

Pénalité contre le mari ou le tuteur qui n'a pas fait inscrire l'hypothèque légale de la femme ou du pupille, lll, 760, 761 note 1.

Stipulation de propres.

Clause de communauté conventionnelle, lll, 152.

Stipulation pour autrui.

Exposé général, ll, 763-768.

Indications diverses :

Institution contractuelle, ll, 625.
Clause pénale, ll, 865.
Constitution de rente viagère , lll, 506.
Mandat, lll, 544.

Subrogation personnelle.

CRÉANCES ET OBLIGATIONS.

Exposé général, II, 881-890.

Indications diverses :

Le tuteur peut acquérir par - une créance contre le mineur, I, 403 texte et note 2.

L'acquéreur d'une chose louée est substitué par - aux droits et obligations du bailleur, I, 565.

Le possesseur de bonne foi est substitué provisoirement par - au véritable propriétaire, I, 582 ; — II, 8, 20.

Le retour légal opère-t-il - du donateur au donataire ? II, 122 texte et notes 1 et 3.

Le retrait successoral est une -, II, 271-272.

Le légataire particulier qui paie une dette de la succession acquiert par - l'action hypothécaire, II, 332 texte et note 2, 333.

L'héritier qui paie une dette de la succession acquiert par - l'action hypothécaire, II, 335-337.

La - judiciaire est-elle nécessaire pour l'exercice des droits et actions du débiteur, II, 810 texte et note 4.

La - appartient au codébiteur solidaire, II, 852.

La - appartient aux tiers qui payent la dette d'autrui, II, 871.

Différences entre la - et la novation, II, 902.

L'ayant-cause de l'acheteur acquiert par - les actions de son auteur contre le vendeur originaire, III, 288.

Différences entre la - et la cession de créance, III, 334.

La - n'appartient aux covendeurs pour l'exercice du réméré, III, 339.

Le retrait litigieux est une -, III, 339.

L'acquéreur d'une chose louée est substitué par - aux droits et obligations du bailleur, III, 385.

La - appartient à celui qui constitue gage ou hypothèque pour la dette d'autrui, III, 555.

La - appartient à la caution, III, 557-569, 572.

La - fournit un mode propre d'extinction du cautionnement, III, 573-574.

Le tiers acquéreur d'un immeuble hypothéqué est substitué par - aux obligations de son vendeur, III, 795 note 1.

La - appartient au tiers détenteur d'un immeuble hypothéqué qui a payé la dette, III, 801.

PRIVILÉGES ET HYPOTHÈQUES.

Exposé général, III, 713 et 766 note 1.

Application aux priviléges sur les immeubles, III, 685-686.

Application à l'hypothèque légale de la femme mariée, III, 765-767. — La femme dotale ne peut céder par - son hypothèque légale, III, 195, 199.

La - à l'hypothèque supplée les sous-hypothèques, III, 724.

Différence entre la - et la cession de priorité de rang, III, 767 note 2.

Subrogation réelle.

Définition, II, 882.

Notion générale, II, 122 note 1.

La - s'applique-t-elle en cas de retour légal ? II, 122, 125-126.

Application de la - en ce qui concerne les propres des époux sous le régime de communauté : en cas d'échange, III, 45 ; — en cas de remploi, III, 89, 94.

Application de la - relativement à l'immeuble dotal, sous le régime dotal, III, 204.

Subrogé-tuteur.

Exposé général, I, 433-435.

Indications diverses :

Il y a lieu à nomination d'un - : pour la tutelle officieuse, I, 384 ; — pour la protutelle, I, 431.

Il n'y a pas lieu à nomination d'un - : pour la surveillance des ascen-

dants, I, 117 : — pour l'administration légale, I, 413 ; — pour la curatelle, I, 479 ; — pour la tutelle à la substitution, II, 627.

Règles sur la nomination du -, I, 444.

Le - peut intenter l'action sanctionnant le droit d'éducation de l'enfant, I, 208, 210.

Le - surveille la veuve enceinte, I. 422.

Le - peut passer bail au tuteur des biens du pupille, I, 462.

Solidarité du conjoint survivant et du - à défaut d'inventaire, II, 840.

Le - doit obliger le conjoint survivant à faire inventaire, III, 103.

La prohibition d'acheter les biens du pupille n'est pas applicable au -, III, 254.

Les biens du - ne sont pas grevés de l'hypothèque légale, III, 735.

Le - est obligé d'inscrire l'hypothèque légale du mineur, III, 762.

Le - est le contradicteur à la demande en réduction de l'hypothèque légale du mineur, III, 769.

Substance.

Définition, I, 609.

Obligation pour l'usufruitier de conserver la - de la chose, I, 608.

Effet de l'erreur sur la - de la chose, II, 751.

Substitution.

Exposé général, II, 608-640.

Idée rationnelle : La - fidéicommissaire est contraire au droit et à l'intérêt économique, II, 615.

Indications diverses :

L'appelé à la -, quoique non conçu, est capable de recevoir, II, 396.

La - fidéicommissaire au profit des enfants du donateur ou d'un tiers est une condition illicite, II, 486.

L'appelé à la - peut demander la révocation du testament pour inexécution des charges, II, 593.

La - vulgaire empêche l'accroissement entre colégataires, II, 600.

La - vulgaire est présumée dans le cas de donation de biens présents par le contrat de mariage, II, 668.

La - vulgaire est présumée dans l'institution contractuelle, II, 670.

La - fidéicommissaire peut être stipulée dans l'institution contractuelle, II, 671.

La - vulgaire n'est pas présumée dans l'institution contractuelle entre futurs époux, mais peut être stipulée, II, 691-692.

La - est un contrat qui profite aux tiers, II, 808.

La - ne donne pas aux appelés d'hypothèque légale sur les biens du tuteur, III, 735-736.

La - prohibée n'est pas un juste titre pour la prescription, III, 890.

L'appelé à la - peut demander l'envoi en possession provisoire des biens de l'absent, III, 908.

La - est un droit éventuel, III, 927.

(Voir, au surplus, les mots : *Appelés, Fidéicommis, Grevé de substitution, Tuteur*).

Substitution de part.

Le curateur au ventre doit empêcher la -, I, 421.

Successeurs.

(Voir *Héritiers.*)

Successeurs irréguliers.

Exposé général, II, 129-186.

Indications diverses :

Les -, n'ayant pas la saisine, doivent se faire envoyer en possession, II, 42.

Situation des - avant et après l'envoi en possession, II, 51-58.

Comparaison des - et des héritiers légitimes, II, 57-58.

L'accroissement entre cohéritiers s'applique aux -, II, 212.

Les -, après trente ans, ne peuvent plus accepter, II, 218.

Les - peuvent avoir besoin du bénéfice d'inventaire, II, 222.

Le retrait successoral ne s'exerce pas contre les -, II, 268.

Comment les - sont tenus des dettes de la succession, II, 53, 322, 329-331.

Les - peuvent-ils être poursuivis en vertu de titres exécutoires contre le défunt? II, 340-341.

(Voir, au surplus, au mot : *Héritiers.*)

Succession *ab intestat.*

Exposé général, II, 27-371.

Divisions : Ouverture et Saisine, II, 33-59. — Qualités requises, II, 60-84.— Ordres et Représentation, II, 84-129. — Successeurs irréguliers, II, 129-186. — Acceptation, Répudiation, Bénéfice d'inventaire, Vacance, II, 186-240. — Partage, Rapport, Payement des dettes, II, 240-371.

Idées rationnelles :

La base de la - est la volonté probable du propriétaire; la - doit donc être le testament supposé de ceux qui n'ont pas testé, II, 27-29.

La - n'est pas un droit dans la personne de celui qui reçoit, mais bien un droit dans la personne de celui qui dispose, I, 287 note 2.

La - entre époux devrait être réglée au moyen d'un usufruit, I, 607.

La dette alimentaire devrait se réaliser, à la mort du débiteur, en un prélèvement sur la -, I, 220.

Esquisse d'une doctrine scientifique sur la transmission de propriété par -, II, 59 note 1.

Règlement de la - d'après la volonté présumée du défunt, II, 89-91.

Indications diverses :

Historique du droit de - des étrangers, I, 36-37.

Le Français, naturalisé à l'étranger sans autorisation, perd le droit de -, I, 50.

La - était ouverte par la mort civile, I, 55.

La - s'ouvre au domicile, I, 94, 101.

Partage d'une - à laquelle est appelé un présumé absent, I, 108.

La - a lieu au profit des époux et des enfants en cas de mariage putatif, I, 200.

Il n'y a pas de corrélation entre la - et la dette alimentaire, I, 213, 215-216.

La femme peut aliéner, mais ne peut pas acquérir par -, I, 234.

La séparation de corps laisse subsister le droit de - entre époux, I, 281.

Droit de - de l'enfant naturel, et des père et mère naturels, I, 350.

Exclusion de la - de l'enfant adultérin ou incestueux, I, 353.

Droit de - de l'adopté relativement à l'adoptant, I, 373-377.

Acceptation d'une - échue au mineur, I, 454-456.

La - présente un cas d'usufruit légal, I, 610.

La - est une manière d'acquérir, II, 5.

Le partage d'ascendant se rapproche de la -, II, 648, 654.

La - produit la confusion, II, 914.

Le contrat de mariage ne peut pas déroger aux règles de la -, III, 22.

Cas où l'un des époux a une part dans une - non liquidée, III, 40-41.

Les immeubles acquis par - à l'un des époux sont propres, III, 44.

Dettes provenant d'une - échue au mari, III, 61-62 ; — à la femme, III, 69-71.

Cession de droits dans une -, III, 335-337.

Date de l'hypothèque légale de la femme pour les sommes provenant d'une -, III, 758.

La - est un droit éventuel, III, 927.

Cas d'une - échue à l'absent, III, 929.

La loi peut-elle rétroactivement modifier les règles de la -? III, 939.

La - appartient-elle au statut réel ou au statut personnel ? III, 948-949.

(Voir, au surplus, les mots : *Acceptation, Bénéfice d'inventaire, Héritiers, Investiture héréditaire,*

Ordres, Partage, Rapport, Renonciation, Représentation, Saisine, etc...)

Succession anomale.

Le droit de retour légal de l'adoptant est une -, I, 376 note 3.
Le droit de retour légal de l'ascendant donateur est une -, II, 114-115.
L'ascendant donateur n'a pas de réserve sur la -, II, 426.

(Voir, au surplus, le mot : *Retour légal.*)

Succession bénéficiaire.

(Voir *Bénéfice d'inventaire.*)

Succession future.

Règle : Prohibition de renonciation à -, II, 219. — Prohibition de pacte sur -, II, 776. — Prohibition de cession de -, III, 259-260. — Prohibition de transaction sur -, III, 584.
Applications : Prohibition de renonciation et de cession du droit de retour légal non ouvert, II, 115. — Prohibition de renonciation à une substitution non ouverte, II, 640. — Prohibition de renonciation et de cession du droit de l'institué contractuel du vivant de l'instituant, II, 673. — Prohibition de dérogations à l'ordre des successions par contrat de mariage, III, 22.
Exceptions : Réduction de la part héréditaire de l'enfant naturel, II, 154. — Aliénation à fonds perdu au profit d'un successible, avec consentement des réservataires, II, 431 - 432. — Institution contractuelle, II, 671.

Succession testamentaire.

(Voir *Testament.*)

Succession vacante.

Exposé général, II, 237-240.

Indications diverses :

La - fait partie du domaine privé de l'Etat, I, 558.
La - empêche l'inscription des priviléges, III, 700, 705-706, 708.
La - empêche l'inscription des hypothèques, III, 772-773.
La vente des biens d'une - ne détruit pas le droit de suite, III, 805.
La prescription court contre une -, III, 884.

Suffrage universel.

Le - est l'attestation que le pouvoir réside dans chacun des membres de la société, dont les fonctionnaires ne sont que les mandataires, I, 14-15.

(Voir, au surplus, le mot : *Droit politique.*)

Suisse.

La - pratique le jury en matière civile, I, LXV note 1.
Appréciation de la Constitution de la -, I, LXXVII texte et note 1.
Protection qui y est donnée à l'absent (canton de Vaud), I, 107 note 2.
Autorisation de l'Etat nécessaire pour l'acquisition des immeubles (canton de Berne), III, 226 note 1.

Suite (Droit de).

(Voir *Droit de suite.*)

Superficie (Droit de).

Définition, I, 563-588.

Indications diverses

Preuve du -, I, 588-589.
La donation du - est soumise à transcription, II, 463-464.
Le - est susceptible d'hypothèque, III 721 note 1.
Le - peut être purgé, III, 813.
Le - peut être saisi, III, 833.
CAS DIVERS : Moulin élevé sur un cours d'eau, I, 529. — Constructions élevées sur le terrain d'autrui, I, 588. — Différents étages d'une maison, I, 694.

Supposition de part.

Le curateur au ventre doit empêcher la -, I, 421.

Suppression d'état.

Compétence des tribunaux civils, I, 320-321.

Suppression de part.

Le curateur au ventre doit empêcher la -, I, 421.

Surenchère au cas de purge.

Faculté accordée aux créanciers hypothécaires ou privilégiés, III, 816-817.

La - est un cas de caution légale, III, 561.

La - éteint le droit de suite, III, 804.

Hypothèses spéciales, III, 821.

Règles pour la purge des hypothèques occultes, III, 826.

(Voir, au surplus, au mot : *Purge.*)

Surface.

Distinction entre la -, le dessus et le dessous du sol, I, 588.

Surveillance.

Droit exercé par les ascendants en cas de disparition des père et mère, I, 116-117.

(Voir, au surplus, le mot : *Absence.*)

Survenance d'enfant.

Cause de révocation des donations, II, 501-513.

Indications diverses :

La - ne révoque pas la donation faite par l'époux de mauvaise foi à un tiers avant le mariage, I, 202.

La - n'annule pas l'adoption, I, 366.

La - n'est pas une cause de révocation des testaments, II, 595.

La - anéantit la substitution contenue dans la donation, II, 645.

La - ne révoque pas les donations entre époux, II, 696.

Survie.

Indications diverses :

Présomptions de - quant à la succession *ab intestat,* II, 36-41.

La - du donateur est la condition du retour conventionnel, II, 485-486.

La - de l'institué à l'instituant est nécessaire pour ouvrir l'institution contractuelle, II, 670.

La - du donateur à l'époux donataire et aux enfants issus du mariage est une cause de caducité de toutes les donations par contrat de mariage, II, 681-682.

La - du donataire n'est pas une condition des donations entre futurs époux, II, 690.

La - est la condition ordinaire du préciput, III, 167, 169.

La - est la condition des clauses modificatives du partage de communauté, III, 172-175.

La - est la condition de l'acquisition des droits éventuels, III, 927-928.

(Voir, au surplus, le mot : *Gains de survie*).

Suspension.

De la prescription, III, 870, 880-886.

Tacite réconduction.

(Voir *Réconduction* [*Tacite*].)

Tailles.

Force probante des -, II, 944.

Taisibles.

(Voir *Sociétés taisibles.*)

Témoignage.

(Voir *Preuve testimoniale.*)

Témoins.

Indications diverses :

Actes de l'état-civil, I, 73.
Actes notariés, I, 73.
Actes respectueux, I, 130.
Testaments publics, II, 522-526.
Testaments mystiques, II, 528-530.
Capacité requise des - dans les testaments, II, 532-535.

(Voir, au surplus, les mots : *Commune renommée* et *Preuve testimoniale.*)

Terme.

Dans les obligations, *Exposé général,* II, 827-830.

Indications diverses :

L'usufruit est susceptible du -, I, ...

Extinction de l'usufruit par l'arrivée du -, I, 647.
L'acceptation de succession peut-elle être faite à - ? II, 189 texte et note 1.
L'apposition du - n'empêche pas la donation d'être actuelle, II, 382.
Effet du - dans les legs, II, 596-597.
Effet du - dans la substitution, II, 622, 645.
Le - ne fait pas obstacle à la translation immédiate de la propriété, II, 788-789.
Dans quels cas le - met le débiteur en demeure, II, 801.
L'action Paulienne appartient-elle au créancier d'une obligation à - ? II, 812 note 1.
La condition qui dépend d'un événement déjà arrivé mais inconnu est un -, II, 822.
Effet du - comme défense pour les codébiteurs solidaires, II, 847-848.
L'échéance du - peut être une cause d'extinction des obligations, II, 867.
Pouvoirs du juge pour la concession du - de grâce, II, 879-880.
Le - de grâce n'est pas un obstacle à la compensation, II, 908.

Droit de rétention du vendeur, en cas de vente à -, III, 275.
Le commodat contient nécessairement un -, III, 472, 474, 475, 477.
Le prêt de consommation contient nécessairement un -, III, 479, 482-483.
La prorogation du - ne libère pas la caution, III, 575.
Le - n'est pas un obstacle au privilége du vendeur de meubles, III, 672.
Le - est un obstacle à la revendication du vendeur de meubles, III, 674.
Inscription hypothécaire d'une créance à -, III, 770.
Le - est une cause de suspension de la prescription, III, 885.

(Voir, au surplus, au mot : *Modalités.*)

Testament.

Exposé général, II, 371-407 ; — II, 513-608.

Idées rationnelles :

Corrélation entre le - et la succession *ab intestat,* II, 27-32.
Le droit de propriété implique le droit de disposer par -, II, 371-376.
Les restrictions à la liberté de disposer par - violent le droit du propriétaire, II, 408-413.
Le - est l'exercice du droit le plus considérable en même temps que l'accomplissement du devoir le plus grave du propriétaire, II, 513.

Indications diverses :

Capacité des étrangers, I, 36-37.
Capacité de l'interdit légal, I, 56.
Incapacité du condamné à certaines peines, I, 57-58.
Capacité de la femme mariée, I, 233, 256.
Incapacité de la femme mariée, pour acquérir par -, I, 233.
Reconnaissance faite par -, I, 334 texte et note 3. — La révocation du - entraîne-t-elle celle de la reconnaissance ? I, 344.
Adoption faite par -, I, 383.

Tutelle déférée par -, I, 423-424.
Capacité du mineur, I, 443.
Capacité du mineur émancipé, I, 485.
Capacité de l'interdit judiciaire, dans un intervalle lucide, I, 501-503.
Capacité du demi-interdit, I, 519.
Le - ne fait pas d'héritiers, II, 34.
Cas où la découverte d'un - fait annuler l'acceptation de succession, II, 202-206.
Réduction des dispositions faites par -, II, 441.
Transcription du - contenant une substitution, II, 632 note 1.
Constitution d'hypothèque sur les biens substitués au profit de la femme du grevé, faite par -, II, 639.
Révocation du - contenant une substitution, II, 644-646.
Le partage d'ascendant tient du -, II, 648.
Partage d'ascendant fait par -, II, 650-655, 660-663.
L'institution contractuelle tient du-, II, 669-670.
Solidarité établie par -, entre créanciers, II, 837, — entre débiteurs, II, 839.
Remise de dette faite par -, II, 903.
Le mari peut-il disposer par - des biens de la communauté? III, 76-77.
Constitution de rente viagère par -, III, 504.
Ouverture du - de l'absent, III, 908.
Le - n'est pas soumis à la transcription, d'où il suit que la transmission des droits réels par - s'opère sans publicité, II, 513, 548 note 1, 556 ; — III, 300, 633, 793 note 1.

(Voir, au surplus, les mots : *Disposition à titre gratuit, Exécuteurs testamentaires, Légataires, Legs, Quotité disponible, Réserve, Succession.*)

Tierce-opposition.

Indications diverses :

La - est l'action Paulienne exercée contre un jugement, II, 816.
La - est le droit pour les créanciers d'attaquer un jugement rendu contre leur débiteur, II, 961.
Les créanciers du mari peuvent attaquer par la - le jugement de séparation de biens, III, 111.

Tiers.

Sens relatif de ce mot, I, 105 note 3.

Indications diverses :

Effet à l'égard des - du mariage contracté à l'étranger et non transcrit, I, 156.
Effet à l'égard des - du mariage putatif, I, 201-202.
Résolution de la rente foncière à l'égard des -, I, 550.
Travaux faits par un - sur le sol d'autrui, I, 590-593.
Effet à l'égard des - de la déclaration d'indignité de l'héritier, II, 79.
Validité à l'égard des - des actes de l'héritier apparent, II, 181-184.
Validité à l'égard des - des actes de l'héritier renonçant, II, 211.
La révocation de renonciation à succession doit respecter les droits acquis aux -, II, 213-214.
Effet, à l'égard des -, de la réduction de donation, II, 447.
Translation de propriété à l'égard des - en matière de donation, II, 460.
Effet à l'égard des - du défaut de transcription de donation, II, 473-477.
Les - ne sont pas recevables à demander la révocation de donation pour inexécution des charges ou ingratitude, II, 494.
Effet à l'égard des - de la révocation de donation pour ingratitude, II, 498-499.
Les - peuvent demander la révocation de donation pour survenance d'enfant, II, 509.
Effet à l'égard des - de la révocation de donation pour survenance d'enfant, II, 512.
Force probante, à l'égard des -, du testament olographe, II, 520.

Effet à l'égard des - des mesures de publicité de la substitution, II, 633.

Effet à l'égard des - du défaut de publicité de la substitution, II, 633-634.

Effet des prescriptions acquises aux - sur les biens substitués, II, 636-637.

Résolution des droits acquis aux - par l'ouverture de la substitution, II, 638.

Donations faites par des - en faveur du mariage, II, 665-682.

Résolution des droits acquis aux - par la révocation des donations entre époux, II, 696.

Violence exercée par les -, cause d'annulation des contrats, II, 754-756.

Promesse et stipulation pour les -, II, 761-767.

Translation de propriété à l'égard des -, en matière de contrats, II, 790-792.

Effet des contrats à l'égard des -, II, 807-816.

Subrogation légale au profit des - payant l'obligation d'autrui, II, 871, 886-888.

Novation par intervention des -, II, 897-899.

Force probante, à l'égard des -, des actes authentiques, II, 935.

Inefficacité des contre-lettres à l'égard des -, II, 935.

Effet de la date certaine à l'égard des -, II, 941.

Inefficacité à l'égard des -, de la confirmation d'une obligation annulable, II, 948.

Autorité de la chose jugée à l'égard des -, II, 960-961.

Capacité, à l'égard des -, de la femme qui a déclaré faussement n'avoir pas fait de contrat de mariage, III, 24.

Inefficacité, à l'égard des -, de la contre-lettre postérieure au contrat de mariage, III, 29.

Inefficacité, à l'égard des -, de la clause de remploi sous le régime de communauté, III, 97.

Inefficacité, à l'égard des -, de la clause de préciput, III, 171.

Constitution de dot faite par les -, III, 183-188.

Effet, à l'égard des -, de la clause de remploi sous le régime dotal, III, 216.

Translation de propriété, à l'égard des -, en matière de vente, III, 235.

Effet, à l'égard des -, de la résolution de la vente, III, 308-309.

Adjudication au profit des - de l'immeuble vendu à réméré, III, 316-318.

Effet, à l'égard des -, de la cession de créance, III, 328-332.

Effet, à l'égard des -, de la cession d'hérédité, III, 336.

Effet du bail à l'égard des -, III, 379-388.

Intervention des - dans une société, III, 457.

Engagement des associés à l'égard des -, III, 457.

Constitution de rente viagère au profit des -, III, 505-506.

Le dépôt ne peut être remis aux -, III, 519.

Exécution d'un mandat par les -, III, 545.

Effet, à l'égard des -, de la révocation du mandat, III, 549.

Effet, à l'égard des -, de la transaction, III, 584.

Gage constitué par les - pour le débiteur, III, 597.

Effet de l'antichrèse à l'égard des -, III, 601.

Formalités nécessaires pour la subrogation à l'hypothèque légale des femmes à l'égard des -, III, 767.

Nécessité de l'inscription pour l'efficacité des hypothèques à l'égard des -, III, 787.

Effet des priviléges et hypothèques à l'égard des -, III, 791-806, 574.

Bénéfice de la purge appartenant aux -, III, 810-828.

(Voir, au surplus, les mots : *Ayant-cause, Créanciers, Transcription.*)

Titre.

Indications diverses :

Mode de preuve de la maternité légitime, I, 312-313, 316.

Mode de preuve du droit de super-ficie, I, 589.

Mode d'acquisition de la servitude relative aux eaux de source, I, 666.

Mode d'acquisition de la servitude relative aux eaux pluviales, I, 671.

Mode d'établissement du droit de parcours, I, 680-681.

Mode d'acquisition de la mitoyenneté, I, 686-687, 695.

Mode d'acquisition de la servitude de vue, I, 704.

Mode d'acquisition de la servitude d'égoût, I, 706.

Mode d'acquisition des servitudes réelles en général, I, 714.

Sens de la règle : « Possession de meubles vaut titre », I, 599 ; — III, 901-905.

La prescription change-t-elle le - du donataire ? II, 512.

Annulabilité de la transaction faite sur un - nul, III, 586-587.

Impossibilité de prescription con-traire au -, III, 869-870.

(Voir, au surplus, le mot : *Acte*.)

Titre exécutoire.

Indications diverses :

Le bénéfice d'inventaire suspend l'effet du -, II, 225.

Effet du - contre l'héritier, II, 340.

Le - est-il nécessaire aux créanciers pour l'action subrogatoire ? II. 810 note 4.

Transmission du - par la subroga-tion, II, 884.

Certaines saisies n'exigent pas le -, III, 619 note 3.

L'acte authentique est un -, II, 934 ; — III, 747.

L'acte sous seing-privé peut être un -, III, 747.

Nécessité du - pour la saisie, III, 829.

Titre (Juste).

Nécessaire pour la perception des fruits, I, 581.

Nécessaire pour la prescription, III, 889-890.

Titre nouvel.

Exigible en matière de rentes, III, 887-888.

Titre précaire.

Exposé général, III, 864-865, 867.

Indications diverses :

Les possesseurs à - ont droit au rem-boursement de leurs impenses, I, 592-593.

Le renonçant à la prescription ac-quisitive possède à -, III, 852.

Les envoyés en possession des biens de l'absent possèdent à -, III, 925.

Les héritiers qui ont recueilli une succession échue à l'absent ne possèdent pas à -, III, 929.

Titre putatif.

Le - suffit pour l'acquisition des fruits par le possesseur, I, 582.

Le - ne suffit pas pour la prescription de dix ou vingt ans, III, 890.

Titre récognitif.

Exigible en matière de servitudes réelles, I, 720-721.

(Voir, au surplus, les mots : *Acte récognitif* et *Reconnaissance*.)

Titres au porteur.

Idées rationnelles :

Les - servent à éluder la prohibition des donations entre époux, III, 85 note 3 ; — la prohibition des ven-tes entre époux, III, 249 note 5 ; — la réserve, III, 502 note 1.

Les titres hypothécaires devraient être des -, III, 766 note 1.

Indications diverses :

Le possesseur des - est présumé pos-sesseur des créances, II, 877.

Les - se transmettent par tradition, II, 6 ; — III, 332.

Mise en gage des -, III, 597.

Les - sont susceptibles de quasi-possession, III, 861.

(Voir, au surplus, le mot : *Lettre de change.*)

Tolérance (Actes de).

Les servitudes discontinues consistent souvent en -, I, 717.
Les - ne peuvent pas fonder la prescription, III, 865.

Tradition.

Indications diverses :

La - est une manière d'acquérir, quant aux obligations ayant pour objet une chose indéterminée, II, 5.
La - ne peut s'appliquer qu'à la transmission du droit réel, II, 6.
La - n'est pas nécessaire pour la translation de propriété des meubles à titre gratuit, II, 459.
La - est nécessaire pour la translation de propriété des choses indéterminées, II, 460 ; — III, 233.
Le contrat qui a pour but la translation de propriété des corps certains contient une - feinte, II, 787.
La - n'est pas nécessaire pour la translation de propriété des meubles à titre onéreux, II, 794.
La - est un mode de délivrance des meubles, III, 272, 273 note 1.
La - est un mode de transmission des titres au porteur, III, 332.
La - est nécessaire pour la constitution de gage, III, 595-596.

(Voir, au surplus, les mots : *Délivrance, Possession, Propriété.*).

Traités diplomatiques.

Indications diverses :

Les - forment un élément du droit international, I, x.
Notions historiques sur les -, I, xi-xii.
Les - sont une cause d'annexion des territoires, I, 33.
Réciprocité diplomatique, au moyen de -, pour le règlement de la condition des étrangers, I, 36-42.

Les - sont une cause de démembrement de territoire, I, 46.

Transaction.

Exposé général, III, 575-588.
Idée rationnelle : La - est la déclaration du juste faite par les parties elles-mêmes ; mettant en action le principe de la solidarité humaine, la - doit être la reconnaissance exacte du droit de chacun, non le sacrifice du droit d'une des parties, III, 576 texte et note 1, 577 note 1.

Indications diverses :

La - sur la renonciation à l'état d'une personne est nulle, I, 327.
La - sur l'état de l'enfant naturel est nulle, I, 359.
A quelles conditions le tuteur peut faire une -, I, 461.
La - sur les comptes de tutelle est valable, I, 469-470.
A quelles conditions le mineur émancipé peut faire une -, I, 483.
A quelles conditions le demi-interdit peut faire une -, I, 518-519.
La - qui met fin à l'indivision entre cohéritiers est rescindable pour lésion, II, 367.
Le grevé de substitution peut faire une - quant aux biens substitués, II, 636.
Effet de la - faite avec l'un des créanciers solidaires, II, 838.
Effet de la - faite avec l'un des créanciers indivisibles, II, 863 ; — III, 583.
La - n'est pas susceptible de la preuve testimoniale, II, 955.
L'aveu est interdit dans les mêmes cas que la -, II, 964.
La - peut consister dans la prestation d'un serment, II, 966.
La - n'est pas un juste titre pour la prescription, III, 889 note 1.

Transcription.

Exposé général, II, 460-463 ; — III, 632-634.

Actes divers :

Mariage célébré à l'étranger, I, 154-156.

Actes d'aliénations immobilières, I, 527 note 1.

Actes constitutifs de servitudes réelles, I, 714.

Renonciation aux servitudes réelles, I, 729.

Donations immobilières, II, 460-476.

Actes contenant une substitution, II, 632.

Donations cumulatives de biens présents et à venir, II, 678.

Donations entre époux, II, 692.

Actes translatifs de propriété immobilière, II, 790-791.

Ventes d'immeubles, III, 235.

Jugement d'adjudication immobilière, III, 326.

Cessions ou quittances portant sur trois années de loyers ou fermages non-échus, II, 466; — III, 332; — 386; — 803.

Baux de plus de dix-huit ans, III, 386; — 803.

Actes constitutifs d'antichrèse , III, 601, 604.

Saisie immobilière, I, 531; — III, 840.

Indications diverses :

La femme peut faire opérer seule la - des donations à elle faites, I, 256.

Immobilisation des fruits après la - de la saisie, I, 531.

Les héritiers ne peuvent se prévaloir du défaut de - des donations immobilières, II, 202.

La - des actes d'aliénation éteint le droit de demander la séparation des patrimoines, II, 347.

L'effet de la révocation des donations pour ingratitude est subordonné à l'inscription de la demande en marge de la - de l'acte de donation, II, 499.

La - du testament est inutile en principe, III, 300, 633, 793 note 1; — elle est nécessaire par exception : en cas de substitution, II, 632, — et pour la purge hypothécaire, III, 814.

La - n'est pas nécessaire pour l'institution contractuelle, II, 674-676.

La - peut servir de commencement de preuve par écrit, II, 946.

La - n'est pas nécessaire pour le préciput entre époux, III, 168.

La - des actes constitutifs de servitudes fait disparaître une cause d'éviction, III, 288, 300.

La - des actes de vente fait connaître l'existence de la clause de réméré, III, 315.

La - n'est pas nécessaire pour la transaction, III, 584.

La - des actes d'aliénation est nécessaire pour la conservation du privilège du vendeur d'immeubles, III, 685, 697-699, — et, en même temps, pour la conservation de son action en résolution, III, 309.

La - des actes d'aliénation empêche l'inscription des hypothèques, III, 770, 773 note 1, 793.

La - est le point de départ de la prescription acquisitive de l'hypothèque, III, 810.

La - des actes d'acquisition est nécessaire pour la purge, III, 814.

Responsabilité des conservateurs des hypothèques en matière de -, III, 829-830.

Transport.

(Voir *Cession de créance*.)

Travail.

Idées rationnelles :

Le - est le fondement de la propriété, II, 13, — 14 note 1, — 20 texte et note 1, — 22, — 26; — III, 881 note 1.

La disposition à titre gratuit doit mettre l'instrument du - au service de toute activité, II, 14, — 29, — 372, 387, — 513, 665.

Conditions de la liberté du -, I, 573; II, 722 texte et note 2.

Le droit du - est une déception sans l'instrument du -, III, 348.

Le capital n'est que du - accumulé, III, 468.

L'émancipation du - sera amenée par le développement du crédit, III, 590.

(Voir, au surplus, les mots : *Contrat de prestation de travail, Ouvriers, Salaire, Socialisme, etc...*)

Trésor.

Acquisition du -, en général, II, 18-20.

L'usufruitier n'a pas droit au -, I, 612 texte et note 2, — 622.

Le - tombe-t-il en communauté ? III, 42.

Tribunal arbitral international.

Une institution de cette sorte est une chimère; la solution du problème de la paix perpétuelle est ailleurs, I, VII-X ; — III, 435 et 944 note 1.

Tribunat.

Rôle législatif du -, I, XXXIII-XXXV, — 38.

Tutelle.

INTERDICTION : *Exposé général*, I, 508-511.

(Voir, au surplus, les mots : *Interdiction judiciaire* et *Interdiction légale.*)

MINORITÉ : *Exposé général*, I, 411-472.

Divisions : Tutelle légale des père et mère, I, 412-423. — Tutelle testamentaire, I, 423-425. — Tutelle légale des ascendants, I, 425. — Tutelle dative, I, 426-432. — Causes d'exclusion et incapacités, I, 438-441. — Excuses, I, 435-438. — Administration, I, 441-467. — Compte, I, 467-472. — Tutelle des enfants naturels, I, 487-492. — Tutelle des enfants trouvés, I, 492.

Spécialités concernant la tutelle de la femme en cas d'interdiction du mari : Nomination, I, 509. — Domicile, I, 100. — Autorisation maritale, I, 242.

Spécialités concernant la tutelle de la mère sur les enfants mineurs. Différences avec la tutelle du père, I, 416-423. — Solidarité de la mère tutrice et du second mari, II, 840. — Tutelle des enfants naturels, I, 491-492.

Idées rationnelles :

La - est fondée sur l'idée de la protection dûe par la société aux incapables, I, 409-411.

La - doit devenir une fonction communale, salariée, limitée et contrôlée, III, 645 note 2.

Organisation défectueuse de la - au point de vue économique, III, 623, 628, 645.

(Voir, au surplus, les mots : *Conseil de famille, Hypothèques légales, Mineur, Subrogé-tuteur, Tuteur.*)

Tutelle légale.

ASCENDANTS : *Exposé général*, I, 425. — Différences entre la - et la surveillance en cas d'absence des père et mère, I, 117.

PÈRE ET MÈRE : *Exposé général*, I, 412-423. — Elément de la puissance paternelle, I, 387. — Dispense de fournir des états de situation, I, 468. — La - n'a pas lieu pour les enfants adultérins ou incestueux, I, 353 note 1. — La - a-t-elle lieu pour les enfants naturels ? I, 490-491.

Tutelle officieuse.

Définition, I, 364.

Exposé général, I, 381-382.

La - donne lieu à hypothèque légale, III, 735.

Tuteur.

Généralités :

Commencement des fonctions du -, I, 431. — Détermination de la fonction du -, I, 441-444. — Obligations du - à son entrée en fonctions, I, 444-451. — Gestion du -, I, 451-

467. — Obligation du - de rendre compte, I, 467-472.

Comparaison de la capacité du - avec celle du mineur émancipé, I, 484.

Hypothèque légale sur les biens du - : Créances qu'elle garantit, III, 734-736 ; I, 471 ; — Rang, III, 757 ; I, 431 texte et note 2 ; — Inscription, III, 759-763 ; — Réduction, III, 767-769, 789 ; — Collocation des intérêts, III, 782 ; — Purge spéciale, III, 822-828.

Indications diverses :

Un étranger peut-il être - ? I, 39.

Le domicile du - est celui du mineur, I, 99-100.

Le - a le droit de faire opposition au mariage dans certains cas, I, 158-159.

Le - peut intenter l'action sanctionnant le droit d'éducation de l'enfant, I, 208, 210.

Le - de la femme interdite n'a pas besoin de l'autorisation du mari, I, 243.

Le - peut intenter, pour un époux, l'action en séparation de corps, I, 275.

Le - doit provoquer l'émancipation du pupille, I, 476.

La révocation de l'émancipation donne lieu à la nomination d'un nouveau -, I, 486.

Le - acceptant une succession pour le mineur, après y avoir renoncé, est-il tenu de respecter les prescriptions acquises aux tiers ? II, 213-214.

Incapacité du - de recevoir de son pupille, II, 398-399.

Le - est tenu de faire opérer la transcription des donations faites au pupille, II, 467.

Le -, reliquataire envers le mineur, doit les intérêts de plein droit, II, 802.

Le - est mandataire légal pour recevoir le payement, II, 877.

Les actes faits par le - donnent-ils lieu à restitution au profit du mineur ? II, 922, 925.

Le - est-il responsable du dommage causé par le pupille ? II, 979 note 1.

Le - ne représente pas le mineur pour le contrat de mariage, III, 30.

Le - doit obliger l'époux survivant à faire inventaire, III, 103.

Interdiction pour le - d'acheter les biens pupillaires, III, 253-254.

Le - peut faire des baux de neuf ans, III, 363.

Cautionnement stipulé pour la gestion du -, III, 571.

Le - peut-il transiger pour le pupille ? III, 580.

Le - reçoit les poursuites à fin de saisie contre le mineur, III, 838.

Le - peut-il renoncer à la prescription acquise au pupille ? III, 854.

Le - est détenteur précaire des biens du pupille, III, 867.

(Voir, au surplus, le mot : *Tutelle.*)

Tuteur *ad hoc.*

Indications diverses :

Consentement au mariage d'un enfant naturel, I, 132 ; — 174.

Action en désaveu de paternité, I, 311.

Administration légale, I, 413.

Le - n'a pas de subrogé-tuteur, I, 433.

Tutelle, en cas de copropriété du tuteur et du mineur, I, 462.

Partage de succession entre plusieurs mineurs, II, 249, 265.

Assistance dans le contrat de mariage d'un enfant naturel, III, 30.

Tuteur à substitution.

Nomination du -, II, 627-629.

Droits et obligations du -, II, 630-631, 633.

Responsabilité du -, II, 646.

Absence d'hypothèque légale sur les biens du -, III, 735.

Tuyaux.

Les - sont immeubles par nature ou par destination, I, 531.

Université.

Idées rationnelles :

Nécessité d'abolir le monopole de l'-, I, LXVIII-LXX.

Le monopole de l'- est une atteinte à la liberté du travail, III, 346 texte et note 4.

Appréciation de l'enseignement des Facultés de Droit, III, 199 note 2, — *Append.,* 20.

(Voir, au surplus, au mot : *Enseignement.*)

Usage.

Indications diverses :

Le louage tend à procurer l'- d'une chose, III, 350, 354.

Le bailleur doit procurer l'- de la chose louée, III, 364, 365 note 1.

Le commodat porte sur l'- de la chose, III, 472-478.

Le gagiste n'a pas l'- de la chose III, 594.

Usage (Droit d').

Exposé général, I, 654-658.

Indications diverses :

Le - donne la faculté d'intenter l'action en bornage, I, 678.

La donation du - est-elle soumise à transcription ? II, 464-465.

Le bénéfice d'habitation accordé à la veuve n'est pas un -, III, 225.

Le - ne peut être loué, III, 353.

Le - n'est pas susceptible d'hypothèque, III, 722.

Le -, constitué par le débiteur hypothécaire, n'est pas opposable aux créanciers, III, 802-803.

Le - est susceptible d'être acquis par prescription, III, 849.

Le - est soumis à la prescription acquisitive de dix ou vingt ans, III, 893.

Usage (Droits d').

Les communes ont des - sur les eaux de source, I, 669-670.

Les riverains ont des - sur certains cours d'eau, I, 672-675.

(Voir, au surplus, aux mots : *Eaux* et *Rivières.*)

Usages.

Les - forment le droit non écrit, I, VI.

Les - sont l'élément essentiel de la diplomatie, I, X.

Les - ont-ils force de loi ? I, 14-15.

Le Code se réfère aux - locaux : pour la coupe des arbres, I, 619-621 ; — pour les droits de parcours et de vaine pâture, I, 680-681 ; — pour l'obligation de clôture mitoyenne, I, 693 ; — pour la distance de plantation des arbres, I, 698 ; — pour l'effet des conventions, II, 781.

(Voir, au surplus, au mot : *Coutumes.*)

Ustensiles.

Les - sont immeubles par destination, I, 534.

Usucapion.

Définition, III, 848 note 1.

(Voir, au surplus, le mot : *Prescription acquisitive.*)

Usufruit.

Exposé général, I, 606-654.
Appréciation économique, I, 606-607 ; — III, 425 note 1.

Généralités :

Différences entre l'- et la jouissance légale, I, 406.

Différences entre l'- et le quasi-usufruit, I, 616.

Différences entre l'- et la servitude réelle, I, 659.

Différences entre l'- et le droit du grevé de substitution, II, 639-640.

Différences entre l'- et le droit de la communauté sur les biens des époux, III, 51.

Différences entre l'- et la jouissance du mari sur la dot, III, 192-193.

Différences entre l'- et le louage de choses, III, 355.

Différences entre l'- et l'antichrèse, III, 604-605.

Distinction entre l'- causal et l'- formel, I, 608 texte et note 3 ; — II, 959.

Indications diverses :

L'- sur les immeubles est immeuble par objet, I, 538.

L'- est un droit réel, I, 561. — Application de cette idée, I, 628, 634.

L'-ier peut intenter l'action en bornage, I, 678.

L'-ier peut concéder une servitude réelle temporaire, I, 714.

Comment l'-ier acquiert le trésor, II, 20.

Attribution aux père et mère de l'- du tiers de la portion afférente aux collatéraux ordinaires, II, 111.

Disposition à titre gratuit consistant en -, II, 427-428.

Aliénation avec réserve d'- faite à un successible, II, 430-432.

La donation d'- doit être transcrite, II, 464.

Donation avec réserve d'-, II, 484.

Cas où la chose léguée est grevée d'-, II, 567.

Disposition à titre gratuit consistant en -, II, 621.

Donation entre époux comprenant l'- de la réserve des ascendants, II, 702-703.

Droit d'- de la communauté sur les propres des époux, III, 49.

Droit d'- appartenant au mari sur les biens de la femme, sous le régime d'exclusion de communauté, III, 177, 179-180.

Droit d'- appartenant au mari sur les biens dotaux, sous le régime dotal, III, 190-192, 211.

La séparation de biens rend à la femme l'- de ses biens, III, 211.

Constitution de dot consistant en -, III, 214.

L'-ier peut faire des baux de neuf ans, III, 363.

Apport de société consistant en -, III, 451.

L'- est susceptible d'hypothèque, III, 722.

L'- peut être purgé, III, 813.

L'- peut être saisi, III, 833.

L'- est susceptible de prescription acquisitive, III, 849.

L'-ier est-il détenteur précaire ? III, 867.

L'- est soumis à la prescription de 10 ou 20 ans, III, 893.

(Voir, au surplus, les mots : *Legs d'usufruit* et *Servitudes*.)

Usufruit légal.

(Voir *Jouissance légale*.)

Usure.

La clause de réméré peut être réformée comme ayant un caractère d'-, III, 312.

L'- continue après la loi du 3 septembre, III, 490 note 1.

La clause d'antichrèse peut avoir un caractère d'-, III, 601.

(Voir, au surplus, les mots : *Intérêts* et *Prêt à intérêt*.)

Vacance de succession.

(Voir *Succession vacante*.)

Vaine pâture.

Exposé général, I, 679-681.

Valeur.

Notion économique, III, 319 note 1.

La - est une conception relative, III, 467.

L'homme doit devenir une - négociable, III, 468.

Vaud (Canton de).

(Voir *Suisse*.)

Velléien (Sén.-Cons.).

Indications diverses :

A propos de l'incapacité de la femme, I, 226 note 1.

A propos de l'inaliénabilité de la dot, III, 196-197.

A propos du cautionnement des femmes, III, 559-560.

Vénalité des offices.

(Voir *Offices*.)

Vente.

Exposé général, III, 221-343.
Appréciation économique, II, 722 ; — III, 221-227.
Divisions : Généralités , III, 230-268. — Obligations du vendeur , Délivrance, Garantie, III, 269-304. — Obligations de l'acheteur, III, 304-309. — Réméré, Rescision pour lésion, III, 309-325. — Licitation, III, 325-326. — Cession de créances, de droits successifs et litigieux, III, 326-339.

Généralités :

Caractère de la - dans le Droit actuel, I, 376 note 1.
La - est un contrat synallagmatique, II, 738; à titre onéreux, II, 740 ; commutatif, II, 742 ; consensuel, II, 744; principal, II, 744.
L'objet de la - est de transférer le droit réel, II, 774 note 2 ; la cause de la - est l'acquisition du droit réel, II, 777.
Comparaison de la - avec le louage de choses, III, 353-354.
Différences entre la - et l'échange, III, 343.
Le contrat dans lequel l'ouvrier fournit le travail et la matière est une -, III, 408, 409 note 1.
La constitution de rente est une -, I, 549-550 ; — III, 466 ; — III, 504.
Sens et application de la règle : « L'estimation vaut vente, » I, 533, 617-618 ; — III, 151, 170, 193.
Privilége du vendeur : Vente de semences, III, 670 ; — Vente d'ustensiles, III, 671 ; — Vente de meubles, III, 672-678 ; — Vente d'immeubles, III, 682-686 ; — Inscription, III, 793.

Indications diverses :

Comment se fait la - des meubles et des immeubles du pupille, I, 446-449, 452 ; — 459-460.
Effet de la - de la chose sujette à usufruit, I, 650.
Comment se fait la - des meubles par le successeur envoyé en possession, II, 179.
Comment se fait la - des meubles et des immeubles par l'héritier bénéficiaire, II, 232-233.
Dans quels cas et dans quelles formes a lieu la - en cas de partage de succession, II, 259.
La - qui met fin à l'indivision entre cohéritiers est rescindable pour lésion, II, 367.
Comment se fait la - des meubles et des immeubles par l'exécuteur testamentaire, II, 577-580.
Effet de la - de la chose léguée, II, 590.
Comment se fait la - des meubles par le grevé de substitution, II, 630.
La - d'immeubles est rescindable pour lésion, II, 761, 925.
Effet de la - de la chose d'autrui avec clause pénale, II, 865.
La - d'un propre de communauté peut être un cas de récompense, III, 85.
Effet de la - de la chose louée, III, 379-388.
Effet de la - de la chose déposée, III, 518.
Le vendeur qui n'opère pas la délivrance après la - est un détenteur précaire, III, 867.
La - est un juste titre pour la prescription, III, 889.
Comment se fait la vente des meubles de l'absent, III, 910.

(Voir, au surplus, les mots : *Acheteur, Acquisition, Aliénation, Cession, Contrat, Délivrance, Garantie, Inaliénabilité, Lésion, Nullité, Priviléges, Réméré [Pacte de], Rescision, Résolution, Transcription, Vices rédhibitoires*.)

Vente à livrer.

La - ne produit pas la translation immédiate de propriété, II, 789 ; — III, 234 note 2.

Vente alternative.

Effet rétroactif de l'option dans la -, lll, 237.

(Voir, au surplus, le mot : *Obligations alternatives.*)

Vente par autorité de justice.

Indication générale, lll, 238.
La - n'admet pas la garantie des vices rédhibitoires, lll, 304.
La - n'admet pas la rescision pour lésion, lll, 324.
La - ne détruit pas toujours le droit de suite, lll, 805.

(Voir, au surplus, les mots : *Adjudication, Licitation, Saisie.*)

Ventilation.

Indications diverses :

En cas de perte partielle de la chose vendue, lll, 268.
En cas de vente de meubles et d'immeubles, lll, 320.
En cas de purge sur différents immeubles, lll, 821.
En cas de saisie faite en bloc, lll, 837.

Vérification.

(Voir *Reconnaissance d'écriture.*)

Viabilité.

Indications diverses :

Condition de l'exercice du désaveu de paternité, I, 302.
Condition de capacité pour succéder, ll, 64-65.
Condition de capacité pour recevoir à titre gratuit, ll, 395-396.
Condition de révocation de donation par survenance d'enfant, lI, 506.

Vices du consentement.

Matières diverses :

Mariage, I, 168-169, 172.
Reconnaissance d'enfant, I, 342.
Adoption, I, 380.
Contrats, en général, ll, 747-763.

(Voir, au surplus, les mots : *Dol, Erreur, Lésion, Violence, Nullité.*)

Vices rédhibitoires.

En matière de vente, lll, 282, 301-304.
En matière de louage, lll, 368.

Viol.

Le - n'autorise pas la recherche de la paternité, I, 355-356.

Violence.

Matières diverses :

Contrats, *en général*, ll, 753-758. — L'action en annulation pour - dure dix ans, ll, 919.
Mariage, I, 168.
Reconnaissance d'enfant, I, 342.
Adoption, I, 380.
Acceptation de succession, ll, 206.
Renonciation à succession, ll, 213.
Partage de succession, ll, 365, 369.
Renonciation à un legs. ll, 597.
Obligation solidaire, ll, 847-848.
Acceptation de communauté, lll, 120.
Transaction, lll, 586.
Possession, lll, 863.

Voie parée.

Prohibition de la clause de - pour la vente de l'antichrèse, lll, 603, — 832.

Voituriers.

Louage des -, lll, 403-406.
Privilége des -, lll, 679-681.

Vol.

Indications diverses :

La soustraction commise après renonciation à la succession constitue un - de la part de l'héritier, ll, 220.
Distinction entre le - et l'abus de confiance, ll, 792.
La perte de la chose ne libère pas le débiteur de la restitution au cas de -, ll, 916 et 917 note 1.

La soustraction commise après renonciation à la communauté constitue un - de la part de la femme,
III, 121.

Responsabilité des voituriers au cas
de -, III, 406.

Obligation du dépositaire d'une chose
provenant de -, III, 519.

Responsabilité des aubergistes au cas
de -, III, 522.

Les meubles provenant de - ne sont
pas soumis au privilége du bailleur,
III, 668.

Action en revendication exceptionnellement admise en matière mobilière au cas de -, III, 904-905.

Vues.

Distance requise pour l'ouverture
des -, I, 700-704.

Servitudes de -, I, 704-705.

FIN DE LA TABLE ALPHABÉTIQUE ET ANALYTIQUE
DES MATIÈRES

Nota. La table des *errata*, pour chaque Tome, est à la fin du Tome.

ADDITIONS

A LA

BIBLIOTHÈQUE CHOISIE DE L'ÉTUDIANT EN DROIT

Depuis l'époque où a paru notre premier volume, plusieurs ouvrages excellents ont été publiés que nous aimons à comprendre dans notre Bibliothèque. Tous sont inspirés par ces principes de philosophie naturelle et d'évolution générale du monde, nous ajoutons, nous, d'autonomie de la personne humaine, sur le fondement desquels il y a à construire la doctrine du droit nouveau et qui ont guidé notre propre recherche.

Se cantonner dans un coin de la science, c'est se condamner à ne jamais rien savoir ; aussi engageons-nous vivement les jeunes gens à élargir leur étude ; le Droit ancien, le vieux Droit consigné dans les recueils napoléoniens n'a qu'une vie factice ; l'habitude, les préjugés, l'ignorance pourront le conserver plus ou moins longtemps, mais ce droit est mort, car il correspond à une société et à une science évanouies, et le Droit nouveau devra s'alimenter aux sources de la science nouvelle.

C'est dans cet esprit que nous recommandons tout spécialement la lecture de :

John Lubbock, tr. E. Barbier. *L'homme avant l'histoire, étudié d'après les monuments et les costumes retrouvés dans les différents pays de l'Europe, suivi d'une description comparée des mœurs des sauvages modernes.* Paris, 1867, 1 vol. in-8.

John Lubbock, tr. E. Barbier. *Les origines de la civilisa-*

296

tion, *état primitif de l'homme et mœurs sauvages modernes.* Paris, 1873, 1 vol. in-8.

BAGEHOT. *Lois scientifiques du développement des nations dans leurs rapports avec les principes de l'hérédité et de la sélection naturelle.* Paris, 1873, 1 vol. in-8.

HENRY SUMNER MAINE, tr. **COURCELLE-SENEUIL**. *L'ancien Droit, considéré dans ses rapports avec l'histoire de la société primitive et avec les idées modernes.* Paris, 1874, 1 vol. in-8.

L. BUCHNER, tr. **LETOURNEAU**. *L'homme selon la science, son passé, son présent, son avenir, ou : D'où venons-nous? — Qui sommes-nous? — Où allons-nous?* Paris, 1870, 1 vol. in-8.

E. HÆCKEL, tr. **LETOURNEAU**. *Histoire de la création des êtres organisés d'après les lois naturelles.* Paris, 1874, 1 vol. in-8 (1).

------

(1) L'Allemagne continue de travailler ; mais nous sommes loin, pour notre compte, d'accepter la philosophie de l'histoire qu'à la suite de Strauss (*Der alte und neue Glaube*) Frédéric de Hellwald (*Culturgeschichte*) vient d'édifier sur les prémisses posées par Hæckel et par les partisans de la doctrine de l'évolution, et nous estimons que, dans l'ordre du droit, notre *Manuel* est déjà une réponse.

FIN DE L'APPENDICE

TABLE DES MATIÈRES

DE L'APPENDICE

	Pages
L'Anthropologie et le Droit	3
La Philosophie de l'Histoire et le Droit	9
L'Economie politique et le Droit	12
La Science du Droit en France au temps présent	17
Table alphabétique des auteurs	23
Table des documents législatifs	53
Table alphabétique et analytique des matières	69
Additions à la Bibliothèque choisie de l'étudiant en Droit	295

APPENDICE & TABLES

ERRATA

Page 56, 1re colonne, après la ligne 38, ajouter l'indication suivante : *Sur l'abolition de la vénalité des offices,* II, 952 note 2.

Page 67, 1re colonne, après la ligne 45, ajouter l'indication suivante : *Sur la transcription des donations immobilières,* II, 465, 476.

Id.   2e colonne, ligne 15, au lieu de : *locaux,* lire : *baux.*

Page 76, 2e colonne, ligne 53, au lieu de : *III, 857,* lire : *III, 887.*

Page 92, 2e colonne, ligne 24, au lieu de . *II, 404,* — lire: *II, 464.*

Page 98, 1re colonne, ligne 40, au lieu de : *des biens présents,* — lire : *de biens présents.*

Page 103, 2e colonne, entre les lignes 5 et 6, ajouter l'indication suivante: *Choses qui sont hors du commerce,* III, 850.

Page 103, 2e colonne, ligne 27, au lieu de : *III, 658,* — lire : *III, 668.*

Id.   2e colonne, après la ligne 27, ajouter l'indication suivante : *Le - n'est pas un juste titre pour la prescription,* III, 889.

Page 104, 2e colonne, ligne 13, au lieu de : *I, 554-682,* — lire : *I, 554, 682.*

Page 109, 1re colonne, après la ligne 41, ajouter l'indication suivante : *Le mineur, devenu majeur, peut valider par la -, les actes non valablement faits par lui,* II, 924.

Page 118, 1re colonne, ligne 9, au lieu de : *à l'enfant survivant,* — lire : *à l'époux survivant.*

Page 120, 1re colonne, après la ligne 13, ajouter l'indication suivante : *Fondement du rapport à succession,* II, 273, 280 note 1, 299.

Page 154, 2e colonne, ligne 28, au lieu de : *II, 325-326,* — lire : *III, 325-326.*

Page 157, 1re colonne, après la ligne 36, ajouter les indications suivantes: *L'- a le même droit de succession que l'enfant légitime,* I, 107. — *La présence d'un - fait obstacle au retour légal,* II, 119.

Page 167, 1re colonne, ligne 14, au lieu de : *349,* — lire : *439.*

Page 169, 2e colonne, après la ligne 34, ajouter l'indication suivante : *Le - possède à titre précaire,* III, 864.

Page 175, 2e colonne, après la ligne 11, ajouter l'indication suivante : *Tutelle,* I, 411.

Page 207, 2e colonne, après la ligne 9, ajouter l'indication suivante : *Solidarité légale,* II, 839-840.

Page 209, 1re colonne, ligne 21, au lieu de : *rendent nécessaires,* lire: *rendent nécessaire.*

Page 217, 2e colonne, ligne 48, après les mots : *Hypothèque légale du - ,* ajouter : *Créances qu'elle garantit et biens qu'elle grève,* III, 734-736.

Page 226, 1re colonne, après la ligne 32, ajouter l'indication suivante : *Vente,* III, 237.

Page 236, 1re colonne, supprimer les lignes 28 et 29, ainsi conçues : *(Voir, au surplus, au mot :* Droit politique.)

LIBRAIRIE DE GERMER-BAILLIÈRE
17, PLACE DE L'ÉCOLE DE MÉDECINE

MANUEL

DE

DROIT CIVIL

COMMENTAIRE PHILOSOPHIQUE & CRITIQUE

DU CODE NAPOLÉON

CONTENANT L'EXPOSÉ COMPLET DES SYSTÈMES JURIDIQUES

PAR LE PROFESSEUR

ÉMILE ACOLLAS

ANCIEN PROFESSEUR DE DROIT CIVIL FRANÇAIS A L'UNIVERSITÉ DE BERNE
MEMBRE DE LA SOCIÉTÉ D'ÉCONOMIE POLITIQUE ET DE LA SOCIÉTÉ D'ANTHROPOLOGIE
DE PARIS

SECONDE ÉDITION

3 FORTS VOLUMES IN-8° (OUVRAGE COMPLET)

Accompagnés d'un APPENDICE *et de* TABLES ANALYTIQUES *très détaillées, ces dernières formant, dans leur corrélation avec le* MANUEL, *un véritable Dictionnaire des matières du Droit civil. — Prix :* **40** *francs.*

Chaque volume du Manuel se vend séparément **12** *francs.*

Le volume d'Appendice et de Tables se vend également à part au prix de 4 francs.

La réputation du *Manuel de Droit civil* du professeur EMILE ACOLLAS n'est plus à faire. Accueilli avec le même concert d'éloges en Angleterre, en Belgique, en Hollande, en Suède, en Suisse, en Autriche, en Italie, en Portugal et jusque dans les deux Amériques, ce livre, dès à présent, est classé parmi les meilleurs qu'ait produits, en ce siècle, l'esprit scientifique français.

C'est qu'en effet, le *Manuel de Droit civil* n'est pas seulement un commentaire, et aussi exact, aussi impartial, aussi complet que possible, des lois civiles napoléoniennes; il a, en outre, une portée générale considérable, et, à ce point de vue, il laisse bien loin derrière lui toutes les exégèses qui ont eu le Code Napoléon pour objet.

Le but avoué de l'auteur, dans l'ordre général, a été double :

D'une part, il s'est proposé de démontrer, à l'aide d'un procédé dont la sûreté est incontestable, c'est-à-dire en prenant les textes un à un, en les analysant, en les disséquant, que le Code Napoléon est une œuvre dépourvue de toute valeur, et que toute la doctrine dont il est dérivé et qui en est dérivée à son tour, n'est qu'un amalgame de raisonnements quintessenciés, fréquemment contradictoires, aussi étrangers au sentiment des réalités les plus manifestes, les plus extérieures, qu'à la conception de la nature intime des rapports juridiques.

D'autre part, l'auteur s'est efforcé de jeter lui-même les bases d'une doctrine et d'une législation nouvelles; frappé des immenses développements qu'ont pris en ce siècle les sciences physiques et naturelles, et convaincu que la méthode qui a régénéré ces sciences est la seule qui puisse légitimement servir à édifier la science de l'homme tout entier, c'est à l'observation de la nature et à l'induction qu'il a constamment fait appel pour dégager les principes de chaque matière, et pour appuyer les réformes dont il trace l'esquisse.

En somme, tel qu'il a été conçu et exécuté, le *Manuel de Droit civil* est destiné à faire époque dans l'histoire de la science sociale.

Nous extrayons des nombreux comptes-rendus dont le *Manuel de Droit civil*, dès son apparition, a été l'objet, les passages qui ont le mieux caractérisé le but qu'a poursuivi l'auteur :

« Nous n'avons pas besoin de recommander la partie juridique de cet ouvrage ; la compétence de M. Emile Acollas en ces matières est assez reconnue par tous ceux qui approchent de l'Ecole de droit pour que nous nous dispensions d'éloges qui, venant de nous, auraient peu de valeur et d'autorité. Nous préférons signaler ce qui donne à ce volume un caractère original et nouveau, d'une part l'introduction qui tranche d'une manière éclatante sur tous les livres écrits jusqu'à ce jour pour l'enseignement du droit en France ; de l'autre, la discussion critique des articles du Code Napoléon. . .

. . . .

» Il résulte des observations de M. Acollas que le Code Napoléon est une compilation hâtive, bâclée sans aucune vue d'ensemble par quelques jurisconsultes sceptiques, désireux de faire vite et de plaire plutôt que de faire bien ; — qu'il est rédigé sans aucun plan rationnel ; — que sa rédaction est confuse, prolixe, de telle sorte que les contradictions et les impossibilités y sont fréquentes. . . . .

» Ces propositions, qui sans aucun doute scandaliseront la routine, sont prouvées jusqu'à l'évidence par M. Acollas.

. . . .

» M. Emile Acollas réclame ce que la Révolution avait voulu, une législation rationnelle ; il est clair que si l'on se place dans cet ordre d'idées si simple, on s'aperçoit bientôt qu'il n'y a plus à songer au droit romain, comme raison écrite, comme idéal : l'idéal est ailleurs, et l'on ne peut le trouver que dans la science sociale.

. . . .

» En résumé , ce premier volume du Manuel de Droit civil est un livre excellent qui rendra, nous l'espérons, de grands services, en réveillant les jeunes étudiants et peut-être aussi leurs professeurs du sommeil intellectuel dans lequel ils semblent plongés depuis quelques années. »

(COURCELLE-SENEUIL, *Journal des Economistes*, 5 décembre 1868.)

« Nous avons déjà signalé l'originalité de cette œuvre que distingue un esprit critique trop rare chez les jurisconsultes, où chaque matière est examinée d'abord au point de vue rationnel, c'est-à-dire d'après les principes de la philosophie et de l'économie politique, puis au point de vue de l'histoire générale, et en particulier de la tradition de la Révolution française. On comprend combien cette méthode doit animer, vivifier le commentaire des textes et l'exposition des systèmes juridiques.

» Mais ce qui donne à l'ouvrage de M. Emile Acollas une valeur exceptionnelle, c'est un ensemble rigoureusement logique de vues générales, dérivant toutes de la conception de l'autonomie de l'individu, « l'idée morale la plus considérable qu'aura » dégagée la seconde moitié du dix-neuvième siècle. » L'auteur se propose pour but de faire pénétrer cette idée dans la science juridique, et il l'a spécialement appliquée, dans ce deuxième volume, à la matière des successions et des testaments. La liberté de tester a fait de sa part l'objet d'une étude approfondie, quoique succincte. M. Emile

Acollas a posé nettement, hardiment les principes de la science et de la justice, en restant étranger aux considérations de parti et d'opportunité politiques qui, jusqu'à présent, avaient dominé cette discussion parmi les publicistes français. »

(*Indépendance belge*, 18 avril 1869.)

« Il y a longtemps qu'on se dit qu'il se passe quelque chose en France et chez les Français, qu'il se produit en eux une métamorphose, qu'ils se mettent à penser sous la fumée du cigare napoléonien.

» Jusqu'ici les Français n'étaient connus que comme le peuple centralisateur par excellence, que comme les communistes de la politique ; les théoriciens les plus radicaux n'avaient à proprement parler d'autre idéal que le fameux : « l'Etat c'est moi » et que les ukases napoléoniens. Eh bien, dans l'ouvrage d'Emile Acollas, voilà que le monde est renversé ; *tandis qu'en Allemagne, depuis quelques années, le césarisme menace d'engloutir toute idée du droit*, et que, reniant le vieil esprit germanique, la meute des juristes s'attelle au char de Théodose et de Justinien pour promener le fétiche de la monarchie et du droit divin, un jurisconsulte français part de ce principe : la famille, la société, l'Etat reposent exclusivement sur l'autonomie de l'individu ; rien n'est absolu, rien ne fait autorité, hormis le droit de la personne humaine sur elle-même.

» L'ensemble de l'organisation sociale procède donc organiquement de l'individu à la commune, de la commune à la province ou département, de la province ou département à l'Etat. La province ou département, ainsi que la commune, ne sont que des collectivités, sans responsabilité ni existence propre ; ils n'ont donc point de droits à part.

» C'est là le selfgovernment des Anglais ; c'est celui que Locke a décrit, celui que Rousseau a malheureusement confondu avec l'antique idée du droit social, celui que Turgot a défini, celui dont Condorcet a tant désiré l'avénement, celui dont G. de Humboldt a dit : « Le but principal de l'organisation sociale est le développement le » plus large et le plus complet des facultés de l'individu. »

(KARL GRUN, *Nouvelle Presse libre de Vienne*, 7 et 17 novembre 1869.)

Lausanne. — Imp. Howard-Delisle & F. Regamey.

OUVRAGES DE L'AUTEUR

Le droit de l'enfant, l'enfant né hors mariage, 1 vol. in-18, troisième édition, Paris, Germer-Baillière, 1870.   3 fr.

Nécessité de refondre l'ensemble de nos codes, et notamment le Code Napoléon, avec un appendice contenant le Code civil de la Convention, 1 vol. in-8, deuxième édition, Paris, Guillaumin, 1866.   3 fr.

L'Idée du Droit, broch. in-8, Paris, Germer-Baillière; Genève, Desrogis, 1871.   1 fr. 50

Trois leçons sur les principes philosophiques et juridiques du mariage, broch. in-8, Genève, Desrogis.   1 fr. 50

La République et la contre-révolution (Lettre au *Journal de Genève*), br. in-8, Genève, F. Richard; Bruxelles, A. Lacroix et Verbœckhoven. 1 fr. 50

La liberté d'enseignement, br. in-8, Paris, Germer-Baillière, avec dédicace au Docteur L. Büchner.   1 fr. 50

L'autonomie de la personne humaine, questions politiques ou sociales, 1 vol. in-8. (Sous presse).

En cours de publication :

Les droits du peuple, Cours de droit politique. Tome I. Commentaire de la *Déclaration des droits de l'homme adoptée par la Convention.*

L'ouvrage paraît par séries de 10 livraisons. Les trois premières séries sont en vente aux Docks de la librairie, boulev. de Sébastopol, 38.

OUVRAGES DE LA LIBRAIRIE GERMER-BAILLIÈRE
Volumes in-18 à 2 fr. 50.

L. BUCHNER. **Science et nature,** traduit de l'allemand par Aug. Delondre, 1 vol.

J. MOLESCHOTT. **La circulation de la vie.** Lettres sur la physiologie en réponse aux lettres sur la chimie de Liebig, traduit de l'allemand, 2 vol.

Volumes in-8.

STUART MILL. **La philosophie de Hamilton,** traduit de l'anglais par Cazelles. Fort vol. in-8,   10 fr.

STUART MILL. **Mes mémoires**; histoire de ma vie et de mes idées, traduit de l'anglais par Cazelles. 1 vol.,   5 fr.

LUBBOCK. **L'homme avant l'histoire,** traduit de l'anglais par Barbier. 1 vol.,   15 fr.

LUBBOCK. **Les origines de la civilisation,** traduit de l'anglais par Barbier.

BAGEHOT. **Lois scientifiques du développement des nations dans leurs rapports avec les principes de l'hérédité et de la sélection naturelle.** 1 vol., cartonné à l'anglaise,   6 fr.

HERBERT SPENCER. **Les premiers principes,** traduit par Cazelles. 1 vol.,   10 fr.

O. SCHMIDT. **Descendance et Darvinisme,** 1 vol., cart. à l'anglaise, 6 fr.

Lausanne. — Imp. Howard-Delisle & F. Regamey.

Bibliothèque nationale de France
Direction des collections
Paris

Département Droit,
économie, sciences politiques

8-F-13021
(4)

R 201 813

www.ingramcontent.com/pod-product-compliance
Lightning Source LLC
LaVergne TN
LVHW021137050726
842519LV00002B/420